TAXNET
세무/회계 전문 재경비즈니스 포털 서비스

국내세법 중심 국제조세 실무

이동기 저

비거주자 등의 국내원천소득에 대한 과세와 외국계법인 관련 세무
국내세법을 **중심**으로 해설한 **핵심실무서!**

2020

조세통람

Preface

세계경제의 글로벌화 영향으로 국가 간에 자본과 기술, 인력 등의 이동이 빈번해지고, 많은 국내기업들이 외국으로 진출하고 동시에 외국기업들이 국내로 들어오면서 과거에는 일부 소수 개인이나 기업에만 해당되던 국제조세 문제가 일상화 되었다.

일반적으로 국제조세라고 하면 이전가격세제나 조세피난처 과세제도 등을 떠올리지만, 실무적으로 비거주자나 외국법인의 국내원천소득에 대한 과세문제나, 거주자나 내국법인의 국외원천소득의 국내에서의 합산신고, 국내에서 외국계법인의 설립과 세금신고 등이 오히려 국제조세와 관련하여 더 자주 접하게 되는 이슈라고 할 수 있다.

국제조세와 관련해서는 법인세법이나 소득세법 등 국내세법과 조세조약 등에 관련 규정들이 산재되어 있는데, 국내원천소득이 있는 비거주자나 외국법인에 대한 과세절차와 국외원천소득이 있는 거주자나 내국법인에 대한 과세절차에 대해서는 법인세법이나 소득세법, 지방세법, 조세특례제한법 등에서 규정을 두고 있고, 국제적 이중과세방지를 위한 과세권의 조정이나 조세회피를 방지하기 위한 내용 등은 주로 조세조약에서 규정하고 있다.

그리고 국제거래와 관련된 과세조정에 관한 사항과 국가 간의 조세행정협조에 관한 사항을 규정함으로써 국가 간의 이중과세 및 조세회피를 방지하고 원활한 조세협력을 도모하기 위해 제정된 국제조세조정에관한법률에서는 주로 이전가격세제와 과소자본 과세제도, 조세피난처의 법인소득에 관한 과세조정제도, 상호합의절차, 국가 간의 조세협력 등에 대해 규정하고 있다.

이렇듯 국제조세 업무를 하기 위해서는 국내세법뿐만 아니라 관련국과의 조세조약도 함께 검토해야 한다. 이런 이유로 세무실무를 하는 실무자뿐만 아니라 세무사나 회계사 등 많은 조세전문가조차 국제조세 업무를 접근하기가 쉽지 않은 복잡하고 어려운 분야로 인식하고 있는 듯하다.

이 책은 '국내세법 중심 국제조세 실무'라는 제목에서 보여주듯이 국제조세 관련 업무 이슈에 익숙하지 않은 세무실무자나 조세전문가가 국제조세 업무 전반에 대해 쉽게 이해하고 관련 업무를 수행할 수 있도록 도움을 주고자 국내세법 규정들을 중심으로 집필했다. 따라서 국제조세 분야의 거대담론이라고 할 수 있는 이전가격세제나 조세피난처 과세제도 등 특정부분에 대하여 이론적이고 깊이 있는 설명을 하기보다는 국제조세와 관련된 실무적인 내용을 중심으로 쉽게 풀어 쓰고자 했다.

이를 위해 Part 1에서는 국제조세에 대한 전반적인 내용과 조세조약에 대하여 간단히 설명했고, Part 2에서는 비거주자나 외국법인의 국내원천소득에 대한 과세문제와 관련하여 거주자와 비거주자에 대한 과세방법과 내국법인과 외국법인에 대한 과세방법, 국내사업장의 판정문제, 국내사업장 등이 없는 비거주자나 외국법인의 국내원천소득에 대한 원천징수문제, 국외전출자의 주식양도세와 국내자금의 국외송금절차 등을 주로 다루었다. 그리고 Part 3에서는 거주자나 내국법인의 해외투자와 관련하여 해외투자의 신고, 해외현지법인 명세서와 해외금융계좌 등 관련 자료의 제출, 해외진출기업에 대한 세무와 국외원천소득에 대한 이중과세 조정방법 등에 대하여 설명했다. 마지막으로 Part 4에서는 주로 국제조세조정에관한법률에서 규정하고 있는 이전가격세제와 조세피난처 과세제도, 과소자본 과세제도, 상호합의절차와 국가 간 조세협력 등에 대한 내용을 정리했다.

아무쪼록 이 책이 국제조세와 관련된 업무를 하는 실무자가 해당 내용을 쉽게 이해하고 실무를 하는 데 참고가 되었으면 한다. 이 책이 나오기까지 많은 도움을 주신 조세통람 임직원 여러분께 진심으로 감사드리고, 항상 이해와 희생을 감내해 주는 가족과 사무실 직원에게도 미안함과 고마움을 전한다.

2020년 5월

저자 이동기

일러두기

국조법	국제조세조정에 관한 법률
국조령	국제조세조정에 관한 법률 시행령
국조칙	국제조세조정에 관한 법률 시행규칙
국조통	국제조세조정에 관한 법률 기본통칙
국조집행	국제조세조정에 관한 법률 집행기준
국조사무규정	국제조세사무처리규정
소득법	소득세법
소득령	소득세법 시행령
소득칙	소득세법 시행규칙
소득통	소득세법 기본통칙
소득집행	소득세법 집행기준
법인법	법인세법
법인령	법인세법 시행령
법인칙	법인세법 시행규칙
법인통	법인세법 기본통칙
법인집행	법인세법 집행기준
조특법	조세특례제한법
조특령	조세특례제한법 시행령
조특칙	조세특례제한법 시행규칙
부가법	부가가치세법
부가령	부가가치세법 시행령
부가칙	부가가치세법 시행규칙
부가통	부가가치세법 기본통칙
부가집행	부가가치세법 집행기준
상증법	상속세 및 증여세법
상증령	상속세 및 증여세법 시행령
상증칙	상속세 및 증여세법 시행규칙
상증집행	상속세 및 증여세법 집행기준
상증사무규정	상속세 및 증여세 사무처리규정
증권법	증권거래세법
외환규정	외국환거래규정
외투법	외국인투자 촉진법
외투령	외국인투자 촉진법 시행령
외투칙	외국인투자 촉진법 시행규칙
외환법	외국환거래법
외환령	외국환거래법 시행령
공통경비고시	외국기업 본점 등의 공통경비 배분방법 및 제출서류에 관한 고시[국세청 고시 제2018-38호(2018.9.1.)]

Contents

Part 1 | 총 설

Chapter 01 국제조세의 개요 • 18

Ⅰ 국제조세란 무엇인가? | 18

Ⅱ 국제조세 관련 규정의 체계 | 19

1. 법인세법 / 19
2. 소득세법 / 20
3. 국제조세조정에관한법률 / 20
4. 조세특례제한법 / 21
5. 지방세법 및 지방세특례제한법 / 21
6. 조세조약 / 21
7. BEPS(세원잠식·소득이전) 방지 다자협약 / 22

Ⅲ 조세조약의 적용대상과 국내세법과의 관계 등 | 24

1. 조세조약의 적용대상 / 24
2. 조세조약과 국내세법과의 관계 / 25
3. 모델조세조약의 내용 / 26

Chapter 02 국제적 과세원칙과 이중과세 • 38

Ⅰ 과세관할과 이중과세의 발생 | 38

Ⅱ 국제적 이중과세의 조정 | 39

1. 일반적인 이중과세 조정방법 / 39
2. 현행 세법상 이중과세 조정제도 / 41

Contents

Part 2 | 국내원천소득에 대한 과세

Chapter 01 거주자와 비거주자 • 44

Ⅰ 거주자와 비거주자의 구분 | 44

1. 거주자와 비거주자의 판정기준 / 45
2. 이중거주자에 해당하는 경우 / 47

Ⅱ 거주자와 비거주자의 과세소득의 범위 | 49

1. 일반적인 경우의 과세소득의 범위 / 49
2. 거주자나 비거주자로 변경되는 경우 / 50

Ⅲ 비거주자에 대한 과세방법 | 52

1. 국내사업장이나 부동산소득이 있는 경우 : 종합과세 / 52
2. 국내사업장이 없는 경우 등 : 분리과세 / 52
3. 퇴직소득이나 양도소득이 있는 경우 : 분류과세 / 53

Chapter 02 내국법인과 외국법인 • 54

Ⅰ 내국법인과 외국법인의 구분 | 54

1. 내국법인 / 54
2. 외국법인 / 54
3. 외국계법인의 구분 / 55

Ⅱ 외국계법인의 설립절차 | 57

1. 국내지사의 설치 / 57
2. 외투법인의 설립 / 65

Ⅲ 내국법인과 외국법인의 과세소득의 범위 | 78

1. 내국법인의 과세소득의 범위 / 78
2. 외국법인의 과세소득의 범위 / 78

Ⅳ 외국법인에 대한 과세방법 | 79

1. 국내사업장이나 부동산소득이 있는 경우 : 종합과세 / 79
2. 국내사업장이 없는 경우 등 : 분리과세 / 80

Ⅴ 외국기업 본점 등의 공통경비 배분 | 81

1. 공통경비의 배분원칙 / 81
2. 경비배분액의 계산방법 / 81

3. 외화의 원화환산방법 / 82
4. 서류제출 및 입증책임 / 82

Ⅵ 지점세의 과세 | 83

1. 지점세의 취지 / 83
2. 지점세의 계산 / 84
3. 지점세의 세율 / 85

Ⅶ 이익금의 송금 | 87

1. 지점의 경우 / 87
2. 외투법인의 경우 / 89

Chapter 03 국내사업장 • 90

Ⅰ 개요 | 90

Ⅱ 국내사업장의 범위 | 91

1. 현행 세법상 고정사업장의 일반적인 범위 / 91
2. 고정된 장소가 없어도 국내사업장을 둔 것으로 보는 경우 / 93

Ⅲ 국내사업장에 포함되지 않는 경우와 포함되는 경우 | 94

1. 국내사업장에 포함되지 않는 경우 / 94
2. 국내사업장에 포함되는 경우 / 95
3. 고정사업장으로 보지 않는 독립대리인 / 96
4. 특수관계기업의 국내사업장 해당 여부 / 97
5. 파견된 종업원의 근로장소 등을 고정사업장으로 볼 수 있는지 여부 / 97

Chapter 04 국내원천소득에 대한 원천징수 • 99

Ⅰ 국내원천소득에 대한 과세 시 유의사항 | 99

1. 국내원천소득 해당 여부 파악 / 99
2. 조세조약 유무 확인 / 99
3. 면세소득 해당 여부 / 100
4. 국내사업장에의 귀속 여부 / 100
5. 세금공제 후의 금액을 지급하기로 약정한 경우의 과세표준의 계산 / 101

Contents

Ⅱ 과세대상 국내원천소득의 유형과 원천징수 ❘ 103

1. 이자소득 / 104
2. 배당소득 / 107
3. 부동산소득 / 108
4. 선박 등 임대소득 / 109
5. 사업소득 / 110
6. 인적용역소득 / 114
7. 근로소득 / 119
8. 퇴직소득 / 121
9. 연금소득 / 122
10. 부동산 등 양도소득 / 123
11. 사용료소득 / 127
12. 유가증권 양도소득 / 131
13. 기타소득 / 136

Ⅲ 제한세율의 적용과 비과세 등의 신청 ❘ 140

1. 제한세율의 적용 / 140
2. 국내원천소득에 대한 비과세 등의 신청 / 150

Ⅳ 비거주 연예인 등의 용역제공에 대한 원천징수절차 특례 ❘ 158

1. 개요 / 158
2. 비과세 외국법인에 국내원천소득을 지급하는 경우 / 158
3. 비과세 외국법인이 비거주 연예인 등에게 보수를 지급하는 경우 / 159
4. 환급신청과 그 결정 / 159
5. 서류의 제출 / 160

Chapter 05 국내원천 관련 기타 문제 • 164

Ⅰ 국외전출자 주식 등에 대한 양도소득세 ❘ 164

1. 국외전출세의 납세의무자 / 165
2. 국외전출세의 과세대상 / 166
3. 국외전출세의 과세표준 / 166
4. 국외전출세의 산출세액과 조정공제 등 / 167
5. 국외전출세의 신고·납부 및 가산세 등 / 169
6. 국외전출세의 납부유예 / 170
7. 재전입 등에 따른 국외전출세의 환급 등 / 171

Ⅱ 유가증권 양도에 대한 증권거래세 | 172

1. 증권거래세의 납세의무자 / 172
2. 증권거래세의 납세지 / 174
3. 비거주자 등에 대한 증권거래세의 거래징수 / 174

Ⅲ 국내제공 용역 등에 대한 부가가치세 대리납부 | 175

1. 부가가치세의 징수 / 176
2. 대리납부세액의 계산 / 177
3. 대리납부신고서의 제출과 납부 / 179
4. 용역 등을 과세사업과 면세사업 등에 공통으로 사용하는 경우 / 179
5. 외화로 대가를 지급하는 경우 / 180

Ⅳ 국내부동산 매각대금 등 국내자금의 국외송금 | 182

1. 비거주자의 국내부동산 등 매각대금의 국외지급절차 / 182
2. 재외동포의 국내재산 반출절차 / 183
3. 해외이주비의 지급절차 / 184
4. 국외송금을 위한 증명서류의 발급 / 185

Part 3 | 해외투자에 대한 과세

Chapter 01 해외투자에 대한 관리 • 194

Ⅰ 해외투자의 신고 | 194

1. 해외직접투자 / 195
2. 해외지사의 설치 / 201
3. 외국부동산의 취득 / 205
4. 현지금융 / 210

Ⅱ 해외직접투자 및 해외부동산 등에 대한 자료제출 | 212

1. 해외현지법인 등에 대한 자료제출 의무 / 212
2. 해외현지법인 등에 대한 자료제출 의무 불이행에 대한 제재 / 215
3. 자료제출 의무 불이행에 대한 과태료 부과기준과 불복가능 여부 / 217

Contents

Ⅲ 해외현지기업에 대한 고유번호 부여 및 관리 | 226

1. 해외현지기업의 고유번호 부여 / 226
2. 해외현지기업 고유번호증의 발급 및 관리와 청산 처리 / 227

Ⅳ 해외금융계좌의 신고 | 229

1. 해외금융계좌의 신고의무자 및 신고대상계좌의 범위 등 / 229
2. 해외금융계좌 신고의무 불이행에 대한 과태료 / 234
3. 해외금융계좌정보의 비밀유지 / 236
4. 해외금융계좌정보의 수정신고 및 기한 후 신고 / 236

Chapter 02 해외투자에 대한 세무 • 242

Ⅰ 해외진출기업에 대한 세무 | 242

1. 해외진출형태의 결정과 장단점 / 242
2. 해외현지법인에 대한 세무 / 245
3. 해외지사에 대한 세무 / 249
4. 해외주재원에 대한 세무 / 253
5. 국외의 비거주자 등으로부터 직접 받는 용역대가에 대한 과세 / 257

Ⅱ 국외자산에 대한 세무 | 261

1. 국외자산의 취득 및 보유에 대한 세무 / 262
2. 국외자산 양도에 대한 세무 / 266

Ⅲ 국외재산에 대한 증여세 과세특례 | 275

1. 증여세의 납세의무 / 275
2. 국외증여재산의 시가산정 / 276
3. 외국납부세액의 공제 / 277
4. 국외재산증여에 대한 증여세 과세 시 준용규정 / 279

Chapter 03 국외원천소득에 대한 이중과세의 조정 • 281

Ⅰ 개요 | 281

Ⅱ 국제적 이중과세 조정방식 | 282

1. 외국납부세액의 손금(필요경비)산입 방식 / 282
2. 외국납부세액공제 방식 / 282
3. 외국납부세액의 범위 / 287
4. 외국납부세액의 공제시기 / 288

Part 4 | 국제거래에 대한 조정 등

Chapter 01 이전가격세제 • 294

Ⅰ 개요 | 294

Ⅱ 정상가격에 의한 과세조정과 신고 등 | 295

1. 정상가격에 의한 과세조정 / 295
2. 정상가격에 의한 신고 등 / 296
3. 과세조정 등의 경우의 기준가격 / 296

Ⅲ 정상가격의 산출방법 | 298

1. 정상가격 산출방법의 유형과 선택 등 / 298
2. 정상가격에 대한 실질과세의 적용 / 307
3. 정상가격 산출방법 신고서 등의 제출 / 309

Ⅳ 정상가격 사전승인제도 | 328

1. 정상가격 산출방법의 승인신청 / 328
2. 정상가격 산출방법의 사전승인 / 329
3. 정상가격 산출방법의 소급적용 / 329
4. 연례보고서의 제출 / 330
5. 사전승인의 취소 등 / 330

Ⅴ 정상원가분담액 등에 의한 과세조정 | 332

1. 정상원가분담액에 의한 과세조정 / 332
2. 실현기대편익에 의한 과세조정 / 332
3. 원가 등의 분담액 조정 명세서의 제출 / 333

Ⅵ 이전가격세제적용으로 인한 소득처분 및 세무조정 | 335

1. 임시유보처분 / 335
2. 반환되지 않은 경우의 소득처분 및 세무조정 / 335
3. 익금에 산입되는 금액의 반환확인 / 336

Ⅶ 소득금액계산의 특례 및 과세가격조정을 위한 경정청구 | 340

1. 이전가격세제적용으로 인한 소득금액계산의 특례 / 340
2. 국세의 정상가격과 관세의 과세가격 간 조정을 위한 경정청구 / 340
3. 국제거래가격에 대한 과세의 조정신청 / 341

Contents

Chapter 02 조세피난처 과세제도 • 344

Ⅰ 개요 | 344

Ⅱ 특정외국법인의 유보소득의 배당간주 | 345

1. 적용대상 특정외국법인 및 내국인의 범위 / 345
2. 조세피난처 과세제도가 적용되지 않는 경우 등 / 345
3. 배당가능 유보소득과 배당간주금액 / 347

Ⅲ 배당금액의 익금귀속시기와 실제배당금액의 익금불산입 등 | 349

1. 배당금액의 익금귀속시기 및 경정청구 / 349
2. 실제배당금액의 익금불산입 등 / 349

Ⅳ 해외지주회사에 대한 특례 | 351

Ⅴ 특정외국법인에 대한 자료제출 | 352

Chapter 03 과소자본 과세제도 • 356

Ⅰ 개요 | 356

Ⅱ 배당으로 간주된 이자의 손금불산입 | 356

1. 손금불산입액의 계산과 처분 / 356
2. 손금불산입하지 않는 경우 / 357
3. 원천징수세액의 조정 / 357

Ⅲ 제3자 개입 차입거래 | 358

Ⅳ 소득대비 과다이자비용의 손금불산입 | 358

1. 손금불산입액의 계산과 소득처분 / 358
2. 손금불산입규정의 적용제외 대상과 손금불산입 순서 / 359
3. 순이자비용에 대한 조정명세서의 제출 / 359

Ⅴ 혼성금융상품 거래에 따른 이자비용의 손금불산입 | 362

1. 적용대상 및 소득처분 / 362
2. 적용요건 / 362
3. 손금불산입과 과세소득포함 시 손금산입 / 363
4. 이자비용에 대한 조정명세서의 제출 / 364

Chapter 04 상호합의절차 • 366

Ⅰ 상호합의절차의 요건 등 | 366

1. 상호합의절차의 개시 요건 / 366
2. 상호합의절차의 개시일과 종료일 / 368
3. 상호합의 결과의 시행과 확대적용 / 369

Ⅱ 불복신청기간과 징수유예 등의 적용특례 | 373

1. 불복신청기간과 징수유예 등의 적용특례 / 373
2. 부과제척기간의 특례 / 375

Chapter 05 국가 간 조세협력 • 377

Ⅰ 조세징수의 위탁 | 377

1. 조세징수에 필요한 조치의 요청과 조세징수의 위탁 / 377
2. 위탁받은 조세징수의 처리절차 / 378

Ⅱ 조세정보 및 금융정보의 교환 | 381

1. 조세정보의 교환 및 금융정보의 제공 요구 / 381
2. 금융거래정보의 제공요구서 및 정보제공 내용 통지서 등 / 382
3. 금융정보의 누설금지 등과 과태료 / 384
4. 조세정보교환협정 체결현황 등 / 385

Ⅲ 세무조사의 협력 | 388

1. 체약상대국에 세무조사 요청 / 388
2. 체약상대국이 요청한 세무조사 요청의 수락 / 388
3. 권한 있는 당국 간의 합의 / 388

부 록 체약국별 제한세율 • 389

Part 1

총 설

Chapter 01 국제조세의 개요

Chapter 02 국제적 과세원칙과 이중과세

Chapter 01

국제조세의 개요

I 국제조세란 무엇인가?

세계경제의 글로벌화로 인해 과거와는 달리 국가 간의 자본이나 기술, 인력 등의 교류가 쉽고 많아지면서 국제조세문제가 갈수록 중요한 이슈가 되고 있다. 일반적으로 국제조세(International Tax 또는 International Taxation)란 두 나라 이상의 과세권이 행사됨에 따라 발생하는 과세문제를 일컫는데, 크게는 비거주자 및 외국법인의 국내원천소득에 대한 과세문제, 다국적 기업들의 조세회피와 관련된 이전가격세제(Transfer Pricing Regime), 조세피난처 과세제도(Anti-Tax Haven Rules 또는 Controlled Foreign Corporation Rules), 과소자본 과세제도(Thin Capitalization Rules) 등이 국제조세에서 주로 다루어지는 분야들이다. 그리고 연예인이나 운동선수 등 개인뿐만 아니라 법인도 다른 나라로 진출해 활동하고 사업을 하면서 여러 나라에서 동시에 소득을 발생시키는 경우가 많아지고 있는데, 이러한 소득에 대해서 국가 간 과세권의 범위문제와 함께 소득자의 입장에서도 하나의 소득에 대한 이중과세 문제가 발생하게 된다. 특히, 거주자인지 비거주인지 또는 내국법인인지 외국법인인지에 따라 과세대상과 과세방법이 달라지고, 또한 비거주자나 외국법인의 국내원천소득에 대해서는 국내법뿐만 아니라 관련국과의 조세조약도 함께 검토가 되어야 하므로 국제조세와 관련해서는 여러 가지 문제들을 복합적으로 검토해야 하는 경우가 많다.

Ⅱ 국제조세 관련 규정의 체계

국제조세와 관련해서는 법인세법이나 소득세법 등 국내세법과 조세조약 등에 관련 규정들이 산재되어 있다. 특히, 우리나라의 경우 국제거래에 관한 조세의 조정에 관한 사항과 국가 간의 조세행정협조에 관한 사항을 규정함으로써 국가 간의 이중과세 및 조세회피를 방지하고 원활한 조세협력을 도모하기 위해 국제조세조정에관한법률이 별도로 제정되어 있다. 국제조세조정에관한법률에서는 주로 이전가격세제와 과소자본 과세제도, 조세피난처의 법인소득에 관한 과세조정제도, 상호합의절차, 국가 간의 조세협력 등에 대해 규정하고 있다. 그리고 국내원천소득이 있는 비거주자나 외국법인에 대한 과세절차나 국외원천소득이 있는 거주자나 내국법인에 대한 과세절차에 대해서는 법인세법이나 소득세법, 조세특례제한법 등에서 규정을 하고 있고, 조세조약에서는 국제적 이중과세방지를 위한 과세권의 조정이나 조세회피를 방지하기 위한 내용 등을 규정하고 있다. 비거주자나 외국법인에 대한 과세 등 국제조세와 관련된 내용들을 규정하고 있는 국내세법과 조세조약의 주요 내용들을 살펴보면 다음과 같다.

1. 법인세법

법인세법에서는 제4장에서 외국법인의 각 사업연도의 소득에 대한 법인세를 규정하고 있는데, 국내사업장이 있는 외국법인의 각 사업연도의 국내원천소득금액의 계산에 관해서는 내국법인에 대한 대부분의 규정들이 준용된다. 그리고 법인세법 제53조에서는 내국법인의 외국법인 등과의 거래에 대한 소득금액계산의 특례를 규정하고 있는데, 납세지 관할 세무서장 등은 우리나라가 조세조약의 상대국과 그 조세조약의 상호합의 규정에 따라 내국법인이 국외에 있는 지점·비거주자 또는 외국법인과 한 거래의 거래금액에 대하여 권한 있는 당국 간에 합의를 하는 경우에는 그 합의에 따라 그 법인의 각 사업연도의 소득금액을 조정하여 계산할 수 있는 것으로 규정하고 있다. 그리고 법인세법 제121조의 2에서는 해외현지법인 등에 대한 자료제출 의무에 대하여, 법인세법 제121조의 4에서는 해외현지법인 등의 자료제출 의무 불이행 시 취득자금 출처에 대한 소명에 대하여, 법인세법 제123조에서는 해외현지법인 등의 자료제출 의무 불이행 등에 대한 과태료를 규정하고 있다.

2. 소득세법

소득세법에서는 제3장 제10절에서 거주자의 국외자산 양도에 대한 양도소득세를 규정하고 있고, 제11절에서는 거주자의 출국 시 국내 주식 등에 대한 과세 특례에 대하여 규정하고 있다. 또한, 소득세법 제4장에서는 비거주자의 소득세 납세의무에 대하여 규정하고 있는데, 비거주자의 경우에도 국내사업장이 있는 경우 사업소득의 계산 등에 있어서 소득세법상 거주자에 대한 규정들이 많이 준용되고 있다. 그리고 원천징수의 특례에 대하여 규정하고 있는 제5장 제3절에서는 국내사업장이 없는 비거주자의 국내원천소득에 대한 원천징수와 그 특례에 대하여 규정하고 있다. 한편, 소득세법 제42조에서는 법인세법과 마찬가지로 거주자의 비거주자 등과의 거래에 대한 소득금액계산의 특례를 규정하고 있고, 소득세법 제165조의 2에서는 해외현지법인 등에 대한 자료제출 의무에 대하여, 소득세법 제165조의 4에서는 해외현지법인 등의 자료제출 의무 불이행 시 취득자금 출처에 대한 소명에 대하여, 소득세법 제176조에서는 해외현지법인 등의 자료제출 의무 불이행 등에 대한 과태료를 규정하고 있다.

3. 국제조세조정에관한법률

국제조세조정에관한법률에서는 국가 간의 이중과세 및 조세회피를 방지하고 원활한 조세협력을 도모하기 위해, 제2장에서 국외특수관계인과의 거래에 대한 과세조정(이전가격 과세제도), 제3장에서는 국외지배주주 등에게 지급하는 이자에 대한 과세조정(과소자본 과세제도), 제4장에서 특정외국법인의 유보소득에 대한 합산과세(조세피난처 과세제도), 제5장에서 국외증여에 대한 증여세 과세특례, 제6장에서 상호합의절차, 제7장에서 국가 간 조세협력, 제8장에서는 해외금융계좌의 신고 등에 대하여 규정하고 있다.

4. 조세특례제한법

조세특례제한법은 제2장 제3절에서 국제자본거래에 대한 조세특례를 규정하고 있고, 제5장에서는 외국인투자 등에 대한 조세특례를 규정하고 있다. 한편, 2018년 말 세법 개정으로 그동안 조세특례제한법에서 규정하고 있던 외국인 투자기업에 대한 법인세와 소득세의 감면규정은 2019년부터 폐지되었는데, 그 배경을 보면, EU가 2017년 12월 우리나라의 외국인 투자기업에 대한 법인세와 소득세 감면제도가 비거주자나 외국법인에게만 적용돼 EU의 공평과세 원칙에 어긋난다고 지적하면서 한국을 조세분야 비협조지역으로 지정했고, 이에 정부는 특혜 논란이 있었던 외국 투자기업에 대한 조세감면제도를 2018년 말 폐지함으로써 EU의 조세 비협조국 블랙리스트에서 제외되었던 것이다. 그 밖에도 조세특례제한법은 제18조에서 외국인기술자에 대한 소득세의 감면, 제18조의 2에서 외국인근로자에 대한 과세특례, 제100조의 24에서 비거주자 또는 외국법인인 동업자에 대한 원천징수, 제141조의 2에서 비거주자 등의 보세구역 물류시설의 재고자산 판매이익에 대한 과세특례 등에 대하여 규정하고 있다.

5. 지방세법 및 지방세특례제한법

지방세법에서는 제8장 제4절에서 비거주자의 국내원천소득에 대한 지방소득세를 규정하고 있고, 제9절에서는 외국법인의 각 사업연도의 소득에 대한 지방소득세를 규정하고 있는데 과세대상과 과세방법 등은 대부분 소득세법이나 법인세법의 규정을 준용하도록 하고 있다. 그리고 지방세특례제한법 제3장 제4절에서는 국제자본거래에 대한 특례를 규정하고 있고, 제153조에서는 외국인투자에 대한 개인지방소득세 등의 감면에 대하여 규정하고 있다.

6. 조세조약

일반적으로 조세조약은 소득 및 자본에 관한 조세의 이중과세회피 및 탈세방지를 위해 국가 간에 체결된다. '조세조약'의 정식명칭은 '소득 및 자본에 관한 조세의 이중과세회피 및 탈세방지를 위한 협약(Convention between (State A) and (State B) for the elimination of double taxation with respect to taxes on income and on capital and the prevention of tax evasion and avoidance)'인데, 실무적으로는 조세조약(Tax Treaty), 조세협약(Tax Convention), 조세협정(Tax Agreement), 이중과세협약(Double Taxation Convention), 이중과세방지협약(Convention on the Prevention of Double Taxation) 등으로 줄여 부르고 있다. 현행 국제조세조정에관한법률에서는 조세조약을 '소득·자본·재산에 대한 조세 또는 조세행정의 협력에 관하여 우리나라가 다른 나라와 체결한 조약·협약·협정·각서 등 국제법에 따라 규율되는 모든 유형의 국제적 합의'로 규정하고 있는데(국조법 §2 ① 2호), 조세조약의 목적은 다음과 같이 정리할 수 있다(국조집행 2-0-2 ②).

① 국가 간 과세권의 배분

② 국제적 이중과세의 방지

③ 조세회피와 탈세, 조약의 부당한 이용에 대한 대처

7. BEPS(세원잠식·소득이전) 방지 다자협약

최근 다국적기업들이 국가 간의 서로 다른 조세제도나 기존의 국제조세제도의 허점을 이용해 세원잠식과 소득이전(BEPS : Base Erosion and Profit Shifting)을 통한 조세회피행위를 함에 따라 경제협력개발기구(OECD)와 G20(Group of Twenty : 기존의 G7과 EU의장국에 12개의 신흥국들을 더한 주요 20개국을 말함)를 중심으로 국제적인 조세회피행위를 방지하고자 BEPS 프로젝트를 통해 여러 가지 제도들을 도입하고 있다. 그중에 각국 간에 양자 간의 조세조약으로 대응할 수 없는 조세회피 문제들에 대해 여러 국가가 동시에 대응하기 위한 '세원잠식·소득이전(BEPS) 방지 다자협약'[정식명칭은 '세원잠식 및 소득이전 방지 목적의 조세조약 관련 조치 이행을 위한 다자협약(Multilateral Convention to Implement Tax Treaty Related Measures to Prevent Base Erosion and Profit Shifting)']이 있는데, 우리나라 정부는 2017년 6월에 이 다자협약에 서명하고 2019년 12월 국회비준동의절차를 완료하였고, 최종적으로 2020년 5월 13일자로 OECD에 이에 대한 비준서를 제출하여 2020년 9월 1일부터 우리나라에서 발효된다. 이로써 우리나라가 다자협약에 가입한 다른 국가들과 체결한 조세조약에 대해서는 별도의 추가협상 없이 조세조약 관련 BEPS 대응방안이 자동적으로 반영된다. 이렇듯 BEPS 방지 다자협약이 시행됨으로써 조세조약에서 정하는 낮은 세율 등의 혜택을 주목적으로 하는 거래에 대해 그 혜택을 배제하는 규정을 통해 조세조약을 악용한 조세회피를 방지하고, 조세조약에 배치되는 과세처분에 대해 납세자가 이의를 제기할 수 있는 대상을 종전 납세자의 거주지국 과세당국에서 조세조약 양 당사국의 과세당국 중에서 납세자가 선택할 수 있도록 하여 분쟁해결절차가 개선되는 효과가 기대된다.

참고 BEPS 방지 다자협약의 주요 내용

- [1~2조] 다자협약의 적용대상

  다자협약 당사국 간 시행 중인 조약으로서 양 당사국이 다자협약 적용을 희망하는 조약

- [3~26조] 대상 조세조약에 반영될 BEPS 대응 규정

  ① 최소 기준[우리나라 조약에 적용(상대국 입장도 동일하다는 전제)]

  6조 : 탈세 등을 통한 이중비과세 방지 목적을 조약 서문에 명시

  7조 : 조약남용방지 규정

  16조 : 상호합의절차 개선

  17조 : 대응조정

  ② 기타(우리나라 조약에 미적용)

  3조 : 파트너십 등 투과과세단체를 통한 소득에 대한 조세조약 혜택 적용

  4조 : 이중거주지국을 갖는 법인의 조세조약상 거주성 판정 기준

  5조 : 소득면제방식 채택국의 이중비과세 방지

  8조 : 법인 간 배당 저세율 적용 요건 강화

  9조 : 부동산 주식의 양도소득 과세 요건 완화

  10조 : 제3국 고정사업장을 활용한 조세회피 방지

  11조 : 조세조약과 거주지국 국내법상 과세권 간 관계

  12~15조 : 고정사업장 구성 요건 악용 방지

  18~26조 : 강제적 중재

- [27~39조] 최종 규정 : 유보, 통보, 발효, 적용시기, 탈퇴 등 규정

Part 1

Ⅲ 조세조약의 적용대상과 국내세법과의 관계 등

1. 조세조약의 적용대상

우리나라가 체결한 대부분의 조세조약에서는 적용대상 조세를 법인세와 소득세 및 지방소득세 소득분(구 주민세) 등으로 규정하고 있는데, 부가가치세, 특별소비세 등의 간접세는 적용대상이 아니다. 또한, 조세조약에서는 적용대상이 되는 인적범위인 '거주자', '고정사업장'의 범위 및 '과세대상소득의 범위'와 '소득원천지국의 문제', '적용세율의 최고한도(제한세율)' 등에 대하여 규정하고 있다. 구체적으로 각국 간에 조세조약을 체결할 때는 일반적으로 모델조세조약을 기초로 하여 자국의 입장을 반영한 초안을 만들고 쌍방 간에 협상을 거쳐 최종 조세조약을 체결하는데, 기초가 되는 모델조세조약으로는 크게 OECD모델조약과 UN모델조약이 있다.

참고 조세조약 체결 현황(2020년 현재)

가봉, 그리스, 남아프리카공화국, 네덜란드, 네팔, 노르웨이, 뉴질랜드, 덴마크, 독일, 라오스, 라트비아, 러시아, 루마니아, 룩셈부르크, 리투아니아, 말레이시아, 멕시코, 모로코, 몰타, 몽골, 미국, 미얀마, 바레인, 방글라데시, 베네수엘라, 베트남, 벨기에, 벨라루스, 불가리아, 브라질, 브루나이, 사우디아라비아, 세르비아, 스리랑카, 스웨덴, 스위스, 스페인, 슬로바키아, 슬로베니아, 싱가포르, 아랍에미리트, 아이슬란드, 아일랜드, 아제르바이잔, 알바니아, 알제리, 에스토니아, 에콰도르, 에티오피아, 영국, 오만, 오스트리아, 요르단, 우루과이, 우즈베키스탄, 우크라이나, 이란, 이스라엘, 이집트, 이탈리아, 인도, 인도네시아, 일본, 조지아, 중국, 체코, 칠레, 카자흐스탄, 카타르, 캐나다, 케냐, 콜롬비아, 쿠웨이트, 크로아티아, 키르기즈, 타지키스탄, 태국, 터키, 투르크메니스탄, 튀니지, 파나마, 파키스탄, 파푸아뉴기니, 페루, 포르투갈, 폴란드, 프랑스, 피지, 핀란드, 필리핀, 헝가리, 호주, 홍콩

2. 조세조약과 국내세법과의 관계

소득세법과 법인세법 등 우리나라 현행 세법에서는 비거주자나 외국법인의 국내원천소득으로 과세되는 소득의 유형을 일일이 열거하면서 그 과세방법에 대해서도 규정하고 있는데, 우리나라가 체결한 각국과의 조세조약을 보면 일부 소득에 대하여 국내세법과 다르게 개념정의를 하면서 과세방식에 대해서도 다르게 규정하고 있는 경우가 있다. 이처럼 국내세법과 조세조약에서 소득의 유형과 과세방식을 다르게 규정하고 있는 경우 어떤 규정이 우선하는지의 문제가 발생할 수 있다.

(1) 조세조약의 우선 적용

조세조약은 이중과세회피와 탈세방지를 주된 목적으로 하여 '체약국 간의 과세권의 배분문제'를 주요대상으로 하고 있으므로 양 체약국의 거주자에 국한하여 적용되며, 또한 특정 소득에 대한 과세문제를 특별히 규정하고 있으므로 조세조약은 국내세법에 대한 특별법 관계에 있다고 할 수 있다. 헌법에서 조약은 국내 법률과 같은 위치로 보는데, 일반적으로 조약은 특별법 우선원칙에 따라 국내 법률보다 우선적으로 적용된다고 본다. 국제조세조정에관한법률에서도 '조세조약에서 용어 및 문구에 대하여 정의하지 아니한 경우에는 국세기본법 제2조 제2호에 따른 세법에서 정의하거나 사용하는 의미에 따라 조세조약을 해석·적용'하는 것으로 규정하고 있다(국조법 §3의 2). 따라서 조세조약과 국내세법의 내용이 서로 상이한 경우는 일반적으로 조세조약이 우선하여 적용된다고 해석한다. 이처럼 원칙적으로 국내세법과 조세조약의 규정이 상이할 경우 조세조약의 규정이 우선하기 때문에 비거주자나 외국법인이 국내에서 소득을 발생시키는 경우에는 국내세법뿐만 아니라 해당 국가와의 조세조약도 반드시 검토해야 한다. 또한, 조세조약 체결이 안 된 국가도 많이 있는데 이런 경우에는 그 비거주자나 외국법인의 국내원천소득은 국내세법에 따라 과세되어야 하기 때문에 조세조약의 존재여부가 매우 중요하다.

한편, 그동안 국제조세조정에관한법률 제28조에서 비거주자 또는 외국법인의 국내원천소득의 구분에 관하여는 소득세법 제119조 및 법인세법 제93조에도 불구하고 조세조약이 우선하여 적용되는 것으로 규정하고 있던 것을, 2018년 말 세법 개정 시에 삭제했는데 정부의 개정 이유에 따르면, 비거주자 또는 외국법인의 국내원천소득의 구분에 대하여 국내법보다 조세조약이 우선하여 적용되도록 규정하고 있어 조세조약상 소득구분이 국내법상 소득구분을 결정하는 것으로 오해할 소지가 있으므로 이 조문을 삭제하게 된 것이라고 한다. 즉, '조세조약상의 소득구분의 우선적용'을 규정하고 있던 국제조세조정에관한법률 제28조가 삭제됐다고 하더라도 조세조약이 국내세법에 우선하여 적용되는 것은 변함이 없는 것이다.

(2) 조세조약에 규정되지 않은 사항 등에 대한 취급

조세조약은 체약국 간의 거래에서 발생되는 소득에 대한 과세권을 양국에 어떻게 배분할 것인지에 관하여 일반적이고 원칙적인 내용만을 규정하고 있으므로, 조세조약에서 규정하고 있지 않은 사항과 그 조약의 시행에 관한 구체적 절차에 대하여는 국내세법을 따르게 된다. 즉, 조세조약상 과세대상이더라도 국내세법상 과세되지 아니하는 경우는 국내에서 과세되지 아니하며, 조세조약상 과세대상이 아니면 국내세법상 과세대상이더라도 국내에서 과세되지 않는다. 결국 조세조약에 규정되어 있더라도 특별히 명시되지 않는 한 일반적으로는 국내세법의 구체적인 적용방법, 절차 등에 의하여 과세된다.

국내세법과 조세조약의 과세범위에 차이가 있을 때 국내에서 과세되는지 여부에 대하여 정리하면 다음 표와 같다.

┃ 국내세법과 조세조약의 과세범위 차이에 따른 국내 과세여부(국조집행 2-0-2 ③) ┃

국내세법	조세조약	국내 과세여부
과세대상	과세대상 아님	과세 안 함
과세대상 아님	과세대상	과세 안 함
과세대상	과세대상	과세함

3. 모델조세조약의 내용

모델조세조약으로 OECD모델과 UN모델이 있는데, OECD모델조약은 소득원천지국의 과세권을 제한하는 방향으로 규정되어 있어 해외진출을 많이 하는 선진국에 유리하게 규정되어 있다. 따라서 해외에 자금을 투자하거나 기술을 이전하여 투자소득이나 사용료소득 등이 많은 국가의 경우에는 조세조약을 체결할 때 OECD모델조약을 기초로 하여 자국에 유리한 방향으로 조약을 체결하려 할 것이다. 이에 비해 UN모델조약은 소득원천지국의 과세권을 강화하는 방향으로 규정되어 있어 주로 선진국으로부터 투자를 유치하고 대가를 지급하는 중진국이나 후진국에 유리하게 규정되어 있다. 따라서 국외로부터 자금이나 기술을 유치하여 이자나 배당, 사용료 등을 지급하는 국가의 경우 조세조약을 체결할 때 UN모델조약을 기초로 하여 자국에 유리한 방향으로 조약을 체결하려 할 것이다.

(1) 모델조세조약의 목차

① OECD모델조세조약

영문 목차	국문 목차
Chapter I Scope of the Convention	제1장 조약의 범위
Article 1 Persons covered	제1조 인적 범위
Article 2 Taxes covered	제2조 대상 조세
Chapter II Definitions	제2장 정의
Article 3 General definitions	제3조 일반적 정의
Article 4 Resident	제4조 거주자
Article 5 Permanent establishment	제5조 고정사업장
Chapter III Taxation of Income	제3장 소득에 대한 과세
Article 6 Income from immovable property	제6조 부동산소득
Article 7 Business profits	제7조 사업소득
Article 8 International shipping and air transport	제8조 국제 해상운수와 항공운수
Article 9 Associated enterprises	제9조 특수관계기업
Article 10 Dividends	제10조 배당
Article 11 Interest	제11조 이자
Article 12 Royalties	제12조 사용료
Article 13 Capital gains	제13조 양도소득

영문 목차	국문 목차
Article 14 Independent personal services(Deleted)	제14조 독립적 인적용역(삭제)
Article 15 Income from employment	제15조 근로소득
Article 16 Directors' fees	제16조 이사의 보수
Article 17 Entertainers and sportspersons	제17조 연예인 및 운동선수
Article 18 Pensions	제18조 연금
Article 19 Government service	제19조 공무원
Article 20 Students	제20조 학생
Article 21 Other income	제21조 기타소득
Chapter IV Taxation of Capital	제4장 자본에 대한 과세
Article 22 Capital	제22조 자본
Chapter V Methods for Elimination of Double Taxation	제5장 이중과세 배제의 방법
Article 23A Exemption method	제23조의A 면제방식
Article 23B Credit method	제23조의B 세액공제방식
Chapter VI Special Provisions	제6장 특별규정
Article 24 Non-discrimination	제24조 무차별
Article 25 Mutual agreement procedure	제25조 상호합의절차
Article 26 Exchange of information	제26조 정보교환
Article 27 Assistance in the collection of taxes	제27조 조세징수에 대한 협조
Article 28 Members of diplomatic missions and consular posts	제28조 외교관 및 영사관
Article 29 Entitlement to benefits	제29조 수혜권
Article 30 Territorial extension	제30조 적용지역 확대
Chapter VII Final Provisions	제7장 최종 규정
Article 31 Entry into force	제31조 효력의 발생
Article 32 Termination	제32조 종료

② UN모델조세조약

영문 목차	국문 목차
Chapter I Scope of the Convention	제1장 조약의 범위
Article 1 Persons covered	제1조 인적 범위
Article 2 Taxes covered	제2조 대상 조세
Chapter II Definitions	제2장 정의
Article 3 General definitions	제3조 일반적 정의
Article 4 Resident	제4조 거주자
Article 5 Permanent establishment	제5조 고정사업장
Chapter III Taxation of Income	제3장 소득에 대한 과세
Article 6 Income from immovable property	제6조 부동산소득
Article 7 Business profits	제7조 사업소득
Article 8 International shipping and air transport(alternative A and B)	제8조 국제 해상운수와 항공운수(A 또는 B 선택)
Article 9 Associated enterprises	제9조 특수관계기업
Article 10 Dividends	제10조 배당
Article 11 Interest	제11조 이자
Article 12 Royalties	제12조 사용료
Article 12A Fees for technical services	제12조의A 기술료
Article 13 Capital gains	제13조 양도소득
Article 14 Independent personal services	제14조 독립적 인적용역
Article 15 Dependent personal services	제15조 종속적 인적용역
Article 16 Directors' fees and remuneration of top-level managerial officials	제16조 이사 및 고급관리직의 보수
Article 17 Artistes and sportspersons	제17조 예술가 및 운동선수
Article 18 Pensions and social security payments (alternative A and B)	제18조 연금 및 사회보장 급부 (A 또는 B 선택)

영문 목차	국문 목차
Article 19 Government service	제19조 공무원
Article 20 Students	제20조 학생
Article 21 Other income	제21조 기타소득
Chapter Ⅳ Taxation of Capital	제4장 자본에 대한 과세
Article 22 Capital	제22조 자본
Chapter Ⅴ Methods for Elimination of Double Taxation	제5장 이중과세 배제의 방법
Article 23A Exemption method	제23조의A 면제방식
Article 23B Credit method	제23조의B 세액공제방식
Chapter Ⅵ Special Provisions	제6장 특별규정
Article 24 Non-discrimination	제24조 무차별
Article 25 Mutual agreement procedure (alternative A and B)	제25조 상호협의절차(A 또는 B 선택)
Article 26 Exchange of information	제26조 정보교환
Article 27 Assistance in the collection of taxes	제27조 조세징수에 대한 협조
Article 28 Members of diplomatic missions and consular posts	제28조 외교관 및 영사관
Article 29 Entitlement to benefits	제29조 수혜권
Chapter Ⅶ Final Provisions	제7장 최종 규정
Article 30 Entry into force	제30조 효력의 발생
Article 31 Termination	제31조 종료

(2) 모델조세조약의 조문별 주요 내용

모델조세조약의 경우 OECD모델이나 UN모델 모두 큰 틀에서 보면 구성체계가 비슷하지만 양 모델조약의 목적상 일부 조문에서는 내용상 차이가 있다. 그리고 각국간에 실제 체결된 대부분의 개별조세조약은 주로 모델조약을 기초로 하여 작성되기 때문에 모델조세조약과 유사한 부분이 많기는 하지만 다르게 규정된 부분도 있으므로 조세조약과 관련된 업무수행 시에는 각국 간에 체결된 구체적인 조세조약의 내용을 검토할 필요가 있다. 이렇듯 개별조세조약은 모델조세조약을 기초로 하여 작성되기 때문에 조약 시행 후 분쟁이나 해석상 문제가 발생하면 모델조세조약이나 모델조약의 주석(Commentaries)을 참고하게 되는데, OECD모델조세조약을 중심으로 조문별 주요내용을 간단히 정리하면 다음과 같다.

조 문	주요 내용
제1조 인적 범위 (Persons covered)	이 조문에서는 조세조약의 적용대상 인적 범위를 규정하고 있는데, 조세조약은 일반적으로 체약국의 일방 또는 쌍방체약국의 거주자에게 적용된다.
제2조 대상 조세 (Taxes covered)	이 조문에서는 조세조약의 적용대상이 되는 조세를 소득 및 자본에 대한 조세로 규정하고 있는데, 특정 국가와의 개별 조세조약에서는 적용대상 조세를 쌍방체약국의 세목을 열거하는 방식으로 규정한다. 예를 들면, 대상 조세를 '법인세와 소득세, 지방소득세(구 주민세)' 등으로 열거하는 식인데, 지방소득세나 본세에 덧붙이는 부가세(附加稅)가 대상 조세인지 아닌지에 따라 이자나 배당, 사용료 등에 대해 제한세율을 적용할 때 그 제한세율에 지방소득세나 부가세가 포함된 것으로 볼지 별도인 것으로 볼지가 결정되므로 주의해야 한다.
제3조 일반적 정의 (General definitions)	이 조문에서는 해당 조세조약에서 사용되는 용어에 대한 개념정의를 하고 있는데, 사람(人), 법인, 기업, 일방체약국의 기업, 타방체약국의 기업, 권한 있는 당국, 국민, 사업 등에 대한 개념을 규정하고 있다.
제4조 거주자 (Resident)	이 조문에서는 무제한 납세의무를 지는 거주자의 범위에 대하여 규정하고 있는데, 한 거주자가 쌍방체약국의 거주자가 되는 경우, 즉 이중거주자에 해당하는 경우에는 항구적 주거, 일상적 거소, 국민, 상호합의 등의 순서로 거주지국을 결정하도록 규정하고 있다(Tie Breaker Rule).
제5조 고정사업장 (Permanent establishment)	이 조문에서는 사업소득에 대한 소득원천지국에서의 과세여부나 과세방법에 영향을 미치는 고정사업장에 대하여 규정하고 있는데, 고정사업장의 범위와 고정사업장에 포함되는 장소, 고정사업장에 포함되지 않는 장소, 고정사업장으로 보는 종속대리인과 고정사업장으로 보지 않는 독립대리인 등에 대하여 규정하고 있다.

조 문	주요 내용
제6조 부동산소득 (Income from immovable property)	이 조문에서는 소득원천지국인 그 부동산의 소재지국에서 과세할 수 있는 부동산의 직접 사용, 임대 또는 기타 형태의 사용으로부터 발생한 부동산소득에 대하여 규정하고 있는데, 부동산의 범위와 부동산에 포함되는 자산의 범위 등에 대하여 규정하고 있다.
제7조 사업소득 (Business profits)	이 조문에서는 일방체약국의 기업이 타방체약국 내에 소재하는 고정사업장을 통해 사업을 영위하지 않는 한 그 소득원천지국에서는 과세하지 않는다는 것을 규정하고 있는데, 고정사업장이 있는 경우 그 고정사업장에 귀속되는 이익은 그 고정사업장을 별개의 기업으로 보고 계산해야 한다는 독립기업의 원칙에 대해 규정하고 있다.
제8조 국제 해상운수와 항공운수 (International shipping and air transport)	이 조문에서는 국제 해상운수와 항공운수 등으로부터 발생하는 이익을 사업소득에서 분리하여 고정사업장 존재여부에 관계없이 소득원천지국에서는 과세하지 않고 거주지국에서만 과세하는 것으로 규정하고 있다.
제9조 특수관계기업 (Associated enterprises)	이 조문에서는 특수관계기업 간의 거래를 다루는 이전가격세제의 적용대상인 특수관계기업의 범위에 대하여 규정하고 있는데, 양 기업 간에 상업상이나 자금상 독립적인 기업이라면 설정되지 않았을 조건이 있는 경우 이전가격세제를 적용할 수 있도록 하고, 이 경우 일방체약국에서 조정된 과세소득에 대해서는 타방체약국에서 조정하도록 규정하고 있다.
제10조 배당 (Dividends)	이 조문에서 배당소득은 거주지국에서 과세하되 소득원천지국인 배당지급 법인이 거주자로 되어 있는 일방체약국에서도 그 체약국의 국내세법에 따라 과세할 수 있도록 규정하면서, 이 경우 배당의 수익적 소유자의 지분비율에 따라 최대로 과세할 수 있는 제한세율을 규정하고 있다. 그리고 일방체약국의 거주자인 배당의 수익적 소유자가 그 소득원천지국에서 고정사업장을 통해 사업을 영위하면서 그 배당의 지급원인이 되는 지분이 그 고정사업장과 실질적으로 관련되는 경우에는 제10조의 배당규정이 아닌 제7조의 사업소득규정이 적용되는 것으로 하고 있다.
제11조 이자 (Interest)	이 조문에서 이자소득은 거주지국에서 과세하되 소득원천지국인 이자가 발생하는 일방체약국에서도 그 체약국의 법에 따라 과세할 수 있도록 규정하면서, 이 경우 이자의 수익적 소유자가 타방체약

조 문	주요 내용
제11조 이자 (Interest)	국의 거주자인 경우 최대로 과세할 수 있는 제한세율을 규정하고 있다. 그리고 일방체약국의 거주자인 이자의 수익적 소유자가 그 소득원천지국에서 고정사업장을 통해 사업을 영위하면서 그 이자의 지급원인이 되는 채권이 그 고정사업장과 실질적으로 관련되는 경우에는 제11조의 이자규정이 아닌 제7조의 사업소득규정이 적용되는 것으로 하고 있다. 또한, 이자 지급인과 수익적 소유자 간에 특수관계가 있는 경우 그러한 특수관계가 없었을 경우에 합의하였을 금액을 초과하는 이자금액에 대하여는 이 조문의 제한세율규정을 적용하지 않고 각 체약국의 법에 따라 과세할 수 있는 것으로 규정하고 있다.
제12조 사용료 (Royalties)	이 조문과 관련해서 OECD모델조약에서는 사용료소득은 거주지국에서만 과세할 수 있는 것으로 규정하고 있는 데 반해, UN모델조약에서는 사용료를 지급하는 소득원천지국에서도 과세할 수 있도록 규정하고 있으면서, 이런 경우 사용료의 수익적 소유자가 타방체약국의 거주자인 경우 최대로 과세할 수 있는 제한세율을 규정하고 있다. 그리고 일방체약국의 거주자인 사용료의 수익적 소유자가 그 소득원천지국에서 고정사업장을 통해 사업을 영위하면서 그 사용료의 지급원인이 되는 권리 또는 재산이 그 고정사업장과 실질적으로 관련되는 경우에는 제12조의 사용료규정이 아닌 제7조의 사업소득규정이 적용되는 것으로 하고 있다. 또한, 사용료 지급인과 수익적 소유자 간에 특수관계가 있는 경우 그러한 특수관계가 없었을 경우에 합의하였을 금액을 초과하는 사용료금액에 대하여는 이 조문의 규정을 적용하지 않고 각 체약국의 법에 따라 과세할 수 있는 것으로 규정하고 있다.
제13조 양도소득 (Capital gains)	이 조문에서는 부동산의 양도소득에 대해 그 소득원천지국에서 과세할 수 있는 것으로 규정하고 있는데, 여기에는 고정사업장의 사업용 재산의 일부를 구성하는 동산 및 고정사업장을 양도함으로써 발생하는 소득에 대해서도 그 소득원천지국에서 과세할 수 있는 것으로 규정하고 있다. 그런데, 국제운수업에 사용하던 선박 및 항공기와 내륙운수업에 사용하던 선박, 항공기의 운행과 관련된 동산의 양도로 발생하는 소득은 거주지국에서만 과세하는 것으로 규정하고 있다.

조 문	주요 내용
제14조 독립적 인적용역 (Independent personal services)	이 조문과 관련해 OECD모델조약의 경우에는 2000년 개정 시에 이 규정을 삭제했는데, 이 조문이 삭제되었더라도 독립적 인적용역은 사업소득에 해당되기 때문에 고정사업장 유무에 따라 과세 여부가 달라지는 제7조 사업소득의 규정을 적용하게 된다. OECD모델조약에서 독립적 인적용역 규정이 삭제되었지만 우리나라가 체결한 대부분의 조세조약에서는 독립적 인적용역에 대한 규정을 두고 있는데 이 규정이 삭제되기 전의 OECD모델조약 규정을 보면, 일방체약국의 거주자가 전문직업적 용역 또는 독립적인 성격의 행위와 관련하여 획득한 소득은 타방체약국에서 고정시설을 보유하면서 그 고정시설에 귀속되는 경우에만 그 소득원천지국에서 과세할 수 있는 것으로 규정하고 있었다. 한편, UN모델조약에서는 여전히 제14조에서 독립적 인적용역에 대해 규정하고 있는데, 독립적 인적용역의 경우 거주지국에서 과세하되 일방체약국의 거주자가 타방체약국에서 활동을 하기 위해 고정시설을 가지고 있거나(그 고정시설에 귀속되는 소득에 한함), 연간 183일을 초과하여 체류하면서 소득을 발생시키는 경우, 또는 그 활동에 대한 보수가 그 타방체약국의 거주자로부터 지불되거나 그 타방체약국 내에 있는 고정사업장에 의해 부담되는 경우로써 일정 금액을 초과하는 경우에만 소득원천지국인 타방체약국에서 과세할 수 있는 것으로 규정하고 있다.
제15조 근로소득 (Income from employment)	이 조문에서 일방체약국의 거주자가 고용과 관련하여 수취한 급여 등은 그 고용활동이 타방체약국 내에서 수행되어진 것이 아닌 한 거주지국인 그 일방체약국에서만 과세되는 것으로 하여 근로소득에 대한 용역수행지국 과세원칙을 규정하고 있다. 또한, 일방체약국의 거주자가 타방체약국에서 용역을 제공하여 근로소득이 발생하더라도 연간 183일 이하 체류하면서 그 근로소득이 타방체약국의 거주자가 아닌 자에 의해 지급되고, 그 근로소득이 타방체약국 내에 있는 고정사업장에 의해 부담되지 않을 것 등의 조건을 충족하는 경우에는 그 소득원천지국에서 과세되지 않는 것으로 규정하고 있다.
제16조 이사의 보수 (Directors' fees)	이 조문에서 일방체약국의 거주자가 타방체약국의 거주자인 법인의 이사 자격으로 받는 보수에 대하여는 그 법인이 있는 타방체약국에서 과세할 수 있는 것으로 규정하고 있다.

조 문	주요 내용
제17조 연예인 및 운동선수 (Entertainers and sportspersons)	이 조문에서 일방체약국의 거주자인 연예인 및 운동선수가 타방체약국 내에서 수행하는 인적활동과 관련하여 받는 소득은 소득원천지국인 그 타방체약국에서 과세할 수 있는 것으로 규정하고 있다.
제18조 연금 (Pensions)	이 조문에서 과거의 고용에 대한 대가로 일방체약국의 거주자가 받는 연금소득은 거주지국인 그 일방체약국에서만 과세되는 것으로 규정하고 있다.
제19조 공무원 (Government service)	이 조문에서 일방체약국의 정부에 제공하는 용역에 대해 개인에게 지급하는 보수와 연금에 대해서는 그 일방체약국에서만 과세되는 것으로 규정하고 있다. 그런데, 이러한 용역이 타방체약국에서 수행되면서 그 용역제공자가 타방체약국의 거주자로서 그 타방체약국의 국민이거나 오로지 그 용역제공만을 위해 그 타방체약국의 거주자가 된 것이 아닌 경우에는 그 보수에 대해서는 그 타방체약국에서만 과세되는 것으로 규정하고 있다.
제20조 학생 (Students)	이 조문에서 교육이나 훈련만을 위해 일방체약국에 체재하는 학생이나 사업견습생이 생계유지나 교육 또는 훈련의 목적으로 받는 금액에 대해서는 그 금액이 그 일방체약국 외에 원천을 둔 경우 그 일방체약국에서는 과세하지 아니하는 것으로 규정하고 있다.
제21조 기타소득 (Other income)	이 조문에서는 기타소득의 경우 소득의 발생지를 불문하고 거주지국에서만 과세할 수 있는 것으로 규정하고 있다. 다만, 기타소득의 수취인이 타방체약국에서 고정사업장을 통해 사업을 하면서 그 기타소득과 관련된 권리나 재산이 그 고정사업장과 실질적으로 관련되는 경우에는 제21조의 기타소득규정이 적용되지 않고 제7조의 사업소득규정이 적용되는 것으로 규정하고 있다.
제22조 자본 (Capital)	이 조문에서 일방체약국의 거주자가 타방체약국에서 소유하고 있는 부동산에 해당되는 자본이나 고정사업장의 사업재산의 일부를 구성하는 동산에 해당하는 자본에 대해서는 그 타방체약국에서 과세할 수 있고, 국제운수상의 선박이나 항공기의 운행과 관련된 동산과 관련되는 자본에 대해서는 거주지국에서만 과세할 수 있는 것으로 규정하고 있다. 그리고 일방체약국 거주자의 그 외의 모든 자본에 대해서는 거주지국인 그 일방체약국에서만 과세할 수 있는 것으로 규정하고 있다.

Part 1

조 문	주요 내용
제23조의A 면제방식 (Exemption method)	이 조문에서는 이중과세배제방법 중 면제방식에 대해 규정하고 있는데, 일방체약국의 거주자가 타방체약국에서 과세될 수 있는 소득을 취득하거나 자본을 소유하는 경우 거주지국인 그 일방체약국은 그 소득 및 자본에 대한 과세를 면제하는 소득면제방식과 해당 거주자의 소득으로부터 타방체약국에서의 납세액에 해당하는 금액을 공제하는 소득공제방식을 규정하고 있다.
제23조의B 세액공제방식 (Credit method)	이 조문에서는 이중과세배제방법 중 세액공제방식을 규정하고 있는데, 일방체약국의 거주자가 타방체약국에서 과세될 수 있는 소득을 취득하거나 자본을 소유하는 경우 거주지국인 그 일방체약국은 타방체약국에서 납부한 소득세나 자본세액의 세액공제를 허용하여야 하는 것으로 규정하고 있다.
제24조 무차별 (Non–discrimination)	이 조문에서는 국적에 의한 과세상 차별금지와 고정사업장에 대한 과세상 차별금지, 비용공제에 있어서의 과세상 차별금지, 외국인투자기업에 대한 과세상 차별금지 등에 대해 규정하고 있다.
제25조 상호합의절차 (Mutual agreement procedure)	이 조문에서는 일방 또는 쌍방체약국의 조치가 해당 조약의 규정에 부합되지 않는 과세상의 결과를 초래하거나 초래할 것이라고 생각되는 경우의 이의신청과 상호합의, 조세조약의 효율적 시행 및 이중과세방지를 위한 상호합의에 대하여 규정하면서, 상호합의 방법 및 절차에 대하여 규정하고 있다.
제26조 정보교환 (Exchange of information)	이 조문에서는 양 체약국 간의 정보교환의 목적과 주체, 정보교환의 방법, 정보교환의 대상, 교환된 정보의 비밀유지 등에 대하여 규정하고 있다.
제27조 조세징수에 대한 협조 (Assistance in the collection of taxes)	이 조문에서는 양 체약국이 조세채권징수에 있어서 상호지원을 제공하도록 규정하고 있는데, 징수협조 대상조세는 일방 정부가 부과하는 모든 종류의 조세와 그와 관련하여 납부해야 할 금액으로 규정하고 있다.
제28조 외교관 및 영사관 (Members of diplomatic missions and consular posts)	이 조문에서는 조세조약의 어떤 규정도 국제법의 일반원칙이나 특별협정의 규정에 의해 주어진 외교관이나 영사의 과세상 특권에 영향을 주지 않는 것으로 규정하고 있다.

조 문	주요 내용
제29조 수혜권 (Entitlement to benefits)	이 조문에서는 수혜권의 범위를 각 체약국이 탈세나 조세회피가 발생할 수 없게 하면서 이중과세를 배제하기 위한 OECD-G20 주도의 BEPS(Base Erosion and Profit Shifting) 프로젝트에 동의한 최소한의 기준을 실현하고 모델조세조약의 서문의 내용을 반영하여 결정할 수 있도록 규정하고 있다.
제30조 적용지역 확대 (Territorial extension)	이 조문에서는 원칙적으로 양 체약국 간에만 적용되는 이 조세조약이 국제관계를 책임지는 국가 또는 지역으로서 이 조약이 적용되는 조세와 본질적으로 유사한 성격의 조세를 부과하고 있는 국가나 지역에 확대적용될 수 있는 것으로 규정하고 있다.
제31조 효력의 발생 (Entry into force)	이 조문에서는 조세조약의 비준과 교환, 효력의 발생 등에 대하여 규정하고 있다.
제32조 종료 (Termination)	이 조문에서는 조세조약이 일방체약국에 의해 종료될 때까지 효력을 가지는 것으로 하면서, 각 체약국에 의한 종료통고 및 효력상실에 대하여 규정하고 있다.

Chapter 02

국제적 과세원칙과 이중과세

I 과세관할과 이중과세의 발생

국제적으로 소득이 발생하는 경우에 소득과 그 소득이 발생된 장소와의 연관성을 기준으로 과세할 수 있는데, 이렇게 소득이 발생한 국가에서 그 소득에 대해 과세하는 것을 원천지국 과세원칙(Source Jurisdiction)이라고 한다. 오늘날 대부분의 국가들은 그 국가 내에 원천이 있는 소득에 대해 과세하는 원천지국 과세원칙을 채택하고 있다. 이에 비해, 소득과 그 소득을 벌어들이는 사람과의 연관성을 기준으로 해서 그 소득자의 거주지국에서 과세하는 것을 거주지국 과세원칙(Residence Jurisdiction)이라고 하는데, 거주지국 과세원칙 아래에서는 소득자의 거주지국에서 그 거주자의 전 세계 모든 소득에 대해서 과세를 하게 된다.

그런데 대부분의 국가들이 원천지국 과세원칙과 거주지국 과세원칙을 동시에 적용하고 있기 때문에, 한 거주자의 국외원천소득에 대하여 소득이 발생한 원천지국과 그 거주자의 거주지국이 모두 과세를 하게 되어 국제적인 이중과세(Double Taxation)문제가 발생하게 된다. 이렇게 동일한 소득에 대해 동일인에게 이중으로 과세하는 국제적 이중과세는 국가 간의 자본이나 기술, 인력 등의 교류를 방해하고 소득의 발생원천에 따라 과세를 달리하게 되어 조세의 중립성을 해칠 수 있기 때문에 이에 대한 조정이 필요하게 된다.

Ⅱ 국제적 이중과세의 조정

오늘날 대부분의 국가는 각국의 국내법과 조세조약의 체결을 통해 국제적인 이중과세를 조정하고 있는데, 우리나라의 경우에도 법인세법과 소득세법, 다른 나라와 체결한 조세조약 등에서 국제적 이중과세의 회피에 대해 규정하고 있다. 우리나라의 현행 법인세법과 소득세법에서는 내국법인의 각 사업연도의 과세표준이나 거주자의 종합소득금액 등에 국외원천소득이 포함되어 있는 경우 외국납부세액공제방식이나 손금(필요경비)산입방식에 의해 국제적인 이중과세를 조정할 수 있도록 규정하고 있다.

1. 일반적인 이중과세 조정방법

동일한 소득에 대해 국제적으로 이중과세되는 것을 방지하기 위해 특정 국가와의 조세조약을 통해 소득원천지국이나 거주지국에서 특정 소득을 과세대상에서 제외함으로써 이중과세를 조정하기도 하지만, 일반적으로는 소득원천지국에서 과세된 소득에 대해 그 소득자의 거주지국에서 합산하여 과세하는 과정에서 이중과세에 대한 조정을 하게 된다. 이렇게 거주지국에서 국제적 이중과세를 조정하는 경우에 일반적으로 사용되는 방법으로는 크게 소득면제방식과 소득공제방식, 세액공제방식 등이 있다.

(1) 소득면제방식(Exemption Method)

소득면제방식은 거주지국이 자국 거주자의 국내원천소득에 대해서만 과세하고 그 거주자의 국외원천소득에 대해서는 처음부터 과세대상에서 제외하는 방법이다. 이렇게 되면, 동일한 소득에 대해 원천지국에서만 과세됨으로써 원천지국 과세원칙과 거주지국 과세원칙이 경합해서 발생하는 국제적 이중과세문제를 완전히 제거할 수 있게 된다. 그렇지만 이 방식은 국제적인 이중과세문제를 완전히 해결할 수 있는 장점이 있는 반면, 공평성과 경제적 효율성이라는 조세정책의 목적에 반하는 결과를 초래할 수 있다. 즉, 소득의 원천지국의 세율이 거주지국의 세율보다 낮은 경우에는 국외원천소득에 대해 소득면제를 받는 거주자가 다른 거주자에 비해 우대받는 결과가 된다. 더구나 소득면제방식은 거주자인 납세자가 조세피난처 등 세율이 보다 낮은 국외에 투자하도록 유도하는 결과를 초래할 수 있어서, 국내원천소득을 그런 낮은 세율의 국가로 이동시키는 것을 조장할 수 있게 된다. 이러한 문제점 때문에 완전소득면제방식을 채택하고 있는 국가는 많지 않은 실정이다. 완전소득면제방식의 이러한 문제점을 해결하기 위해 거주지국에서 비록 국외원천소득을 과세대상에서는 제외하지만, 누진세율하에서 거주자의 소득에 대한 산출세액을 계산할 때 그 국외원천소득을 반영해서 누진세율을 계산하는 누진부 면제방식(Exemption with Progression)이 사용되기도 한다.

(2) 소득공제방식(Deduction Method)

소득공제방식은 거주지국이 자국 거주자가 국외원천소득에 대해 원천지국에서 이미 납부한 소득세를 그 거주자의 과세대상 소득금액을 계산할 때 소득에서 공제하는 방법이다. 외국에서 납부한 세액을 당기의 비용처럼 처리하는 소득공제방식은 국제적 이중과세를 조정하는 방법 중에 그 효과가 가장 낮다고 할 수 있는데, 그 이유는 거주자의 소득세를 계산할 때 전체 국외원천소득 중에서 외국에서 납부한 세액만큼만 비용처리되고 나머지는 과세대상이 되기 때문이다. 현행 법인세법과 소득세법에서 채택하고 있는 외국납부세액의 손금산입방식이나 필요경비산입방식이 소득공제방식에 해당한다고 할 수 있다.

(3) 세액공제방식(Credit Method)

세액공제방식은 거주지국이 자국 거주자의 소득세를 계산할 때 국외원천소득에 대해 이미 그 소득원천지국에서 납부한 세액을 그 거주자의 거주지국에서 납부할 세액에서 공제하는 방식이다. 이렇게 거주지국에서 국외원천소득에 대한 외국납부세액을 전액 공제하게 되면 원천지국 과세원칙과 거주지국 과세원칙의 경합에 따른 국제적 이중과세가 완전히 제거될 수 있다. 그런데, 원천지국의 세율이 높아서 국외원천소득에 대해 그 원천지국에서 납부한 세액이 거주지국에서 납부해야 할 세액보다 많은 경우에 거주지국에서는 일반적으로 그 외국납부세액을 환급해주지 않고 일정기간 동안 이월공제를 할 수 있도록 한다. 그리고 세액공제방식에는 직접외국납부세액공제뿐만 아니라, 소득원천지국에서 그 국외소득에 대해 세액공제나 감면을 받은 세액상당액을 납부한 것으로 간주해서 외국납부세액공제를 해주는 간주외국납부세액공제(Tax Sparing)와 국외의 관계회사로부터 배당소득을 받은 경우에 그 국외관계회사가 납부한 것으로 인정되는 법인세 상당액에 대해 외국납부세액공제를 해주는 간접외국납부세액공제(Indirect Credit)가 있다.

2. 현행 세법상 이중과세 조정제도

현행 법인세법에 따르면 국내에 본점이나 주사무소 또는 사업의 실질적 관리장소를 둔 내국법인은 국내외에서 발생하는 모든 소득에 대하여 법인세 납세의무를 지도록 하고 있다. 또한, 국내에 주소를 두거나 183일 이상 거소를 둔 거주자에 대해서는 소득세법에서 규정하는 국내외의 모든 소득에 대해서 과세하는 것으로 규정하고 있다. 결국, 우리나라의 경우에도 거주지국 과세원칙에 따라 내국법인이나 거주자의 전 세계 모든 소득에 대해 국내에서 과세를 하고 있는데, 이로 인해 이미 외국에서 과세된 국외원천소득에 대해 이중과세문제가 발생하게 된다. 이러한 국제적 이중과세문제를 해결하기 위해 현행 법인세법이나 소득세법 등뿐만 아니라 다른 나라와 체결한 대부분의 조세조약에서도 이중과세를 조정하는 규정을 두고 있다. 현행 법인세법과 소득세법에서는 국제적 이중과세를 조정하기 위한 일반적인 방법 중에서 소득면제방식은 채택하지 않고 있고 일종의 소득공제방식이라 할 수 있는 외국납부세액의 손금(필요경비)산입방식과 외국납부세액공제방식 중 하나를 납세자가 선택하여 적용할 수 있도록 규정하고 있다. 현행 세법상 국외원천소득에 대한 이중과세 조정제도에 대해서는 「Part 3-Chapter 03」에서 자세하게 다루기로 한다.

Part 2

국내원천 소득에 대한 과세

Chapter 01 거주자와 비거주자

Chapter 02 내국법인과 외국법인

Chapter 03 국내사업장

Chapter 04 국내원천소득에 대한 원천징수

Chapter 05 국내원천 관련 기타 문제

Chapter

01 거주자와 비거주자

I 거주자와 비거주자의 구분

요즘은 연예인이나 스포츠 선수 등 많은 사람들이 외국으로 나가서 활동하면서 전 세계 여러 곳에서 소득을 발생시키고, 머무는 곳도 또한 한 곳이 아니라 여러 곳을 이동하면서 잠시 체류하는 경우가 많다. 이렇게 한 사람으로부터 소득이 여러 국가에서 발생하는 경우 소득이 발생하는 국가에서 과세권을 행사할 것이고, 그 소득자의 거주지국에서도 과세권을 행사하게 될 것이다. 앞에서 언급했던 것처럼 소득자가 거주자로 되는 나라에서는 그 거주자의 전 세계 소득에 대해 합산해서 과세하게 되고, 비거주자로 되는 국가에서는 그 국가 내에서 발생된 원천소득에 대해서만 과세하게 된다. 그런데 연예인처럼 주거지가 일정치 않고 전 세계적으로 돌아다니면서 공연 등의 활동을 하는 경우 어느 나라의 거주자로 보아야 할 것인가 하는 문제가 발생할 수 있다. 참고로 미국 등 일부 국가를 제외하고는 기본적으로 거주자 여부를 판정할 때 국적을 기준으로 하지는 않는다. 물론 이중거주자에 해당하여 한 국가의 거주자로 판정을 해야 하는 경우처럼 국적을 고려하는 경우도 있기는 하지만, 원칙적으로 국적 보유 여부로 거주자 여부를 판정하는 것은 아니라는 점을 유의해야 한다.

우리나라의 경우 거주자에 대하여는 거주지국 과세원칙에 따라 국내외에서 발생하는 모든 과세대상소득에 대하여 과세를 하고, 비거주자의 경우에는 원천지국 과세원칙에 따라 과세대상 국내원천소득에 대해서만 국내에서 세금부담을 하면 된다. 따라서 거주자인지 비거주자인지의 여부가 과세목적상 매우 중요한데, 현실에서는 거주자인지 비거주자인지의 여부가 명확하지 않은 경우가 많아 논란이 끊이지 않고 있다. 참고로 거주자나 비거주자 여부 판단과는 달리 개별적인 규정에서 거주 요건 등을 별도로 규정하는 경우가 있으므로 주의를 요한다.

예를 들어, 종합소득합산과세, 국외자산 양도소득세, 해외금융계좌신고, 한·미조세조약상 유가증권 양도 시 과세 여부 등 구체적인 사안별로 일반적인 거주자나 비거주자의 구분기준에 추가적인 요건들이 규정되어 있는 경우가 있다. 그리고 외국환거래법과 같은 법 시행령에서도 거주자와 비거주자에 대한 정의규정을 두고 있는데, 해당 법령의 목적상 세법과는 거주자 및 비거주자의 범위에 차이가 있다.

1. 거주자와 비거주자의 판정기준

현행 소득세법상 거주자(Resident)란 국내에 주소를 두거나 183일 이상의 거소(居所)를 둔 개인을 말하고, 비거주자(Non-resident)란 거주자가 아닌 개인을 말한다(소득법 §1의 2 ①). 그런데 여기서 말하는 '주소'란 공부(公簿)상의 주소를 의미하는 것이 아니라 국내에서 생계를 같이하는 가족 및 국내에 소재하는 자산의 유무 등 생활관계의 객관적 사실에 따라 판정하게 된다(소득령 §2 ①). 그리고 거소는 주소지 외의 장소 중 상당기간에 걸쳐 거주하는 장소로서 주소와 같이 밀접한 일반적 생활관계가 형성되지 아니한 장소를 의미한다(소득령 §2 ②).

(1) 국내에 주소를 가진 것으로 보는 경우

국내에 거주하는 개인이 다음 중 어느 하나에 해당하는 경우에는 국내에 주소를 가진 것으로 본다(소득령 §2 ③). 즉, 다음에 해당하는 경우에는 국내에 주소가 없거나 183일 미만 거주한 경우에도 주소를 가진 것으로 보아 거주자에 해당된다는 것이다.

① 계속하여 183일 이상 국내에 거주할 것을 통상 필요로 하는 직업을 가진 때

② 국내에 생계를 같이하는 가족이 있고, 그 직업 및 자산상태에 비추어 계속하여 183일 이상 국내에 거주할 것으로 인정되는 때

(2) 국내에 주소가 없는 것으로 보는 경우

국외에 거주 또는 근무하는 자가 외국국적을 가졌거나 외국법령에 의하여 그 외국의 영주권을 얻은 자로서 국내에 생계를 같이하는 가족이 없고 그 직업 및 자산상태에 비추어 다시 입국하여 주로 국내에 거주하리라고 인정되지 아니하는 때에는 국내에 주소가 없는 것으로 본다(소득령 §2 ④).

(3) 선박이나 항공기의 승무원의 경우

외국을 항행하는 선박 또는 항공기의 승무원의 경우 그 승무원과 생계를 같이하는 가족이 거주하는 장소 또는 그 승무원이 근무기간 외의 기간 중 통상 체재하는 장소가 국내에 있는 때에는 해당 승무원의 주소는 국내에 있는 것으로 보고, 그 장소가 국외에 있는 때에는 해당 승무원의 주소가 국외에 있는 것으로 본다(소득령 §2 ⑤).

(4) 해외현지법인의 임직원의 경우

거주자나 내국법인의 국외사업장 또는 해외현지법인(내국법인이 발행주식총수 또는 출자지분의 100%를 직접 또는 간접 출자한 경우에 한정함) 등에 파견된 임원 또는 직원이나 국외에서 근무하는 공무원은 거주자로 본다(소득령 §3). 즉, 이런 경우에는 아무리 오랫동안 우리나라를 떠나 있었다고 하더라도 우리나라의 거주자로 본다는 것이다.

(5) 거주자 해당 여부에 대한 사례

거주자인지 비거주자인지 여부에 따라 과세소득의 범위가 달라지기 때문에 거주자 해당 여부가 매우 중요하지만 현실상황에서는 거주자에 해당되는지 여부가 명확하지 않은 경우가 많아 다툼이 생기는 경우가 많은데, 이에 대한 몇 가지 사례를 살펴보면 다음과 같다.

① 원고는 국내에 생계를 같이하는 가족이 있고, 국외에서 얻은 소득 대부분을 국내로 송금하여 가족의 생활비 등으로 사용하였고, 국내에 부동산 등을 소유하고 있었는바 원고는 거주자에 해당함(대법원 2018두65903, 2019.4.5.)

② 청구인이 배우자와 함께 국내에 주민등록상 주소를 두고 있고, 청구인 및 그 배우자 등이 국내에 자산을 보유하고 있는 점, 국외에서 발생한 소득으로 보이는 금원이 국내의 청구인 및 그 배우자의 계좌로 지속적으로 송금된 사실이 나타나는 점, 청구인이 국외에서 발생한 소득에 대하여 소득세를 부담한 사실이 객관적 증빙에 의하여 확인되지 아니하는 점 등에 비추어 처분청이 청구인을 거주자로 보아 국외사업소득에 대하여 종합소득세를 과세한 처분은 잘못이 없음(조심 2014서5693, 2015.2.23.)

③ 소득세법상 거주자와 비거주자의 구분은 주민등록법에 의한 주민등록·말소 등의 공부상으로만 판정하는 것이 아니라, 국내에서 생계를 같이하는 가족 및 국내에 소재하는 자산의 유무 등 생활관계의 객관적 사실에 따라 판정하여야 하고 거주자가 계속하여 1년(주 현재는 183일) 이상 국외에 거주할 것을 통상 필요로 하는 직업을

가지고 가족과 함께 출국하여 국내에 생활의 근거가 없는 경우에는 출국하는 날의 다음 날부터 비거주자에 해당한다고 할 것인바, 청구인은 1999년부터 현재까지 ○○○에서 활동하고 있는 프로골프선수인 것은 공지의 사실이어서 1년(주 현재는 183일) 이상 국외에서 거주할 것을 필요로 하는 직업을 가지고 있다고 할 것이고, 청구인의 자산 보유 상태 및 생활관계 등에 비추어 볼 때 청구인은 비거주자에 해당한다고 봄이 타당함(국심 2007중5121, 2008.4.25.)

④ 거주자가 국외로 출국하여 국외에 거주하다가 국내에 입국하는 경우로서 그 직업 및 자산상태에 비추어 국내에 다시 입국하여 주로 국내에서 거주하리라고 인정되지 아니하는 경우에는 국내에 자산을 보유하고 있다고 하더라도 비거주자로 보는 것임(부동산거래관리-705, 2011.8.9.)

2. 이중거주자에 해당하는 경우

(1) 이중거주자의 거주지국 결정기준

거주자의 개념은 일차적으로 각국의 국내법의 규정에 따르게 되는데, 각국의 국내법을 적용하다 보면 하나의 사람이 동시에 여러 국가의 거주자에 해당되어 이중거주자(Dual Resident)에 해당될 수 있다. 이렇게 되면 거주자로 보게 되는 둘 이상의 국가에서 서로 거주지국의 입장에서 국내외의 모든 소득에 대하여 과세하려고 함으로써 이중과세의 문제가 발생하게 된다. 이런 것을 방지하기 위해 대부분의 조세조약에서는 하나의 사람이 양쪽 체약국의 거주자에 해당되는 경우 아래의 기준을 순차적으로 적용하여 그의 거주지국을 결정하도록 규정하고 있는데, 이것을 통상 'Tie Breaker Rule'이라고 한다.

① 항구적 주거(Permanent Home) : 일반적으로 가족 관계 등 가족의 영구적 거주지를 의미함

② 중대한 이해관계의 중심지(Center of Vital Interests) : 일반적으로 직업 관계 등 인적·경제적 관계가 밀접한 곳을 의미함

③ 일상적 거소(Habitual Abode) : 일반적으로 체류지 등 상당기간 체류하는 곳을 의미함

④ 국민(National) : 국적을 기준으로 함

⑤ 상호합의(Mutual Agreement) : 권한 있는 당국(국세청 등) 간의 합의를 말함

(2) 이중거주자의 거주지국 판정 사례

거주자가 각국의 법에 따라 이중거주자가 되는 경우 일반적으로 각국 간에 체결된 조세조약에 따라 거주지국을 결정하게 되는데, 문제는 조세조약이 체결되어 있지 않은 경우에는 각각의 국가에서 거주자로 과세될 수 있고 그와는 반대로 각각의 국가에서 비거주자로 취급될 수도 있다는 점이다. 이중거주자와 관련된 몇 가지 사례를 살펴보면 다음과 같다.

① 청구인은 우리나라와 중국 모두에 항구적 주거를 두고 있으나, 청구인의 인적 및 경제적 관계가 더욱 밀접하게 관련된 이해관계의 중심지는 중국이 아닌 우리나라이므로 소득세법상 거주자로 봄이 타당하다고 판단됨(조심 2018서3114, 2019.4.8.)

② 국외에서는 임대소득이 발생하고 국내에서는 금융소득이 발생하면서, 거주지가 국내와 국외인 경우 조세협약에 따라 인적 및 경제적 관계가 가장 밀접한 체약국의 거주자로 간주됨(대법원 2010두28946, 2011.4.14.)

③ 거주자와 비거주자의 구분은 생활관계의 객관적 사실에 따라 판단하는 것이며, 개인이 국내의 거주자인 동시에 일본국 거주자에 해당되는 경우에는 대한민국과 일본국 간의 소득에 대한 조세의 이중과세 회피와 탈세방지를 위한 협약에 의하여 거주지국을 결정하는 것임(소득-704, 2013.12.9.)

④ 청구인은 한국과 미국의 이중거주자에 해당하나 미국에서 거주하고 있는 집이 가족들과 함께 항구적으로 사용하기 위해 마련된 것으로 주거의 형태를 갖추고 있고, 청구인의 가족들이 생활을 형성하고 있는 근거지에 해당하므로, 한·미조세조약 제3조 제2항에 따른 항구적 주거는 미국에 두고 있다고 보이므로 청구인을 거주자로 보아 경정청구를 거부한 이 건 처분은 잘못임(조심 2016서873, 2017.4.5.)

⑤ 청구인은 거주자 판정순서에 대하여 대한민국과 다른 나라 간에 체결한 '조세의 이중과세회피 및 탈세방지를 위한 조세협약'에서 규정하고 있는 항구적 주거, 중대한 이해관계의 중심지, 일상적 거소, 국적, 당국 간의 상호합의의 순서에 따라 거주자여부를 판단하여야 한다고 주장하나, 위 조세협약은 예금주가 대한민국 세법과 해당국의 세법에 의하여 양국의 거주자에 해당되는 경우 어느 나라의 거주자로 볼 것인지를 규정하고 있는 것이고, 청구인은 이 사건 예금주들이 해당국의 거주자에 해당함을 입증하고 있지 못하고 있어 위 조세협약 규정은 적용될 수 없으므로 위 주장은 받아들일 수 없다 할 것임(감심 2003-117, 2003.9.23.)

⑥ 우리나라의 거주자가 동시에 일본국 거주자로 인정되는 경우에 협약상의 절차에 따라 거주지국을 결정하기 위한 노력을 하였으나, 합의에 이르지 못한 경우에는 우리나라 거주자에 해당하는 것으로 보고 과세할 수 있다는 주장은 독자적 견해로서 받아들일 수 없음(대법원 99두8954, 2001.2.23.)

Ⅱ 거주자와 비거주자의 과세소득의 범위

1. 일반적인 경우의 과세소득의 범위

(1) 거주자의 과세소득의 범위

거주지국 과세원칙 아래에서는 소득자의 거주지국에서 그 거주자의 전 세계 모든 소득에 대해 과세를 하게 된다. 우리나라도 거주자에 대해서는 소득세법에서 규정하고 있는 소득세가 과세되는 국내외에서 발생한 모든 소득에 대하여 과세하는데, 이런 이유로 거주자를 무제한 납세의무자라고 한다. 그런데, 해당 과세기간 종료일 10년 전부터 국내에 주소나 거소를 둔 기간의 합계가 5년 이하인 외국인 거주자에게는 과세대상 소득 중 국외에서 발생한 소득의 경우 국내에서 지급되거나 국내로 송금된 소득에 대해서만 국내에서 과세한다(소득법 §3 ①).

(2) 비거주자의 과세소득의 범위

비거주자의 경우에는 원천지국 과세원칙에 따라 소득이 발생한 국가에서 그 소득에 대해 과세하는데, 우리나라도 비거주자에 대해서는 소득세법 제119조에 따른 국내원천소득에 대해서만 과세하는 것으로 규정하고 있다(소득법 §3 ②). 따라서 비거주자를 제한 납세의무자라고 한다.

(3) 국외사업장 등에 근무하는 비거주자의 납세의무

비거주자가 거주자 또는 내국법인의 국외사업장 등에서 근무함으로써 발생한 소득은 우리나라에서는 납세의무가 없다(소득통 3-0-4).

2. 거주자나 비거주자로 변경되는 경우

일반적으로 거주자는 무제한 납세의무를 부담하게 되고 비거주자는 제한 납세의무를 부담하게 되는데, 과세기간 도중에 거주자에서 비거주자로 또는 비거주자에서 거주자로 전환되는 경우 과세소득의 범위와 과세방법이 달라진다.

(1) 납세의무 변경에 따른 과세소득의 범위

① 국내에 처음으로 주소를 두거나 또는 비거주자가 183일 이상 국내에 거소를 둠으로써 거주자로 되는 경우에는 거주자로 된 전날까지는 소득세법 제119조에서 규정하는 국내원천소득에 대하여만 소득세를 과세하고, 거주자가 된 날부터는 소득세법에서 규정하는 모든 소득에 대하여 소득세를 과세한다(소득통 3-0-2 ①).

② 거주자가 주소 또는 거소를 국외로 이전하여 비거주자 되는 경우에는 출국한 날까지는 소득세법에서 규정하는 모든 소득에 대하여 소득세를 과세하고, 출국한 날의 다음 날 이후에는 소득세법 제119조에서 규정하는 국내원천소득에 대하여만 과세한다(소득통 3-0-2 ②).

(2) 납세의무자의 구분이 변경된 경우의 과세방법

① 비거주자가 거주자로 된 때에는 해당 과세기간의 개시일부터 종료일까지의 비거주자인 기간의 종합과세하는 국내원천소득과 거주자인 기간의 소득세법에서 규정하는 모든 소득을 합산하여 과세한다(소득통 3-0-3 ①).

② 거주자가 출국 등으로 비거주자가 되었으나 출국한 날의 다음 날 이후에 발생한 소득에 종합과세하는 국내원천소득이 있는 경우 거주자인 기간의 소득세법에서 규정하는 모든 소득과 비거주자인 기간의 종합과세하는 국내원천소득을 합산하여 과세한다. 이 경우 거주자로서 납부한 소득세는 기납부세액으로 공제한다(소득통 3-0-3 ②).

(3) 거주자나 비거주자로 되는 시기

① 비거주자가 거주자로 되는 시기

비거주자가 거주자로 되는 시기는 다음의 날로 한다(소득령 §2의 2 ①).

ⓐ 국내에 주소를 둔 날

ⓑ 국내에 주소를 가지거나 국내에 주소가 있는 것으로 보는 사유가 발생한 날

ⓒ 국내에 거소를 둔 기간이 183일이 되는 날

② 거주자가 비거주자로 되는 시기

거주자가 비거주자로 되는 시기는 다음의 날로 한다(소득령 §2의 2 ②).

ⓐ 거주자가 주소 또는 거소의 국외 이전을 위하여 출국하는 날의 다음 날

ⓑ 국내에 주소가 없거나 국외에 주소가 있는 것으로 보는 사유가 발생한 날의 다음 날

(4) 국내 거주기간의 계산

거주자나 비거주자의 국내 거주기간은 다음과 같이 계산한다(소득령 §4).

① 국내에 거소를 둔 기간은 입국하는 날의 다음 날부터 출국하는 날까지로 한다.

② 국내에 거소를 두고 있던 개인이 출국 후 다시 입국한 경우에 생계를 같이하는 가족의 거주지나 자산소재지 등에 비추어 그 출국목적이 관광, 질병의 치료 등으로서 명백하게 일시적인 것으로 인정되는 때에는 그 출국한 기간도 국내에 거소를 둔 기간으로 본다.

③ 국내에 거소를 둔 기간이 1과세기간 동안 183일 이상인 경우에는 국내에 183일 이상 거소를 둔 것으로 본다.

④ 재외동포의출입국과법적지위에관한법률 제2조에 따른 재외동포가 입국한 경우 생계를 같이하는 가족의 거주지나 자산소재지 등에 비추어 그 입국목적이 단기 관광, 질병의 치료, 병역의무의 이행, 그 밖에 친족의 경조사 등 사업의 경영이나 업무와 무관한 사유에 해당하여 그 입국한 기간이 명백하게 일시적인 것으로 다음에 정하는 방법에 따라 객관적으로 입증되는 때에는 해당 기간은 국내에 거소를 둔 기간으로 보지 아니한다(소득칙 §2).

ⓐ 단기 관광에 해당하는 경우 : 관광시설 이용에 따른 입장권, 영수증 등 입국기간 동안 관광을 한 것을 입증할 수 있는 자료

ⓑ 질병의 치료에 해당하는 경우 : 의료법 제17조에 따른 진단서, 증명서, 처방전 등 입국기간 동안 진찰이나 치료를 받은 것을 입증하는 자료

ⓒ 병역의무의 이행에 해당하는 경우 : 병역사항이 기록된 주민등록초본 또는 병역법시행규칙 제8조에 따른 병적증명서 등 입국기간 동안 병역의무를 이행한 것을 입증하는 자료

ⓓ 친족 경조사 등 그 밖에 사업의 경영 또는 업무와 무관한 사유에 해당하는 경우 : 사업의 경영 또는 업무와 무관하게 일시적으로 입국한 것을 입증하는 자료

Ⅲ 비거주자에 대한 과세방법

우리나라도 비거주자에 대하여는 원천지국 과세원칙에 따라 국내에서 발생한 소득에 대하여 과세하는 것을 원칙으로 하고 있는데, 비거주자에 대하여 과세하는 소득세는 해당 국내원천소득을 종합하여 과세하는 경우와 분리하여 과세하는 경우 및 분류과세하는 경우로 구분하여 계산한다(소득법 §121 ①).

1. 국내사업장이나 부동산소득이 있는 경우 : 종합과세

국내사업장(Permanent Establishment 또는 Domestic Place of Business)이 있는 비거주자와 소득세법 제119조 제3호에 따른 국내원천 부동산소득이 있는 비거주자에 대해서는 소득세법 제119조 제1호부터 제7호(이자소득, 배당소득, 부동산소득, 선박 등 임대소득, 사업소득, 인적용역소득, 근로소득), 제8호의 2(연금소득) 및 제10호부터 제12호(사용료소득, 유가증권양도소득, 기타소득)의 소득을 종합하여 과세한다(소득법 §121 ②). 이 경우 비거주자의 국내사업장이 있더라도 그 국내사업장과 실질적으로 관련되지 않거나 그 국내사업장에 귀속되지 않는 국내원천소득금액은 종합과세에서 제외한다(소득법 §156 ①).

2. 국내사업장이 없는 경우 등 : 분리과세

국내사업장이 없는 비거주자나 국내사업장이 있는 비거주자의 국내원천소득으로서 그 국내사업장과 실질적으로 관련되지 않거나 그 국내사업장에 귀속되지 않는 국내원천소득만 있는 비거주자에 대해서는 소득세법 제119조에서 규정하고 있는 국내원천소득(퇴직소득 및 부동산 등 양도소득은 제외)별로 그 소득의 지급자가 원천징수하여 납부하는 방법으로 분리하여 과세한다(소득법 §121 ③·§156 ①). 이 경우 원천징수되는 소득 중 인적용역소득이 있는 비거주자가 거주자처럼 종합소득과세표준 확정신고를 하는 경우에는 소득세법 제119조에서 규정하고 있는 국내원천소득(퇴직소득 및 부동산 등 양도소득은 제외)에 대하여 종합하여 과세할 수 있다(소득법 §121 ⑤).

3. 퇴직소득이나 양도소득이 있는 경우 : 분류과세

소득세법 제119조 제8호의 국내원천 퇴직소득 및 제9호의 국내원천 부동산 등 양도소득이 있는 비거주자에 대해서는 거주자와 같은 방법으로 해당 소득별로 분류하여 과세한다 (소득법 §121 ②).

| 비거주자의 국내원천소득에 대한 과세방법 요약 |

<table>
<tr><th colspan="2" rowspan="3">국내원천소득
(소득법 §119)</th><th rowspan="2">국내사업장이 없는
비거주자</th><th colspan="2">국내사업장이 있는 비거주자</th></tr>
<tr><th>국내사업장에
귀속되지 않는 소득</th><th rowspan="2">국내사업장에
귀속되는 소득</th></tr>
<tr><th colspan="2">분리과세 · 원천징수(세율)</th></tr>
<tr><td>1호</td><td>이자소득</td><td colspan="2">20%(채권이자 : 14%)</td><td rowspan="7">종합과세</td></tr>
<tr><td>2호</td><td>배당소득</td><td colspan="2">20%</td></tr>
<tr><td>3호</td><td>부동산소득</td><td colspan="2">신고·납부</td></tr>
<tr><td>4호</td><td>선박 등
임대소득</td><td colspan="2">2%</td></tr>
<tr><td>5호</td><td>사업소득</td><td colspan="2">2%</td></tr>
<tr><td>6호</td><td>인적용역소득</td><td colspan="2">20%(국외제공 인적용역 중 조세조약에 따라 국내에서 발생하는 것으로 보는 소득은 3%)[신고·납부 가능]</td></tr>
<tr><td>7호</td><td>근로소득</td><td colspan="2">거주자와 같은 방법으로 과세(기본세율)</td></tr>
<tr><td>8호</td><td>퇴직소득</td><td colspan="3">거주자와 같은 방법으로 과세(기본세율 : 분류과세)</td></tr>
<tr><td>8의 2호</td><td>연금소득</td><td colspan="2">거주자와 같은 방법으로 과세(기본세율 등)</td><td>종합과세</td></tr>
<tr><td>9호</td><td>부동산 등
양도소득</td><td colspan="3">• 거주자와 같은 방법으로 과세(양도자 신고·납부 : 분류과세)
• 법인 양수자 : 예납적 원천징수
Min(양도가액의 10%, 양도차익의 20%)</td></tr>
<tr><td>10호</td><td>사용료소득</td><td colspan="2">20%</td><td rowspan="3">종합과세</td></tr>
<tr><td>11호</td><td>유가증권
양도소득</td><td colspan="2">• 완납적 원천징수
Min(양도가액의 10%, 양도차익의 20%)</td></tr>
<tr><td>12호</td><td>기타소득</td><td colspan="2">20%(국내 미등록 특허권 등 침해손해에 대한 손해배상금 등은 15%)</td></tr>
</table>

Chapter 02

내국법인과 외국법인

I 내국법인과 외국법인의 구분

1. 내국법인

법인세법상 내국법인이란 본점, 주사무소 또는 사업의 실질적 관리장소가 국내에 있는 법인을 말하는데(법인법 §2 1호), 이 경우 사업의 실질적 관리장소란 법인의 업무수행에 필요한 중요한 관리와 상업적 결정이 실질적으로 이루어지는 장소(이사회 개최장소 등)를 말한다.

2. 외국법인

외국법인이란 본점 또는 주사무소가 외국에 있는 단체(사업의 실질적 관리장소가 국내에 있지 아니하는 경우만 해당함)로서 다음 중 어느 하나에 해당하는 단체를 말한다(법인법 §2 3호, 법인령 §2 ②).

① 설립된 국가의 법에 따라 법인격이 부여된 단체

② 구성원이 유한책임사원으로만 구성된 단체

③ 그 밖에 해당 외국단체와 동종 또는 유사한 국내의 단체가 상법 등 국내의 법률에 따른 법인인 경우의 그 외국단체

참고 실질적 관리장소 여부의 판단 사례

국내에 사업의 실질적 관리장소를 두고 있는지 여부 및 조세회피행위에 해당하는지 여부는 이사회가 있는 장소, 법인의 최고 의사결정이 이루어지는 장소, 투자구조의 목적 등 관련사실과 제반 여건을 종합적으로 고려하여 그 실질에 따라 사실판단할 사항임(서면2팀-2316, 2007.12.20.)

3. 외국계법인의 구분

외국인이 국내에 투자하여 만드는 외국계법인은 크게 현지법인형태와 지사형태로 나눌 수 있는데, 외국자본이 자본의 형태로 투자해서 설립하는 현지법인(또는 자회사라 함)은 외국인투자법인('외투법인')으로서 국내법에 따라 설립되어 본점이 국내에 소재하는 내국법인에 해당한다. 반면에 외국법인의 국내지사는 그 본점이 외국에 있기 때문에 외국법인으로 분류된다. 아래에서는 외투법인과 외국법인의 지사를 묶어서 외국계법인으로 칭하고 그 구분에 대해 간단하게 살펴보기로 한다.

(1) 외국법인의 국내지사

외국법인이 국내에서 활동하기 위해 설치하는 지사의 유형에는 지점형태와 연락사무소형태가 있는데, 세법에서 말하는 외국법인이란 외국법인의 국내 지점이나 연락사무소를 의미한다.

① 지점(Branch Office)

외국법인이 국내지점을 설치하는 경우에는 그 지점을 통해 국내에서 수익을 발생시키는 영업활동을 할 수 있다(외환규정 §9-32 ② 1호). 외국법인이 국내에 지점을 설치하는 경우 비록 본점은 국외에 있지만 국내에서 지점등기를 해야 한다. 그리고 그 지점은 고정사업장에 해당하기 때문에 그 사업장에 귀속되는 국내원천소득에 대해서는 법인세법에 따라 법인세 신고를 하여야 한다.

② 연락사무소(Liaison Office)

외국법인이 국내에 연락사무소를 설치하는 경우에는 업무연락이나 시장조사, 연구개발활동 등 비영업적 활동만을 할 수 있다(외환규정 §9-32 ② 2호). 즉, 연락사무소는 국내에서 독자적인 영업활동을 할 수 없고 외국기업의 국내 연락업무나 시장조사 등 영업과 관련 없는 보조적·부수적 업무만을 수행한다. 따라서 외국법인의 국내 연락사무소는 수익이 발생하지 않고 국내원천소득이 없으므로 법인세 신고·납부의무도 없다. 다만, 연락사무소에 근무하는 임직원이나 외부에 지급하는 인적용역소득에 대해서는 근로소득세나 사업소득세를 원천징수해서 납부할 의무는 있다.

참고 국내사업장이 없는 외국법인의 세법상 협력의무(법인통 97-0-2)

국내사업장으로 보지 아니하는 외국법인의 연락사무소는 법인세 납세의무는 없지만 원천징수의무와 지급명세서 제출의무는 있다.

(2) 외투법인

외투기업은 일반적으로 종속회사(Subsidiary Company)라고 하는데, 외국에 있는 모회사가 국내에 자본을 출자하여 설립한 현지법인, 즉 자회사라고 보면 된다. 외국인투자촉진법에서는 '외국인투자기업'을 외국투자가가 외국인투자촉진법에 의해 국내에 출자한 기업으로 규정하고 있는데, 주식시장을 통해 간접투자방식으로 취득한 외국인 지분 소유기업은 원칙적으로 외국인투자촉진법상 외국인투자기업에는 해당하지 않는다. 그런데 외투법인은 비록 출자자는 외국인이라고 하더라도 국내에 본점을 두고 국내법에 따라 설립되는 법인이기 때문에 세법상으로는 내국법인으로 취급된다.

Ⅱ 외국계법인의 설립절차

1. 국내지사의 설치

(1) 국내지사의 설치·변경 및 폐쇄신고

① 국내지사 설치신고

비거주자인 외국법인 또는 개인기업이 국내에 지사, 즉 지점이나 연락사무소를 설치·운영하고자 하는 경우에는 외국환거래규정에 따라 지정거래외국환은행의 장에게 신고를 해야 한다. 다만, 다음에 해당하는 업무 또는 이와 관련된 업무의 영위를 목적으로 하는 국내지사를 설치하고자 하는 경우에는 기획재정부장관에게 신고하여야 한다(외환규정 §9-33 ①·②).

ⓐ 자금의 융자, 해외금융의 알선 및 중개, 카드업무, 할부금융 등 은행업 이외의 금융 관련 업무

ⓑ 증권업무 및 보험업무와 관련된 업무

ⓒ 외국인투자촉진법 등 다른 법령의 규정에 의하여 허용되지 아니하는 업무

외국환거래규정에 따라 국내지사 설치신고를 하고자 하는 자는 '외국기업국내지사설치신고서'에 다음의 서류를 첨부하여 기획재정부장관 또는 지정거래외국환은행의 장에게 제출하여야 한다(외환규정 §9-33 ③).

ⓐ 본점인 외국법인의 명칭·소재지 및 주된 영위 업무의 내용을 증빙하는 서류

ⓑ 다른 법령의 규정에 의하여 그 설치에 관한 허가 등을 요하는 경우에는 그 사실을 증빙하는 서류 사본

ⓒ 국내에서 영위하고자 하는 업무의 내용과 범위에 관한 명세서

외국환거래규정 〔별지 제9-8호 서식〕

<table>
<tr><td colspan="4">외국기업국내지사설치신고서</td><td>처 리 기 간

</td></tr>
<tr><td rowspan="5">외 국
기 업
내 용</td><td>① 상 호(본점)</td><td>Atard Co. Ltd.</td><td>② 설 치 년 월 일</td><td>2020년 4월 1일</td></tr>
<tr><td>③ 대 표 자(본점)</td><td colspan="3">Richard Max</td></tr>
<tr><td>④ 소 재 지(본점)</td><td colspan="3">10 Warner Ave. Irvine, CA, USA</td></tr>
<tr><td>⑤ 사 업 내 용</td><td colspan="3">무역업</td></tr>
<tr><td>⑥ 자 본 금</td><td colspan="3">1,000,000 USD</td></tr>
<tr><td rowspan="5">국 내
지 사
내 용</td><td>⑦ 상 호</td><td colspan="3">아타드 한국 지점</td></tr>
<tr><td>⑧ 대 표 자</td><td>John Smith</td><td>주 민 등 록 번 호
(또는 국적)</td><td>미국</td></tr>
<tr><td>⑨ 소 재 지</td><td colspan="3">서울시 서초구 서초대로 100</td></tr>
<tr><td>⑩ 영 위 업 종</td><td colspan="3">무역업 및 부대 업무</td></tr>
<tr><td>⑪ 설 치 구 분</td><td colspan="3">☑ 지점 □ 사무소</td></tr>
<tr><td colspan="5">외국환거래법 제3조제1항제19호마목 및 외국환거래법시행령 제9조 제2항제6호의 규정에 의하여 위와 같이 신고합니다.

2020 년 4 월 5 일
신 고 인 John Smith ㊞
(또는 대리인)

기획재정부장관 귀하
(외국환은행의 장)</td></tr>
<tr><td colspan="5">※ 이 신고서는 외국기업의 국내지사 설치에 관한 신고에 관한 것으로써, 해당 업종에 대한 영업인·허가 등을 의미하지 않음을 알려드립니다.</td></tr>
<tr><td colspan="3"></td><td>신 고 번 호</td><td></td></tr>
<tr><td colspan="3"></td><td>신 고 일 자</td><td></td></tr>
<tr><td colspan="5">신고기관 : 기획재정부장관
(외국환은행의 장)</td></tr>
</table>

210㎜×297㎜

〈첨부서류〉 1. 본점인 외국법인의 명칭·소재지 및 주된 영위업무의 내용을 증빙하는 서류
2. 다른 법령의 규정에 의하여 그 설치에 관한 허가·인가·특허·승인·신고·등록 등을 요하는 경우에는 그 사실을 증빙하는 서류
3. 국내에서 영위하고자 하는 업무의 내용과 범위에 관한 명세서

참고 외국환은행에 신고 시 제출 서류

- 외국기업국내지사설치신고서
- 본점의 존재를 인정할 수 있는 서면 : 외국 본국 관청의 증명서 또는 등기부등본
- 본사의 정관 : 외국회사의 본국 관할 관청 또는 공증인 또는 대한민국에 있는 그 외국의 영사의 인증을 받은 것
- 대한민국에서 대표자의 자격을 증명하는 서면으로 대한민국에서의 대표자를 선임한 본사의 주주총회 또는 이사회 의사록이나 임명장 등 그 선임절차가 그 외국회사의 본국법 또는 정관에 절차에 따른 것인지를 확인할 수 있는 서면 : 외국회사의 본국 관할 관청 또는 공증인 또는 대한민국에 있는 그 외국의 영사의 인증을 받은 것
- 지사설치업무를 타인에게 위임 시에는 위임장 : 외국회사의 본국 관할 관청 또는 공증인 또는 대한민국에 있는 그 외국의 영사의 인증을 받은 것
- 본사의 영업허가서 사본 : 외국회사의 본국 관할 관청 또는 공증인 또는 대한민국에 있는 그 외국의 영사의 인증을 받은 것

② 국내지사 변경신고

국내지사 설치신고를 한 자가 신고한 내용을 변경하고자 하는 경우에는 '외국기업국내지사변경신고서'에 다음에 해당하는 서류를 첨부하여 해당 설치신고를 받은 자에게 제출하여야 한다(외환규정 §9-33 ④).

ⓐ 변경사실 입증서류

ⓑ 사업계획서(지사의 업무내용 변경 시)

③ 국내지사 폐쇄신고

국내지사 설치신고를 한 자가 국내지사를 폐쇄하고자 하는 경우에는 '외국기업국내지사 폐쇄신고서'를 해당 설치신고를 받은 자에게 제출하여야 한다(외환규정 §9-37 ①). 이 경우 국내지사 폐쇄신고를 한 자가 국내보유자산의 처분대금을 외국으로 송금하고자 하는 경우에는 지정거래 외국환은행의 장에게 해당 국내지사의 관할 세무서장이 발급한 납세증명을 제출하여야 한다(외환규정 §9-37 ②).

외국환거래규정〔별지 제9-9호 서식〕

<table>
<tr><td colspan="4">외국기업국내지사변경신고서</td><td>처 리 기 간

</td></tr>
<tr><td rowspan="4">국
내
기
업</td><td>① 상 호</td><td colspan="3"></td></tr>
<tr><td>② 대 표 자</td><td colspan="3"></td></tr>
<tr><td>③ 소 재 지</td><td colspan="3"></td></tr>
<tr><td>④ 업 종</td><td colspan="3"></td></tr>
<tr><td colspan="5">변 경 내 용</td></tr>
<tr><td colspan="3">⑤ 이미 신고된 사항</td><td colspan="2">⑥ 변경하고자 하는 사항</td></tr>
<tr><td colspan="3"></td><td colspan="2"></td></tr>
<tr><td colspan="2">변 경 사 유</td><td colspan="3"></td></tr>
<tr><td colspan="5">외국환거래규정 제9-33조의 규정에 의하여 위와 같이 신고합니다.

년 월 일
신 고 인 ㊞
(또는 대리인)
(전화번호)
기획재정부장관 귀하
(외국환은행의 장)</td></tr>
<tr><td colspan="3" rowspan="2"></td><td>신 고 번 호</td><td></td></tr>
<tr><td>신 고 일 자</td><td></td></tr>
<tr><td colspan="5">신고기관 : 기획재정부장관
(외국환은행의 장)</td></tr>
</table>

210㎜×297㎜

〈첨부서류〉 1. 외국기업국내지사설치신고서 사본
2. 변경사유서
3. 사업계획서(지사의 업무내용 변경시)

외국환거래규정 〔별지 제9-11호 서식〕

<table>
<tr><td colspan="3">외국기업국내지사 폐쇄신고서</td><td>처리기간

</td></tr>
<tr><td rowspan="5">국내기업</td><td>① 상 호</td><td colspan="2"></td></tr>
<tr><td>② 대 표 자</td><td colspan="2"></td></tr>
<tr><td>③ 소 재 지</td><td colspan="2"></td></tr>
<tr><td>④ 업 종</td><td colspan="2"></td></tr>
<tr><td>⑤ 폐 쇄 구 분</td><td colspan="2">□ 지점 □ 사무소</td></tr>
<tr><td colspan="2">폐 쇄 일 자</td><td colspan="2"></td></tr>
<tr><td colspan="2">폐 쇄 사 유</td><td colspan="2"></td></tr>
<tr><td colspan="4">외국환거래규정 제9-37조의 규정에 의하여 아래와 같이 폐쇄신고합니다

년 월 일
신 고 인 ㊞
(또는 대리인)

기획재정부장관 귀하
(외국환은행의 장)</td></tr>
<tr><td colspan="2" rowspan="2">위와 같이 신고되었음을 확인함</td><td>신 고 번 호</td><td></td></tr>
<tr><td>신 고 일 자</td><td></td></tr>
<tr><td colspan="4">신고기관 : 기획재정부장관
(외국환은행의 장)</td></tr>
</table>

210㎜×297㎜

〈첨부서류〉 1. 국내지사설치신고서 원본
2. 폐쇄사유에 관한 증빙서류

(2) 국내지점의 설치등기 및 사업자등록

① 지점등기

국내지사 설치신고 후 국내에서 영업을 하고자 하는 때에는 다음의 서류를 첨부하여 상법에 의한 영업소 설치등기를 하여야 한다(상법 §614 ②).

ⓐ 본점의 존재를 인정할 수 있는 서류 : 회사설립사항 증명서 등(등기부등본 등)

ⓑ 대한민국에서의 대표자의 자격을 증명할 수 있는 서류 : 주주총회의사록 또는 이사회결의서나 해당 회사의 임명장 등

ⓒ 회사의 정관 또는 회사의 성질을 식별할 수 있는 서류 : 외국회사 본국의 관할 관청 또는 대한민국에 있는 그 외국의 영사인증을 받은 것

ⓓ 관청 허가 또는 인가 필요 시(예 은행) : 허가 또는 인가서

ⓔ 대리인 위임장 : 위임장에 서명을 하고 그 서명에 관하여 외국회사의 본국 관할 관청 또는 공증인 또는 대한민국에 있는 그 외국의 영사의 인증을 받은 것

ⓕ 국내 대표자의 인감신고서 : 인감신고서에 서명을 하고 외국회사의 본국 관할 관청 또는 공증인 또는 대한민국에 있는 그 외국의 영사의 인증을 받은 것

ⓖ 국내 대표자의 취임승낙서 : 취임승낙서에 서명을 하고 외국회사의 본국 관할 관청 또는 공증인 또는 대한민국에 있는 그 외국의 영사의 인증을 받은 것

ⓗ 국내 대표자의 여권사본

ⓘ 국내 대표자의 외국인 주소사실증명서(한국에 외국인등록 시) 또는 본국 관할 관청의 주소증명

② 국내사업장 설치 등의 신고

외국법인이 국내사업장을 가지게 되었거나 법인세법 제93조 제3호에 따른 국내원천 부동산소득이 있는 때에는 그날부터 2개월 이내에 다음의 사항을 적은 '국내사업장설치신고서'에 국내사업장을 가지게 된 날 현재의 재무상태표와 본점 등의 등기에 관한 서류, 정관 등을 첨부하여 납세지 관할 세무서장에게 신고하여야 한다. 이 경우 사업자등록절차에 따라 사업자등록을 한 때에는 법인 설립신고를 한 것으로 본다(법인법 §109 ②·④, 법인령 §152 ④).

ⓐ 법인의 명칭과 대표자의 성명

ⓑ 본점 또는 주사무소의 소재지

ⓒ 국내에서 수행하는 사업이나 국내에 있는 자산의 경영 또는 관리책임자의 성명

ⓓ 국내사업의 목적 및 종류와 국내자산의 종류 및 소재지

ⓔ 국내사업을 시작하거나 국내자산을 가지게 된 날

③ 사업자등록

외국법인이 국내에 지점 등의 사업장을 설치하고 신규로 사업을 시작하는 경우에는 사업의 개시일부터 20일 내에 '사업자등록신청서'를 납세지 관할 세무서장에게 제출하여야 하는데(법인법 §111 ①, 법인령 §154 ①), 부가가치세법에 따라 사업자등록을 한 사업자는 그 사업에 관하여 사업자등록을 한 것으로 본다(법인법 §111 ②).

(3) 연락사무소의 고유번호등록

외국법인이 국내에서 영업활동을 하지 않는 연락사무소를 설치한 경우에는 원천세신고 등을 위해 관할 세무서장에서 다음의 서류를 첨부하여 고유번호등록을 신청할 수 있다(법인령 §154 ③).

① 외국법인 본점의 등기부등본

② 외국법인 본점의 정관

③ 연락사무소 설치에 관한 의사결정 관련 서류

④ 연락사무소 대표자의 임명장 및 거주등록증

■ 법인세법 시행규칙 [별지 제73호서식] <개정 2019. 3. 20.>

홈택스(www.hometax.go.kr)에서도 신고할 수 있습니다. (앞쪽)

접수번호	[ ] 법인설립신고 및 사업자등록신청서 [✓] 국내사업장설치신고서(외국법인)	처리기간
		3일 (보정기간은 불산입)

귀 법인의 사업자등록신청서상의 내용은 사업내용을 정확하게 파악하여 근거과세의 실현 및 사업자등록 관리업무의 효율화를 위한 자료로 활용됩니다. 아래의 사항에 대하여 사실대로 작성하시기 바라며 신청서에 서명 또는 인감(직인) 날인하시기 바랍니다

1. 인적사항

법 인 명(단체명)	아타드 한국 지점	승인법인고유번호 (폐업당시 사업자등록번호)	
대 표 자	John Smith	주민등록번호	800101 - 5123456
사업장(단체)소재지	서울시 서초구 서초대로 100	층 호	
전 화 번 호	(사업장)	(휴대전화)	

2. 법인현황

법인등록번호	123456 - 1234567	자본금	10,000,000원	사업연도	1월 1일 ~ 12월 31일

법 인 성 격 (해당란에 ○표)

내 국 법 인						외 국 법 인			지점(내국법인의 경우)			분할신설법인	
영리 일반	영리 외투	비영리	국 가 지방자치	법인으로 보는 단체: 승인법인	법인으로 보는 단체: 기타	지점 (국내사업장)	연 락 사무소	기타	여	부	본점 사업자 등록번호	분할전 사업자등록번호	분할연월일
						○							

조합법인 해당 여부		사업자 단위 과세 여부		공 익 법 인						외국·외투 법인		
여	부	여	부	해당여부		사업유형	주무부처명	출연자산여부			국 적	투자비율
				여	부			여	부			

3. 외국법인 내용 및 관리책임자 (외국법인에 한함)

외 국 법 인 내 용

	상 호	대 표 자	설 치 년 월 일	소 재 지
본점	Atard Co. Ltd.	Richard Max	2010. 1. 1.	10 Warner Ave. Irvine, CA , USA

관 리 책 임 자

성 명 (상 호)	주민등록번호 (사업자등록번호)	주 소 (사업장소재지)	전 화 번 호
John Smith	800101-5123456	서울시 서초구 서초대로 100	

4. 사업장현황

사 업 의 종 류						사업(수익사업) 개 시 일
주업태	주 종 목	주업종코드	부업태	부 종 목	부업종코드	
도매	무역업					2020년 4월 1일

사이버몰 명칭		사이버몰 도메인	

사업장 구분 및 면적		도면첨부		사업장을 빌려준 사람(임대인)			
자가	타가	여	부	성 명(법인명)	사업자등록번호	주민(법인)등록번호	전화번호
㎡	100 ㎡		○	홍길동	214-50-12345	701010-1234567	

임 대 차 계 약 기 간	(전세)보증금	월 세(부가세 포함)
2020. 4. 1. ~ 2022. 3. 31.	50,000,000원	3,000,000원

개 별 소 비 세				주 류 면 허			부가가치세 과세사업		인·허가 사업 여부			
제 조	판 매	장 소	유 흥	면 허 번 호	면 허 신 청		여	부	신고	등록	인·허가	기타
					여	부						

설립등기일 현재 기본 재무상황 등

자산 계	유동자산	비유동자산	부채 계	유동부채	비유동부채	종업원수
10,000 천원	10,000 천원	천원	천원	천원	천원	3 명

전자우편주소		국세청이 제공하는 국세정보 수신동의 여부	[ ] 문자(SMS) 수신에 동의함(선택) [ ] 이메일 수신에 동의함(선택)

210㎜×297㎜[백상지 80g/㎡ 또는 중질지 80g/㎡]

2. 외투법인의 설립

(1) 투자신고

① 외국인 투자신고

외국인이 외국인투자촉진법에 따라 국내에 외국인투자를 하려는 경우에는 미리 산업통상자원부장관에게 신고하여야 한다. 다만, 다음의 어느 하나에 해당하는 방법으로 외국인투자를 하는 경우에는 주식 등을 취득한 후 60일 이내에 신고할 수 있다(외투법 §5 ①·②).

ⓐ 자본시장과금융투자업에관한법률에 따른 주권상장법인(같은 법 제152조 제3항에 따른 공공적 법인 및 개별법상 주식취득이 제한되는 기업은 제외함)이 발행한 기존주식 등을 취득하는 경우

ⓑ 외국투자가가 해당 외국인투자기업의 준비금, 재평가적립금, 그 밖에 다른 법령에 따른 적립금이 자본으로 전입됨으로써 발행되는 주식 등을 취득하는 경우

ⓒ 외국투자가가 해당 외국인투자기업이 다른 기업과 합병, 주식의 포괄적 교환·이전 및 회사분할을 하는 때에 소유하고 있던 주식 등에 의하여 합병, 주식의 포괄적 교환·이전 및 회사분할 후 존속 또는 신설되는 법인의 주식 등을 취득하는 경우

ⓓ 외국인이 외국인투자촉진법 제21조에 따라 등록된 외국인투자기업의 주식 등을 외국투자가로부터 매입, 상속, 유증(遺贈) 또는 증여에 의하여 취득하는 경우

ⓔ 외국투자가가 법에 따라 취득한 주식 등으로부터 생긴 과실을 출자하여 주식 등을 취득하는 경우

ⓕ 외국인이 전환사채, 교환사채, 주식예탁증서, 그 밖에 이와 유사한 것으로서 주식 등으로 전환·인수 또는 교환할 수 있는 사채(社債)나 증서를 주식 등으로 전환·인수 또는 교환하는 경우

② 변경신고

외국인투자촉진법에 따라 외국인 투자신고를 한 내용 중 외국인투자비율(외국인투자기업의 주식 등에 대한 외국투자가 소유 주식 등의 비율을 말함) 등 산업통상자원부령으로 정하는 사항이 변경된 경우에는 변경된 내용을 반영하여 산업통상자원부장관에게 신고할 수 있다(외투법 §5 ③).

③ 신고증명서의 발급

산업통상자원부장관은 외국인투자촉진법에 따라 외국인 투자신고를 받으면 지체 없이 신고인에게 신고증명서를 발급하여야 한다(외투법 §5 ④).

▌외국인투자 신고 및 허가신청 제출 서류(외국인투자촉진법시행규칙 [별표 1])▐

<table>
<tr><th colspan="2">구 분</th><th>제출 서류</th><th>제출 시기</th></tr>
<tr><td>1. 공통 제출 서류</td><td>가. 외국인이 최초로 외국인투자를 하는 경우(외국투자가가 외국인투자기업의 주식 등을 추가로 취득하거나, 외국인투자 신고를 한 해외 모기업이 차관을 제공하는 경우는 제외)</td><td>외국투자가의 국적을 증명하는 서류 1부</td><td>외국인투자 신고 시</td></tr>
<tr><td rowspan="5">2. 투자 형태 관련 제출 서류</td><td>가. 외국인투자촉진법 제2조 제1항 제4호 가목의 외국인투자를 하면서 외국인투자촉진법시행령 제2조 제2항 제2호에 해당하는 경우</td><td>외국인투자촉진법시행령 제2조 제2항 제2호에 해당하는 임원 파견 또는 선임 여부를 확인할 수 있는 서류(총회, 이사회, 주주총회 등의 의사록 등을 의미함) 사본 1부</td><td>외국인 투자기업 등록신청 시까지</td></tr>
<tr><td>나. 외국인투자촉진법 제2조 제1항 제4호 가목 2)에 해당하는 외국인투자를 하는 양수인이 2인 이상인 경우</td><td>양수인 간의 특수 관계 여부를 확인할 수 있는 서류 사본 1부</td><td>외국인투자 신고 시</td></tr>
<tr><td rowspan="3">다. 외국인투자촉진법 제2조 제1항 제4호 나목의 외국인투자를 하는 경우(외국인투자 신고를 한 해외 모기업이 차관을 제공하는 경우는 제외)</td><td>1) 해외 모기업 또는 그 모기업과 자본출자관계가 있는 기업임을 증명하는 서류 사본 1부</td><td>외국인투자 신고 시</td></tr>
<tr><td>2) 외국투자가 또는 그 외국투자가와 자본출자관계가 있는 기업임을 증명하는 서류 사본 1부</td><td>외국인투자 신고 시</td></tr>
<tr><td>3) 차관계약서 사본 1부</td><td>차관자금 송금 전까지</td></tr>
</table>

구 분		제출 서류	제출 시기
2. 투자 형태 관련 제출 서류	라. 외국인투자촉진법 제2조 제1항 제4호 다목에 해당하는 외국인 투자를 하려는 경우	출연하려는 비영리법인이 외국인투자촉진법시행령 제2조 제6항 각 호의 요건을 모두 갖추었음을 증명하는 서류 1부	외국인투자기업 등록신청 시까지
	마. 외국인투자촉진법 제2조 제1항 제4호 라목에 해당하는 외국인 투자를 하려는 경우	출연하려는 비영리법인이 외국인투자촉진법시행령 제2조 제7항 각 호의 어느 하나에 해당함을 증명하는 서류 1부	외국인투자기업 등록신청 시까지
	바. 외국인투자촉진법 제5조 제2항 각 호의 어느 하나에 해당하는 방법으로 외국인투자를 하는 경우	주식 등의 취득을 증명하는 서류 사본 1부	외국인투자기업 등록신청 시까지
3. 출자 목적 물 관련 제출 서류	가. 외국인투자촉진법 제2조 제1항 제8호 라목의 출자목적물을 출자·출연하는 경우	외국인투자촉진법시행령 제39조 제2항에 따른 기술평가기관이 평가한 산업재산권 등의 가격평가 내용을 증명하는 서류 사본 1부	외국인투자기업 등록신청 시까지
	나. 외국인투자촉진법 제2조 제1항 제8호 마목의 출자목적물을 출자·출연하는 경우	지점·사무소 또는 법인의 청산 등에 따라 분배되는 남은 재산임을 증명하는 서류 사본 1부	외국인투자기업 등록신청 시까지
	다. 외국인투자촉진법 제2조 제1항 제8호 바목의 출자목적물을 출자·출연하는 경우	외국인투자촉진법에 의해 도입된 차관이나 그 밖에 해외로부터의 차입금의 상환액임을 증명하는 서류 사본 1부	외국인투자기업 등록신청 시까지
	라. 외국인투자촉진법 제2조 제1항 제8호 사목의 출자목적물을 출자·출연하는 경우	외국인투자촉진법시행령 제2조 제10항 각 호의 주식에 해당함을 증명하는 서류 사본 1부 [비상장주식을 출자목적물로 출자·출연하는 경우에는 국내공인기관의 주식가치평가 내용을 증명하는 서류 사본 1부, 주식을	외국인투자기업 등록신청 시까지

구 분		제출 서류	제출 시기
3. 출자 목적물 관련 제출 서류	라. 외국인투자촉진법 제2조 제1항 제8호 사목의 출자목적물을 출자·출연하는 경우	출자목적물로 출자하고 기존주식 등을 취득하려는 경우에는 출자하는 주식 및 취득하는 주식 간의 교환조건(교환금액·교환비율 등)이 명시된 주식양수(양도) 계약서 사본 1부를 함께 제출]	외국인투자기업 등록신청 시까지
	마. 외국인투자촉진법 제2조 제1항 제8호 아목의 출자목적물을 출자·출연하는 경우	출자·출연하려는 부동산에 대한 외국환거래법 제18조에 따른 자본거래신고필증 사본 1부	외국인투자기업 등록신청 시까지
	바. 외국인투자촉진법 제2조 제1항 제8호 자목 및 외국인투자촉진법시행령 제2조 제11항의 출자목적물을 출자·출연하는 경우	외국인투자촉진법 제2조 제1항 제4호 가목에 따른 주식 등과 부동산을 처분한 대금임을 증명하는 서류 사본 1부	외국인 투자기업 등록신청 시까지

1. 위 각 목의 증빙서류는 각 목에 해당하는 외국인투자를 할 경우에만 제출한다.
2. 외국인투자 신고 또는 허가신청 후 변경사항이 발생하여 외국인투자촉진법시행령 제2조 제1항 제2호 각 목에 따른 변경신고 또는 변경허가신청을 하려는 경우에는 변경된 내용을 증명하는 서류를 첨부하여 제출한다.

■ 외국인투자촉진법 시행규칙 [별지 제1호서식] <개정 2016. 8. 2.>

민원24(www.minwon.go.kr)에서도 신청할 수 있습니다.

주식등의 취득 또는 출연 방식에 의한 외국인투자 [✔]신고서 [ ]허가신청서

※ 바탕색이 어두운 난은 신청인이 적지 않으며, [ ]에는 해당되는 곳에 √표를 합니다. (제1쪽)

접수번호	접수일	처리일	처리기간	신고: 즉시 허가: 15일

외국 투자가	① 상호 또는 명칭(영문)	Ben Jonson	② 국적	USA
	③ 주소	30 Clocktower Tustin, CA, USA	(전화번호:)	
외국인 투자기업 (주식 등 발행기업)	④ 상호 또는 명칭	(국문) (주)써니산업	⑤ 사업자등록번호(본사)	
		(영문) Sunny Industry Co. Ltd.	214-81-12345	
	⑥ 주소	본사 서울시 서초구 반포대로 10	(전화번호:)	
		주공장(주사업장)소재지 충북 청주시 상당구 청주대로 50	(전화번호:)	
		금번 투자지역(신주 취득 및 출연의 경우) 충북 청주시 상당구 청주대로 50	(전화번호:)	
	⑦ 하려는(하고 있는) 사업	전자제품 제조업		
	※ 한국표준산업분류상 세세분류(신고(신청) 접수기관 기재란)			
	⑧ 자본금 (출연금)	취득(출연)전 5,000,000,000원	취득(출연)후 6,000,000,000원	

신고 (신청) 내용	⑨ 주식등양도자 (기존주식 취득시)	상호 또는 명칭(국문 또는 영문)		(전화번호:)	
	⑩ 금번 외국인투자금액 및 비율	취득총액: 1,000,000,000 원(USD 850,000상당), 20%			
	⑪ 투자형태	[✔]법인([✔]신주, [ ]기존주) [ ]개인사업 [ ]비영리법인 출연	⑫ 투자목적	[✔]공장 설립·증설 [ ]사업장 설립·증설 [ ]인수합병(지분인수 등)	
	⑬ 출자목적물 (출연대상)	[✔]현금, [ ]자본재, [ ]주식, [ ]부동산, [ ]채권, [ ]산업재산권 등	현금	1,000,000,000원(USD850,000상당)	
			자본재	원(USD 상당)	
			기타	원(USD 상당)	
	⑭ 취득(할) 주식(지분)의 내용	종류 보통주	1주(좌)당 액면가액(B) 5,000원	1주(좌)당 취득가액(C) 5,000원	
		수량(A) 200,000주	액면총액(A×B) 1,000,000,000원	취득총액(A×C) 1,000,000,000원	
	⑮ 취득사유(외국인투자촉진법 제5조제2항제2호부터 제6호의 경우) [ ]전환사채, [ ]신주인수권, [ ]무상증자, [ ]배당, [ ]매입·상속·유증·증여, [ ]합병·주식의 포괄적 교환·이전 및 회사분할, [ ]기타( )				
	⑯ 취득 후 해당 외국투자가의 외국인투자금액 및 비율	취득총액: 1,000,000,000 원(USD850,000 상당)		16.67 %	
		액면총액: 1,000,000,000 원			
	⑰ 금번 투자에 따른 예상 근로자 수	5 명			

「외국인투자 촉진법」 제5조제1항, 제5조제2항, 제6조제1항 및 같은 법 시행규칙 제2조제1항제1호가목에 따라 위와 같이 신고합니다.

2020년 5월 1일

신고인 (또는 대리인) Ben Jonson (서명 또는 인)

(전화번호:)

산업통상자원부장관(또는 수탁기관장) 귀하

신고(신청)인 귀하

신고(허가) 번호:

[ ] 위의 신고를 마쳤음을 확인합니다. [ ] 위의 신청을 허가합니다. (허가조건:)

년 월 일

산업통상자원부장관(또는 수탁기관장) [직인]

210mm×297mm(백상지 80g/㎡)

■ Enforcement Rules of the Foreign Investment Promotion Act [Form No.1]

Foreign Investment by Acquisition of Stocks (or Contribution) [ ]Notification Form [ ]Application for Authorization

※ Please fill out this entire form except for the black boxes and mark √ in [ ] when applicable. (Page 1)

Number of Receipt	Date of Receipt	Date of Completion	Term of Completion	Notification: Immediate Authorization: 15 days

Foreign Investor	① Name			② Nationality	
	③ Address (Phone Number:)				
Foreign-Invested Enterprise (Stock-Issuing Enterprise)	④ Name	(Korean)		⑤ Business Registration No. (Headquarter)	
		(English)			
	⑥ Address	Headquarter (Phone Number:)			
		Factory(Place of Business) (Phone Number:)			
		Location of Investment(only for acquisition of Newly Issued Stock) (Phone Number:)			
	⑦ Business of intent/Present business				
	※ Sub-Class of KSIC(Korea Standard Industry Code)				
	⑧ Capital (Contribution)	before acquisition(contribution) won		after acquisition(contribution) won	
Information	⑨ Seller of Stocks or Shares (only for acquisition of outstanding stocks)	Name (Phone Number:)			
	⑩ Amount of foreign investment and ratio thereof	Acquisition Price: won(USD), %			
	⑪ Type of Investment	[ ]Corporation([ ]newly issued, [ ]outstanding) [ ]Establishing Private Enterprise [ ]Contribution to Non-Profit Corporation		⑫ Purpose of Investment	[ ]Establishing Factory [ ]Establishing Place of Business [ ]Merger or Acquisition
	⑬ Object of Investment	[ ]Cash, [ ]Capital Goods, [ ]Stock, [ ]Real Estate, [ ]Bond, [ ]Industrial Property Rights		Cash Amount	won(USD)
				Capital Goods	won(USD)
				Other	won(USD)
	⑭ Details of Stock or Shares to be Acquired	Type	Par Value per Stock(Share)(B)		Acquisition Price per Stock(Share)(C)
		Quantity(A)	Total Par Value of All Stocks(A×B)		Total Acquisition Price(A×C)
	⑮ Basis of Acquisition(only for Article 5, Paragraph 2, Item from 2 to 6, of the Foreign Investment Promotion Act) [ ]Convertible Bonds, [ ]Preemptive Rights, [ ]Bond Issue, [ ]Dividend, [ ]Purchase/Inheritance /Bequest/Gift, [ ]Merger/Comprehensive exchange or transfer of stocks/Division, [ ]Other( )				
	⑯ Amount and Percentage of Foreign Investment After Acquisition	Acquisition Price : won(USD)			%
		Par Value of All Stocks: won			
	⑰ Number of Jobs to be Created				

The above notification is made in accordance with the regulations stipulated in [ ] Article 5, Paragraph 1 and 2 / [ ] Article 6, Paragraph 2, of the Foreign Investment Promotion Act.

Year Month Day

Applicant (Signature or Seal)

(or Power of Attorney) (Phone Number:)

For the Delegated Authority

For the Applicant

Notification No:

[ ] The above notification is confirmed. [ ] The above is authorized. (Condition:)

Year Month Day

Ministry of Trade, Industry and Energy(or Delegated Authority) seal

210mm×297mm(White Paper 80g/㎡)

■ 외국인투자촉진법 시행규칙 [별지 제3호서식] <개정 2016. 8. 2.>

민원24(www.minwon.go.kr)에서도 신청할 수 있습니다

주식등의 취득 또는 출연 방식에 의한 외국인투자내용 변경 [ ]신고서 [ ]허가신청서

※ 바탕색이 어두운 난은 신청인이 적지 않으며, [ ]에는 해당되는 곳에 √표를 합니다. (제1쪽)

접수번호	접수일	처리일	처리기간 신고: 즉시 허가: 15일

이미 신고(허가)된 외국인 투자내용	① 신고(허가)일		
	② 외국인투자기업 (주식 등 발행기업)	상호 또는 명칭	
		주소 (전화번호:)	
	③ 외국투자가	상호 또는 명칭 (전화번호:)	
		국적	
	④ 외국인투자금액 및 비율	취득총액: 원(USD 상당)	%
	⑤ 하려는(하고 있는 사업)		
변경내용	변경사항	⑥ 이미 신고(허가)된 내용	⑦ 변경 후 내용

「외국인투자 촉진법」 제5조제3항 또는 제6조제1항 후단 및 같은 법 시행규칙 제2조제1항제2호가목에 따라 위와 같이 신고(신청)합니다.

년 월 일

신고인 또는 신청인 (서명 또는 인)

(또는 대리인) (전화번호:)

산업통상자원부장관(또는 수탁기관장) 귀하

신고(신청)인 귀하

신고(허가) 번호:

[ ] 위의 신고를 마쳤음을 확인합니다. [ ] 위의 신청을 허가합니다.(허가조건:)

년 월 일

산업통상자원부장관(또는 수탁기관장) 직인

첨부서류	1. 「외국인투자 촉진법 시행령」 제2조제2항제2호에 해당하는 임원 파견 또는 선임 여부를 확인할 수 있는 서류 (총회, 이사회, 주주총회 등의 의사록 등을 의미합니다) 사본 1부 (「외국인투자 촉진법 시행령」 제2조제2항제2호에 해당하는 경우에만 제출합니다) 2. 「외국인투자 촉진법 시행령」 제2조제6항 각 호의 요건을 모두 갖추었음을 증명하는 서류 1부 (「외국인투자 촉진법」 제2조제1항제4호다목에 해당하는 경우에만 제출합니다) 3. 「외국인투자 촉진법 시행령」 제2조제7항 각 호의 어느 하나에 해당함을 증명하는 서류 1부 (「외국인투자 촉진법」 제2조제1항제4호라목에 해당하는 경우에만 제출합니다) 4. 기존 주식 등의 양수인이 2인 이상인 경우에는 양수인 간의 특수 관계 여부를 확인할 수 있는 서류 사본 1부 (양수인이 변경된 경우에만 제출합니다) 5. 외국인의 국적을 증명하는 서류 1부 (외국투자가의 국적이 변경된 경우에만 제출합니다)	수수료 없음

유의사항

이 신고증명서(허가증명서)는 외국인투자자금의 도착을 확인하는 것은 아니며, 다른 법령에 따라 인·허가 또는 신고 등이 필요한 경우에는 해당 법령의 규정을 충족하여야 합니다.

처리절차

신고서 작성	→	접 수	→	검토·확인	→	신고증명서 발급	→	수령
신고인		수탁기관장		수탁기관장		수탁기관장		신고인

210mm×297mm(백상지 80g/㎡)

Part 2

■ Enforcement Rules of the Foreign Investment Promotion Act [Form No.3]

Information Change by the Acquisition of Stocks (or Contribution) by Foreign Investors
[ ]Notification Form [ ]Application for Authorization

※ Please fill out this entire form except for the black boxes and mark √ in [ ] when applicable. (Page 1)

Receipt Number	Date of Receipt	Date of Completion	Term of Completion	Notification: Immediate Authorization: 15 days

<table>
<tr><td rowspan="8">Previous Information of Foreign Investment</td><td colspan="3">① Date of Notification(Authorization)</td></tr>
<tr><td rowspan="2">② Foreign-Invested Enterprise (stock-issuing enterprise)</td><td colspan="2">Name</td></tr>
<tr><td colspan="2">Address (Phone Number:)</td></tr>
<tr><td rowspan="2">③ Foreign Investor</td><td colspan="2">Name (Phone Number:)</td></tr>
<tr><td colspan="2">Nationality</td></tr>
<tr><td>④ Amount of foreign investment and ratio thereof</td><td>Acquisition Price: Won(USD)</td><td>%</td></tr>
<tr><td colspan="3">⑤ Business of intent/Present business</td></tr>
<tr><td colspan="3"></td></tr>
<tr><td>Change in Information</td><td>Items to Change</td><td>⑥ Information Prior to Change</td><td>⑦ Information After Change</td></tr>
</table>

The above notification is made in accordance with the regulations stipulated in [ ] Article 5, Paragraph 3/ [ ] Article 6, Paragraph 1, of the Foreign Investment Promotion Act, the above notification is made.

Year Month Day

Applicant (Signature or Seal)

(or Power of Attorney) (Phone Number:)

For the Delegated Authority

For the Applicant

Notification No:

[ ] The above notification is confirmed. [ ] The above is authorized. (Condition:)

Year Month Day

Ministry of Trade, Industry and Energy(or Delegated Authority) seal

<table>
<tr><td>Required Documents</td><td>1. A copy of Report of elected(or dispatched) executives (i.e. the report of general meeting or general stockholder's meeting or board meeting, etc) (only necessary if Article 2, Paragraph 2, Item 2, of the Enforcement Decree of Foreign Investment Promotion Act applies)
2. A copy of a document providing proof that the non-profit corporation meets all of the requirements of Article 2, Paragraph 6, of the Enforcement Decree (only necessary if Article 2, Paragraph 1, Item 4, (c), of the Foreign Investment Act applies)
3. A copy of a document providing proof that the non-profit corporation meets any of the requirement of Article 2, Paragraph 7, of the Enforcement Decree (only necessary if Article 2, Paragraph 1, Item 4, (d), of the Foreign Investment Act applies)
4. In the event that the stocks are being transferred to more than two parties, a copy of a document certifying the mutual relationship between transferees (only necessary if the transferee has changed)
5. A copy of a document certifying the foreign party's nationality (only necessary if the investor's nationality has changed)</td><td>Processing Fee

Exempt</td></tr>
</table>

Notice

This notification(or authorization) does not confirm the arrival of the investment. When any authorization, permission or notification is required by another law, the applicant must meet the requirements prescribed under that law.

Procedure

Notification	→	Acceptance	→	Review and Confirmation	→	Issuance of Certification	→	Receipt
Applicant		Delegated Authority		Delegated Authority		Delegated Authority		Applicant

210mm×297mm(White paper 80g/㎡)

(2) 외국인투자기업의 등록

외국투자가 또는 외국인투자기업이 출자목적물의 납입을 마친 경우 또는 주식 등의 취득을 완료한 경우에는 60일 이내에 산업자원부장관 또는 수탁기관장에게 다음의 서류를 첨부하여 외국인투자기업의 등록을 하여야 한다(외투법 §21 ①, 외투령 §27 ①, 외투칙 §17).

① 외국인투자기업등록신청서

② 송금인이 확인되는 외화매입증명서 또는 외화예치증명서(개인사업자인 경우 상호명의 입금증명서) 사본 1부

③ 현물출자완료 확인서 사본 1부(자본재를 출자하는 경우에만 제출함)

④ 상법 제421조 제2항에 따른 회사의 동의를 증명하는 서류 사본 1부(신주 등의 인수인인 외국투자가의 주식 등에 대한 납입채무와 회사에 대한 채권을 상계하는 경우에 한정함) 또는 상법 제422조에 따른 검사인의 조사보고서 또는 감정인의 감정결과 사본 1부(주식, 채권 및 국내 부동산을 출자하는 경우에 한정함)

⑤ 법인 등기사항증명서(기존주식 등의 취득의 경우에는 주주명부 또는 주식의 양도·양수를 증명하는 서류)

⑥ 사업자등록증 또는 고유번호증 사본

Part 2

■ 외국인투자 촉진법 시행규칙 [별지 제17호서식] <개정 2016. 8. 2.> 민원24(www.minwon.go.kr)에서도 신청할 수 있습니다

외국인투자기업등록신청서 [✔]신규등록 [ ]변경등록

※ 바탕색이 어두운 난은 신청인이 적지 않으며, [ ]에는 해당되는 곳에 √표를 합니다. (제1쪽)

접수번호	접수일	처리일	처리기간 1일

<table>
<tr><td rowspan="2">외국투자가</td><td colspan="4">① 상호 또는 명칭(영문)
Ben Jonson</td><td>② 국적
USA</td></tr>
<tr><td>SPC여부</td><td>[ ]예 [✔]아니오</td><td>SPC의 최종 지배모기업</td><td>상호</td><td>(국적:)</td></tr>
<tr><td rowspan="10">외국인 투자기업</td><td rowspan="3">③ 상호 또는 명칭</td><td colspan="3">(국문) (주)써니산업</td><td rowspan="3">④ 사업자등록번호(본사)
214-81-12345</td></tr>
<tr><td colspan="3">(영문) Sunny Industry Co. Ltd.</td></tr>
<tr><td colspan="3">(*) SPC 여부 [ ] 예 [✔] 아니오</td></tr>
<tr><td rowspan="3">⑤ 주소</td><td colspan="4">본사
서울시 서초구 반포대로 10 (전화번호: ,FAX:)</td></tr>
<tr><td colspan="4">주공장(주사업장) 소재지
충북 청주시 상당구 청주대로 50 (전화번호: ,FAX:)</td></tr>
<tr><td colspan="2">홈페이지</td><td colspan="2">대표 E-mail</td></tr>
<tr><td colspan="5">⑥ 신고(허가)된 사업명 전자제품 제조업</td></tr>
<tr><td colspan="5">⑦ 자본금(출연금) 6,000,000,000원</td></tr>
<tr><td rowspan="2">⑧ 외국인 투자금액 및 비율</td><td colspan="3">취득총액: 1,000,000,000원(*USD 850,000 상당)</td><td rowspan="2">16.67%</td></tr>
<tr><td colspan="3">액면총액: 1,000,000,000원</td></tr>
<tr><td></td><td>⑨ 상시 근로자 수</td><td colspan="2">기존(변경등록) 30명</td><td colspan="2">등록 후 예상규모(신규 및 변경등록) 35명</td></tr>
<tr><td rowspan="8">외국인투자 기업 변경등록</td><td rowspan="2">⑩ 변경등록 내용(변경등록의 경우)</td><td colspan="4">[ ] 외국인투자비율 또는 외국인투자금액이 변경되는 경우
[ ] 외국투자가의 상호 또는 명칭 및 국적 등이 변경되는 경우
[ ] 외국인투자기업의 상호 또는 명칭, 주소, 경영하려는 사업 등이 변경되는 경우
[ ] 기 타</td></tr>
<tr><td colspan="4">※ 변경내용</td></tr>
<tr><td rowspan="5">⑪ 주식등의 양도 및 감소(해당할 경우)</td><td>양도 또는 감소인</td><td colspan="2">상호 또는 명칭(영문)</td><td>국적</td></tr>
<tr><td>양 수 인(외국인의 경우)</td><td colspan="2">상호 또는 명칭(영문)</td><td>국적</td></tr>
<tr><td rowspan="2">양도 또는 감소할 주식(지분)</td><td>종류</td><td>1주(좌)당 액면가액(B)</td><td>1주(좌)당 양도 또는 감소가액(C)</td></tr>
<tr><td>수량(A)</td><td>액면총액(A×B)</td><td>양도 또는 감소총액(A×C)</td></tr>
<tr><td colspan="4"></td></tr>
<tr><td colspan="2">⑫ 외국인투자기업 등록말소 사유(해당할 경우)</td><td colspan="3">[ ] 외국인투자지분 전량 양도·감소,[ ] 피합병법인, [ ] 폐업·청산, [ ] 기타 ( )</td></tr>
</table>

「외국인투자 촉진법」 제21조제1항·제2항, 같은 법 시행령 제27조 및 같은 법 시행규칙 제17조제1항·제2항에 따라 위와 같이 신청합니다.

2020년 6월 1일

신청인 (주)써니산업 (서명 또는 인)

(또는 대리인) (전화번호 :)

수탁기관장 귀하

210mm×297mm(백상지 80g/㎡)

■ Enforcement Rules of the Foreign Investment Promotion Act [Form No.17]

Registration of a Foreign-Invested Enterprise [ ]Registration [ ]Change of Information

※ Please fill out the entire form except for the black boxes and mark √ in [ ] when applicable. (page 1)

Receipt Number	Date of Receipt	Date of Completion	Term of Completion One day

<table>
<tr><td rowspan="2">Foreign Investor</td><td colspan="4">① Name</td><td>② Nationality</td></tr>
<tr><td>SPC</td><td>[ ]Yes [ ]No</td><td>UPS of SPC</td><td>Name</td><td>(Nationality:)</td></tr>
<tr><td rowspan="12">Foreign-Invested Enterprise</td><td rowspan="3">③ Name</td><td colspan="3">(Korean)</td><td rowspan="3">④ Business Registration No.</td></tr>
<tr><td colspan="3">(English)</td></tr>
<tr><td colspan="3">(*) SPC [ ] Yes [ ] No</td></tr>
<tr><td rowspan="3">⑤ Address</td><td colspan="4">Headquarters
(Phone Number: ,FAX:)</td></tr>
<tr><td colspan="4">Main Factory(Main Place of Business)
(Phone Number: ,FAX:)</td></tr>
<tr><td colspan="3">Homepage(website)</td><td>E-mail</td></tr>
<tr><td colspan="5">⑥ Type of Business Previously Registered (Authorized)</td></tr>
<tr><td colspan="5">⑦ Capital (Contribution Amount)</td></tr>
<tr><td rowspan="2">⑧ Amount of Foreign Investment and Ratio Thereof</td><td colspan="3">Acquisition Price : won(*USD)</td><td rowspan="2">%</td></tr>
<tr><td colspan="3">Par Value of Stocks: won</td></tr>
<tr><td>⑨ Number of Regular Workers</td><td colspan="3">Existing number(if previously registered)</td><td>Expected number(after registration)</td></tr>
<tr><td colspan="5"></td></tr>
<tr><td rowspan="8">Change of Information</td><td rowspan="2">⑩ Reason(s) for Change of Information (if there is any change)</td><td colspan="4">[ ] Changes of Amount or Percentage of Foreign Investment
[ ] Changes of the Name or Nationality of Foreign Investor
[ ] Changes of the Name or Address or Type of Business
[ ] Changes of Others</td></tr>
<tr><td colspan="4">※ Change of Information in details</td></tr>
<tr><td rowspan="4">⑪ Transfer or Reduction of Stocks or Shares (if applicable)</td><td>Transferrer (Reducer)</td><td colspan="2">Name</td><td>Nationality</td></tr>
<tr><td>Transferee (if transferee is a foreign national)</td><td colspan="2">Name</td><td>Nationality</td></tr>
<tr><td rowspan="2">Details of Stocks or Shares to be Transferred(Reduced)</td><td>Type</td><td>Par Value per Stock(B)</td><td>Transfer or Reduction Price per Stock (C)</td></tr>
<tr><td>Quantity(A)</td><td>Total Par Value of Stocks(A×B)</td><td>Total Amount Transferred or Reduced(A×C)</td></tr>
<tr><td colspan="2">⑫ Reasons for Cancellation of Registration (if applicable)</td><td colspan="3">[ ] all of the foreign investor's stocks have transferred to domestic investor or reduced
[ ] corporation amalgamated, [ ] business closure/liquidation,
[ ] others( )</td></tr>
</table>

The above notification is made in accordance with the regulations stipulated in Article 21, Paragraph 1 and 2, of the Foreign Investment Promotion Act.

Year Month Day

Applicant (Signature or Seal)

(or Power of Attorney) (Phone Number:)

For the Delegated Authority

210mm×297mm(White paper 80g/㎡)

■ 외국인투자 촉진법 시행규칙 [별지 제18호서식] <개정 2013.3.23>

등록번호 제　　　호(　　년　　월　　일)
(REGISTRATION NO.)

외국인투자기업 등록증명서
(Certificate of Registration of a Foreign-Invested Enterprise)

1. 외국투자가(Foreign Investor)

가. 상호 또는 명칭(Name):

나. 국 적(Nationality):

2. 외국인투자기업(Foreign-Invested Enterprise)

가. 상호 또는 명칭(Name):

나. 주 소(Address):

다. 신고(허가)된 사업(Type of Business Authorized):

라. 사업자등록번호(Business Registration No.):

3. 외국인투자금액 및 비율(Amount and Percentage of Foreign Investment):

원(USD　　　　　　상당),　　　　%

「외국인투자 촉진법」 제21조제1항 및 같은 법 시행규칙 제17조제3항에 따라 위와 같이 등록하였음을 증명합니다. (This is to certify that the subject enterprise has registered as stated above in accordance with the Regulations stipulated in Article 21, Paragraph 1 of the Foreign Investment Promotion Act.)

년　　월　　일

산업통상자원부장관(또는 수탁기관장)　직인

※ 유의사항: 이 등록증은 외국인투자자금의 도입 및 송금 등 외국인투자관련 업무만을 위하여 사용하여야 하며, 다른 법령에 따라 주식 취득의 허가 또는 인가 등이 필요한 경우, 해당 법령의 허가 또는 인가의 요건을 충족하여야 합니다.

(※ Note: This certificate should only be used for foreign investment related purposes, such as the introduction and remittance of foreign investment funds. In the case that approval or authorization of the acquisition of shares is required in accordance with other Acts, the requirements of the Act should be met.)

210mm×297mm(백상지 120g/㎡)

(3) 법인설립등기

외투법인은 외국인 투자신고를 한 후 다음의 서류를 첨부하여 상법에 따른 법인설립 등기를 하여야 한다.

① 외국인 투자신고서 및 잔액증명서

② 주주총회의사록 또는 이사회결의서 공증본

③ 외국발기인의 거주 사실증명서 또는 본국 관할 관청의 주소증명

④ 임원 취임자의 임감증명서, 주민등록초본, 인감도장 등

⑤ 외국인이 임원으로 취임 시 취임승낙서 및 거주사실증명서 : 취임승낙서에 서명을 하고 외국회사의 본국 관할 관청 또는 공증인 또는 대한민국에 있는 그 외국의 영사의 인증을 받은 것

⑥ 대리인 위임장 : 위임장에 서명을 하고 그 서명에 관하여 외국회사의 본국 관할 관청 또는 공증인 또는 대한민국에 있는 그 외국의 영사의 인증을 받은 것

(4) 법인설립신고 및 사업자등록신청

외투법인은 상법에 의해 법인을 설립한 후 그 설립등기일(사업의 실질적 관리 장소를 두게 되는 경우에는 그 실질적 관리장소를 두게 된 날)부터 2개월 이내에 다음의 사항을 적은 법인 설립신고서에 주주 등의 명세서와 사업자등록 서류 등을 첨부하여 납세지 관할 세무서장에게 신고하여야 한다(법인법 §109 ①). 또한, 법인이 신규로 사업을 시작하는 경우에는 납세지 관할 세무서장에게 등록하여야 하는데, 부가가치세법에 따라 사업자등록을 한 사업자는 그 사업에 관하여 사업자등록을 한 것으로 본다(법인법 §111 ①·②).

① 법인의 명칭과 대표자의 성명

② 본점이나 주사무소 또는 사업의 실질적 관리장소의 소재지

③ 사업 목적

④ 설립일

Ⅲ 내국법인과 외국법인의 과세소득의 범위

1. 내국법인의 과세소득의 범위

내국법인(Domestic Corporation)은 국내외에서 발생하는 모든 소득에 대하여 국내에서 법인세 납세의무가 있는데, 이런 이유로 내국법인을 무제한 납세의무자라고 한다. 내국법인은 영리법인과 비영리법인으로 나눌 수 있는데, 비영리내국법인의 경우에는 각 사업연도의 수익사업에서 생기는 소득과 법인세법 제55조의 2에 따른 토지 등 양도소득에 대해서만 납세의무를 부담한다(법인법 §4 ①·③).

2. 외국법인의 과세소득의 범위

외국법인(Foreign Corporation)은 국내에서 발생하는 소득 중 법인세법 제93조에서 정하는 국내원천소득과 법인세법 제95조의 2에 따른 토지 등 양도소득에 한하여 법인세 납세의무가 있다. 따라서 외국법인을 제한 납세의무자라고 한다. 외국법인도 영리목적의 유무에 따라 영리외국법인과 비영리외국법인으로 나눌 수 있는데, 비영리외국법인의 경우에는 국내원천소득 중 수익사업에서 생기는 소득과, 토지 등 양도소득에 대해서만 납세의무가 있다(법인법 §4 ④·⑤).

❙ 법인유형별 과세소득의 범위 ❙

구 분		각 사업연도 소득에 대한 법인세	토지 등 양도소득에 대한 법인세	청산소득에 대한 법인세	미환류소득에 대한 법인세
내국법인	영리법인	국내외 모든 소득	○	○	○
	비영리법인	국내외 수익사업에서 발생하는 소득	○	×	×
외국법인	영리법인	국내원천소득	○	×	×
	비영리법인	국내원천소득 중 수익사업에서 발생한 소득	○	×	×

Ⅳ 외국법인에 대한 과세방법

우리나라는 외국법인에 대해 원천지국 과세원칙에 따라 국내에서 발생한 소득에 대하여 과세하고 있는데, 해당 외국법인의 국내원천소득을 종합하여 과세하는 경우와 국내원천소득을 분리하여 과세하는 경우로 구분하여 계산한다.

1. 국내사업장이나 부동산소득이 있는 경우 : 종합과세

국내사업장을 가진 외국법인과 법인세법 제93조 제3호에 따른 국내원천 부동산소득이 있는 외국법인의 각 사업연도의 소득에 대한 법인세는 내국법인의 법인세 과세방식을 준용하여 종합과세한다. 즉, 외국법인의 각 사업연도의 소득에 대하여 법인세를 종합과세하는 경우의 과세표준은 국내원천소득의 총합계액에서 다음에 따른 금액이나 소득을 차례로 공제한 금액으로 한다(법인법 §91 ①). 이 경우 외국법인이 국내사업장을 보유하고 있더라도 그 국내사업장과 실질적으로 관련되지 않거나 그 국내사업장에 귀속되지 않는 국내원천소득금액은 종합과세에서 제외한다(법인법 §91 ③·§98 ①).

① 각 사업연도의 개시일 전 10년 이내에 개시한 사업연도에 발생한 결손금(국내에서 발생한 결손금만 해당함)으로서 법인세 신고나 결정·경정, 수정신고한 과세표준에 포함된 것(각 사업연도 소득금액의 60% 한도)

② 법인세법과 다른 법률에 따른 비과세소득

③ 선박이나 항공기의 외국항행으로 인하여 발생하는 다음 중 어느 하나에 해당하는 소득(법인칙 §62). 다만, 그 외국법인의 본점 또는 주사무소가 있는 해당 국가가 우리나라의 법인이 운용하는 선박이나 항공기에 대하여 동일한 면제를 하는 경우만 해당한다(상호주의). 이 경우 법인세가 면세되는 외국법인의 외국항행소득은 국제운수소득에 대한 상호면세협정이 체결된 경우와 상대국이 법적으로 상호면세를 보장하는 경우에도 면세한다(법인통 91-0-1).

ⓐ 외국항행을 목적으로 하는 정상적인 업무에서 발생하는 소득

ⓑ 자기소유 선박을 외국항행을 조건으로 정기용선계약(나용선인 경우를 제외함)을 체결하고 동 계약에 의하여 자기소유 선박이 외국항행을 함으로써 지급받는 용선료 수입

2. 국내사업장이 없는 경우 등 : 분리과세

국내사업장이 없는 외국법인이나 국내사업장이 있는 외국법인의 국내원천소득으로서 그 국내사업장과 실질적으로 관련되지 않거나, 그 국내사업장에 귀속되지 않는 국내원천소득만 있는 외국법인에 대해서는 법인세법 제93조에서 규정하고 있는 각 국내원천소득의 금액을 그 법인의 각 사업연도의 소득에 대한 법인세의 과세표준으로 하여 국내원천소득별로 분리하여 과세한다(법인법 §91 ②·③).

▌외국법인의 국내원천소득에 대한 과세방법 요약▐

국내원천소득 (법인법 §93)		국내사업장이 없는 외국법인	국내사업장이 있는 외국법인	
			국내사업장에 귀속되지 않는 소득	국내사업장에 귀속되는 소득
		분리과세·원천징수(세율)		
1호	이자소득	20%(채권이자 : 14%)		법인세 신고·납부
2호	배당소득	20%		
3호	부동산소득	신고·납부		
4호	선박 등 임대소득	2%		
5호	사업소득	2%		
6호	인적용역소득	20%(국외제공 인적용역 중 조세조약에 따라 국내에서 발생하는 것으로 보는 소득은 3%)[신고·납부 가능]		
7호	부동산 등 양도소득	• 법인 양수자 : 예납적 원천징수 Min(양도가액의 10%, 양도차익의 20%) • 외국법인 양도자 : 법인세 신고·납부		
8호	사용료소득	20%		
9호	유가증권 양도소득	• 완납적 원천징수 Min(양도가액의 10%, 양도차익의 20%)		
10호	기타소득	20%(국내 미등록 특허권 등 침해손해에 대한 손해배상금 등은 15%)		

V 외국기업 본점 등의 공통경비 배분

1. 공통경비의 배분원칙

외국법인의 국내사업장의 각 사업연도의 소득금액을 결정함에 있어서 본점 등의 경비 중 공통경비로서 그 국내사업장의 국내원천소득의 발생과 합리적으로 관련된 것은 국내사업장에 배분하여 손금에 산입한다(법인령 §130 ③). 다만, 다음 중 어느 하나에 해당하는 본점 등의 경비는 국내사업장에 배분하지 아니한다(법인칙 §64 ⑤).

① 본점 등에서 수행하는 업무 중 회계감사, 각종 재무제표의 작성 또는 주식발행 등 본점만의 고유업무를 수행함으로써 발생하는 경비
② 본점 등의 특정부서나 특정지점만을 위하여 지출한 경비
③ 다른 법인에 대한 투자와 관련되어 발생하는 경비
④ 기타 국내원천소득의 발생과 합리적으로 관련되지 아니하는 경비

Part 2

2. 경비배분액의 계산방법

외국기업의 국내사업장이 각 사업연도 소득금액을 계산할 때 손금에 포함할 수 있는 공통경비 배분액은 다음에서 규정하는 항목별 배분방법과 일괄 배분방법 중 하나를 선택하여 계산하여야 하며, 그 국내사업장이 선택하여 적용한 배분방법은 특별한 사유가 없는 한 다음 사업연도 이후에도 계속하여 적용하여야 한다(공통경비고시 §4).

(1) 항목별 배분방법

항목별 배분방법은 배분대상 공통경비를 경비항목별로 구분한 후 해당 경비를 가장 합리적으로 배분할 수 있는 배분기준을 설정하여 그 배분기준에 따라 국내사업장에 귀속되는 공통경비를 계산하는 것을 말한다. 이 경우 항목별 경비배분기준으로는 수입금액, 매출총이익, 자산가액, 인건비, 그 밖의 해당 경비항목의 성격에 따라 합리적이라고 인정되는 기준을 적용한다. 그리고 국내사업장에 귀속되는 공통경비 배분액은 배분대상 공통경비를 발생장소별로 먼저 구분한 후 항목별 배분대상 공통경비에 국내사업장의 배분기준액(자산가액, 인건비 등)이 본점 및 지역통할점의 배분기준액에서 차지하는 비율을 곱하여 계산한다.

(2) 일괄 배분방법

일괄 배분방법은 항목별 배분방법을 적용하는 것이 적절하지 않거나 배분대상 공통경비액이 적어 항목별 배분의 실익이 없을 때에 국내사업장에 귀속되는 공통경비 합계액을 수입금액 기준에 의하여 계산하는 방법을 말한다. 이 경우 일괄 배분방법에 의한 국내사업장에 귀속되는 공통경비 배분액은 다음과 같이 배분대상 공통경비총액에 국내사업장의 수입금액이 본점 및 그 국내사업장을 관할하는 지역통합점 등의 총수입금액에서 차지하는 비율을 곱하여 계산한다.

본점 및 지역통합점의 공통경비 배분액=

$$\text{본점의 배분대상경비} \times \frac{\text{국내사업장의 수입금액}}{\text{본점의 수입금액과 각 지점 등의 수입금액의 합계액}} +$$

$$\text{지역통합점의 배분대상경비} \times \frac{\text{국내사업장의 수입금액}}{\text{지역통합점의 수입금액과 각 지점 등의 수입금액의 합계액}}$$

3. 외화의 원화환산방법

공통경비 배분 시 외화의 원화환산은 외국환거래규정에 따른 매매기준율 또는 재정된 매매기준율의 연평균율(해당 사업연도의 월평균 매매기준율의 합계액/해당 사업연도의 월수)을 적용하여 원화로 환산한다(공통경비고시 §5).

4. 서류제출 및 입증책임

(1) 서류의 제출

외국기업 국내사업장이 각 사업연도의 국내원천소득금액을 계산할 때 손금에 포함한 공통경비가 있는 경우에는 다음에 열거하는 서류를 법인세 신고 시 또는 수정신고 시에 해당 신고서에 첨부하여 제출하여야 한다(공통경비고시 §6 ①).

① 외국기업 본점 등의 공통경비배분계산서(별지 1호 서식)

② 배분대상 공통경비명세 및 입증자료(손익계산서 등)

③ 본점 및 지역통합점의 수입금액명세 및 입증자료(통합손익계산서 등)

④ 본점 및 지역통할점의 조직도, 부서별 업무분장규정 등 본점 등의 공통경비 배분 내역을 입증할 수 있는 자료

(2) 입증책임

지방국세청장 또는 세무서장이 외국기업 국내사업장의 소득금액을 계산할 때에 손금에 포함한 공통경비배분액과 관련하여 그 국내사업장에 필요한 증빙서류의 제출을 요구하거나 경비배분기준의 합리성 및 경비배분계산이 적정함을 입증할 것을 요구하는 경우에는 그 국내사업장은 증빙서류를 제출하거나 경비배분기준의 합리성 및 경비배분계산이 적정함을 입증하여야 한다(공통경비고시 §6 ②).

Ⅵ 지점세의 과세

Part 2

1. 지점세의 취지

외국인이 국내에 투자하는 경우 출자형식으로 국내에 자회사인 현지법인을 설립하거나 지점형태로 진출할 수 있다. 외국법인의 국내 자회사는 비록 외투법인이기는 하지만 본점이 국내에 있고 국내법에 따라 설립되는 내국법인에 해당하는데, 외투법인이 이익이 발생하는 경우에는 국내에서 법인세를 낸 후 이익잉여금을 국외의 출자자에게 배당을 하게 된다. 이렇게 외투법인이 국외 출자자에게 배당을 하는 경우에는 원칙적으로 소득원천지국에서 배당소득세를 과세하게 된다. 그런데 지점의 형태로 진출한 경우에는 국내사업장에서 발생하는 그 외국법인의 소득에 대하여 법인세는 신고·납부해야 하지만, 그 이익을 송금하는 경우에는 배당이 아니기 때문에 배당소득세가 과세되지 않는다. 상황이 이렇다 보니 외국법인이 국내에 진출할 때 현지법인 형태로 진출하는 것보다 지점의 형태로 진출하는 것이 과세상 유리하다.

이렇게 외국법인의 국내 투자형태에 따라 과세상의 유불리가 발생하는 것을 보완하기 위해 도입된 제도가 이른바 지점세(Branch Tax) 제도인데, 이는 외국법인의 국내지점에서 발생한 이익에 대하여 법인세를 납부한 후에 추가로 과세하는 것을 말한다. 그런데 지점세는 그

외국법인의 거주지국(본점·주사무소 소재지)에서 내국법인의 국내사업장에 대해 지점세를 과세하지 않는 경우에는 국내에서도 지점세를 과세하지 않는 상호주의원칙을 적용하고 있다. 결국, 외국법인에 대한 지점세는 우리나라가 해당 외국법인의 거주지국과 체결한 조세조약에 따라 서로 지점세를 과세할 수 있도록 규정한 경우에 한하여 적용된다고 보면 된다.

2. 지점세의 계산

외국법인의 국내사업장에서 납부할 지점세액은 우리나라와 그 외국법인의 본점 또는 주사무소가 있는 해당 국가('거주지국')와 체결한 조세조약에 따라 과세대상 소득금액(해당 조세조약에서 이윤의 송금액에 대하여 과세할 수 있도록 규정하고 있는 경우에는 송금액으로 함)에 지점세율을 적용하여 계산한다(법인법 §96 ①). 이 경우 지점세를 계산하기 위한 과세대상 소득금액은 해당 국내사업장의 각 사업연도의 소득금액에서 다음의 금액을 뺀 금액으로 한다(법인법 §96 ②).

① 법인세법 제95조에 따른 법인세에 ⓐ의 금액을 빼고 ⓑ의 금액을 더한 금액
- ⓐ 법인세법 제97조 제1항에 따라 준용되는 제57조 제1항 제1호에 따른 외국납부세액공제, 제58조에 따른 재해손실세액공제와 다른 법률에 따른 감면세액·세액공제액
- ⓑ 법인세법 제75조, 제75조의 2부터 제75조의 9까지 및 국세기본법 제47조의 2부터 제47조의 5까지의 규정에 따른 가산세와 이 법 또는 「조세특례제한법」에 따른 추가 납부세액

② 법인지방소득세

③ 해당 국내사업장이 사업을 위하여 재투자할 것으로 인정되는 다음의 금액으로서 해당 사업연도 개시일 현재의 자본금상당액이 해당 사업연도 종료일 현재의 자본금상당액을 초과하는 경우에는 그 초과하는 금액('자본금상당액감소액')을 해당 사업연도의 소득금액에 합산한다.
- ⓐ 해당 사업연도 종료일 현재의 자본금상당액이 해당 사업연도 개시일 현재의 자본금상당액을 초과하는 금액('자본금상당액증가액')
- ⓑ 미과세누적유보소득(음수인 경우만 해당함)에서 음의 부호를 뗀 금액. 다만, 그 금액은 국내사업장의 각 사업연도의 소득금액에서 법인세법 제96조 제2항 제1호, 제2호, 제4호 및 자본금상당액증가액을 뺀 금액을 한도로 한다.

④ 국제조세조정에관한법률 제14조에 따라 손금에 산입되지 아니한 금액

3. 지점세의 세율

외국법인의 국내사업장에 대한 지점세를 계산할 때 적용되는 세율은 20%로 하되, 우리나라와 해당 외국법인의 거주지국이 체결한 조세조약으로 세율을 따로 정하고 있는 경우에는 그 조약에 따른다(법인법 §96 ③). 즉, 법인세법상 지점세율은 원칙적으로 20%지만 해당 조세조약에서 지점세율을 별도로 정하고 있는 경우에는 그 세율이 우선하는 것이다.

▎조세조약상 지점세율(국조집행 96-0-2)▐

체약국	지점세율
모로코	5%
브라질	15%
인도네시아	10%
카자흐스탄	5%
태국	10%
페루	10%
캐나다	5%
필리핀	10%
프랑스	5%
호주	15%
파나마	2%

Part 2

■ 법인세법 시행규칙[별지 제49호서식] <개정 2016.3.7.>

사업연도	. . . ~ . . .	**지점유보소득금액계산서**	법인명	
			사업자등록번호	

① 각사업연도 소득금액						
② 법인세	③ 산출세액	④ 차감금액		⑤ 가산금액		⑥ 계 (③-④+⑤)
		구 분	금 액	구 분	금 액	
		계		계		
⑦ 법인지방소득세						
⑧ 해당 사업연도 유보소득 (①-⑥-⑦)						
⑨ 과소자본세제에 의하여 손금에 산입되지 아니한 금액						
⑩ 해당 사업연도종료일 현재 자본금상당액						
⑪ 해당 사업연도개시일 현재 자본금상당액						
⑫ 자본금상당액 증가액(⑩-⑪)						
⑬ 직전사업연도종료일 현재 미과세누적 유보소득			⑭ (⑬이 음수(-)인 경우) ⑬에서 음의 부호를 뗀 금액 (⑬이 양수(+)인 경우) 0			
⑮ ⑧에서 ⑨와 ⑫를 뺀 금액			⑯ ⑭와 ⑮중 적은 금액			
⑰ 재투자인정금액 등(⑫+⑯)						
⑱ 자본금상당액 감소액(⑪-⑩)						
⑲ ⑬ 또는 ⑱중 적은 금액, 음수(-)의 금액인 경우에는 0						
⑳ 과세대상소득금액(⑧-⑨-⑰) 또는 (⑧-⑨-⑯+⑲), 음수(-)의 금액인 경우 0						
㉑ 해당 사업연도 미과세 유보소득						
㉒ 해당 사업연도종료일 현재 미과세누적유보소득(⑬+㉑)						

작 성 방 법

1. ① 각사업연도 소득금액에는 해당 사업연도 "법인세 과세표준 및 세액조정계산서(별지 제3호서식)"의 (107) 각사업연도소득금액을 옮겨 적습니다.
2. ② 법인세란 중 ③ 산출세액에는 해당 사업연도 "법인세 과세표준 및 세액조정계산서(별지 제3호서식)"의 (115) 법인세 산출세액을, 「법인세법」 제57조 제1항 제1호의 외국납부세액공제·제58조의 재해손실세액공제와 다른 법률에 의한 공제감면세액등을 ④ 차감금액란에, 「법인세법」 제76조 및 「국세기본법」 제47조의2부터 제47조의 5까지의 규정에 따른 가산세와 「법인세법」 또는 「조세특례제한법」에 따른 추가납부세액등을 ⑤ 가산금액란에 각각 구분하여 적습니다.
3. ⑦ 법인지방소득세란에는 해당 사업연도 지방소득세 중 「법인세법」 제96조에 따른 과세특례(지점세)분 지방소득세를 제외한 금액을 적습니다.
4. ⑩, ⑪란의 자본금상당액이란 대차대조표상의 자산의 합계액에서 부채(충당금을 포함하며, 미지급법인세를 제외함)의 합계액을 공제한 금액을 말합니다.
5. ⑫ 자본금상당액 증가액란에는 ⑩란의 금액이 ⑪란의 금액보다 큰 경우에 적습니다.
6. ⑱ 자본금상당액 감소액란에는 ⑪란의 금액이 ⑩란의 금액보다 큰 경우에 적습니다.
7. ㉑ 해당 사업연도 미과세유보소득란은 다음의 금액을 적습니다.
   ⑧-⑳× [1+지점세 세율×(1+지방소득세 세율)]

210㎜×297㎜[백상지 80g/㎡ 또는 중질지 80g/㎡]

Ⅶ 이익금의 송금

1. 지점의 경우

외국법인의 국내지점의 경우 국내사업장에 대하여 법인세를 낸 후 그 이익금을 국외 본사로 송금할 수 있는데, 외국환거래규정에 따라 설치신고를 한 외국법인의 국내지점이 결산순이익금을 외국에 송금하고자 하는 경우에는 지정거래외국환은행을 통하여 송금하여야 한다(외환규정 §9-35 ①). 이 규정에 따라 송금을 하고자 하는 자는 외국환거래규정 [별지 제9-10호 서식]의 '외국기업국내지사 결산순이익금 송금신청서'에 다음의 서류를 첨부하여 지정거래외국환은행의 장에게 제출하여야 한다. 다만, 외국환거래규정 제9-33조 제2항의 규정에 의하여 기획재정부장관에게 설치신고를 한 지점의 경우에는 결산순이익금 대외처분에 관한 관계법령에 의한 허가서 등으로 이를 갈음할 수 있다(외환규정 §9-35 ②).

① 해당 지점의 대차대조표 및 손익계산서

② 납세증명

③ 해당 회계기간의 순이익금의 영업기금도입액에 대한 비율이 100% 이상이거나 순이익금이 1억원을 초과할 경우에는 공인회계사의 감사증명서를 첨부해야 한다.

Part 2

외국환거래규정〔별지 제9-10호 서식〕

외국기업국내지사 결산순이익금 송금신청서	처 리 기 간

① 상 호(본점)	Atard Co. Ltd.
② 대 표 자(본점)	Richard Max
③ 본 점 소 재 지	10 Warner Ave. Irvine, CA, USA
신 청 내 용	
④ 송 금 액	3억원(U$260,000상당)
⑤ 송 금 예 정 일 자	2020. 7. 1.
⑥ 송 금 액 산 출 근 거	세후 이익
⑦ 결 산 기 간	2019년 1월 1일 ~ 2019년 12월 31일

외국환거래법 제18조 및 외국환거래규정 제9-35조의 규정에 의하여 위와 같이 신청합니다.

2020년 5월 1일

주 소 서울시 서초구 서초대로 100

신 청 인 아타드 한국 지점 ㊞

(전화)

외국환은행의 장 귀하

210㎜×297㎜

〈첨부서류〉 1. 당해 지점의 대차대조표 및 손익계산서
2. 납세증명
3. 당해 회계기간의 순이익금의 영업자금도입액에 대한 비율이 100분의 100 이상이거나 순이익금이 1억원을 초과하는 경우에는 공인회계사의 감사 보고서

2. 외투법인의 경우

외투법인은 외국인이 출자하여 설립하고 본점이 국내에 있는 내국법인에 해당하는데, 외투법인은 일반 법인처럼 법인세를 낸 후의 그 이익잉여금에 대하여 배당절차를 통하여 투자자인 외국인에게 송금할 수 있다. 법인세법이나 소득세법에서는 비거주자나 외국법인에게 지급하는 배당소득에 대하여는 20%의 세율로 원천징수하도록 규정하고 있지만(법인법 §98 ① 2호, 소득법 §156 ① 2호), 해당국과의 조세조약에 따라 별도의 세율이 있는 경우에는 그 세율을 우선하여 적용하여야 하는데, 이를 제한세율이라고 한다. 따라서 외투법인이 국외 모회사에게 배당을 하는 경우에는 해당국과의 조세조약이 있는지 검토해서 조세조약이 있는 경우에는 조세조약에 따라 그 배당소득에 대한 제한세율을 적용하여 원천징수를 하고, 조세조약이 없는 경우에는 법인세법에 따라 원천징수를 한 후 송금하면 된다.

Chapter 03

국내사업장

I 개요

비거주자나 외국법인이 국내에서 원천소득을 발생시키는 경우 원천지국 과세원칙에 따라 원칙적으로 우리나라에서 과세를 한다. 이 경우 국내사업장(고정사업장 : Permanent Establishment)이 있는지 여부에 따라 국내원천소득에 대해 종합과세하기도 하고 분리과세로 납세의무가 종결되기도 한다. 현행 소득세법과 법인세법에 따르면 비거주자나 외국법인이 국내에 고정사업장을 가지고 있으면서 그 국내사업장과 실질적으로 관련되거나 그 국내사업장에 귀속되는 국내원천소득이 있으면 종합과세하고, 국내사업장이 없거나 있더라도 그 국내사업장과 실질적으로 관련되지 않거나 그 국내사업장에 귀속되지 않는 국내원천소득은 분리하여 과세한다. 그리고 우리나라가 체결한 대부분의 조세조약에서는 사업소득의 경우 소득이 발생하는 곳에 고정사업장이 없으면 그 소득의 원천지국에서는 아예 과세를 하지 않는 것으로 하고 있고, 일부 조세조약의 경우 자산의 처분이익에 대해서도 고정사업장이 없으면 원천지국에서는 과세하지 않고 거주지국에서만 과세하는 것으로 하고 있다. 이처럼 비거주자나 외국법인이 국내에서 원천소득을 발생시키는 경우 국내사업장이 있는지 여부와 국내원천소득이 그 국내사업장과 관련이 되는지 여부에 따라 과세여부가 달라지므로 고정사업장이 있는지 여부는 매우 중요한 이슈가 된다.

Ⅱ 국내사업장의 범위

국내사업장으로 보는 고정사업장에 대해서는 현행 소득세법이나 법인세법뿐만 아니라 각국과 체결한 조세조약에서도 규정을 두고 있다. 따라서 조세조약이 체결되지 않은 경우에는 국내에서 발생한 비거주자 등의 소득에 대하여 우리나라의 세법만 검토하면 되겠지만, 조세조약이 체결되어 있는 경우에는 해당 조세조약에서 고정사업장의 범위를 달리 정할 수 있으므로 반드시 조세조약상의 규정을 먼저 검토해야 한다. 여기서는 국내세법을 위주로 고정사업장의 범위를 정리한다.

1. 현행 세법상 고정사업장의 일반적인 범위

현행 세법에서 비거주자나 외국법인이 국내에 사업의 전부 또는 일부를 수행하는 고정된 장소를 가지고 있는 경우에는 국내사업장이 있는 것으로 본다(소득법 §120 ①, 법인법 §94 ①). 이 경우 국내사업장에는 다음 중 어느 하나에 해당하는 장소를 포함한다(소득법 §120 ②, 법인법 §94 ②).

① 지점·사업소 또는 영업소

② 상점이나 그 밖의 고정된 판매장소

③ 작업장, 공장 또는 창고

④ 6개월을 초과하여 존속하는 건축장소, 건설·조립·설치공사의 현장 또는 이와 관련된 감독을 하는 장소. 그런데 국내사업장 해당 여부를 판정할 때에 외국법인이 국내에서 건축, 건설, 조립 또는 설치공사나 이들 공사와 관련한 감리, 감독, 기술용역의 활동('건설공사 등')을 수행하는 경우 그 건설공사 등의 존속기간은 다음 방법으로 계산한다(국조집행 94-0-4).

ⓐ 건설공사 현장의 존속기간은 외국법인이 국내에서 건설공사의 작업에 착수한 날부터 해당 작업을 완료하거나 영구적으로 포기한 날까지의 기간으로 한다. 이 경우 건설공사의 작업에 착수한 날은 해당 공사를 위한 설계사무소를 설치하는 등 준비작업을 한 날로 한다.

ⓑ 날씨 등 계절적 요인이나 자재 또는 노동력 부족 등으로 공사의 진행이 일시적으로 중단되는 경우의 건설공사의 존속기간은 그 일시적으로 중단된 기간을 합하여 계산한다.

ⓒ 건설공사 등의 도급을 받은 외국법인이 그 공사의 전부 또는 일부를 다른 법인에게 하도급한 경우 도급을 받은 외국법인의 건설공사 현장의 존속기간은 해당 외국법인이 수행한 작업기간과 외국법인으로부터 하도급받은 다른 법인이 수행한 작업기간을 합하여 계산한다.

⑤ 고용인을 통하여 용역을 제공하는 장소로서 다음 중 어느 하나에 해당하는 장소

ⓐ 용역이 계속 제공되는 12개월 중 합계 6개월을 초과하는 기간 동안 용역이 수행되는 장소

ⓑ 용역이 계속 제공되는 12개월 중 합계 6개월을 초과하지 아니하는 경우로서 유사한 종류의 용역이 2년 이상 계속적·반복적으로 수행되는 장소

⑥ 광산·채석장 또는 해저천연자원이나 그 밖의 천연자원의 탐사 및 채취 장소[국제법에 따라 우리나라가 영해 밖에서 주권을 행사하는 지역으로서 우리나라의 연안에 인접한 해저지역의 해상(海床)과 하층토(下層土)에 있는 것 포함]

참고 국내사업장 해당 여부 관련 사례

① 외국법인이 사업의 예비적·보조적 활동인 자산의 단순한 구입만을 위하여 국내에 지점을 설치한 경우에는 국내사업장으로 간주되지 않는 것임(국제세원-99, 2014.3.17.)

② 인터넷을 통한 상품판매사업을 영위하는 외국법인이 인터넷을 통한 국내의 활동이 잠재적 고객 광고 및 단순한 정보제공 등에 그치는 경우에는 법인세법 제94조 제4항의 규정에 의하여 국내 고정사업장에 해당하지 아니하지만, 상품판매의 중요하고도 본질적인 기능인 고객과의 계약체결, 대금의 회수, 상품의 전달 등의 일체의 기능이 인터넷서비스제공자(Internet Service Provider)의 서버(Sever)에 위치하여 이를 통하여 계속적이고 반복적으로 수행되는 경우에는 동 서버(Sever)가 위치하는 장소는 같은 법 제94조 제1항 내지 제3항의 규정에 의하여 외국법인의 국내 고정사업장에 해당되는 것임(서면2팀-177, 2005.1.26.)

③ 미국법인이 다수의 국내 인터넷 종합쇼핑몰에 상품판매자로 등록한 후 해당 쇼핑몰을 통하여 국내소비자로부터 주문받은 상품을 미국에서 직배송하는 방법으

> 로 상품을 판매함에 있어, 국내에서 인터넷 종합쇼핑몰을 운영하는 내국법인이 해당 외국법인의 국내 상품판매를 위하여 대금정산, 반품처리, 고객상담, 광고, 기타 판매와 관련된 부수용역을 수행하는 경우, 동 용역수행장소는 법인세법 제94조 및 한·미조세조약 제9조에 따른 국내사업장에 해당하는 것임(법규국조 2013-163, 2013.5.28.)

2. 고정된 장소가 없어도 국내사업장을 둔 것으로 보는 경우

비거주자나 외국법인이 국내에 고정된 장소를 가지고 있지 아니한 경우에도 다음 중 어느 하나에 해당하는 자를 두고 사업을 경영하는 경우에는 그자의 사업장 소재지(사업장이 없는 경우에는 주소지로 하고, 주소지가 없는 경우에는 거소지로 함)에 국내사업장을 둔 것으로 본다(소득법 §120 ③, 소득령 §180 ①, 법인법 §94 ③, 법인령 §133 ①).

① 국내에서 그 외국법인을 위하여 다음 중 어느 하나에 해당하는 계약('외국법인 명의 계약 등')을 체결할 권한을 가지고 그 권한을 반복적으로 행사하는 자

ⓐ 외국법인 명의의 계약

ⓑ 외국법인이 소유하는 자산의 소유권 이전 또는 소유권이나 사용권을 갖는 자산의 사용권 허락을 위한 계약

ⓒ 외국법인의 용역제공을 위한 계약

② 국내에서 그 외국법인을 위하여 외국법인 명의 계약 등을 체결할 권한을 가지고 있지 아니하더라도 계약을 체결하는 과정에서 중요한 역할(외국법인이 계약의 중요사항을 변경하지 아니하고 계약을 체결하는 경우로 한정함)을 반복적으로 수행하는 자

③ 비거주자나 외국법인(해당 외국법인의 과점주주, 해당 외국법인이 과점주주인 다른 법인, 그 밖에 해당 외국법인의 특수관계인 포함)의 자산을 상시 보관하고 관례적으로 이를 배달 또는 인도하는 자

④ 중개인, 일반위탁매매인, 기타 독립적 지위의 대리인으로서 주로 특정 비거주자나 특정 외국법인만을 위하여 계약체결 등 사업에 관한 중요한 부분의 행위를 하는 자(이들이 자기사업의 정상적인 과정에서 활동하는 경우 포함)

⑤ 보험사업(재보험사업은 제외)을 영위하는 비거주자나 외국법인을 위하여 보험료를 징수하거나 국내소재 피보험물에 대한 보험을 인수하는 자

Ⅲ 국내사업장에 포함되지 않는 경우와 포함되는 경우

1. 국내사업장에 포함되지 않는 경우

비록 국내에 비거주자나 외국법인의 사업과 관련된 물리적인 장소가 있다고 하더라도 그 장소가 사업상 중요한 역할을 하지 않고, 그 비거주자나 외국법인의 사업 수행상 예비적 또는 보조적인 성격의 활동을 하기 위해 사용되는 경우에는 국내사업장으로 보지 않는데, 국내사업장으로 보지 않는 장소로는 다음과 같은 것들이 있다(소득법 §120 ④, 법인법 §94 ④).

① 비거주자나 외국법인이 단순히 자산의 구입만을 위하여 사용하는 일정한 장소

② 비거주자나 외국법인이 판매를 목적으로 하지 아니하는 자산의 저장 또는 보관만을 위하여 사용하는 일정한 장소

③ 비거주자나 외국법인이 광고·선전·정보의 수집·제공 및 시장조사를 하거나 그 밖에 이와 유사한 활동만을 위하여 사용하는 일정한 장소

④ 비거주자나 외국법인이 자기의 자산을 타인으로 하여금 가공하게 할 목적으로만 사용하는 일정한 장소

참고 고정사업장과 예비적·보조적 활동을 위한 장소의 구분 사례(법인통 94-0-2)

국내사업장으로 보지 않는 예비적 또는 보조적인 활동을 위한 장소와 국내사업장으로 보는 고정사업장의 구분에 대한 사례를 몇 가지 보면 다음과 같은 것들이 있다.

① 어떤 외국법인의 국내사무소가 해당 외국법인의 영업활동을 보조하기 위하여 국내에서 자산의 단순구입, 업무연락, 광고·선전, 정보의 수집·제공, 시장조사, 기타 사업의 예비적·보조적 활동만을 수행하는 경우에는 그 국내사무소는 해당 외국법인의 국내사업장으로 보지 않는다. 다만, 이와 같은 활동이 해당 외국법인을 위한 것이 아니고 타인을 위하여 행해지는 경우에는 그 국내사무소를 해당 외국법인의 국내사업장으로 본다.

② 어떤 외국법인의 국내사무소가 수행하는 활동이 사업의 예비적·보조적 활동인지의 여부를 판단함에 있어서는 그 국내사무소가 수행하는 활동이 해당 외국법

인의 전체 사업활동 중 본질적이고 중요한 부분을 구성하고 있는지 여부에 따라 판단하여야 한다. 예컨대, 어떤 외국법인의 국내사무소의 일반적인 활동목적이 해당 외국법인의 전반적 사업목적과 동일한 경우에는 그 외국법인의 국내사무소가 수행하는 활동은 사업의 예비적·보조적 활동에 해당하지 않는다.

③ 어떤 외국법인의 국내사무소가 해당 외국법인이 국내 고객에게 판매한 자산과 관련하여 부품을 공급하거나 그 판매한 자산을 유지·보수하는 등 애프터서비스 활동을 수행하는 경우에는, 그 사무소는 그 애프터서비스에 대한 대가를 받는지 여부에 관계없이 그 외국법인의 국내사업장에 해당한다.

2. 국내사업장에 포함되는 경우

국내에 비거주자나 외국법인의 사업과 관련된 물리적인 장소가 있다고 하더라도 그 장소가 그 비거주자나 외국법인의 사업 수행상 예비적 또는 보조적인 성격의 활동을 하기 위해 사용되는 경우에는 국내사업장으로 보지 않지만, 특정 활동 장소가 다음 중 하나에 해당하는 경우에는 국내사업장이 있는 것으로 본다(소득법 §120 ⑤, 법인법 §94 ⑤). 아래에서 특수관계인이란 비거주자의 경우 비거주자와 그의 배우자·직계혈족 및 형제자매인 관계 또는 비거주자가 외국법인의 의결권 있는 주식의 50% 이상을 직접 또는 간접으로 소유하고 있는 관계에 있는 자를 말하고, 외국법인의 경우에는 일방이 타방의 의결권 있는 주식의 50% 이상을 직접 또는 간접으로 소유하고 있는 관계 또는 제3자가 일방 또는 타방의 의결권 있는 주식의 50% 이상을 직접 또는 간접으로 각각 소유하고 있는 경우 그 일방과 타방 간의 관계에 있는 자를 말한다.

① 비거주자나 외국법인 또는 특수관계인이 특정 활동 장소와 같은 장소 또는 국내의 다른 장소에서 사업을 수행하고 다음의 요건을 모두 충족하는 경우
   ⓐ 특정 활동 장소와 같은 장소 또는 국내의 다른 장소에 해당 비거주자나 외국법인 또는 특수관계인의 국내사업장이 존재할 것
   ⓑ 특정 활동 장소에서 수행하는 활동과 ⓐ의 국내사업장에서 수행하는 활동이 상호 보완적일 것

② 비거주자나 외국법인 또는 특수관계인이 특정 활동 장소와 같은 장소 또는 국내의 다른 장소에서 상호 보완적인 활동을 수행하고 각각의 활동을 결합한 전체적인 활동이 비거주자나 외국법인 또는 특수관계인의 사업 활동에 비추어 예비적 또는 보조적인 성격을 가진 활동에 해당하지 아니하는 경우

3. 고정사업장으로 보지 않는 독립대리인

(1) 독립대리인의 요건

국내에 있는 어떤 자가 다음의 모든 요건을 갖춘 경우에 그자는 조세조약상 외국법인의 독립대리인에 해당하고, 그 독립대리인은 그 외국법인의 국내사업장으로 보지 않는다(법인통 94-133-3 ①).

① 그 대리인이 본인인 외국법인으로부터 법적으로 또한 경제적으로 독립된 지위에 있어야 한다.

② 그 대리인이 이행하는 그 외국법인을 위한 행위가 그 대리인 자신의 통상적인 사업으로 수행되어야 한다.

즉, 국내에 있는 독립대리인이 주로 특정 비거주자나 외국법인만을 위하여 일하지 않고 독립대리인 자신의 사업목적으로 비거주자나 외국법인을 위해 일을 해주는 경우에는 그 독립대리인은 그 비거주자나 외국법인의 고정사업장으로 보지 않는다는 것이다.

(2) 독립된 지위에 있는지 여부 결정 시 고려사항

대리인이 국내사업장에 해당하지 않기 위해 본인인 외국법인으로부터 독립된 지위에 있는지의 여부를 결정함에 있어서는 다음의 사항을 고려하여 결정하여야 한다(법인통 94-133-3 ②).

① 업무감독의 정도 : 그 대리인이 외국법인을 위한 활동을 함에 있어 해당 외국법인으로부터 세부적인 지시나 통제를 받는 경우에는 그 대리인은 해당 외국법인에 대하여 독립적이라고 할 수 없다.

② 사업상의 위험 부담 : 그 대리인의 외국법인을 위한 사업활동으로 인하여 발생하는 사업상의 위험을 해당 외국법인이 부담하는 경우에는 그 대리인은 해당 외국법인에 대하여 독립적이라고 할 수 없다.

③ 전속대리인인지의 여부 : 대리인이 외관상으로는 독립적 지위의 대리인이라고 하더라도 그 대리인이 전적으로 또는 거의 전적으로 특정 외국법인을 위하여 활동하는 경우에는 그 대리인은 독립적 지위의 대리인으로 볼 수 없다.

4. 특수관계기업의 국내사업장 해당 여부

국내에 비거주자나 외국법인의 특수관계인이 있을 수 있는데, 특수관계인이 그 비거주자나 외국법인의 고정사업장 역할을 하지 않는 한 그 특수관계인의 존재 자체만으로는 국내에 고정사업장이 있는 것으로 보지는 않는다. 사례를 보면, 미국거주 기업과 홍콩소재 자회사인 기업이 서로 특수관계에 있다는 사실만으로 홍콩소재 자회사의 한국 내 지점이 그 미국기업의 국내사업장에 해당하지는 않는다고 하고 있다(국조집행 94-133-4). 참고로 한·미조세조약 제9조 제7항에서도 "일방체약국의 거주자가 타방체약국의 거주자 또는 동 타방체약국 내에서 산업상 또는 상업상 활동에 종사하는 사람(고정사업장을 통하거나 또는 다른 방법에 의함)과의 특수관계인이라는 사실은, 동 일방체약국의 거주자가 동 타방체약국 내에 고정사업장을 가지고 있는가를 결정함에 있어서 고려되어서는 안 된다."라고 규정하고 있다.

Part 2

5. 파견된 종업원의 근로장소 등을 고정사업장으로 볼 수 있는지 여부

(1) 종업원이 파견된 장소가 있는 경우

외국법인이 내국법인과 종업원파견에 관한 계약을 체결하고 그 계약에 따라서 내국법인에 파견되어 고용된 종업원이 그 외국법인이 아닌 오로지 내국법인만을 위하여 근로를 제공하고, 외국법인이 영위하는 사업의 전부 또는 일부를 일체 수행하지 아니함에 따라 외국법인이 종업원의 파견과 관련하여 내국법인으로부터 일체의 대가를 지급받지 않는 경우에는 그 종업원이 근로를 제공하는 장소는 그 종업원이 외국법인과 고용계약을 유지하는지의 여부에 관계없이 법인세법 제94조의 규정에 의한 외국법인의 국내사업장에 해당되지 아니한다(법인통 94-0-6). 즉, 외국법인에 의해 국내에 파견온 근로자가 그 외국법인을 위하여 일하는 경우에는 그 근로장소가 외국법인의 고정사업장이 될 수 있지만, 그 외국법인이 아닌 오로지 파견된 내국법인을 위해서만 일하는 경우에는 그 근로장소는 외국법인의 고정사업장으로 볼 수 없다는 것이다.

(2) 외국법인의 기술자가 국내 하천측량 등을 하는 경우

외국법인의 기술자가 국내에서 하천 또는 취수지점 측량 등을 하고 이에 대한 설계보고서를 작성하는 등의 역무를 수행하는 경우에는 국내사업장이 있는 것으로 본다. 다만, 단순한 자료수집과 기술협조만을 하는 때에는 국내사업장이 없는 것으로 본다(법인통 94-0-1). 즉, 외국법인 소속 근로자가 국내에서 고용주인 그 외국법인을 위해 일하는 경우 국내에 고정사업장이 있는 것으로 볼 수 있다는 것이다.

Chapter 04

국내원천소득에 대한 원천징수

I 국내원천소득에 대한 과세 시 유의사항

1. 국내원천소득 해당 여부 파악

비거주자나 외국법인은 소득세법 제119조 또는 법인세법 제93조에 규정된 국내원천소득에 대하여만 우리나라에서 소득세나 법인세 납세의무(제한 납세의무)를 부담하기 때문에 먼저 '국내원천소득에 해당하는지' 여부를 파악해야 한다. 즉, 비거주자나 외국법인이 국내에서 소득을 발생시키더라도 국내세법에서 과세대상으로 열거하고 있지 않으면 처음부터 과세대상에서 제외되는 것이다.

2. 조세조약 유무 확인

비거주자나 외국법인에 대한 과세는 원칙적으로 소득세법이나 법인세법 등 국내세법의 규정에 따르기는 하지만, 조세조약이 체결되어 있으면서 그 조세조약이 국내세법과 다르게 규정되었다면 그 조세조약의 규정이 우선 적용되기 때문에 구체적인 경우가 발생하면 해당국과의 조세조약이 체결되어 있는지 검토해야 한다. 예를 들어, 이자소득, 배당소득, 사용료소득 등 투자소득의 경우 대부분의 조세조약에서 국내세법보다 낮은 세율로 원천징수하도록 제한세율을 규정하고 있는데, 이런 경우에는 소득세법이나 법인세법에 우선하여 해당 조세조약에서 규정하고 있는 제한세율을 적용해야 한다. 또한, 국내에서 발생한 비거주자나 외국법인의 사업소득에 대하여 소득세법이나 법인세법에서는 그 사업소득이 국내사업장에 귀속되는 경우 거주자나 내국법인의 경우처럼 종합과세를 하고, 국내사업장이 없거나 국내사업장에 귀속되지 않는 경우에는 그 소득을 지급하는 자가 2%의 세율로 원천징수하도록 규정하고 있다. 그런데 우리나라가 체결한 대부분의 조세조약에서는 비거주자나 외국법인의 사업소득의 경우 국내에서 소득이 발생했다고 하더라도 국내사업장이 없는 경우에는 과세를 하지 않는 것으로 규정하고 있다. 따라서 조세조약이 체결된 국가의 거주자나 법인이 우리나라에서 국내사업장을 보유하고 있지 않으면서 얻은 사업소득에 대해서는 국내세법에 따르면 과세대상이지만, 조세조약에 따르면 그 사업소득의 원천지국인 우리나라에서는 과세되지 않으므로 국내에서 과세대상에 해당하는지 여부를 확인하기 위해 조세조약이 체결되어 있는지 확인해야 한다.

3. 면세소득 해당 여부

비거주자나 외국법인의 소득이 국내원천소득에 해당된다고 하더라도 국내세법상 또는 조세조약상 면세되는지의 여부에 따라 소득세나 법인세가 과세되거나 면세될 수 있으므로, 해당 국내원천소득이 면세소득에 해당되는지 여부도 따져 봐야 한다. 예를 들어, 우리나라가 체결한 대부분의 조세조약에서는 외국정부나 중앙은행에 지급하는 이자소득에 대해서는 세금을 면제하는 것으로 규정하고 있기 때문에 이런 경우에는 국내원천소득이 있더라도 우리나라에서 과세를 할 수 없다.

4. 국내사업장에의 귀속 여부

비거주자나 외국법인의 국내원천소득이 국내사업장에 귀속되는지의 여부에 따라 해당 비거주자나 외국법인에 대한 소득세나 법인세의 과세방법이 달라지는데, 비거주자나 외국법인이 국내사업장을 두고 있고 국내원천소득이 그 국내사업장에 귀속되는 경우에는 거주자나 내국법인의 경우를 준용해서 소득세나 법인세를 신고·납부해야 하고, 그렇지 않으면 국내원천소득에 대해 원천징수하여 분리과세함으로써 납세의무가 종결된다. 따라서 비거주자나 외국법인이 국내에서 소득을 발생시키는 경우 국내사업장이 있는지 여부와 국내원천소득이 그 국내사업장에 귀속되는지 여부도 확인해야 한다.

5. 세금공제 후의 금액을 지급하기로 약정한 경우의 과세표준의 계산

국내사업장이 없는 비거주자나 외국법인에게 국내원천소득을 지급하면서 원천징수를 해야 하는 경우에는 해당 지급금액에 조세조약이나 국내세법에서 정하고 있는 원천징수세율을 적용하면 된다. 그런데, 국내사업장이 없는 비거주자나 외국법인에게 국내원천소득을 지급할 때 당사자 간의 계약조건에 '국내세법에 의한 제세를 공제한 금액을 지급하도록' 약정한 경우 국내원천소득에 대한 원천징수대상 과세표준은 다음과 같이 계산한다(국조집행 98-0-5).

> 과세표준=지급하기로 약정한 금액÷(1-원천징수세율)

참고 지급자가 세금을 부담하기로 한 경우의 원천징수세액의 계산(국조집행 156-0-2 변형)

내국법인이 조세조약이 체결되지 않은 대만의 법인으로부터 100,000원에 영화필름을 도입하고 그에 대한 세액을 내국법인이 부담하기로 약정한 경우, 국내원천사용료소득으로 원천징수할 세액은?

- 과세표준 : 128,205=100,000×1/(1-0.22*)

  * 원천징수세율(소득세율+지방소득세율)=0.20+(0.20×0.10)=0.22

- 원천징수세액 :

법인세	128,205×0.20=25,641
지방소득세	25,641×0.10= 2,564
합계	28,205

Part 2

▌비거주자 및 외국법인에 대한 과세체계▐

비거주자 및 외국법인의 국내원천소득에 대한 과세체계를 정리하면 다음 도표와 같다.

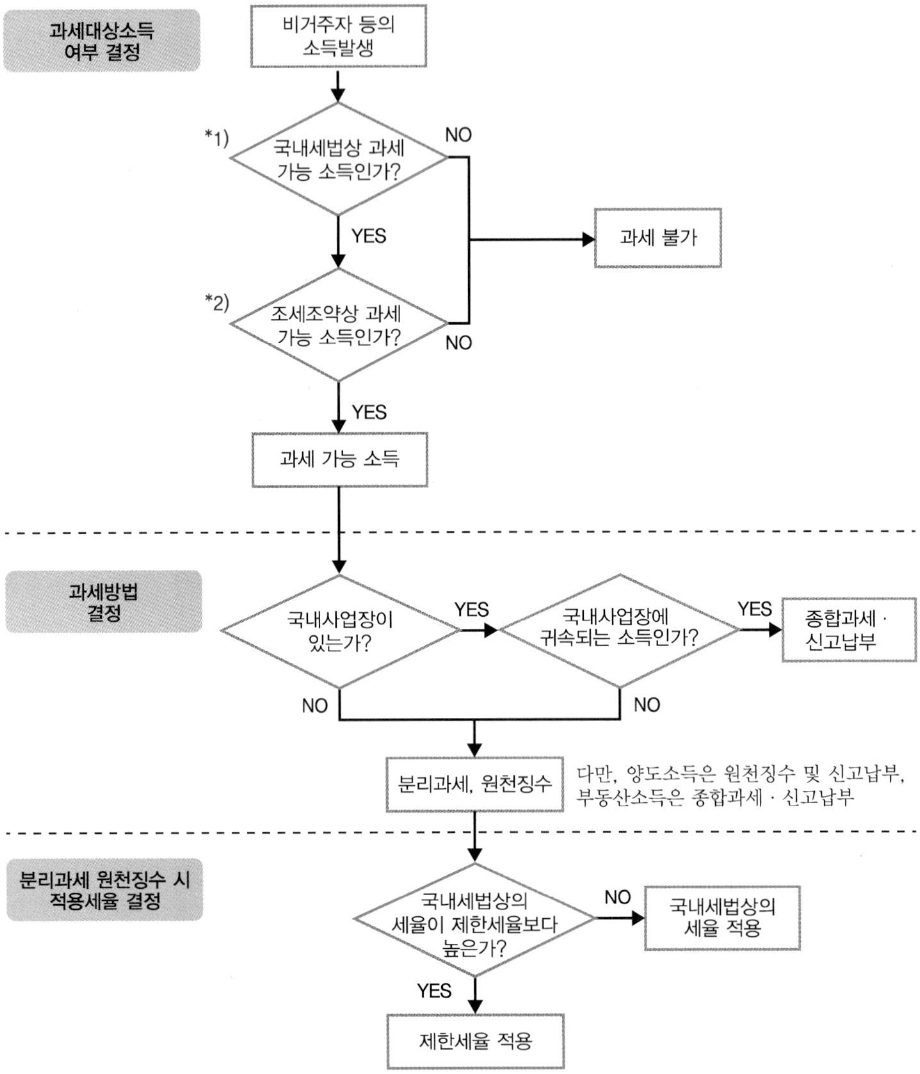

* 1) 국내세법상 과세 가능 소득 : 국내원천소득에 해당하고, 비과세·면제되지 않는 소득
* 2) 조세조약상 과세 가능 소득 : 국내원천소득에 해당하고, 원천지국인 우리나라에 과세권이 있는 소득

Ⅱ 과세대상 국내원천소득의 유형과 원천징수

소득세법과 법인세법에서는 비거주자와 외국법인의 과세대상 국내원천소득을 일일이 열거하고 있는데, 국내세법에 열거되지 않은 소득은 국내에서 발생한 것이라도 과세되지 않는다. 그리고 소득세법이나 법인세법에 과세대상 국내원천소득으로 규정되어 있더라도 특정 조세조약에서 과세대상에서 제외하는 경우에는 그 조세조약의 규정이 우선하여 적용되기 때문에 국내에서 과세되지 않는다. 따라서 비거주자나 외국법인의 국내원천소득이 발생하는 경우에는 우리나라에 과세권이 있는지 확인하기 위하여 해당 국가와의 조세조약을 먼저 검토하여야 한다. 조세조약의 검토 결과 과세대상 국내원천소득으로서 과세권이 우리나라에 있는 경우 또는 아예 조세조약이 체결되지 않은 국가의 거주자나 법인의 국내원천소득에 대하여는 국내세법의 과세요건을 판단해야 한다. 우리나라가 각국과 체결한 조세조약을 보면 국내세법에서 규정하고 있지 않은 종류의 소득에 대하여 규정하고 있는 경우가 있고, 또한 국내세법에서 규정하고 있는 소득의 종류를 세분화하여 규정하고 있는 경우도 있다. 따라서 구체적으로 국내에서 비거주자나 외국법인에 국내원천소득이 발생하는 경우에는 국내세법뿐만 아니라 해당국과의 조세조약을 반드시 확인해야 할 필요가 있다. 아래에서는 소득세법과 법인세법 등 국내세법에서 규정하고 있는 비거주자 및 외국법인의 국내원천소득의 유형을 중심으로 과세소득의 범위와 원천징수세율 등을 살펴본다.

❙ 국내세법상 국내원천소득의 유형 ❙

구 분	비거주자의 국내원천소득 (소득법 §119)	외국법인의 국내원천소득 (법인법 §93)
소득의 유형	이자소득	이자소득
	배당소득	배당소득
	부동산소득	부동산소득
	선박 등 임대소득	선박 등 임대소득
	사업소득	사업소득
	인적용역소득	인적용역소득

구 분	비거주자의 국내원천소득 (소득법 §119)	외국법인의 국내원천소득 (법인법 §93)
소득의 유형	근로소득	–
	퇴직소득	–
	연금소득	–
	부동산 등 양도소득	부동산 등 양도소득
	사용료소득	사용료소득
	유가증권 양도소득	유가증권 양도소득
	기타소득	기타소득

1. 이자소득

(1) 소득의 범위

비거주자나 외국법인의 국내원천 이자소득은 다음 중 어느 하나에 해당하는 소득으로서 소득세법 제16조 제1항에서 규정하는 이자소득(같은 항 제7호의 국외에서 받는 예금의 이자소득은 제외함)과 그 밖의 대금의 이자 및 신탁의 이익을 말한다(지급지 기준). 다만, 거주자 또는 내국법인의 국외사업장을 위하여 그 국외사업장이 직접 차용한 차입금의 이자는 제외한다(사용지 기준)(소득법 §119 1호, 법인법 §93 1호). 그런데, 조세특례제한법에서는 일정요건을 충족하는 이자소득에 대하여 세액을 감면하거나 비과세하는 규정을 두고 있다(조특법 §21 ①).

① 국가, 지방자치단체(지방자치단체조합 포함), 거주자, 내국법인, 외국법인 또는 비거주자의 국내사업장으로부터 받는 소득

② 외국법인 또는 비거주자로부터 받는 소득으로서 그 소득을 지급하는 외국법인 또는 비거주자의 국내사업장과 실질적으로 관련하여 그 국내사업장의 소득금액을 계산할 때 손금 또는 필요경비에 산입되는 것

참고 국내원천 이자소득의 판정기준(국조집행 93-0-2)

과세대상 국내원천 이자소득에 해당하는지 여부는 지급지 기준(원칙)과 사용지 기준(보완)에 따른다. 즉, 이자소득의 원천지국을 정하는 경우 해당 이자를 지급하는 자의 거주지국을 기준으로 하는 지급지 기준과 해당 이자의 발생원인이 되는 자본이 사용되는 국가를 소득원천지국으로 하는 사용지 기준이 있는데, 우리나라의 경우 거주자 등이 지급하는 이자를 국내원천 이자소득으로 규정함으로써 원칙적으로 지급지 기준을 채택하고 있고, 사용지 기준(거주자 또는 내국법인의 국외사업장을 위하여 그 국외사업장이 직접 차용한 차입금의 이자는 국내원천소득에서 제외)에 의하여 이를 보완하고 있다.

▌사용지 기준에 따른 원천지 판단▐

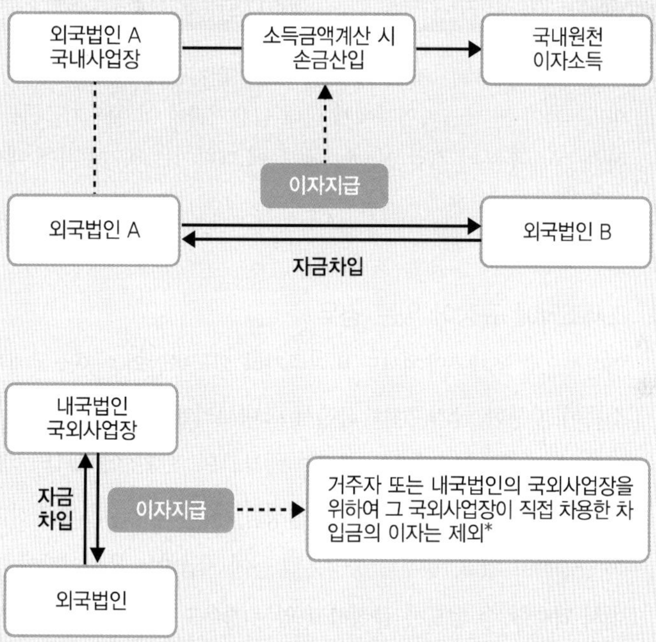

* 자금의 차입주체와 사용주체가 모두 국외사업장인 경우에 한해 제외

(2) 원천징수세율

① 국내세법의 규정

비거주자나 외국법인의 국내원천 이자소득으로서 국내사업장과 실질적으로 관련되지 아니하거나 그 국내사업장에 귀속되지 아니한 소득을 지급(국내사업장이 없는 비거주자나 외국법인에게 지급하는 금액 포함)하는 자는 그 소득을 지급할 때에 다음에 해당하는 금액을 원천징수하여 납부하여야 한다(소득법 §156 ① 1호, 법인법 §98 ① 1호).

ⓐ 국가·지방자치단체 및 내국법인이 발행하는 채권에서 발생하는 이자소득 : 지급금액의 14%

ⓑ ⓐ 외의 이자소득 : 지급금액의 20%

참고 거주자가 비거주자로 되는 경우 이자소득에 대한 원천징수세율(국조집행 119-0-1)

예금 가입 당시에는 거주자였으나 예금가입기간 중 외국으로 이민을 가게 되어 비거주자가 된 예금가입자에게 국내 금융기관이 이자를 지급하는 경우, 비거주자가 된 이후부터 지급하는 이자소득에 대하여는 비거주자에 대한 원천징수세율을 적용한다.

② 조세조약에 규정이 있는 경우

일반적으로 조세조약에서도 비거주자나 외국법인의 이자소득에 대하여는 그 이자소득이 발생한 국가(원천지국)에서 국내세법에 따라 과세할 수 있도록 규정하고 있다. 그런데, 우리나라가 체결한 대부분의 조세조약에서는 이자의 수취인이 그 이자의 수익적 소유자인 경우에 일정한 세율(제한세율)을 초과하여 과세할 수 없도록 규정하고 있고, 정부나 중앙은행 등에 지급하는 특정이자에 대하여는 원천지국에서 과세할 수 없도록 규정하고 있는 경우도 있다. 따라서 비거주자나 외국법인에게 국내원천 이자소득을 지급하는 경우에는 해당국과의 조세조약이 체결되어 있는지 확인하고, 체결된 조세조약에서 이자소득에 대한 규정을 두고 있는 경우에는 그 규정에 따라야 한다.

2. 배당소득

(1) 소득의 범위

비거주자나 외국법인의 국내원천 배당소득은 내국법인 또는 법인으로 보는 단체나 그 밖에 국내에 소재하는 자로부터 지급받는 소득세법 제17조(배당소득) 제1항에 따른 배당소득(같은 항 제6호에 따른 외국법인으로부터 받는 이익이나 잉여금의 배당 또는 분배금은 제외) 및 국제조세조정에관한법률 제9조(소득금액조정에 따른 소득처분 및 세무조정) 및 제14조(배당으로 간주된 이자의 손금불산입)에 따라 배당으로 처분된 금액을 말한다(소득법 §119 2호, 법인법 §93 2호).

참고 국내원천 배당소득 해당 여부에 대한 사례

1. 외국법인의 주식배당과 무상주 의제배당(국조집행 93-0-5)
   ① 외국법인이 내국법인으로부터 수취하는 주식배당이나 무상증자로 인해 받게 되는 무상주는 의제배당(소득세법 제17조 제2항 제2호)으로서 국내원천 배당소득에 해당한다.
   ② 자본준비금·재평가적립금(소득세법 제17조 제2항 제2호 가목 및 나목)을 자본에 전입하는 경우 배당소득에 해당하지 않으나, 이 경우에도 법인이 자기주식을 보유한 상태에서 자본준비금 등을 자본에 전입함에 따라 그 법인 외의 주주 등의 지분비율이 증가한 경우 그 증가한 지분비율에 상당하는 주식 등의 가액(소득세법 제17조 제2항 제5호)은 국내원천 배당소득에 해당한다.
2. 주식발행초과금 감액에 따른 배당
   내국법인이 상법 제461조의 2에 따라 주식발행초과금을 감액하여 배당을 실시함에 따라 외국법인 주주가 받는 배당은 법인세법 제93조 제2호에 따른 국내원천 배당소득에 해당되지 않음(국제세원-1918, 2019.9.5.)

(2) 원천징수세율

① 국내세법의 규정

비거주자나 외국법인의 국내원천 배당소득으로서 국내사업장과 실질적으로 관련되지 아니하거나 그 국내사업장에 귀속되지 아니한 소득을 지급(국내사업장이 없는 비거주자나 외국법인에게 지급하는 금액 포함)하는 자는 그 소득을 지급할 때에 지급금액의 20% 금액을 원천징수하여 납부하여야 한다(소득법 §156 ① 2호, 법인법 §98 ① 2호).

② 조세조약에 규정이 있는 경우

일반적으로 조세조약에서도 비거주자나 외국법인의 배당소득에 대하여는 그 배당소득이 발생한 국가(원천지국)에서 국내세법에 따라 과세할 수 있도록 규정하고 있다. 그런데, 우리나라가 체결한 대부분의 조세조약에서는 배당의 수취인이 그 배당의 수익적 소유자인 경우에 배당을 받는 수익적 소유자의 유형이나 지분비율 등에 따라 일정한 세율(제한세율)을 초과하여 과세할 수 없도록 규정하고 있다. 따라서 비거주자나 외국법인에게 국내원천 배당소득을 지급하는 경우에는 해당 국과의 조세조약이 체결되어 있는지 확인하고, 체결된 조세조약에서 배당소득에 대한 규정을 두고 있는 경우에는 그 규정에 따라야 한다.

참고 국내원천 배당소득에 대한 원천징수시기(법인통 98-137…1)

내국법인이 국내에 사업장 및 부동산 소득이 없는 외국법인에게 배당금을 지급하는 때의 그 원천징수 시기는 소득세법 제131조 제1항(이자소득 또는 배당소득 원천징수시기에 대한 특례)의 규정에 불구하고 그 배당소득을 실제 지급하는 때로 한다.

3. 부동산소득

(1) 소득의 범위

비거주자나 외국법인의 국내원천 부동산소득은 국내에 있는 부동산 또는 부동산상의 권리와 국내에서 취득한 광업권, 조광권(租鑛權), 흙·모래·돌의 채취에 관한 권리 또는 지하수의 개발·이용권의 양도·임대 또는 그 밖의 운영으로 인하여 발생하는 소득으로 하되, 아래 10.의 부동산 등 양도소득은 제외한다(소득법 §119 3호, 법인법 §93 3호). 비거주자 등의 부동산소득이 국내원천소득이 되기 위해서는 해당 부동산이 국내에 소재(소재지국)하여야 하는데, 부동산의 양도소득에 대하여는 부동산소득으로 과세하지 않고 양도소득으로 과세한다.

(2) 과세방법

비거주자나 외국법인의 국내원천 부동산소득은 원천징수대상이 아니고 거주자나 내국법인의 경우와 동일하게 소득세나 법인세를 신고·납부해야 한다.

4. 선박 등 임대소득

(1) 소득의 범위

비거주자나 외국법인의 국내원천 선박 등 임대소득은 거주자나 내국법인 또는 외국법인·비거주자의 국내사업장에 선박, 항공기, 등록된 자동차·건설기계 또는 산업상·상업상·과학상의 기계·설비·장치, 운반구·공구·기구 및 비품을 임대함으로써 발생하는 소득을 말한다(소득법 §119 4호, 법인법 §93 4호). 선박 등의 임대소득의 원천이 국내에 있는지 여부를 판정하는 기준은 그 자산의 운용장소가 아니라 임차인이 누구인지에 따라 판단한다. 즉, 비거주자 등이 거주자나 비거주자, 내국법인이나 외국법인의 국내사업장에 선박 등을 임대한 경우에는 그 운용장소가 외국이라 하더라도 그 임대로 인하여 발생하는 소득은 국내원천소득에 해당한다. 다만, 자동차·건설기계의 경우에는 한국에 등록된 자산이 임대되는 경우에만 국내원천소득에 해당한다.

참고 선박·항공기 등 임대소득의 국내원천 판단기준(국조집행 93-0-8)

외국법인이 선박, 항공기 또는 국내에 등록된 자동차나 중기를 거주자(해외사업장 포함), 내국법인(해외지점 등 포함), 외국법인의 국내사업장 또는 비거주자의 국내사업장에 임대하여 발생하는 소득은 그 자산의 운용장소가 국내인지 국외인지의 장소적 제한 없이 국내원천소득에 해당한다.

(2) 조세조약상 소득의 구분

선박·항공기 등의 임대소득이나 산업상·상업상·과학상의 기계·설비·장치·운반구·공구·기구 및 비품의 임대소득은 특정 국가와의 조세조약에 따라 소득의 종류가 달라질 수 있다. 즉, 선박 등 임대소득은 조세조약에 따라 사업소득, 국제운수소득, 사용료소득, 기타소득 등으로 분류될 수 있으므로, 조세조약이 체결된 경우에는 국내원천

선박 등 임대소득에 대하여 원천징수를 할 때 해당 소득의 유형에 대하여 조세조약의 규정을 검토하여야 한다. 특히 우리나라가 체결한 대부분의 조세조약에는 미국 등 일부 국가의 경우를 제외하고는 산업상·상업상·과학상 장비의 임대소득이 사용료소득으로 규정되어 있는데, 사용료소득이 아닌 경우에는 대부분 사업소득에 해당한다.

(3) 원천징수세율

비거주자나 외국법인의 국내원천 선박 등 임대소득으로서 국내사업장과 실질적으로 관련되지 아니하거나 그 국내사업장에 귀속되지 아니한 소득(국내사업장이 없는 비거주자나 외국법인에게 지급하는 금액 포함)에 대해서는 그 소득의 지급자가 지급금액의 2%를 원천징수하여 납부하여야 한다(소득법 §156 ① 3호, 법인법 §98 ① 3호). 그런데 선박이나 항공기, 장비 등의 임대소득이 조세조약에 따라 사업소득에 해당하면서 국내 고정사업장이 없어 국내에서 과세권이 없는 경우에는 국내원천소득으로 원천징수를 할 수 없다.

5. 사업소득

(1) 소득의 범위

① 사업소득에 해당하는 것

비거주자나 외국법인의 국내원천 사업소득은 비거주자나 외국법인이 경영하는, 소득세법 제19조에 따른 사업 중 국내에서 경영하는 사업에서 발생하는 소득(조세조약에 따라 국내원천사업소득으로 과세할 수 있는 소득 포함)으로서 다음 중 어느 하나에 해당하는 것으로 하되, 아래 6.의 인적용역소득은 제외한다(소득법 §119 5호, 소득령 §179 ②, 법인법 §93 5호, 법인령 §132 ②). 이 경우 국외에서 발생하는 소득으로서 국내사업장에 귀속되는 것은 국내원천 사업소득에 포함되는 것으로 한다(소득령 §179 ③, 법인령 §132 ③).

ⓐ 비거주자나 외국법인이 국외에서 양도받은 재고자산을 국외에서 제조·가공·육성, 기타 가치를 증대시키기 위한 행위('제조 등')를 하지 아니하고 이를 국내에서 양도하는 경우(해당 재고자산에 대하여 국내에서 제조 등을 한 후 양도하는 경우 포함)에는 그 국내에서의 양도에 의하여 발생하는 모든 소득

ⓑ 비거주자나 외국법인이 국외에서 제조 등을 행한 재고자산을 국내에서 양도하는 경우(해당 재고자산에 대하여 국내에서 제조 등을 한 후 양도하는 경우 포함)에는 그 양도에 의하여 발생하는 소득 중 국외에서 제조 등을 행한 타인으로부터 통상의 거래조건에 따라 해당 자산을 취득하였다고 가정할 때에 이를 양도하는 경우(국내에서 행한 제조 등을 한 후 양도하는 경우 포함) 그 양도에 의하여 발생하는 소득

ⓒ 비거주자나 외국법인이 국내에서 제조 등을 행한 재고자산을 국외에서 양도하는 경우(해당 재고자산에 대하여 국외에서 제조 등을 한 후 양도하는 경우 포함)에는 그 양도에 의하여 발생하는 소득 중 국내에서 제조한 해당 재고자산을 국외의 타인에게 통상의 거래조건에 따라 양도하였다고 가정할 때에 그 국내에서 행한 제조 등에 의하여 발생하는 소득

ⓓ 비거주자나 외국법인이 국외에서 건설·설치·조립, 기타 작업에 관하여 계약을 체결하거나 필요한 인원 또는 자재를 조달하여 국내에서 작업을 시행하는 경우에는 해당 작업에 의하여 발생하는 모든 소득

ⓔ 비거주자나 외국법인이 국내 및 국외에 걸쳐 손해보험 또는 생명보험사업을 영위하는 경우에는 해당 사업에 의하여 발생하는 소득 중 국내에 있는 해당 사업에 관한 영업소 또는 보험계약의 체결을 대리하는 자를 통하여 체결한 보험계약에 의하여 발생하는 소득

ⓕ 출판사업 또는 방송사업을 영위하는 비거주자나 외국법인이 국내 및 국외에 걸쳐 타인을 위하여 광고에 관한 사업을 행하는 경우에는 해당 광고에 관한 사업에 의하여 발생하는 소득 중 국내에서 행하는 광고에 의하여 발생한 소득

ⓖ 비거주자나 외국법인이 국내 및 국외에 걸쳐 선박에 의한 국제운송업을 영위하는 경우에는 국내에서 승선한 여객이나 선적한 화물과 관련하여 발생하는 수입금액을 기준으로 하여 판정한 국내업무에서 발생하는 소득

ⓗ 비거주자나 외국법인이 국내 및 국외에 걸쳐 항공기에 의한 국제운송업을 영위하는 경우에는 국내에서 탑승한 여객이나 적재한 화물과 관련하여 발생하는 수입금액과 경비, 국내업무용 유형·무형자산의 가액이나 그 밖에 그 국내업무가 해당 운송업에 대한 소득의 발생에 기여한 정도 등을 고려하여 기획재정부령으로 정하는 방법에 따라 계산한 그 법인의 국내업무에서 발생하는 소득

ⓘ 비거주자나 외국법인이 국내 및 국외에 걸쳐 위 ⓐ부터 ⓗ 외의 사업을 영위하는 경우에는 해당 사업에서 발생하는 소득 중 해당 사업에 관련된 업무를 국내업무와 국외업무로 구분하여 이들 업무를 각각 다른 독립사업자가 행하고 또한 이들 독립사업자 간에 통상의 거래조건에 의한 거래가격에 따라 거래가 이루어졌다고 가정할 경우 그 국내업무와 관련하여 발생하는 소득 또는 그 국내업무에 관한 수입금액과 경비, 소득 등을 측정하는 데 합리적이라고 판단되는 요인을 고려하여 판정한 그 국내업무와 관련하여 발생하는 소득

ⓙ 외국법인이 발행한 주식 또는 출자지분으로서 유가증권시장 등에 상장 또는 등록된 것에 투자하거나 기타 이와 유사한 행위를 함으로써 발생하는 소득

ⓚ 비거주자나 외국법인이 산업상·상업상 또는 과학상의 기계·설비·장치·운반구·공구·기구 및 비품을 양도함으로 인하여 발생하는 소득

참고 해외 지급대가의 소득구분 사례

① 국내사업장이 없는 해외 게임개발사가 내국법인의 인터넷 포털사이트 내 플랫폼(Platform)을 통하여 국내 최종소비자에게 게임 아이템을 판매하고 대가를 받는 경우, 동 대가는 법인세법 제93조 제5호에 따른 사업소득에 해당하는 것임(국제세원-238, 2013.7.3.)

② 싱가포르 법인이 국외에서 자신의 국제통신회선망(해저케이블, 통신망, 통신위성 등)을 가지고 다수의 고객들에게 데이터 및 음성을 송수신하는 업무를 수행하면서 통신사업 또는 그 서비스의 일부를 국내에서 통신사업을 영위하는 내국법인에게 제공하는 경우 사업소득에 해당함(기재부국제조세-120, 2016.3.8.)

③ 국내 고정사업장이 없는 미국법인과 멤버십 계약에 의하여 지급하는 대가 중 국외에서 제공한 회원사 간 중개용역에 관한 부분은 사업소득으로 국내원천소득에 해당하지 아니함(국제세원-326, 2014.9.2.)

② 사업소득이 발생하지 않은 것으로 보는 경우

비거주자나 외국법인이 국내에서 영위하는 사업을 위해 국외에서 광고, 선전, 정보의 수집과 제공, 시장조사, 그 밖에 그 사업수행상 예비적 또는 보조적인 성격을 가진 행위를 하는 경우 또는 국외에서 영위하는 사업을 위하여 국내에서 이들

행위를 하는 경우에는 해당 행위에서는 소득이 발생하지 아니하는 것으로 본다(소득령 §179 ④, 법인령 §132 ④).

참고 외국보험회사가 국내에서 행하는 보험모집 등의 행위로 인한 소득의 구분 (법인통 93-132-4)

외국보험회사가 국내법에 의하여 국내보험사업면허를 받아 국내에 대표자와 직원을 두고 보험의 모집과 신청 등, 보험업과 관련된 중요한 영업행위를 하고 있는 경우에는 비록 해당 외국법인의 본사가 보험증권의 교부, 보험료의 납입, 보험금의 지급 등을 행하는 경우에도 그 영업행위에서 발생한 소득은 국내원천소득으로 본다.

(2) 조세조약상 소득의 구분

이자·배당·사용료·부동산·양도·인적용역·국제운수소득 등 조세조약에서 사업소득과 별개의 소득으로 규정하고 있는 경우에는 비록 그 소득이 기업의 사업활동에 의해 발생된 경우라도 사업소득이 아닌 해당 조세조약에서 분류하는 소득으로 취급된다. 특히, 우리나라가 체결한 대부분의 조세조약은 국제운수업에서 선박 또는 항공기를 운행함으로써 발생하는 소득에 대하여는 그 기업의 거주지국에서 과세하도록 규정하고 있다.

(3) 원천징수세율

비거주자나 외국법인의 국내원천 사업소득으로서 국내사업장과 실질적으로 관련되지 아니하거나 그 국내사업장에 귀속되지 아니한 소득(국내사업장이 없는 비거주자나 외국법인에게 지급하는 금액 포함)에 대해서는 그 소득의 지급자가 지급할 때에 지급금액의 2%를 원천징수하여 납부하여야 한다(소득법 §156 ① 3호, 법인법 §98 ① 3호). 즉, 소득세법이나 법인세법에서는 원칙적으로 비거주자나 외국법인이 국내사업장을 두고 있지 않더라도 국내원천 사업소득에 대하여 과세하는 것으로 규정하고 있다. 그런데 우리나라가 체결한 대부분의 조세조약에서는 그 비거주자 등이 국내에 고정사업장을 두고 있지 않은 경우에는 국내원천소득으로 과세하지 않고 비거주자 등의 국내사업장이 있는 경우에 한하여 그 국내원천 사업소득에 대하여 과세할 수 있는 것으로 규정하고 있다.

참고 국내사업장이 없어 과세되지 않는 사례

① 국내 미술관이 일본 소재 화랑으로부터 미술품을 구입하고 지급하는 대가는 법인세법 제93조 제5호 및 한·일조세조약 제7조에 따른 사업소득에 해당하는 것이며, 일본 화랑이 국내에 사업장을 가지고 있지 아니한 경우 국내에서 과세되지 않는 것임(서면법규-230, 2014.3.14.)

② 수출용 제품을 해외에 등록하는 데 필요한 조명성능 시험용역을 미국법인으로부터 제공받고 지급하는 대가는 사업소득에 해당되어 국내에 고정사업장이 없다면 국내에서 과세 안 됨(국제세원-467, 2012.10.10.)

6. 인적용역소득

(1) 소득의 범위

비거주자나 외국법인의 국내원천 인적용역소득은 국내에서 다음 중 어느 하나에 해당하는 독립적 인적용역을 제공함으로써 발생하는 소득(국외에서 제공하는 인적용역 중 아래 ④의 경우에는 조세조약에 따라 국내에서 발생하는 것으로 간주되는 경우 그 소득 포함. **예** 한·인도조세조약에서 국외에서 제공되더라도 국내에서 그 대가를 지급하는 경우 국내원천소득으로 보는 경우)을 말한다. 이 경우 그 인적용역을 제공받는 자가 인적용역 제공과 관련하여 항공회사·숙박업자 또는 음식업자에게 실제로 지급(인적용역을 제공하는 자를 통해 지급하는 경우 포함)한 사실이 확인되는 항공료·숙박비 또는 식사대 등은 제외한 금액을 말한다(소득법 §119 6호, 소득령 §179 ⑥·⑦, 법인법 §93 6호, 법인령 §132 ⑥·⑦).

① 영화·연극의 배우, 음악가, 기타 공중연예인이 제공하는 용역
② 직업운동가가 제공하는 용역
③ 변호사·공인회계사·건축사·측량사·변리사, 기타 자유직업자가 제공하는 용역
④ 과학기술·경영관리, 기타 분야에 관한 전문적 지식 또는 특별한 기능을 가진 자가 해당 지식 또는 기능을 활용하여 제공하는 용역

참고 인적용역소득의 국내원천 판단기준(국조집행 93-0-10)

인적용역소득은 용역을 수행하는 장소(용역수행지국)에 원천이 있는 것으로, 외국법인이 국외에서 인적용역을 제공하고 지급받는 대가는 국내원천소득에 해당하지 않는다. 다만 조세조약에 따라 국내에서 발생하는 것으로 간주되는 인적용역을 제공하고 지급받는 대가는 국내원천소득에 해당한다.

참고 국내원천 인적용역소득 해당 여부 관련 사례

① 비거주자(내국인인 비거주자 포함)의 소득세납세의무는 소득세법 제3조의 규정에 의하여 국내원천소득에 대하여만 있는 것으로 내국법인이 국외에서 수출을 성사시키기 위한 역할을 수행한 국내사업장이 없는 비거주자에게 지급하는 수수료는 소득세법 제119조의 규정에 의한 국내원천소득에 해당되지 아니하므로 그 대가에 대하여는 원천징수를 하지 아니하는 것임. 또한 소득세의 납세의무는 거주자와 비거주자로만 구분하여 그 적용을 달리하고 있으나 내국인과 외국인으로 구분하여서는 그 적용을 달리하지 않는 것이므로 내국인인 비거주자의 경우에도 외국인인 비거주자와 동일하게 국내원천소득에 대하여만 소득세 납세의무가 있는 것임(서면2팀-1967, 2006.9.29.)

② 비거주자인 캐나다 현지인이 인터넷 등 온라인(On-Line)을 통하여 교육서비스용역을 국내에 체재하지 않고 전적으로 국외에서 제공하고 수취하는 대가는 소득세법 제119조 제6호 및 한·캐나다조세조약 제14조의 규정에 의하여 국내에서 과세되지 않는 것임(서면2팀-2302, 2004.11.11.)

③ 국내사업장이 없는 비거주자가 독립적으로 국외에서 과학기술·경영관리, 기타 이와 유사한 분야에 관한 전문적 지식 또는 특별한 기능을 활용하여 자문을 제공하고 지급받는 대가는 국내원천소득에 해당하지 아니함(서면2팀-434, 2008.3.13.)

(2) 조세조약상 소득의 구분

우리나라가 미국 등 일부 국가와 체결한 조세조약에서는 독립적 인적용역 조항이 개인에게만 적용되고 법인에게는 적용되지 않는 것으로 규정된 경우가 있다. 이런 경우에는 법인이 제공하는 인적용역에 대한 대가는 사업소득에 해당하고, 그런 국가의 법인이 그 법인의 직원을 통해 국내에서 인적용역을 제공하고 받는 대가는 국내 고정사업장이 없으면 우리나라에서 과세되지 않는다. 그리고 비거주자인 연예인·체육인 등의 인적용역소득에 대하여 우리나라가 체결한 대부분의 조세조약에서 별도의 규정을 두고 있는데, 그런 경우 조세조약이 체결된 국가의 거주자인 연예인 등의 인적용역소득은 조세조약의 규정에 따라 공연이나 경기가 국내에서 수행되는 경우에 한하여 과세된다.

(3) 원천징수세율

비거주자나 외국법인의 국내원천 인적용역소득으로서 국내사업장과 실질적으로 관련되지 아니하거나 그 국내사업장에 귀속되지 아니한 소득(국내사업장이 없는 비거주자나 외국법인에게 지급하는 금액 포함)에 대해서는 그 소득의 지급자가 지급금액의 20%(다만, 국외에서 제공하는 인적용역 중 조세조약에 따라 국내에서 발생하는 것으로 간주되는 국내원천소득의 경우에는 지급액의 3%)를 원천징수하여 납부하여야 한다(소득법 §156 ① 4호, 법인법 §98 ① 4호). 그런데 소득세법이나 법인세법상 인적용역소득은 그 용역이 국내에서 수행되는 경우 원천징수 대상이지만, 조세조약에 따라서는 국내에서 수행된 용역이더라도 용역수행지국의 과세요건을 별도로 규정하고 있어서 비록 국내원천 인적용역소득이라도 과세가 되지 않는 경우가 있다. 우리나라가 체결한 대부분의 조세조약에서 비거주자 등의 국내원천 독립적 인적용역소득에 대하여 대략적으로 다음의 요건 중 어느 하나에 해당되면 용역수행지국에서 과세할 수 있도록 규정하고 있는데, 구체적인 상황이 발생하면 해당 조세조약의 내용을 검토해야 한다.

① 비거주자 등이 국내에 고정시설을 가지고 있는 경우

② 비거주자 등이 해당 회계연도(Fiscal Year) 중에 총 183일을 초과하여 국내에 체재하는 경우

③ 비거주자 등이 국내에서 제공한 독립적 인적용역에 대한 대가가 국내의 거주자에 의하여 지불되거나 국내에 소재하는 고정사업장 또는 고정시설에 의하여 부담되고 해당 회계연도 중에 그 대가가 일정한 금액(예를 들어, 미국의 경우 과세연도 중 미화 3,000달러)을 초과한 경우

(4) 선택적 확정신고

① 비거주자의 경우

국내사업장이 없는 비거주자에 대해서는 소득세법 제119조에서 규정하고 있는 국내원천소득(퇴직소득과 부동산 등 양도소득은 제외)에 대하여 그 소득의 지급자가 원천징수함으로써 각 소득별로 분리과세하는 것이 원칙이다. 그런데, 국내원천소득으로서 원천징수되는 소득 중 국내원천 인적용역소득이 있는 비거주자가 소득세법 제70조(종합소득과세표준 확정신고)를 준용하여 종합소득과세표준 확정신고를 하는 경우에는 소득세법 제119조에서 규정하고 있는 국내원천소득(분류과세되는 퇴직소득과 부동산 등 양도소득은 제외)에 대하여 종합하여 과세할 수 있다(소득법 §121 ⑤).

② 외국법인의 경우

국내사업장이 없으면서 국내원천 인적용역소득이 있는 외국법인도 국내용역 제공기간에 발생한 소득에서 그 소득과 관련되는 것으로 입증된 비용을 뺀 금액('과세표준')을 용역 제공기간 종료일부터 3개월 이내에 '국내사업장이 없는 외국법인의 인적용역소득 신고서'에 그 소득과 관련된 비용을 입증하는 서류를 첨부하여 원천징수의무자의 납세지 관할 세무서장에게 신고·납부할 수 있다(법인법 §99 ①). 이 경우 외국법인의 국내원천 인적용역소득에 대하여 원천징수된 세액은 기납부세액으로 공제한다(법인법 §99 ②).

Part 2

■ 법인세법 시행규칙 [별지 제80호서식] <개정 2015.3.13.>

국내사업장이 없는 외국법인의 인적용역소득 신고서

※ 뒤쪽의 작성방법을 읽고 작성하시기 바랍니다. (앞 쪽)

용역제공자	① 납세관리번호		② 거주지국	미국 (코드 US)
	법 인 명	Tricom Inc.	연락처(전화번호)	
	대 표 자 성 명	Carl Marks	인적용역제공기간	2019. 2. 1. ~ 2019. 10. 31.
	소 재 지	50 Haven Wood Ellicott City, MD, USA		
용역을 제공받는 자	상호(성명)	(주)비스콤	사업자등록번호	214-86-12345
	소재지	서울시 서초구 양재대로 100		

구 분 (단위 : 원)	금 액	④ 관련비용 명세(③의 상세내용)	
수입금액	200,000,000	항목구분	금액
③ 관련비용	50,000,000	항공료	
과세표준	150,000,000	숙박비	15,000,000
⑤산출세액	15,000,000	체재비	35,000,000
⑥가산세		국 세 환 급 금 계 좌 신 고	
⑦총부담세액(⑤+⑥)	15,000,000	금융기관명	은행 (본)지점
⑧기납부(원천징수)세액	40,000,000	예금종류	예금
차감납부세액(⑦-⑧)	-25,000,000	계좌번호	

신고인은 「법인세법」 제99조 및 「국세기본법」 제45조의3에 따라 위의 내용을 신고하며, 위 내용을 충분히 검토하였고 신고인이 알고 있는 사실 그대로를 정확하게 적었음을 확인합니다.

신고인(대표자) Tricom Inc. (서명 또는 인)

세무대리인은 조세전문자격자로서 위 신고서를 성실하고 공정하게 작성하였음을 확인합니다.

세무대리인 (서명 또는 인)

서초 세무서장 귀하

첨부서류	뒤쪽 참조	수수료 없 음

210㎜×297㎜[백상지 80g/㎡ 또는 중질지 80g/㎡]

7. 근로소득

(1) 소득의 범위

비거주자의 국내원천 근로소득은 국내에서 제공하는 근로(용역수행지국)와 다음 중 어느 하나에 해당하는 근로의 대가로서 받는 소득을 말한다(소득법 §119 7호, 소득령 §179 ⑧).

① 거주자 또는 내국법인이 운용하는 외국항행선박·원양어업선박 및 항공기의 승무원이 받는 급여

② 내국법인의 임원의 자격으로서 받는 급여

③ 법인세법에 따라 상여로 처분된 금액

참고 근로소득의 국내원천소득 해당 여부 관련 사례

1. 외국법인의 국내사업장에 근무하는 외국인의 급여의 국내원천소득 판정(국조집행 119-0-3)

비거주자가 외국법인의 국내사업장에 파견되어 근로를 제공하고 지급받는 급여는 이를 본사에서 지급하거나 또는 국내사업장의 손금으로 계산하는가의 여부에 관계없이 조세조약 등에서 별도로 규정하는 것을 제외하고는 국내원천 근로소득으로 본다. 참고로, 우리나라가 체결한 모든 조세조약에서도 근로소득에 대하여는 용역수행지국에서 과세할 수 있는 것으로 규정하고 있다.

2. 퇴직 후 주식매수선택권 행사이익에 대한 과세(국조집행 119-0-4)

① 내국법인의 임원으로 국내에 근무하고 있는 외국인이 내국법인으로부터 주식매수선택권을 부여받아 퇴직 후 출국하여 비거주자인 상태에서 주식매수선택권을 행사함으로써 얻는 이익은 국내원천 근로소득에 해당한다.

② 주식매수선택권을 행사함으로써 얻는 이익은 해당 주식매수선택권을 행사하는 날이 속하는 과세기간에 귀속된다.

③ 국외에서만 근로를 제공한 비거주자가 근로의 대가로 부여받은 주식매수선택권을 퇴사 후 행사함으로 인하여 발생하는 이익(행사당시의 시가와 실제 매수가액과의 차액)은 국내에서 과세되지 않는다.

3. 비거주자가 국내사업장에서 업무를 수행하고 대가는 국외에서 지급받는 경우 국내원천소득의 범위(소득통 119-0-1)

비거주자가 소득세법 제120조의 규정에 의한 국내사업장 등에 일시체류하

면서 기술지도를 행하고 국내체류기간에 제공한 근로의 대가로 지급받는 급여는 이를 국외에서 지급받는 경우에도 해당 국가와의 조세조약 등에서 별도로 규정한 경우를 제외하고는 소득세법 제119조에서 규정하는 국내원천소득으로 과세된다.

4. 내국법인의 해외연락사무소에 고용된 비거주자의 급여의 국내 원천징수 여부 (소득통 156-0-2)
내국법인이 해외에 연락사무소를 설치하고 오로지 현지에서만 활동하는 비거주자인 현지인을 고용하여 급여를 지급하는 경우 동 급여에 대하여 해당 내국법인은 원천징수의무를 부담하지 아니한다.

(2) 조세조약상 소득의 구분

우리나라가 체결한 대부분의 조세조약은 고용관계하에서 제공되는 용역에 대한 대가로서 소득세법상 근로소득에 해당되더라도 이사의 보수, 연예인 및 체육인의 소득, 정부직원의 보수, 학생·훈련생의 소득, 교수의 급여소득 등에 대하여는 별도의 규정을 두고 있다. 따라서 그런 소득은 근로소득에 해당하는 경우에도 근로소득으로서가 아니라 해당 조세조약에서 규정하고 있는 규정에 따라 과세여부가 결정된다. 특히 비거주자인 이사의 보수에 대하여는 우리나라가 체결한 대부분의 조세조약(미국은 제외)에서 해당 법인의 거주지국에서 일차적으로 과세할 수 있도록 규정하고 있다. 그리고 학생이나 훈련생(사업견습생 : Business Apprentice)이 생계유지·교육·연구 또는 훈련의 목적으로 해외로부터 수취하는 금액과 교수나 교직자가 인가된 교육기관에 초청되어 일정기간(2년 또는 3년)을 초과하지 않는 기간 동안 강의나 연구활동 등을 제공하고 받는 보수에 대해서도 대부분의 조세조약에서 용역수행지국에서 과세할 수 없도록 규정하고 있다. 또한 공무원의 경우에도 다른 국가에 파견되어 용역을 제공하는 경우 일반적으로 조세조약에서는 그 보수의 지급이 체재국에서 이루어지더라도 그 공무원이 소속되어 있는 파견국에서만 과세하는 것으로 규정하고 있다.

(3) 원천징수세율과 연말정산

국내사업장이 없는 비거주자에 대해서는 소득세법 제119조에서 규정하고 있는 국내원천소득(분류과세되는 퇴직소득 및 부동산 등 양도소득 제외)별로 분리하여 과세한다(소득법

§121 ③). 따라서 비거주자에게 국내원천 근로소득을 지급하는 자는 거주자에게 지급하는 경우와 동일한 방식으로 근로소득 간이세액표에 따라 원천징수하여 납부하고, 그 근로소득에 대하여 연말정산을 하여야 한다. 즉, 비거주자의 근로소득에 대한 소득세의 원천징수 및 과세표준 계산과 세액의 계산·신고·납부 등은 원칙적으로 거주자와 동일하지만, 다만 과세표준 및 세액의 계산에 있어서 인적공제(기본공제, 추가공제) 중 비거주자 본인 이외의 자에 대한 공제와 특별소득공제, 자녀세액공제, 특별세액공제는 적용하지 않는다(소득법 §126 ⑤).

(4) 단기체류자의 면제

이중과세를 방지하고 국제 간 인적교류를 원활하게 하기 위하여 우리나라가 체결한 대부분의 조세조약은 일반적으로 다음의 요건을 모두 갖춘 경우(미국의 경우에는 근로소득이 미화 3,000달러 이하 조건 추가)에는 비거주자의 국내원천 근로소득에 대하여 용역수행지국에서 비과세하도록 규정하고 있다.

① 비거주자가 해당 역년 또는 어느 12개월 중 183일 미만 국내에 체재할 것
② 해당 소득이 우리나라 거주자가 아닌 자에 의하여 지급될 것
③ 해당 소득이 고용주가 우리나라에 가지고 있는 고정사업장에 의하여 부담되지 않을 것

8. 퇴직소득

(1) 소득의 범위

비거주자의 국내원천 퇴직소득은 국내에서 제공하는 근로의 대가로 받는 퇴직소득을 말한다(소득법 §119 8호).

(2) 원천징수세율

국내원천 퇴직소득이 있는 비거주자에 대해서는 거주자와 같은 방법으로 분류과세하므로(소득법 §121 ②), 비거주자에게 국내원천 퇴직소득을 지급하는 자는 거주자에게 지급하는 경우와 동일한 방식으로 기본세율로 원천징수하여 납부하여야 한다.

참고 **비거주자의 개인퇴직연금계좌로 퇴직소득을 지급하는 경우**

국내법인이 퇴직하는 비거주자에게 퇴직소득을 개인퇴직연금계좌로 지급하는 경우 소득세법 제146조 제2항(연금 외 수령 시까지 과세이연하는 규정)을 적용할 수 없다(사전-2018-법령해석소득-181, 2018.8.9.). 즉, 비거주자에게 국내원천 퇴직소득을 지급하는 경우에는 비록 개인퇴직연금계좌로 지급하더라도 과세이연되지 않고 그 퇴직소득을 지급할 때 원천징수하여야 한다.

9. 연금소득

(1) 소득의 범위

비거주자의 국내원천 연금소득은 국내에서 지급받는 소득세법 제20조의 3 제1항에서 규정하고 있는 다음의 연금소득을 말한다(소득법 §119 8의 2호).

① 공적연금 관련법에 따라 받는 각종 연금('공적연금소득')

② 다음에 해당하는 금액을 그 소득의 성격에도 불구하고 연금계좌('연금저축계좌' 또는 '퇴직연금계좌')에서 연금형태 등으로 인출('연금수령'과 '연금 외 수령')하는 경우의 그 연금

ⓐ 소득세법 제146조 제2항(연금 외 수령 시까지 과세이연하는 규정)에 따라 원천징수되지 아니한 퇴직소득

ⓑ 소득세법 제59조의 3(연금계좌세액공제) 제1항에 따라 세액공제를 받은 연금계좌 납입액

ⓒ 연금계좌의 운용실적에 따라 증가된 금액

ⓓ 그 밖에 연금계좌에 이체 또는 입금되어 해당 금액에 대한 소득세가 이연(移延)된 소득으로서 소득세법시행령에서 정하는 소득

③ 위 ②에 따른 소득과 유사하고 연금 형태로 받는 것으로서 소득세법시행령으로 정하는 소득

(2) 원천징수세율

비거주자에게 국내원천 연금소득을 지급하는 경우에는 거주자에게 지급하는 경우와 동일한 방식으로 기본세율 등을 적용하여 원천징수하여야 한다. 즉 공적연금의 경우에는 연금소득 간이세율표에 따라 원천징수하고, 사적연금의 경우에는 연금의 종류에 따라 3~5%의 세율로 원천징수한다. 그런데 우리나라가 체결한 조세조약을 보면 연금소득에 대해 거주지국에서만 과세할 수 있는 경우와 원천지국과 거주지국이 모두 자국법에 따라 과세할 수 있는 경우 및 원천지국에서만 과세할 수 있는 경우로 나뉘어 있다. 따라서 비거주자에게 국내원천 연금소득이 지급되는 경우에는 해당국과의 조세조약규정을 검토해서 과세여부를 결정해야 한다.

10. 부동산 등 양도소득

(1) 소득의 범위

비거주자나 외국법인의 국내원천 양도소득은 국내에 있는 다음 중 어느 하나에 해당하는 자산이나 권리를 양도함으로써 발생하는 소득을 말한다(소득법 §119 9호, 법인법 §93 7호).

① 소득세법 제94조 제1항 제1호(토지 또는 건축물)·제2호(부동산을 취득할 수 있는 권리 또는 지상권·전세권과 등기된 부동산임차권) 및 같은 항 제4호 가목(사업용 고정자산과 함께 양도하는 영업권)·나목(이용권·회원권 등)에 따른 자산 또는 권리

② 내국법인의 주식 또는 출자지분(주식·출자지분을 기초로 하여 발행한 예탁증서 및 신주인수권 포함) 중 양도일이 속하는 사업연도 개시일 현재 그 법인의 자산총액 중 소득세법 제94조 제1항 제1호 및 제2호의 자산가액과 내국법인이 보유한 다른 부동산과다보유 법인의 주식가액에 그 다른 법인의 부동산 보유비율을 곱하여 산출한 가액의 합계액이 50% 이상인 법인의 주식 또는 출자지분('부동산주식 등')으로서 증권시장에 상장되지 아니한 주식 또는 출자지분. 이 경우 자산총액 및 자산가액은 소득세법시행령 제158조 제4항 및 제5항을 준용하여 계산한다(소득령 §179 ⑭, 법인령 §132 ⑫). 이 경우 조세조약의 해석·적용과 관련하여 그 조세조약 상대국과 상호합의에 따라 우리나라에 과세권한이 있는 것으로 인정되는 부동산주식 등도 부동산주식 등에 포함한다.

(2) 원천징수세율

비거주자나 외국법인의 국내원천 양도소득으로서 국내사업장과 실질적으로 관련되지 아니하거나 그 국내사업장에 귀속되지 아니한 소득(국내사업장이 없는 비거주자나 외국법인에게 지급하는 금액 포함)에 대해서는 그 소득을 지급하는 자가 지급할 때에 다음 중 어느 하나에 해당하는 세율로 원천징수하여 납부하여야 한다. 이 경우 거주자 및 비거주자가 그 국내원천 양도소득을 지급하는 경우에는 원천징수를 하지 않고, 그 자산의 양수자가 법인인 경우에만 원천징수를 한다(소득법 §156 ① 5호, 법인법 §98 ① 5호).

① 취득가액 및 양도비용이 확인이 되지 않는 경우 : 그 지급액의 10%

② 양도한 자산의 취득가액 및 양도비용이 확인되는 경우 : 그 지급액의 10%와 그 자산의 양도차익의 20%에 해당하는 금액 중 적은 금액에 해당하는 세율

참고 비거주자의 양도소득에 대한 원천징수 여부

비거주자인 개인이 국내에 소재하는 아파트를 거주자인 개인에게 2007.1.1. 이후 최초로 양도하고 대가를 지급받는 경우 비거주자 개인은 거주자와 동일한 방법으로 양도소득과세표준의 예정·확정신고 등을 하여야 하는 것이나, 그 소득을 지급하는 거주자 개인은 원천징수의무가 없다(부동산거래관리-983, 2010.7.27).

참고 비거주자의 국내원천 양도소득에 대한 원천징수(국조집행 119-0-5)

① 비거주자(양도자)가 국내 소재 부동산을 양도함에 따라 발생하는 국내원천소득에 대하여는 동 소득의 지급자(법인인 양수자만 해당)가 원천징수를 하는 것이나, 양수자가 원천징수를 하지 아니한 경우에는 납세지 관할 세무서장이 원천징수의무자인 양수자로부터 원천징수해야 할 세액과 가산세액을 징수하여야 한다.

② 원천징수의무자가 비거주자이거나 그 행방을 알 수 없는 경우 등 원천징수를 통해 그 조세채권을 확보하기 곤란한 경우에는 양도자 납세지 관할(부동산 소재지) 세무서장이 소득세법 제114조에 따라 원천징수 대상 양도소득금액에 대하여 납세의무자인 양도자에게 직접 양도소득세를 부과·징수할 수 있는 것이며 그 경우에는 원천징수의무자인 양수자로부터 가산세액만을 징수한다.

③ 관할 세무서장이 원천징수의무자인 양수자에게 원천징수세액을 징수하였으나 그 후 양도자가 양도소득과세표준의 확정신고를 하지 않아 납세지 관할 세무서장 또는 지방국세청장이 양도소득과세표준과 세액을 결정하는 경우 기징수한 세액이 확정된 세액보다 커 환급세액이 발생하는 때에는 납세의무자인 양도자에게 그 세액을 환급한다.

(3) 비거주자의 양도소득에 대한 원천징수 면제

국내원천 부동산 등의 양도소득이 있는 비거주자가 해당 소득에 대한 소득세를 미리 납부하였거나 해당 소득이 비과세 또는 과세미달되는 것임을 입증하는 경우에는 원천징수하지 않는다(소득법 §156 ⑮). 해당 소득에 대한 소득세를 미리 납부하였거나 해당 소득이 비과세 또는 과세미달되는 것임을 입증하는 경우란 비거주자가 해당 원천징수의무자의 납세지 관할 세무서장에게 '비거주자의 양도소득세 신고납부(비과세 또는 과세미달) 확인(신청)서'에 해당 부동산에 대한 등기부등본·매매계약서를 첨부하여 신청하고, 그 확인을 받아 이를 원천징수의무자에게 제출하는 경우를 말한다(소득령 §207 ⑥).

(4) 확정신고

부동산 등 양도소득이 있는 비거주자나 외국법인은 그 양도소득에 대하여 양도소득세 또는 법인세 신고를 하여야 한다. 그런데 법인이 비거주자나 외국법인으로부터 국내 소재 부동산 등을 양수하면서 대가를 지급하는 경우에는 그 양도소득에 대하여 원천징수를 해야 하는데, 이렇게 비거주자 등의 양도소득에 대해 양수자인 법인이 원천징수를 한 경우에도 부동산 등을 양도한 그 비거주자나 외국법인은 양도소득세나 법인세를 신고하여야 하고 원천징수된 세액은 기납부세액으로 공제를 받는다.

Part 2

■ 소득세법 시행규칙 [별지 제29호의3서식] <개정 2019. 3. 20.>

비거주자의 양도소득세 [✓] 신고납부 [ ] 비 과 세 [ ] 과세미달 확인(신청)서

※ 해당되는 [ ]에 √ 표를 합니다. (앞쪽)

접수번호	접수일	처리기간 3일

양도자	① 성 명 Victoria Shaw	② 주민등록번호
	③ 전화번호	④ 거주지국 영국
	⑤ 주소 또는 거소 50 Diamond Road Antri, UK	

양수자	⑥ 성 명(법인명) (주)비스콤	⑦ 주민등록번호 214-86-12345
	⑧ 전화번호	⑨ 사업자등록번호
	⑩ 주소 또는 소재지 서울시 서초구 양재대로 100	

(단위 : 원)

양도 내용	⑪ 계약일자	⑫ 잔금일자	⑬ 양도대금	⑭ 종류	⑮ 물건(부동산)소재지	⑯ 면적(㎡)
	2020.4.1.	2020.6.5.	900,000,000	오피스텔	서울시 강남구 테헤란로 555	100

(단위 : 원)

양도소득세 신고(납부) 내역	⑰ 신고일자	⑱ 양도가액	⑲ 필요경비	⑳ 양도차익	㉑ 산출세액	㉒ 자진납부할 세액	㉓ 납부세액	㉔ 납부일자	㉕ 구분
	2020.6.4.	900,000,000	700,000,000	200,000,000	50,000,000	50,000,000	50,000,000	2020.6.3.	

「소득세법 시행령」 제207조제6항에 따라 비거주자의 양도소득에 대한 양도소득세 ([✓] 신고납부, [ ] 비과세, [ ] 과세미달) 내용이 위와 같음을 확인하여 주시기 바랍니다.

2020 년 6 월 4일

신 청 인 Victoria Shaw (서명 또는 인)

강남 **세무서장** 귀하

제출서류	1. 양도소득과세표준 신고서 및 자진납부계산서와 그 첨부서류 사본 1부 2. 양도소득세 납부영수증 사본 1부: 양도소득세 신고납부 확인신청의 경우만 해당합니다. 3. 비과세 시 근거서류 사본 1부: 양도소득세 비과세 확인신청의 경우만 해당합니다.	수수료 없 음

위 사실을 확인합니다.

년 월 일

세 무 서 장 (서명 또는 인)

※ 위 확인서에 따라 양수인의 원천징수의무는 면제됩니다.

210㎜×297㎜[백상지 80g/㎡ 또는 중질지 80g/㎡]

11. 사용료소득

(1) 소득의 범위

비거주자나 외국법인의 국내원천 사용료소득은 다음 중 어느 하나에 해당하는 권리·자산 또는 정보('권리 등')를 국내에서 사용하거나(사용지국) 그 대가를 국내에서 지급하는 경우(지급지국)의 그 대가 및 그 권리 등을 양도함으로써 발생하는 소득을 말한다(소득법 §119 10호, 법인법 §93 8호). 그런데, 우리나라가 체결한 대부분의 조세조약에서는 사용료소득에 대하여 거주지국과 원천지국에서 모두 과세할 수 있는 것으로 규정하고 있지만, 사용료소득의 범위는 조세조약에 따라서 상당히 다르게 규정하고 있으므로 주의해야 한다.

① 학술 또는 예술상의 저작물(영화필름 포함)의 저작권, 특허권, 상표권, 디자인, 모형, 도면, 비밀스러운 공식 또는 공정, 라디오·텔레비전방송용 필름 및 테이프, 그 밖에 이와 유사한 자산이나 권리

② 산업상·상업상·과학상의 지식·경험에 관한 정보 또는 노하우

③ 사용지를 기준으로 국내원천소득 해당 여부를 규정하는 조세조약('사용지 기준 조세조약')에서 사용료의 정의에 포함되는 그 밖에 이와 유사한 재산 또는 권리[특허권, 실용신안권, 상표권, 디자인권 등 그 행사에 등록이 필요한 권리('특허권 등')가 국내에서 등록되지 아니하였으나 그에 포함된 제조방법·기술·정보 등이 국내에서의 제조·생산과 관련되는 등 국내에서 사실상 실시되거나 사용되는 것을 말함]

참고 사용료소득에 대한 국내원천소득 해당 여부의 판단(국조집행 93-0-12)

조세조약에서 사용지를 기준으로 소득의 원천을 규정하고 있는 경우, 국외에서 사용된 권리 등에 대한 대가는 국내원천소득에 해당하지 않는다. 이 경우 국외에서 등록된 권리가 국내에서 제조판매 등에 사용된 경우에는 국내 등록 여부에 관계없이 국내에서 사용된 것으로 본다. 그리고 사용지란 해당 재산이 활용되는 지리적인 장소를 의미한다.

(2) 원천징수세율

비거주자나 외국법인의 국내원천 사용료소득으로서 국내사업장과 실질적으로 관련되지 아니하거나 그 국내사업장에 귀속되지 아니한 소득(국내사업장이 없는 비거주자나 외국법인에게 지급하는 금액 포함)에 대해서는 그 소득을 지급하는 자가 지급할 때에 지급금액의 20%의 세율로 원천징수하여 납부하여야 한다(소득법 §156 ① 6호, 법인법 §98 ① 6호). 비거주자 등의 사용료소득에 대해서는 소득세법이나 법인세법에서 원천지국에서 과세할 수 있도록 규정하고 있지만, 우리나라가 체결한 대부분의 조세조약에서는 해당 사용료의 수취인이 그 사용료의 수익적 소유자인 경우에는 일정한 세율(제한세율)을 초과하여 과세할 수 없도록 규정하고 있다.

(3) 소득의 구분 사례

① 인적용역소득과 사용료소득 구분의 필요성(국조집행 93-0-10) : 과세상의 취급

구 분	인적용역소득	사용료소득
원천징수세율	20%	20%(제한세율 적용 가능)
원천지국	용역수행지	사용지 또는 지급지
조세조약	일정요건 충족 시 원천지국 과세	대부분 면제규정 없음

② 사용료소득과 인적용역소득의 구분기준(국조집행 93-132-12)

구 분	사용료소득	인적용역소득
개념	무형의 가치	신체를 통해 제공되는 노무, 기능 및 기술
원천지 기준	사용지국 또는 지급지국	수행지국
소득의 성격	창출된 가치에 대한 대가	서비스에 대한 대가
제공자의 결과보증 여부	결과에 대한 보증의무 없음	일정기간 동안 용역 결과에 대해 보증의무 있음
대가의 지급방법	해당 대가가 제공된 기술이나 공업소유권을 사용한 횟수, 기간, 생산 또는 사용에 의한 이익에 대응해서 산정됨	해당 용역에 대한 대가가 해당 용역 제공을 위하여 지출된 비용에 통상이윤을 가산한 실제가액
	창출된 가치를 위하여 지출된 비용에 통상이윤을 가산한 금액을 훨씬 초과하여 지급됨	

③ 노하우와 인적용역의 구분(국조집행 93-132-6)

ⓐ 노하우와 인적용역의 개념

노하우	지적재산권의 목적물이 될 수 있는지 여부와 관계없이 제품 또는 공정의 산업적 재생산을 위하여 필요한 모든 비공개 기술정보로서 해당 정보를 제공하기 전에 이미 존재하는 것을 말한다.
인적용역	기술자가 정형화된 전문직업적 용역이나 정형화되지는 않았으나 그 용역의 성질이 동종의 용역수행자가 통상적으로 보유하는 전문지식이나 기능을 활용하여 수행하는 용역은 인적용역에 해당된다.
구분기준	비밀보호규정이 있거나 제3자에게 공개되지 못하게 하는 특별한 장치가 있는지 여부
	기술용역제공대가가 해당 용역수행에 투입되는 비용에 통상이윤을 가산한 금액을 상당히 초과하는지 여부
	사용자가 제공된 정보 또는 노하우를 적용함에 있어 제공자가 특별한 역할을 수행하도록 요구되는지 여부
	사용자가 제공된 정보 또는 노하우를 적용함에 있어는 제공자가 그 적용결과를 보증하는지 여부

ⓑ 노하우와 인적용역이 혼합되어 있는 경우 소득구분

주된 부분에 포함	계약상 제공하는 정보 또는 노하우와 기술지원용역 중 어느 부분은 해당 계약의 주된 부분을 구성하고 있고, 다른 부분은 부수적이며 보조적인 부분으로 구성되어 있는 경우에는 해당 계약상의 전체 지급대가를 그 계약의 주된 부분의 소득으로 한다.
구분계산	상기 이외의 경우에는 전체 지급대가를 계약상 제공하는 정보 또는 노하우의 대가의 크기, 작업시간, 주당 임금 등을 기초로 하거나 기타 합리적인 기준에 의하여 정보 또는 노하우의 대가와 기술지원용역의 대가를 구분하여 계산한다.

④ 소프트웨어 도입대가의 소득구분(국조집행 93-132-7)

<table>
<tr><td>소프트웨어의 정의</td><td colspan="3">소프트웨어란 특정의 결과를 얻기 위하여 컴퓨터 등 정보처리능력을 가진 기계장치 내에 직접 또는 간접적으로 사용되는 일련의 지시 또는 명령('프로그램') 및 동 프로그램과 관련되어 사용되는 설명서, 기술서 및 기타 보고서 등을 말한다.</td></tr>
<tr><td rowspan="5">소프트웨어 도입 대가의 소득 구분</td><td rowspan="4">사용료</td><td>학술 또는 예술상의 저작물(영화필름 포함)의 저작권, 특허권, 상표권, 디자인, 모형, 도면, 비밀공식 또는 공정, 라디오·텔레비전방송용 필름 및 테이프, 그 밖에 이와 유사한 자산이나 권리</td><td>소프트웨어 저작권자로부터 해당 소프트웨어의 저작권을 양수하고 지급하는 대가 및 소프트웨어의 복제권, 배포권, 개작권 등의 사용 또는 사용할 권리의 대가</td></tr>
<tr><td rowspan="3">산업상·상업상·과학상의 지식·경험에 관한 정보 또는 노하우</td><td>해당 소프트웨어의 비공개 원시코드(Source Code)가 제공되는 경우</td></tr>
<tr><td>원시코드가 제공되지 않는 경우에는 국내도입자의 개별적인 주문에 의해 제작·개작된 소프트웨어가 제공된 경우</td></tr>
<tr><td>소프트웨어의 지급대가가 해당 소프트웨어의 사용형태 또는 재생산량의 규모 등 소프트웨어의 사용과 관련된 일정기준에 기초하여 결정되는 경우</td></tr>
<tr><td colspan="2">인적용역소득 또는 사업소득</td><td>소프트웨어의 국내도입자가 외국의 소프트웨어 개발업자에게 도입자의 비용과 책임으로 자기가 원하는 소프트웨어를 개발하여 제작해 줄 것을 의뢰하고 도입한 것으로서 자기가 그 도입한 소프트웨어에 대한 포괄적인 권리(저작권 포함)를 원시적으로 취득하고 지급하는 대가</td></tr>
<tr><td rowspan="2">소프트웨어 대가의 범위</td><td colspan="3">하드웨어와 함께 도입되는 소프트웨어로서 해당 소프트웨어의 가격이 하드웨어의 가격과 분리 가능한 경우는 소프트웨어 대가 부분만 원천징수한다.</td></tr>
<tr><td colspan="3">소프트웨어를 담고 있는 매체나 용기의 가격비중이 전체 도입대가에 비하여 미미한 경우는 그 매체나 용기의 가액을 포함한 전체 도입대가에 대하여 원천징수한다.</td></tr>
</table>

12. 유가증권 양도소득

(1) 소득의 범위

비거주자나 외국법인의 국내원천 유가증권 양도소득은 다음 중 어느 하나에 해당하는 주식·출자지분(증권시장에 상장된 부동산주식 등 포함) 또는 그 밖의 유가증권(자본시장과금융투자업에관한법률 제4조에 따른 증권 포함)의 양도로 발생하는 소득을 말한다(소득법 §119 11호, 법인법 §93 9호). 이 경우 국내사업장이 없는 비거주자나 외국법인이 자본시장과금융투자업에관한법률 제5조 제2항에 따른 장내파생상품이나 같은 법 제5조 제3항에 따른 장외파생상품으로서 같은 법 시행령 제186조의 2에 따른 위험회피목적의 거래인 것을 통하여 취득한 소득은 국내원천소득으로 보지 아니하고(소득령 §179 ⑫, 법인령 §132 ⑨), 국가·지방자치단체 또는 내국법인이 발행한 소정의 유가증권을 비거주자 또는 외국법인이 국외에서 양도함으로써 발생하는 소득에 대하여는 소득세나 법인세가 면제된다(조특법 §21 ③, 조특령 §18 ④).

① 내국법인이 발행한 주식 또는 출자지분과 그 밖의 유가증권

② 외국법인이 발행한 주식 또는 출자지분(자본시장과금융투자업에관한법률에 따른 증권시장에 상장된 것으로 한정함)

③ 외국법인의 국내사업장이 발행한 그 밖의 유가증권

(2) 조세조약상 유가증권 양도소득의 취급

비거주자나 외국법인의 국내원천소득 유가증권 양도소득에 대한 과세규정에도 불구하고 우리나라가 체결한 대부분의 조세조약에서는 비거주자 등의 유가증권 양도소득에 대하여 거주지국에서만 과세할 수 있도록 규정하고 있다. 이런 점을 감안하면 조세조약상 유가증권 양도소득에 대한 과세권이 소득원천지국에 배분되어 있거나 또는 조세조약에 유가증권 양도소득에 관한 규정이 없는 경우에 원천지국에서 자국의 세법에 따라 과세할 수 있는 것이다. 예를 들어, 한·미조세조약에서는 부동산을 제외한 자본적 자산의 매각, 교환 또는 기타의 처분으로부터 발생하는 소득에 대하여 일방체약국의 거주자가 타방체약국에서 고정사업장을 가지고 있으면서, 그 소득을 발생시키는 재산이 그 고정사업장과 실질적으로 관련되는 경우이거나 또는 일방체약국의 거주자인 개인으로서 그 수취인이 과세연도 중 총 183일 이상의 단일기간 또는

제 기간 동안 타방체약국에 체재하는 경우에 해당되지 아니하는 한, 타방체약국에 의한 과세로부터 면제되는 것으로 규정하고 있다.

(3) 원천징수세율

비거주자나 외국법인의 국내원천 유가증권 양도소득으로서 국내사업장과 실질적으로 관련되지 아니하거나 그 국내사업장에 귀속되지 아니한 소득(국내사업장이 없는 비거주자나 외국법인에게 지급하는 금액 포함)에 대해서는 그 소득의 지급자가 지급할 때에 다음 중 어느 하나에 해당하는 세율로 원천징수하여 납부하여야 한다(소득법 §156 ① 7호, 법인법 §98 ① 7호).

① 취득가액 및 양도비용이 확인이 되지 않는 경우 : 그 지급액의 10%

② 유가증권의 취득가액 및 양도비용이 확인되는 경우 : 그 지급액의 10%와 그 자산의 양도차익의 20%에 해당하는 금액 중 적은 금액에 해당하는 세율

참고 **유가증권의 양수자가 개인인 경우 원천징수의무 여부**

국내사업장이 없는 재미교포가 보유하고 있던 내국법인의 주식을 거주자에게 양도하는 경우 원천징수의무자가 비사업자인 개인이어도 원천징수한 소득세를 그 징수일이 속하는 달의 다음 달 10일까지 국세징수법에 의한 납부서와 함께 금융기관 등에 납부하고 원천징수 이행상황신고서를 주소지 관할 세무서장에게 제출하는 것임(서이 46017-11048, 2002.5.17.)

(4) 유가증권을 2회 이상 양도하는 경우

처음으로 유가증권을 양도할 때에는 특정 조세조약에 따라 과세되지 않았다가 동일한 내국법인의 주식 등을 2회 이상 양도함으로써 조세조약에서 정한 과세기준을 충족하게 되는 경우에는, 당초 양도 당시 원천징수되지 아니한 소득에 대한 원천징수세액 상당액을 양도일이 속하는 사업연도의 종료일부터 3개월 이내에 해당 유가증권을 발행한 내국법인의 소재지 관할 세무서장에게 신고·납부하여야 한다(소득법 §126의 2 ①·②, 소득령 §183의 4 ①, 법인법 §98의 2 ①·②, 법인령 §138의 2 ①).

예를 들어, 한·일조세조약에서 일방체약국의 거주자가 타방체약국의 거주자인 법인이 발행한 주식의 양도로부터 얻는 이득에 대하여는 다음의 경우에 해당하는 경우에

만 타방체약국에서 과세할 수 있도록 규정하고 있는데, 이런 경우 당초 유가증권 양도 시에는 과세요건을 충족하지 못하였다가 동일한 내국법인의 주식을 추가로 양도하여 과세대상이 된 경우 당초 양도분에 대한 신고를 하여야 한다.

① 양도자에 의하여 획득되거나 소유된 주식이 (다른 특수관계인에 의하여 획득되거나 소유된 주식과 합산하여) 양도가 발생한 과세연도 중 어느 때라도 그 법인이 발행한 총 주식의 최소한 25%인 경우

② 양도자와 그 특수관계인에 의하여 과세연도 동안 양도된 총주식이 동 법인이 발행한 총 주식의 최소한 5%인 경우

Part 2

■ 소득세법 시행규칙 [별지 제20호의4서식] <개정 2013.2.23>

비거주자 유가증권양도소득 신고서

※ 해당되는 [ ]에 √ 표를 합니다.

접수번호		접수일자	
소득(양도)자	① 성명(법인명) (국문) 빅토리아 쇼 (영문) Victoria Shaw	② 납세관리번호	
	③ 주 소 50 Diamond Road Antri, United Kingdom		
	④ 거 주 지 국 영국	⑤ 거주지국 코드 UK	
지급(양수)자	⑥ 성명(법인명) (국문) 홍길동 (영문) Hong Gil Dong	⑦ 납세관리번호	
	⑧ 주 소 서울시 서초구 우면산로 123		
	⑨ 거 주 지 국 대한민국	⑩ 거주지국 코드	
유가증권 발행법인	⑪ 법 인 명 (주)써니산업	⑫ 사업자등록번호 214-81-12345	
	⑬ 소 재 지 서울시 서초구 반포대로 10		

⑭소득유형				[ ] 상장주식 [ ] 비상장주식 [ ] 채권 [ ] 기타			
⑮ 양도일자	⑯ 양도수량	⑰ 양도가액	⑱ 취득가액	⑲ 양도차익 (⑰-⑱)	⑳ [⑰양도가액 × 10%]	㉑ [⑲양도차익 × 20%]	㉒ 자진납부세액 [⑳과 ㉑ 중 적은 금액]
2020. 5.1.	10,000	100,000,000	70,000,000	30,000,000	10,000,000	6,000,000	6,000,000

※ 지방소득세 자진납부세액 계산서

㉓ 지방소득세 과세표준(㉒)	㉔ 세율(10%)	㉕ 지방소득세 자진납부세액 (㉓×㉔)
6,000,000	10%	600,000

「소득세법 시행령」 제183조의4제4항에 따라 유가증권양도소득신고서를 제출합니다.

2020 년 6 월 10 일

신고인 홍길동 (서명 또는 인)

서초세 무 서 장 귀하

첨부서류	1. 유가증권매매계약서, 주식매각신고서 또는 신고확인통지서 사본 2. 취득가액을 확인할 수 있는 서류		
대리인	대리인유형 [ ]납세관리인 [ ]그 외 대리인	성명 또는 법인명	사업자(주민)등록번호
	주소 또는 소재지		
	납세지 관할세무서		

작 성 방 법

1. 거주지국(④,⑨)과 거주지국코드(⑤,⑩)는 국제표준화기구(ISO)가 정한 국가별 ISO코드 중 국명약어 및 국가코드를 적습니다. 거주지가 말레이시아 라부안인 경우에는 라부안 코드(사전승인을 받은 경우에는 LM, 사전승인을 받지 아니한 경우에는 LN)를 적습니다.
2. 납세관리번호(②,⑦)란 : 아래의 표를 참조하여 적습니다.

	구 분	기 재 번 호
(1)	원 칙	주민등록번호 또는 사업자등록번호
(2)	(1)의 기재번호를 부여받지 않은 경우	[개인] 국내거소신고증상의 국내거소신고번호(재외국민, 외국국적동포인 경우) 또는 외국인등록표상의 외국인등록번호(외국인인 경우)를 적고, 그 번호가 없는 경우 여권상의 여권번호를 적습니다.
(3)	(1),(2)의 기재번호를 부여받지 않은 경우	투자등록증상의 투자등록번호를 적고, 그 번호가 없는 경우 해당 거주지국의 납세번호(Taxpayer Identification Number)를 적습니다.

210mm×297mm[백상지 80g/㎡ 또는 중질지 80g/㎡]

■ 소득세법 시행규칙 [별지 제20호의3서식] <개정 2014.3.14>

비거주자 유가증권양도소득 정산신고서

(앞쪽)

접수번호	접수일자	처리기간

1.신고인 인적사항	① 상 호 (성명) 홍길동 (납세관리번호 :)
	② 소재지 (주소) 서울시 서초구 우면산로 123 (전화번호 :)

2. 양도한 주식 또는 출자지분의 내용

내국법인	③ 법 인 명 (주)인트라텍	④ 사업자등록번호 214-87-12345
	⑤ 소 재 지 서울시 서초구 방배로 20	⑥ 사 업 연 도 2020. 1. 1. ~ 2020.12.31.

⑦양도일등	내국법인 주식 현황				신고인 등의 주식 소유·양도 현황						비율(%)		⑳ 원천징수여부
					소유			양도					
	⑧ 기초	⑨ 증자	⑩ 감자	⑪ 계	⑫ 신고인	⑬ 특수관계자	⑭ 계	⑮ 신고인	⑯ 특수관계자	⑰ 계	⑱ 소유	⑲ 양도	
2020.2.1.	10,000			10,000	3,000		3,000	400		400	30	4	부
2020.6.1.	10,000			10,000	2,600		2,600	300		300	26	3	여
계													

3. 원천징수되지 않은 유가증권의 양도소득금액 및 세액계산 (단위: 원)

㉑ 양도일	주식 또는 출자지분 양도 내용		소득세액 계산				비고
	㉒ 양도 주식 수	㉓ 양도금액	㉔ 양도금액	㉕ 양도차익 (또는 양도차손)	㉖ 세율	㉗ 세액	
2020.2.1.	400	40,000,000	40,000,000	20,000,000	10	4,000,000	
계							

4. 지방소득세의 세액계산 (단위: 원)

지방소득세 자진납부세액 (㉗ × 10%)	400,000	

「소득세법 시행령」 제183조의4제2항에 따라 신고합니다.

2020년 7월 10일

신고인(대리인): 홍길동 (서명 또는 인)

서초 **세무서장** 귀하

구비서류	1. 유가증권양도계약서사본(공증필) 1부 2. 유가증권양도차익에 의한 납부세액을 계산하는 경우에는 취득 또는 양도에 사용된 금액을 증명할 수 있는 자료	수수료 없 음

210㎜×297㎜[백상지 80g/㎡(재활용품)]

Part 2

13. 기타소득

(1) 소득의 범위

비거주자나 외국법인의 국내원천 기타소득은 위 1.부터 12.까지 외의 소득으로서 다음 중 어느 하나에 해당하는 소득을 말한다(소득법 §119 12호, 법인법 §93 10호). 그런데, 우리나라가 체결한 대부분의 조세조약에서는 기타소득에 대하여 거주지국에서만 과세할 수 있도록 규정하고 있고, 일부 조세조약에서는 원천지국에서도 과세를 할 수 있도록 규정하고 있으므로 구체적인 경우에는 해당국과의 조세조약의 내용을 검토해야 한다.

① 국내에 있는 부동산 및 그 밖의 자산 또는 국내에서 경영하는 사업과 관련하여 받은 보험금, 보상금 또는 손해배상금

② 국내에서 지급하는 재산권에 관한 위약금 또는 배상금으로서 그 명목 여하에 불구하고 본래의 계약내용이 되는 지급자체에 대한 손해를 넘어 배상받는 금전 또는 기타 물품의 가액

③ 국내에 있는 자산을 증여받아 생기는 소득(외국법인에 한함)

④ 국내에서 지급하는 상금, 현상금, 포상금이나 그 밖에 이에 준하는 소득

⑤ 국내에서 발견된 매장물로 인한 소득

⑥ 국내법에 따른 면허·허가, 그 밖에 이와 유사한 처분에 따라 설정된 권리와 부동산 외의 국내자산을 양도함으로써 생기는 소득

⑦ 국내에서 발행된 복권, 경품권, 그 밖의 추첨권에 당첨되어 받는 당첨금품과 승마투표권, 승자투표권, 소싸움경기투표권, 체육진흥투표권의 구매자가 받는 환급금

⑧ 슬롯머신 등을 이용하는 행위에 참가하여 받는 당첨금품 등

⑨ 법인세법 제67조에 따라 기타소득으로 처분된 금액

⑩ 아래에 해당하는 특수관계인('국외특수관계인')이 보유하고 있는 내국법인의 주식 또는 출자지분이 법인세법시행령 제88조 제1항 제8호나 제8호의 2에 해당하는 불공정합병 등의 자본거래로 인하여 주주 등인 비거주자나 외국법인이 특수관계에 있는 다른 주주 등으로부터 이익을 분여받아 발생하는 소득

ⓐ 거주자 또는 내국법인과 국제조세조정에관한법률시행령 제2조 제1항의 규정에 따른 특수관계

ⓑ 비거주자 또는 외국법인과 소득세법시행령 제26조의 2 제8항 제1호 가목이나 나목 또는 법인세법시행령 제131조 제2항 제1호나 제2호에 따른 특수관계

⑪ 국내의 연금계좌에서 연금 외 수령하는 금액으로서 소득세법 제21조 제1항 제21호의 소득(비거주자에 한함)

⑫ 사용지 기준 조세조약 상대국의 거주자가 소유한 특허권 등으로서 국내에서 등록되지 아니하고 국외에서 등록된 특허권 등을 침해하여 발생하는 손해에 대하여 국내에서 지급하는 손해배상금·보상금·화해금·일실이익 또는 그 밖에 이와 유사한 소득. 이 경우 해당 특허권 등에 포함된 제조방법·기술·정보 등이 국내에서의 제조·생산과 관련되는 등 국내에서 사실상 실시되거나 사용되는 것과 관련되어 지급하는 소득으로 한정한다.

⑬ 위 ①부터 ⑫까지 외에 국내에서 하는 사업이나 국내에서 제공하는 인적용역 또는 국내에 있는 자산과 관련하여 받은 경제적 이익으로 인한 소득 또는 이와 유사한 소득으로서 대통령령으로 정하는 소득

(2) 원천징수세율

비거주자나 외국법인의 국내원천 기타소득으로서 국내사업장과 실질적으로 관련되지 아니하거나 그 국내사업장에 귀속되지 아니한 소득(국내사업장이 없는 비거주자나 외국법인에게 지급하는 금액 포함)에 대해서는 그 소득의 지급자가 지급할 때에 지급금액(외국법인이 국내에 있는 자산을 증여받아 생기는 소득에 대하여는 취득 당시의 시가)의 20%의 세율로 원천징수하여 납부하여야 한다. 다만, 국내에서 등록되지 아니하고 국외에서 등록된 특허권 등을 침해하여 발생하는 손해에 대해 국내에서 지급하는 손해배상금 등의 경우에는 그 지급금액의 15%를 원천징수세율로 한다(소득법 §156 ① 8호, 법인법 §98 ① 8호). 한편, 비거주자에게 지급하는 다음 중 어느 하나에 해당하는 상금이나 부상 등에 대하여는 비거주자가 지급받은 금액의 80%에 상당하는 금액(실제 소요된 필요경비가 80%에 상당하는 금액을 초과하는 경우에는 그 초과하는 금액 포함)을 공제한 후의 금액에 대하여 세율을 적용한다(소득령 §183 ③·④, 소득령 §87 1호).

① 공익법인의설립·운영에관한법률의 적용을 받는 공익법인이 주무관청의 승인을 받아 시상하는 상금 및 부상과 다수가 순위 경쟁하는 대회에서 입상자가 받는 상금 및 부상

② 소득세법 제21조 제1항 제10호에 따른 위약금과 배상금 중 주택입주 지체상금

(3) 외국법인의 수증이익의 신고

국내사업장이 없는 외국법인이 국내에 있는 자산을 국내사업장이 없는 비거주자나 외국법인으로부터 증여받아 법인세법에 따른 국내원천 기타소득이 발생하는 경우에는 그 수증금액(취득당시의 시가)을 증여받는 날이 속하는 달의 말일부터 3개월 이내에 해당 자산의 소재지(유가증권인 경우에는 유가증권을 발행한 내국법인의 소재지)를 관할하는 납세지 관할 세무서장에게 '외국법인증여소득신고서'를 제출하고 세액을 납부해야 한다. 다만, 국내에 있는 자산을 증여하는 자가 법인세법에 따라 외국법인으로부터 국내원천소득에 대한 법인세를 원천징수하여 납부한 경우에는 그러하지 아니하다(법인법 §98의 2 ④, 법인령 §138의 2 ⑤).

■ 법인세법 시행규칙 [별지 제72호서식] <개정 2020. 3. 13.>

외국법인증여소득신고서

(앞 쪽)

1. 증여 받은 외국법인(신고인) 인적사항

① 납세관리번호		② 거주지국	미국	코드	US
③ 법 인 명	Tricom Inc.	④ 대표자성명	Carl Marks		
⑤ 소 재 지	50 Haven Wood Ellicott City, MD, USA				
⑥ 전화번호		⑦전자우편주소			

2. 증여한 자 인적사항

⑧ 납세관리번호		⑨ 거주지국	대한민국	코드	
⑩ 상 호	(주)써니산업	⑪ 성 명	홍길동		
⑫ 소재(주소)지	서울시 서초구 반포대로 10				

3. 증여받은 자산

⑬ 증여일	⑭ 종 류	⑮ 소재지	⑯ 수량(면적)	⑰ 증여가액	⑱ 채무액
2020.6.5.	주식	서울시 서초구 반포대로 10	10,000	100,000,000	
합 계					

4. 납부할 세액

⑲ 소득금액(⑰-⑱)	⑳ 세율	㉑ 산출세액(⑲×⑳)	㉒ 가산세	㉓ 납부할 세액(㉑+㉒)
100,000,000	20	20,000,000		20,000,000

「법인세법」 제98조의2제4항 및 「법인세법 시행령」 제138조의2제5항에 따라 외국법인이 증여받아 생기는 소득에 대한 법인세 신고서를 제출합니다.

2020 년 9 월 30 일

신고인(대표자) Tricom Inc. (서명 또는 인)

세 무 대 리 인 (서명 또는 인)

서초 세무서장 귀하

첨부서류	1. 증여받은 자산에 대한 평가액을 계산한 내역 2. 채무액을 증명할 수 있는 서류	수수료 없 음

※ 신고안내 : 지방소득세도 증여받는 날이 속하는 달의 말일부터 4개월 이내에 해당 시·군·구에 신고납부하여야 합니다.

210㎜×297㎜[백상지 80g/㎡ 또는 중질지 80g/㎡]

Part 2

Ⅲ 제한세율의 적용과 비과세 등의 신청

비거주자나 외국법인의 경우에는 우리나라에서 발생하는 국내원천소득에 대해서만 국내에서 납세의무를 부담하게 되는데, 국내원천소득이 발생하는 경우에도 국내세법과 조세조약에 따라 비과세나 과세면제 등에 해당되면 과세대상에서 제외될 수 있다. 또한, 국내원천소득으로 과세대상에 해당된다고 하더라도 국내사업장 유무에 따라 종합과세될 수도 있고 원천징수로써 납세의무가 종결될 수도 있다. 그리고 비거주자나 외국법인의 국내원천소득에 대하여 원천징수를 할 때 기본적으로는 법인세법이나 소득세법에서 정하고 있는 세율을 적용하게 되지만, 해당 국가와의 조세조약이 체결되어 있고 그 조약에서 적용되는 세율을 달리 정하고 있는 경우에는 그 세율을 우선하여 적용하게 되는데, 이를 제한세율이라고 한다.

1. 제한세율의 적용

조세조약은 특정 소득에 대한 과세문제를 특별히 규정하고 있기 때문에 조세조약과 국내세법의 내용이 서로 다른 경우에는 조세조약이 우선하여 적용된다. 만약 우리나라가 특정 비거주자나 외국법인의 거주지국과 체결한 조세조약이 없는 경우에는 그 비거주자 등의 국내원천소득에 대하여는 소득세법이나 법인세법 등 국내세법을 적용하여 과세를 하게 되는데, 비거주자나 외국법인의 국내원천소득의 유형과 과세방법 등에 대하여는 소득세법과 법인세법에서 규정하고 있다. 그런데, 국내사업장이 없는 비거주자나 외국법인의 국내원천소득에 대하여 종합과세하지 않고 원천징수로써 납세의무가 종결되는 경우에 상대 국가와의 조세조약이 있으면서 해당 조세조약에서 특정소득에 대하여 국내세법과는 다른 세율을 규정하고 있는 경우에는 그 제한세율이 우선 적용된다. 이와 관련하여 국제조세조정에관한법률 제2조 제1항 제12호에서는 제한세율을 '조세조약에 따라 체약상대국의 거주자 또는 법인에 대하여 과세할 수 있는 최고세율'이라고 규정하고 있다. 즉, 일반적으로는 특정소득에 대하여 조세조약에서 정하고 있는 세율이 국내세법에서 정하고 있는 세율보다 낮기 때문에 조세조약상 제한세율이 있는 경우에는 그 세율이 우선 적용됨으로써 국내세법상의 세율을 적용받는 것보다 유리하게 된다. 일례로, 한·필리핀조세조약에서는 25% 미만의 지분을 소유하고 있으면서 받는 배당소득에 대하여 원천징수세율을 25%를 초과하지 못하도록 규정하고 있는데, 법인세법에서 비거주자나 외국법인의 배당소득에 대하여 원천징수세율을 20%로 규정하고 있는 것과 비교하면 오히려 조세조약에서 더 높은 세율을 규정하고 있는 셈이다. 그렇지만 이런 경우에는 조세조약상의 세율을 적용하는 것이 아니라 조세조약과 국내세법 중 더 낮은 세율을 적용하게 된다.

(1) 제한세율의 적용 대상소득

국제조세조정에관한법률에서는 비거주자 또는 외국법인의 국내원천소득 중 이자, 배당 또는 지식재산권 등의 사용대가(사용료)에 대하여 조세조약상의 제한세율을 적용하도록 규정하고 있다(국조법 §29 ①). 즉, 조세조약에서는 일반적으로 이자소득과 배당소득, 사용료소득에 대한 제한세율을 규정하고 있는데, 이는 투자에 대한 대가인 이자나 배당과 기술 등에 대한 대가인 사용료 등에 대하여 조세조약에서 제한세율을 규정함으로써 국가 간의 자금흐름이나 기술이전 등을 원활하게 하기 위한 것으로 볼 수 있다. 그리고 우리나라가 체결한 대부분의 조세조약에서도 이자나 배당, 사용료소득에 대하여 제한세율을 규정하고 있지만, 일부 조세조약에서는 수수료소득(한·루마니아조세조약)이나 기타소득(한·멕시코조세조약), 주식양도소득(한·스페인조세조약 등 다수), 연금소득(한·캐나다조세조약), 이사의 수당(한·쿠웨이트조세조약), 국제운수소득(한·필리핀조세조약) 등 이자소득 등 외의 소득에 대하여도 제한세율을 규정하고 있는 경우가 있으므로 구체적인 경우에 해당 조세조약을 확인하여야 한다.

(2) 제한세율 적용 시 지방소득세 포함 여부

조세조약상의 제한세율을 적용할 때 소득세나 법인세에 부가하여 징수하는 지방소득세가 그 제한세율 안에 포함된 것으로 보아야 할지, 포함되지 않은 것으로 보아야 할지 논란이 될 수 있다. 국제조세조정에관한법률에서는 조세조약의 대상조세에 지방소득세가 포함되지 않은 경우에는 원천징수하는 소득세나 법인세의 10%에 해당하는 지방소득세를 별도로 징수하도록 규정하고 있고, 지방소득세가 포함되어 있는 경우에는 그 제한세율에 지방소득세도 포함된 것으로 보고 세율을 적용하도록 규정하고 있다(국조법 §29 ①). 즉, 제한세율에 지방소득세가 포함된 것으로 보는 경우에는 원천징수하는 세액 중 90%에 해당하는 금액은 소득세나 법인세로 납부하고 나머지 10%에 해당하는 금액은 지방소득세로 납부해야 하는 것이다. 예를 들어 한·미조세조약처럼 조세조약의 적용대상 조세에 지방소득세가 포함되어 있지 않은 경우에는 조세조약상의 제한세율을 적용하여 소득세나 법인세를 원천징수하고, 그 원천징수세액의 10%에 해당하는 지방소득세를 별도로 징수해야 한다. 한편, 한·일조세조약의 경우처럼 조세조약의 적용대상 조세에 지방소득세('구 주민세')가 포함되어 있는 경우에는 제한세율을 적용할 때 소득세나 법인세와 지방소득세가 포함된 것으로 보고 지급금액에 제한세율을 적용한 다음 원천징수된 금액의 90%는 소득세나 법인세로 납부하고 나머지 10%는 지방소득세로 납부하게 된다.

참고 제한세율의 적용 사례(국조집행 29-0-1)

내국법인이 외국법인에 저작권 사용료 100,000원을 지급하는 경우 원천징수할 세액은? (조세조약상 저작권 사용료에 대한 제한세율은 10%로 가정함)

① 적용대상 조세에 지방소득세가 포함되지 않은 경우의 원천징수할 세액
- 법인세 : 10,000원(100,000×0.1)
- 지방소득세 : 1,000원(10,000×0.1)

② 적용대상 조세에 지방소득세가 포함된 경우의 원천징수할 세액
- 법인세 : 9,090원(100,000×0.1×100/110)
- 지방소득세 : 910원(10,000-9,090)

(3) 제한세율 적용신청서의 제출과 보관

국내원천소득의 실질적인 귀속자인 비거주자나 외국법인이 조세조약에 따른 제한세율을 적용받으려는 경우에는 해당 국내원천소득을 지급받기 전까지 '제한세율 적용신청서'를 원천징수의무자에게 제출하여야 한다(소득법 §156의 6 ①, 법인법 §98의 6 ①). 이 경우 국내원천소득이 국외투자기구를 통하여 지급되는 경우에는 그 국외투자기구가 실질귀속자로부터 제한세율 적용신청서를 제출받아 그 명세가 포함된 '국외투자기구 신고서'를 국내원천소득을 지급받기 전까지 원천징수의무자에게 제출하여야 한다(소득법 §156의 6 ②, 법인법 §98의 6 ②). 이렇게 한 번 제출된 제한세율 적용신청서 또는 국외투자기구 신고서는 제출된 날부터 3년 이내에는 다시 제출하지 않을 수 있지만, 그 내용에 변동이 있는 경우에는 변동사유가 발생한 날 이후 최초로 국내원천소득을 지급받기 전까지 그 변동 내용을 제출하여야 한다(소득령 §207의 8 ⑥, 법인령

§138의 7 ⑥). 그리고 원천징수의무자 및 국외투자기구는 제한세율 적용신청서, 국외투자기구 신고서 등 관련 자료를 원천징수세액의 납부기한 다음 날부터 5년간 보관하여야 하고, 원천징수의무자의 납세지 관할 세무서장이 그 제출을 요구하는 경우에는 이를 제출하여야 한다(소득령 §207의 8 ⑧, 법인령 §138의 7 ⑧).

(4) 제한세율 적용신청서를 제출하지 못한 경우

원천징수의무자는 실질귀속자 또는 국외투자기구로부터 제한세율 적용신청서 또는 국외투자기구 신고서를 제출받지 못하거나 제출된 서류를 통해서는 실질귀속자를 파악할 수 없는 등 다음 중 어느 하나의 사유에 해당하는 경우에는 제한세율을 적용하지 아니하고 소득세법이나 법인세법에서 정하는 금액을 원천징수하여야 한다(소득법 §156의 6 ③, 법인법 §98의 6 ③, 소득령 §207의 8 ⑦, 법인령 §138의 7 ⑦). 즉, 이런 경우에는 적용할 수 있는 조세조약을 특정하기가 곤란하기 때문에 조세조약상의 제한세율의 적용을 배제하고 소득세법이나 법인세법의 규정에 따라 원천징수를 해야 한다.

① 제한세율 적용신청서 또는 국외투자기구 신고서를 제출받지 못한 경우

② 제출된 제한세율 적용신청서 또는 국외투자기구 신고서에 기재된 내용의 보완요구에 응하지 아니하는 경우

③ 제출된 제한세율 적용신청서 또는 국외투자기구 신고서를 통해서는 실질귀속자를 파악할 수 없는 경우

Part 2

(5) 제한세율적용을 위한 경정청구

당초 적용받은 제한세율에 오류가 있거나 제한세율 적용신청서 등을 제출하지 못해서 제한세율을 적용받지 못한 실질귀속자가 나중에 제한세율을 적용받으려는 경우에는 실질귀속자 또는 원천징수의무자가 대상세액이 원천징수된 날이 속하는 달의 말일부터 5년 이내[다만, 국세기본법 제45조의 2 제2항(후발적 경정청구 사유) 각 호의 어느 하나에 해당하는 사유가 발생하였을 때에는 그 사유가 발생한 것을 안 날부터 3개월 이내]에 원천징수의무자의 납세지 관할 세무서장에게 경정을 청구할 수 있다(소득법 §156의 6 ④, 법인법 §98의 6 ④). 이 경우 경정청구를 받은 세무서장은 청구를 받은 날부터 6개월 이내에 과세표준과 세액을 경정하거나 경정하여야 할 이유가 없다는 뜻을 청구인에게 알려야 한다(소득법 §156의 6 ⑤, 법인법 §98의 6 ⑤). 이렇게 제한세율적용을 위한 경정을

청구하려는 자는 원천징수의무자의 납세지 관할 세무서장에게 '제한세율 적용을 위한 경정청구서'에 국내원천소득의 실질귀속자임을 입증할 수 있는 다음의 서류를 첨부하여 경정을 청구하여야 한다. 이 경우 증명서류는 한글번역본과 함께 제출하여야 하되, 국세청장이 인정하는 경우에는 영문으로 작성된 서류만을 제출할 수 있다(소득령 §207의 9 ①, 법인령 §138의 8 ①).

① 제한세율 적용신청서

② 해당 실질귀속자 거주지국의 권한 있는 당국이 발급하는 거주자증명서

③ 실질귀속자 특례 국외투자기구 신고서(실질귀속자 특례 국외투자기구 신고서를 제출해야 하는 경우에 한정함) 또는 국외투자기구 신고서(국외투자기구 신고서를 제출해야 하는 경우에 한정함)

(6) 거주자나 내국법인을 위한 거주자증명서의 발급

과세당국은 체약상대국이 제한세율의 적용과 관련하여 거주자나 내국법인에게 거주자증명을 요구하는 경우에는 그 증명을 발급할 수 있는데(국조법 §29 ②), 체약상대국으로부터 제한세율을 적용받기 위하여 '거주자증명서'를 체약상대국에 제출하려는 자는 '거주자증명서 발급 신청서'를 납세지 관할 세무서장에게 제출하여야 한다(국조령 §43 ①). 그리고 거주자증명서 발급 신청을 받은 납세지 관할 세무서장은 사실확인을 거쳐 거주자증명서를 발급하여야 하는데, 이 경우 체약상대국 정부가 발행한 거주자증명서 서식에 따라 발급해 줄 것을 신청받은 경우에는 그 서식에 따라 거주자증명서를 발급할 수 있다(국조령 §43 ②).

■ 소득세법 시행규칙 [별지 제29호의12서식] <개정 2018. 3. 21.>

국내원천소득 제한세율 적용신청서 (비거주자용)

※ 해당되는 [ ]에 √표를 합니다. (앞쪽)

접수번호	접수일자

1. 신청인의 인적사항

① 성명 (Last Name) Shaw	(First Name) Victoria	(Middle Name)	
② 주소 (거주지국 주소) 50 Diamond Road Antri, United Kingdom	(국내 거소)		
③ 납세자번호	④ 생년월일 1980. 5. 1.	⑤ 거주지국 영국	⑥ 거주지국코드 UK
⑦ 전화번호 (거주지 전화)	(국내 전화)		
⑧ 국내체재일 [✔]없음	(최근 1년간) ______일	(최근 2년간) ______일	

2. 신청인이 적용받고자 하는 규정

⑨ 대한민국과 __영국__ 간의 조세조약 제 12 조 제 2 항 제 나 호 사용료소득 세율 10 %
제___조 제___항 제___호 _____소득 세율 ___%
제___조 제___항 제___호 _____소득 세율 ___%

3. 비거주자 판정기준

항 목	예	아니오
㉮ 국내에 주소를 두고 있습니까?		✔
㉯ 국내에 계속하여 183일 이상 거주하고 있습니까?		✔
㉰ 최근 1년 동안 국내에 체재한 날이 183일 이상입니까?		✔
㉱ 생계를 같이하는 가족(배우자와 자녀 등)이 국내에 계속하여 183일 이상 거주하고 있습니까?		✔
㉲ 국내에 계속하여 183일 이상 거주할 것을 필요로 하는 직업이 있습니까?		✔
㉳ 대한민국의 공무원입니까?		✔
㉴ 대한민국 국민으로서 국내법인의 해외지점, 영업소 또는 해외현지법인에 파견된 직원입니까?		✔
㉵ 외국의 국적이나 영주권을 가지고 있는 경우 그 국가명을 기입하십시오.	영국	

본인은 「소득세법」 제156조의6제1항 및 같은 법 시행령 제207조의8제1항에 따라 국내원천소득 제한세율 적용신청서를 제출함에 있어 아래 사항을 명확히 인지하고 있을 뿐 아니라 기재내용에 오류가 없으며 이 신청과 관련된 모든 국내원천소득의 실질귀속자(또는 실질귀속자를 대리하여 서명을 하도록 위임을 받은 자)에 해당함을 확인합니다.

1) 신청인은 위 신청서 내용이 사실과 다른 경우에는 원천징수세액이 관련 법률에 따라 원천징수되어야 할 세액에 미달할 수 있음을 인지하고 있습니다.
2) 본인이 비거주자에서 거주자로 변경되는 경우 즉시 그 사실을 귀하에게 통지하겠습니다.

2020 년 6 월 10 일

신 청 인 Victoria Shaw (서명 또는 인)

서초 **세무서장** 귀하

첨부서류	출입국에 관한 사실증명(국내체재일이 있는 경우)	수수료 없음

대리인	⑩ 대리인유형 [ ]납세관리인 [ ]그 외 대리인	⑪ 성명 또는 법인명	⑫ 사업자(주민)등록번호
	⑬ 주소 또는 소재지		

※ 귀 금융기관이 본인의 법무부 출입국정보를 조회하는 것에 대하여 동의합니다.

고 객 명 (서명 또는 인)

210㎜×297㎜(백상지 80g/㎡)

■ 법인세법 시행규칙 [별지 제72호의2서식] <개정 2020. 3. 13.>

국내원천소득 제한세율 적용신청서(외국법인용)

※ 해당되는 [ ]에 √표를 합니다. (앞쪽)

접수번호	접수일자

1. 신청인의 인적사항

① 유형	[✔] 법인, [ ] 연금, [ ] 기금, [ ] 조세조약상 실질귀속자로 인정되는 국외투자기구(조세조약 관련 규정:) [ ] 거주지국에서 납세의무를 부담하고, 국내원천소득에 대한 소득세 또는 법인세를 부담하게 감소시킬 목적으로 설립한 것이 아닌 국외투자기구 [ ] 기타( )		
② 법인명	Tricom Inc.	⑥ 주소	50 Haven Wood Ellicott City, MD, USA
③ 대표자 성명	Carl Marks	⑦ 거주지국	미국
④ 납세자번호		⑧ 국가코드	US
⑤ 설립 연월일	2010. 2. 1.	⑨ 전화번호	

2. 신청인이 적용받고자 하는 규정

⑩ 대한민국과 미합중국간의 조세조약 제 13 조 제 2 항 제__호 이자소득 세율 12 %
제__조 제__항 제__호 __소득 세율 __%
제__조 제__항 제__호 __소득 세율 __%

3. 실질귀속자 판정기준

⑪ 대한민국의 「국민연금법」, 「공무원연금법」, 「군인연금법」, 「사립학교 교직원연금법」 및 「근로자 퇴직급여 보장법」 등에 준하는 체약상대국의 법률에 따라 설립된 연금: 예 [ ], 아니오 [✔]

⑫ 체약상대국의 법률에 따라 설립된 비영리단체로서 수익을 구성원에게 분배하지 아니하는 기금: 예 [ ], 아니오 [✔]

⑬ 설립지국과 한국 간에 체결된 조세조약에서 실질귀속자로 인정되는 것으로 규정된 국외투자기구: 예 [ ], 아니오 [✔]

⑭ 국외투자기구의 거주지국에서 그 국외투자기구가 납세의무를 부담하고, 국내원천소득에 대한 소득세 또는 법인세를 부당하게 감소시킬 목적으로 설립한 것이 아닌 국외투자기구: 예 [ ], 아니오 [✔]

⑮ 지급받는 국내원천소득의 실질귀속자입니까? 예 [✔], 아니오 [ ]

⑯ 본인 또는 지급받는 소득이 대한민국과 거주지국 간의 조세조약상 혜택을 배제(제한)시키는 규정의 적용을 받습니까? 예 [ ], 아니오 [✔]

본인은 「법인세법」 제98조의6 및 「법인세법 시행령」 제138조의7에 따라 국내원천소득 제한세율 적용신청서를 제출함에 있어 아래 사항을 명확히 인지하고 있을 뿐 아니라 기재내용에 오류가 없으며 이 신청과 관련된 모든 국내원천소득의 실질귀속자(또는 실질귀속자를 대리하여 서명을 하도록 위임을 받은 자)에 해당함을 확인합니다.

1) 신청인은 위 신청서 내용이 사실과 다른 경우에는 원천징수세액이 관련 법률에 따라 원천징수되어야 할 세액에 미달할 수 있음을 인지하고 있습니다.
2) 신청인은 위 ⑪ ~ ⑭ 중 하나의 요건에 해당하여 예로 표시한 경우 원천징수의무자가 해당 연금 등이 설립된 국가와 대한민국 간에 체결된 조세조약상 제한세율을 적용하게 됨을 인지하고 있습니다. 특히, 신청인이 ⑪ ~ ⑬의 연금, 기금 등에 해당하는 경우 그 연금, 기금 등에 투자한 투자자를 입증할 필요없이 조세조약상 제한세율을 적용하게 됨을 인지하고 있습니다.
3) 신청인은 위 ⑮에 아니오로 표시한 경우 또는 위 ⑯에 예로 표시한 경우에는 신청인의 거주지국과 대한민국 간에 체결된 조세조약상 제한세율이 적용되지 아니함을 인지하고 있습니다.

2020 년 6 월 10 일

신 청 인(대표자) Tricom Inc. (서명 또는 인)

서초 세무서장 귀하

붙임 서류	⑪, ⑫, ⑬ 중 어느 하나에 해당하는 경우 해당 사실을 입증할 수 있는 서류	수수료 없음

대리인	⑰ 대리인유형 [ ]납세관리인 [ ]그 외 대리인	⑱ 성명 또는 법인명	⑲ 사업자(주민)등록번호
	⑳ 주소 또는 소재지		

210㎜×297㎜[백상지 80g/㎡ 또는 중질지 80g/㎡]

■ 법인세법 시행규칙 [별지 제72호의3서식] <개정 2018. 3. 21.>

제한세율 적용을 위한 경정청구서

※ 해당되는 [ ]에 √ 표를 합니다. (앞쪽)

접수번호	접수일	처리기간 6개월

청구인	① 명 칭(성 명)	② 납세자번호
	③ 소재지	
	④ 전화번호	⑤ 청구인 유형 [ ]실질귀속자 [ ] 원천징수의무자
대리인	⑥ 법인명(성명)	⑦ 전화번호
	⑧ 주소	
실질 귀속자	⑨ 명 칭(성명)	⑩ 대표자 성명
	⑪ 납세자번호	⑫ 국내 전화번호
	⑬ 거주지국	⑭ 거주지국코드
	⑮ 주소	
원천징수 의무자	⑯ 법인명(성명)	⑰ 납세자번호
	⑱ 관할 세무서	⑲ 전화번호
	⑳ 소재지	
청구내용	㉑ 청구세액(원)	㉒ 소득종류
	㉓ 청구사유	

「법인세법」 제98조의6제4항에 따라 위와 같이 제한세율 적용을 위한 경정청구서를 제출합니다.

년 월 일

청 구 인 (서명 또는 인)

대 리 인 (서명 또는 인)

세무서장 귀하

첨부서류	내용	수수료
첨부서류	1. 「법인세법 시행령」 제138조의7제1항에 따른 제한세율 적용신청서 2. 실질귀속자 거주지국의 권한 있는 당국이 발급하는 거주자증명서 3. 거주자증명서를 권한 있는 당국으로부터 발급받는 것이 불가능한 경우 가. 법인등기사항증명서에 준하는 법인명, 주소가 확인되는 거주지국의 정부기관이 발급 서류 나. 「법인세법 시행령」 제138조의7제5항 각 호의 어느 하나에 해당하는 연금, 기금 또는 국외투자기구: 해당 사실을 입증할 수 있는 서류 다. 정부기관 및 그 밖의 경우: 투자자의 실체를 확인할 수 있는 정부기관 발급서류 또는 이에 준하는 서류 4. 「법인세법 」 제120조의2에 따른 지급명세서	수수료 없 음

210mm×297mm[백상지 80g/㎡ 또는 중질지 80g/㎡]

■ 국제조세조정에 관한 법률 시행규칙 [별지 제17호서식] <개정 2013.2.23>

홈택스(www.hometax.go.kr)에서도 신청할 수 있습니다.

거주자증명서 발급 신청서

접수번호	접수일자	처리기간 즉시

1. 납세자의 인적사항

① 상호(한글) (영문)	
② 성명(한글) (영문)	③ 납세자번호
④ 주소(한글) (영문)	

연락처	⑤ 전화번호	⑥ 이메일

2. 거주자임을 증명받으려는 연도:

3. 거주자 증명을 발급받는 목적

[ ]제한세율 적용, [ ]그 밖의 조세조약의 적용, [ ]조세목적상 대한민국 거주자임을 증명할 필요가 있는 경우

[ ]그 밖의 목적:

4. 소득내용 (통화코드:)

⑦ 소득 구분	⑧ 수취(예정)일	⑨ 대여금(또는 출자금)	⑩ 소득금액	⑪ 외국납부세액

5. 소득을 지급하는 자	⑬ 상호(영문)
	⑭ 주소(영문)

6. 발급대상 국가	⑮ 국가명	국가코드

「국제조세조정에 관한 법률」 제29조제2항 및 같은 법 시행령 제43조제1항에 따라 거주자증명서의 발급을 신청합니다.

년 월 일

신 청 인 (서명 또는 인)

세무서장 귀하

210㎜×297㎜[백상지 80g/㎡(재활용품)]

■ 국제조세조정에 관한 법률 시행규칙 [별지 제18호서식] <개정 2013.2.23>

발급번호 Issuing Number	

거주자증명서
Certificate of Residence

1. 납세자(Taxpayer)

① 상호(한글) (Name of Company)	
② 성명(한글) (Name)	③ 납세자 번호 (Taxpayer Identification Number)

2. 과세연도(Tax year):

위 납세자는 대한민국 세법상 대한민국의 거주자임을 증명합니다.

I certify that the above taxpayer is a resident of the Republic of Korea for purpose of Korean taxation

년 월 일
year month day

대한민국 국세청장의 위임을 받은 세무서장 (직인)

For the Commissioner of the National Tax Service Director, ( ) District Tax Office official stamp

210㎜×297㎜[백상지 80g/㎡(재활용품)]

2. 국내원천소득에 대한 비과세 등의 신청

(1) 비과세 등의 신청절차

일반적으로 비과세나 과세면제는 국가가 과세권을 포기한 것으로 보기 때문에 별도의 신청을 요건으로 하지 않는다고 해석한다. 그러나 국내원천소득(사업소득과 인적용역소득 제외)의 실질적인 귀속자인 비거주자나 외국법인이 조세조약에 따라 비과세 또는 면제를 적용받으려는 경우에는 '비과세·면제 신청서'를 국내원천소득을 지급하는 자('소득지급자')에게 제출하고, 해당 소득지급자는 그 신청서를 납세지 관할 세무서장에게 제출하여야 한다. 이 경우 해당 국내원천소득이 국외투자기구를 통하여 지급되는 경우에는 그 국외투자기구가 실질귀속자로부터 비과세·면제 신청서를 제출받아 그 명세가 포함된 국외투자기구 신고서와 제출받은 비과세·면제 신청서를 소득지급자에게 제출하고 해당 소득지급자는 그 신고서와 신청서를 납세지 관할 세무서장에게 제출하여야 한다(소득법 §156의 2 ①·②, 법인법 §98의 4 ①·②). 결국 국내원천소득으로서 조세조약에 따른 비과세나 과세면제가 아닌 다음 중 어느 하나에 해당하는 소득에 대하여는 비과세·면제 신청서를 제출하지 않을 수 있다(소득령 §207의 2 ⑦, 법인령 §138의 4 ⑦).

① 소득세법이나 법인세법 및 조세특례제한법에 따라 소득세나 법인세가 과세되지 아니하거나 면제되는 국내원천소득

② 그 밖에 기획재정부령이 정하는 국내원천소득

(2) 비과세 등의 신청기한 및 첨부서류

국내원천소득에 대한 비과세 또는 면제를 적용받으려는 국내원천소득의 실질귀속자는 비과세·면제 신청서를 소득지급자에게 제출하고, 해당 소득지급자는 소득을 지급하는 날이 속하는 달의 다음 달 9일까지 소득지급자의 납세지 관할 세무서장에게 제출하여야 한다(소득령 §207의 2 ①, 법인령 §138의 4 ①). 이 경우 한 번 제출된 비과세·면제 신청서 또는 국외투자기구 신고서는 제출한 날부터 3년 이내에는 다시 제출하지 아니할 수 있지만, 그 내용에 변동이 있는 경우에는 변동사유가 발생한 날 이후 소득을 최초로 지급하는 날이 속하는 달의 다음 달 9일까지 그 변동 내용을 제출하여야 한다(소득령 §207의 2 ⑫, 법인령 §138의 4 ⑫). 그리고 비과세·면제 신청서에는 해당

비거주자나 외국법인의 거주지국의 권한 있는 당국이 발급하는 거주자증명서나 국세청장이 정하여 고시하는 서류를 첨부하여야 하고(소득령 §207의 2 ②, 법인령 §138의 4 ②), 소득지급자와 국외투자기구는 비과세·면제 신청서, 국외투자기구 신고서 등 관련 자료를 제출기한의 다음 날부터 5년간 보관하여야 한다. 이 경우 소득지급자의 납세지 관할 세무서장이 제출을 요구하는 경우에는 그 자료를 제출하여야 한다(소득령 §207의 2 ⑭, 법인령 §138의 4 ⑭).

(3) 신청서를 제출하지 않거나 실질귀속자가 불분명한 경우 등

국내원천소득의 지급자는 실질귀속자 또는 국외투자기구로부터 비과세·면제 신청서 또는 국외투자기구 신고서를 제출받지 못하거나 제출된 서류를 통해서는 실질귀속자를 파악할 수 없는 등 다음 중 어느 하나의 사유에 해당하는 경우에는 비과세 또는 면제를 적용하지 않고 소득세법 제156조 제1항 각 호나 법인세법 제98조 제1항 각 호의 금액을 원천징수하여야 한다(소득법 §156의 2 ③, 소득령 §207의 2 ⑬, 법인법 §98의 4 ③, 법인령 §138의 4 ⑬). 즉, 이런 경우에는 그 국내원천소득에 대하여는 비과세나 면제를 적용하지 않고 국내세법에 따라 과세하게 된다.

① 비과세·면제 신청서 또는 국외투자기구 신고서를 제출받지 못한 경우
② 제출된 비과세·면제 신청서 또는 국외투자기구 신고서에 적힌 내용의 보완 요구에 따르지 아니하는 경우
③ 제출된 비과세·면제 신청서 또는 국외투자기구 신고서를 통해서는 실질귀속자를 파악할 수 없는 경우

(4) 경정청구를 통한 비과세 등의 적용

실질귀속자가 불분명하여 비과세 또는 면제를 적용받지 못한 실질귀속자가 비과세 또는 면제를 적용받으려는 경우에는 실질귀속자 또는 소득지급자가 세액이 원천징수된 날이 속하는 달의 말일부터 5년 이내[다만, 국세기본법 제45조의 2 제2항 각 호의 어느 하나에 해당하는 사유(후발적 경정청구 사유)가 발생하였을 때에는 그 사유가 발생한 것을 안 날부터 3개월 이내]에 소득지급자의 납세지 관할 세무서장에게 비과세·면제 적용을 위한 경정청구서에 국내원천소득의 실질귀속자임을 입증할 수 있는 다음의 서류를 첨부하여 경정을 청구하여야 한다. 이 경우 증명서류는 한글번역본과 함께 제출하여야 하는데, 국세청

장이 인정하는 경우에는 영문으로 작성된 서류만을 제출할 수 있다(소득법 §156의 2 ④, 소득령 §207의 2 ⑮, 법인법 §98의 4 ④, 법인령 §138의 4 ⑮). 이렇게 경정을 청구받은 세무서장은 청구를 받은 날부터 6개월 이내에 과세표준과 세액을 경정하거나 경정하여야 할 이유가 없다는 뜻을 청구인에게 알려야 한다(소득법 §156의 2 ⑤, 법인법 §98의 4 ⑤).

① 비과세·면제 신청서

② 해당 실질귀속자 거주지국의 권한 있는 당국이 발급하는 거주자증명서

③ 실질귀속자 특례 국외투자기구 신고서(실질귀속자 특례 국외투자기구 신고서를 제출해야 하는 경우에 한정함) 또는 국외투자기구 신고서(국외투자기구 신고서를 제출해야 하는 경우에 한정함)

■ 소득세법 시행규칙 [별지 제29호의2서식(1)] <개정 2015.3.13.>

([ ]이자 [ ]배당 [✔]사용료 [ ]기타)소득에 대하여 조세조약에 따른([✔]소득세 [ ]법인세) 비과세·면제 신청서

※ [ ]에는 해당되는 곳에 √ 표를 합니다.

(앞쪽)

접수번호	접수일	처리기간 즉시

소득자	① 성명(법인명) Elaine Watt		
	② 사업자(주민, 외국인)등록번호		
	③ 주 소 Granby Row, Parmell Squre, Dublin, Ireland		
	④ 생년월일 1980. 1. 1.	⑤ 거 주 지 국 아일랜드	⑥ 거주지국 코드 IE
소득 지급자	⑦ 법 인 명(상 호) (국문) (주)문학사 (영문) Munhak Co. Ltd.		
	⑧ 대 표 자(성 명) 홍길동		
	⑨ 사업자(주민,외국인)등록번호 101-81-12345		
	⑩ 소재지 또는 주소 서울시 종로구 종로대로 10		
소득유형	⑪ 이 자	[ ]공사채 [ ]공사채투자신탁 [ ] 예금과 적금 [ ] 대부금 [ ] 기타	
	⑫ 배 당	[ ]증권투자신탁 [ ]의제배당 [ ]법인간 배당 [ ]기타	
	⑬ 사용료	[ ]특허권, 상표권 [✔]저작권 [ ]장비 임차 [ ]기타	
	⑭ 기 타		

이자·배당소득

⑮ 계좌번호	⑯ 실명 구분

(단위: 원)

⑰ 지급일	⑱ 지급액	⑲ 세율	⑳ 원천징수할 세액	㉑ 비과세·면제세액
2020.6.1.	10,000,000	20%	2,000,000	2,000,000

㉒ 비과세 또는 면제근거	대한민국과 아일랜드 간의 조세조약 제12조 제 1항 제 호
㉓ 비과세 또는 면제기간	년 월 일 ~ 년 월 일

「소득세법」(「법인세법」) 제156조의2(제98조의4) 및 「소득세법 시행령」(「법인세법 시행령」) 제207조의2(제138조의4)에 따라 (사용료)소득에 대한 소득세(법인세)의 비과세·면제신청서를 제출합니다.

2020 년 7 월 9 일

신청인 소득자 Elaine Watt (서명 또는 인)

(경유) 소득지급자 (주)문학사 (서명 또는 인)

종로세무서장 귀하

대 리 인	㉔ 대리인 유형	[ ]납세관리인 [ ]기타 대리인
	㉕ 성명 또는 법인명	
	㉖ 사업자(주민, 외국인)등록번호	
	㉗ 주소 또는 소재지	
	㉘ 납세지 관할 세무서	

첨부서류	1. 소득자의 거주지국의 권한있는 당국자가 발급하는 거주자증명서 2. 계약서등 비과세 또는 면제 근거서류 사본

위 사실을 확인합니다.

년 월 일

세무서장 직인

* 세무서장은 이 확인서에 불구하고 위 신청서 내용이 사실과 다른 경우에는 관련 법률에 따라 경정 또는 결정할 수 있습니다.

210㎜×297㎜[백상지 80g/㎡(재활용품)]

■ 소득세법 시행규칙 [별지 제29호의2서식(2)] <개정 2018. 3. 21.>

유가증권 양도소득에 대하여 조세조약에 따른([ ]소득세 [✓]법인세) 비과세·면제 신청서

※ [ ]에는 해당되는 곳에 √표를 합니다. (앞쪽)

접수번호	접수일	처리기간	즉시

소득자	① 성명(법인명) APP Retail Inc.		
	② 사업자(주민, 외국인)등록번호		
	③ 주 소 7 Warehouse Street, Los Angeles, CA, USA		
	④ 생년월일	⑤ 거 주 지 국 미국	⑥ 거주지국 코드 US
소득 지급자	⑦ 법 인 명(상 호)	(국문)	(영문)
	⑧ 대 표 자(성 명) 홍길동		
	⑨ 사업자(주민, 외국인)등록번호 801010-1234567		
	⑩ 소재지 또는 주소 서울시 서초구 우면산로 50		
유가증권 발행법인	⑪ 법인명 (주)써니산업		
	⑫ 사업자등록번호 214-81-12345		
	⑬ 소재지 서울시 서초구 반포대로 10		
⑭ 소득유형	[ ]상장주식 장내거래 [ ]상장주식 장외거래 [✓]비상장주식 [ ]채권 [ ]기타		

⑮계좌번호	⑯ 실명 구분

⑰ 양도일	⑱ 양도수량	⑲ 양도가액	⑳ 취득가액	㉑ 양도차익
2020.6.1.	80,000	850,000,000	400,000,000	450,000,000

㉒ 양도가액×10%	㉓ 양도차익×20%	㉔ 원천징수할 세액	㉕ 비과세·면제세액	
85,000,000	90,000,000	85,000,000	85,000,000	

㉖ 비과세 또는 면제근거	대한민국과 미합중국간의 조세조약 제16조제 1항제 호
㉗ 비과세 또는 면제기간	년 월 일 ~ 년 월 일

「소득세법」(「법인세법」) 제156조의2(제98조의4) 및 「소득세법 시행령」(「법인세법 시행령」) 제207조의2(제138조의4)에 따라 유가증권 양도소득에 대한 소득세(법인세)의 비과세·면제신청서를 제출합니다.

2020 년 7 월 9 일

신청인 소득자 APP Retail Inc. (서명 또는 인)

(경유) 소득지급자 홍 길 동 (서명 또는 인)

서초 세무서장 귀하

대리인	㉘ 대리인유형	[ ]납세관리인 [ ]기타 대리인
	㉙ 성명 또는 법인명	
	㉚ 사업자(주민, 외국인)등록번호	
	㉛ 주소 또는 소재지	
	㉜ 납세지 관할 세무서	

첨부서류	1. 소득자의 거주지국의 권한있는 당국자가 발급하는 거주자증명서 2. 유가증권매매계약서, 주식매각신고서 또는 신고확인통지서 사본 3. 취득가액을 확인할 수 있는 서류 4. 비과세 또는 면제 근거서류 사본

위 사실을 확인합니다.

년 월 일

세무서장 직인

* 세무서장은 이 확인서에 불구하고 위 신청서 내용이 사실과 다른 경우에는 관련 법률에 따라 경정 또는 결정할 수 있습니다.

210㎜×297㎜[백상지 80g/㎡(재활용품)]

■ 소득세법 시행규칙 [별지 제29호의2서식(3)] <개정 2014.3.14>

근로소득에 대하여 조세조약에 따른 소득세 비과세·면제 신청서

※ [ ]에는 해당되는 곳에 √표를 합니다.

(앞쪽)

접수번호	접수일	처리기간 즉시

소득자	① 성명		
	② 주민(외국인)등록번호		
	③ 주 소		
	④ 거 주 지 국		⑤ 거주지국 코드
소득 지급자	⑥ 법 인 명(상 호)	(국문)	(영문)
	⑦ 대 표 자(성 명)		
	⑧ 사업자(주민, 외국인)등록번호		
	⑨ 소재지 또는 주소		
⑩ 소득유형	[ ]이사의 보수 [ ]연예인·체육인 [ ]정부용역 [ ]학생 [ ]훈련생 [ ]교수 [ ]기타		

⑪ 구분	⑫ 입국목적	⑬ 입국년월일	⑭ 출국일	⑮ 계약기간	⑯ 계약금액
이번 입국					
종전 입국					

(단위: 원)

⑰ 지급일	⑱ 지급액	⑲ 세율	⑳ 원천징수할 세액	㉑ 비과세·면제세액

㉒ 비과세 또는 면제근거	대한민국과 간의 조세조약 제 조 제 항 제 호
㉓ 비과세 또는 면제기간	년 월 일 ~ 년 월 일

「소득세법」 제156조의2 및 같은 법 시행령 제207조의2에 따라 근로소득에 대한 소득세의 비과세·면제신청서를 제출합니다.

년 월 일

신청인 소득자 (서명 또는 인)

(경유) 소득지급자 (서명 또는 인)

세무서장 귀하

대 리 인	㉔ 대리인 유형	[ ]납세관리인 [ ]기타대리인
	㉕ 성명 또는 법인명	
	㉖ 사업자(주민, 외국인)등록번호	
	㉗ 주소 또는 소재지	
	㉘ 납세지 관할 세무서	
첨부서류	1. 소득자의 거주지국의 권한 있는 당국자가 발급하는 거주자증명서 2. 고용계약서 사본, 학생: 재학증명서, 교부금 수령자: 수령 증명서 3. 비과세 또는 면제 근거서류 사본	

위 사실을 확인합니다.

년 월 일

세무서장 직인

* 세무서장은 이 확인서에 불구하고 위 신청서 내용이 사실과 다른 경우에는 관련 법률에 따라 경정 또는 결정할 수 있습니다.

210㎜×297㎜[백상지 80g/㎡(재활용품)]

Part 2

■ 소득세법 시행규칙 [별지 제29호의2서식(4)] <개정 2014.3.14>

부동산양도소득에 대하여 조세조약에 따른 ([ ]소득세 [ ]법인세) 비과세·면제 신청서

※ [ ]에는 해당되는 곳에 √표를 합니다. (앞쪽)

접수번호	접수일	처리기간 즉시

양도자	① 성 명(법인명)		
	② 사업자(주민, 외국인)등록번호		
	③ 주 소		
	④ 생년월일	⑤ 거주지국	⑥ 거주지국코드
양수자	⑦ 법인명(상 호)	(국문)	(영문)
	⑧ 대표자(성 명)		
	⑨ 사업자등록번호		
	⑩ 소재지 또는 주소		

⑪ 소득유형	[ ]토지 [ ]건물 [ ]주식 [ ]기타		
⑫ 자산 소재지			
⑬ 계좌번호			
⑭ 양도일	⑮ 양도가액	⑯ 취득가액 및 필요경비	⑰ 양도차익
⑱ 양도가액 × 10%	⑲ 양도차익 × 20%	⑳ 원천징수할 세액	㉑ 비과세·면제세액

㉒ 비과세 또는 면제근거	대한민국과 간의 조세조약 제 조제 항제 호
㉓ 비과세 또는 면제기간	년 월 일 ~ 년 월 일

「소득세법」(「법인세법」) 제156조의2(제98조의4) 및 「소득세법 시행령」(「법인세법 시행령」) 제207조의2(제138조의4)에 따라 부동산 양도소득에 대한 소득세(법인세)의 비과세·면제신청서를 제출합니다.

년 월 일

신청인 양도자 (서명 또는 인)

(경유) 양수자 (서명 또는 인)

세무서장 귀하

대리인	항목	
	㉔ 대리인유형	[ ]납세관리인 [ ]기타 대리인
	㉕ 성명 또는 법인명	
	㉖ 사업자(주민, 외국인)등록번호	
	㉗ 주소 또는 소재지	
	㉘ 납세지 관할 세무서	

첨부서류	1. 소득자의 거주지국의 권한 있는 당국자가 발급하는 거주자증명서 2. 부동산매매계약서, 주식매각신고서(양도자산이 부동산 주식인 경우) 사본 3. 취득가액 및 필요경비를 확인할 수 있는 서류 4. 비과세 또는 면제 근거서류 사본

위 사실을 확인합니다.

년 월 일

세무서장 [직인]

* 세무서장은 이 확인서에 불구하고 위 신청서 내용이 사실과 다른 경우에는 관련 법률에 따라 경정 또는 결정할 수 있습니다.

210㎜×297㎜[백상지 80g/㎡(재활용품)]

■ 소득세법 시행규칙 [별지 제29호의2서식(5)] <신설 2020. 3. 13.>

연금소득에 대하여 조세조약에 따른 소득세 비과세 · 면제 신청서

※ [ ]에는 해당되는 곳에 √ 표를 합니다.

(앞쪽)

접수번호	접수일	처리기간	즉시

소득자	① 성명		
	② 주민(외국인)등록번호		
	③ 주 소		
	④ 거 주 지 국		⑤ 거주지국 코드
소득 지급자	⑥ 법 인 명(상 호) (국문)		(영문)
	⑦ 대 표 자(성 명)		
	⑧ 사업자(주민, 외국인)등록번호		
	⑨ 소재지 또는 주소		
⑩ 소득유형	[ ]퇴직연금 [ ]보험연금 [ ]사회보장연금 [ ]기타		

(단위: 원)

⑪ 지급일	⑫ 지급액	⑬ 세율	⑭ 원천징수할 세액	⑮ 비과세 · 면제세액

⑯ 비과세 또는 면제근거	대한민국과 간의 조세조약 제 조 제 항 제 호
⑰ 비과세 또는 면제기간	년 월 일 ~ 년 월 일

「소득세법」 제156조의2 및 같은 법 시행령 제207조의2에 따라 ( )소득에 대한 소득세의 비과세 · 면제신청서를 제출합니다.

년 월 일

신청인 소득자 (서명 또는 인)

(경유) 소득지급자 (서명 또는 인)

세무서장 귀하

대 리 인	⑱ 대리인 유형	[ ]납세관리인 [ ]기타대리인
	⑲ 성명 또는 법인명	
	⑳ 사업자(주민, 외국인)등록번호	
	㉑ 주소 또는 소재지	
	㉒ 납세지 관할 세무서	

첨부서류	1. 소득자의 거주지국의 권한 있는 당국자가 발급하는 거주자증명서 2. 비과세 또는 면제 근거서류 사본

위 사실을 확인합니다.

년 월 일

세무서장 직인

* 세무서장은 이 확인서에 불구하고 위 신청서 내용이 사실과 다른 경우에는 관련 법률에 따라 경정 또는 결정할 수 있습니다.

210㎜×297㎜[백상지80g/㎡ 또는 중질지80g/㎡]

IV 비거주 연예인 등의 용역제공에 대한 원천징수절차 특례

1. 개요

국내에서 국내사업장이 없는 비거주자나 외국법인에게 과세대상 국내원천소득을 지급하는 하는 경우에는 소득세법이나 법인세법에 따라 원천징수를 하고 그 세액을 납부해야 한다. 그런데, 조세조약에서는 특정소득에 대해 양 체약국이 합의해서 소득이 발생하는 국가에서 과세를 하지 않는 경우가 있다. 특히, 한·미조세조약에 따르면 인적용역소득 규정의 경우 개인만 해당하는 것으로 규정되어 있어서 미국법인이 우리나라에서 인적용역을 제공하는 경우 인적용역소득이 아니라 사업소득으로 과세되는데, 이런 경우 우리나라에 그 미국법인의 고정사업장이 없는 경우에는 사업소득으로도 과세가 되지 않는다. 조세조약의 이런 점을 악용해서 비거주 연예인 등이 국내에서 인적용역 등을 제공하면서 개인자격이 아니라 법인소속으로 용역을 수행하는 것으로 함으로써 조세를 회피할 수 있다. 이런 조세회피행위를 방지하기 위해 소득세법에서는 조세조약에 따라 과세제외되는 경우라 하더라도, 외국연예 법인 등에 그 소속 비거주 연예인 등의 국내 용역수행에 대한 보수 등을 지급하는 경우에는 조세조약의 규정에도 불구하고 국내원천소득으로서 원천징수를 하도록 하고 있다.

2. 비과세 외국법인에 국내원천소득을 지급하는 경우

비거주 연예인 또는 운동가 등('비거주 연예인 등')이 국내에서 용역을 수행하는 경우 그 비거주자 개인 자격이 아니라 외국법인의 소속으로 용역을 수행할 수 있다. 이런 경우에 해당 비거주 연예인 등이 국내에서 제공한 용역과 관련하여 지급받는 보수 또는 대가(인적용역소득, 근로소득, 기타소득 포함)에 대해서, 조세조약에 따라 국내사업장이 없거나 국내사업장에 귀속되지 아니하는 등의 이유로 과세되지 아니하는 그 외국법인('비과세 외국연예 등 법인')에 보수 또는 대가를 지급하는 자는 조세조약에도 불구하고 그 지급하는 금액의 20%의 금액을 원천징수하여야 한다. 그리고 원천징수한 세액은 그 원천징수한 날이 속하는 달의 다음 달 10일까지 원천징수 관할 세무서, 한국은행 또는 체신관서에 납부하여야 한다(소득법 §156의 5 ①). 이 경우 비거주 연예인 등이란 비과세 외국연예 등 법인의 국내 용역을 제공하는 해당 연예인·운동가뿐만 아니라 그 연예인·운동가의 국내 용역 제공을 보조하는 감독, 코치, 조명·촬영·음향 기사 및 이와 비슷한 용역을 제공하는 자를 포함한다(소득령 §207의 7 ①).

3. 비과세 외국법인이 비거주 연예인 등에게 보수를 지급하는 경우

비과세 외국연예 등 법인은 비거주 연예인 등의 용역 제공과 관련하여 보수 또는 대가를 그 비거주 연예인 등에게 지급할 때 그 지급금액의 20% 금액을 지급받는 자의 국내원천소득에 대한 소득세로서 원천징수하여 그 원천징수한 날이 속하는 달의 다음 달 10일까지 원천징수 관할 세무서, 한국은행 또는 체신관서에 납부하여야 한다. 이 경우 비거주 연예인 등이 국내에서 제공한 용역과 관련하여 비과세 외국 연예 등 법인에 대가를 지급하는 자가 이미 원천징수하여 납부한 경우에는 그 납부한 금액의 범위에서 그 소득세를 납부한 것으로 본다(소득법 §156의 5 ②).

Part 2

4. 환급신청과 그 결정

(1) 환급의 신청

비거주 연예인 등의 용역제공에 대한 원천징수절차 특례규정에 따라 비과세 외국 연예 등 법인에 국내원천소득을 지급하면서 원천징수하여 납부한 금액이 그 비과세 외국 연예 등 법인이 해당 비거주 연예인 등에게 보수 등을 지급하면서 원천징수하여 납부한 금액보다 큰 경우 그 차액에 대하여 비과세 외국연예 등 법인은 관할 세무서장에게 환급을 신청할 수 있다(소득법 §156의 5 ③). 이 경우 비과세 외국연예 등 법인이 환급을 받으려면 '비과세외국연예 등 법인에 대한 원천징수세액 환급신청서'에 다음의 서류를 첨부하여 원천징수 관할 세무서장에게 신청하여야 한다(소득령 §207의 7 ④).

① 비과세 외국 연예 등 법인과 비거주 연예인 등 사이에 체결된 용역제공 관련 계약서

② 비거주 연예인 등에게 지급한 보수 또는 대가에 대한 증거서류

(2) 환급의 결정

비과세 외국연예 등 법인으로부터 환급신청을 받은 세무서장은 환급 여부를 결정하여야 하며, 환급세액이 있으면 원천징수하여 납부한 날의 다음 날부터 환급결정을 하는 날까지의 기간에 대하여 국세기본법에 따라 계산한 금액을 국세환급금에 가산하여야 한다(소득령 §207의 7 ⑤).

5. 서류의 제출

(1) 비과세 외국법인에 국내원천소득을 지급하는 경우의 원천징수

비과세 외국연예 등 법인에게 보수 또는 대가를 지급하는 자가 원천징수세액을 납부하는 경우에는 다음의 서류를 원천징수 관할 세무서장에게 제출하여야 한다(소득령 §207의 7 ②).

① 원천징수이행상황신고서

② 해당 비과세 외국연예 등 법인에게 보수 또는 대가를 지급하는 자와 해당 비과세 외국연예 등 법인 사이에 체결된 용역제공 관련 계약서

(2) 비과세 외국법인이 비거주 연예인 등에게 보수를 지급하는 경우의 원천징수

비과세 외국연예 등 법인이 징수한 원천징수세액을 납부하는 경우에는 해당 비과세 외국 연예 등 법인에게 보수 또는 대가를 지급한 자의 원천징수 관할 세무서장에게 다음의 서류를 제출하여야 한다(소득령 §207의 7 ③).

① 비거주 연예인 등의 용역제공소득 지급명세서

② 원천징수이행상황신고서

(3) 영문서류의 경우

원천징수 및 환급과 관련해서 서류를 제출하는 경우 영문으로 작성된 서류는 한글번역본과 함께 제출하여야 한다. 다만, 세무서장이 인정하는 경우에는 영문으로 작성된 서류만을 제출할 수 있다(소득령 §207의 7 ⑥).

참고 비거주 연예인 등의 용역제공에 대한 원천징수절차 특례(국조집행 156의 5-0-1)

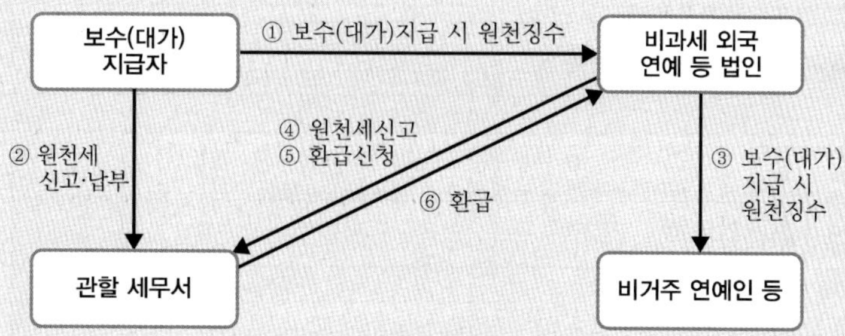

① 비과세 외국연예 등 법인*에 대가를 지급하는 자는 지급 시 지급금액의 20%를 원천징수한다.

* 비과세 외국연예 등 법인 : 비거주 연예인 등이 국내에서 제공한 용역과 관련하여 지급받는 보수 또는 대가에 대해서 조세조약에 따라 국내사업장이 없거나 국내사업장에 귀속되지 아니하는 등의 이유로 과세되지 않는 외국법인

② 비과세 외국연예 등 법인에 대가를 지급하는 자는 원천징수한 금액을 원천징수일의 다음 달 10일까지 관할 세무서 등에 신고·납부한다.

③ 국내에서 제공한 용역(인적용역·근로·기타소득 포함)과 관련하여 소속 비거주 연예인 등**에게 보수를 지급하는 비과세 외국법인 등은 지급 시 지급액의 20%를 원천징수한다.

** 비거주 연예인 등 : 비거주자인 연예인 또는 운동가

④ 비과세 외국연예 등 법인은 원천징수한 금액을 원천징수일의 다음 달 10일까지 관할 세무서에 신고하여야 한다.

⑤ 위 ①, ②에 따라 원천징수하여 납부한 금액이 ③, ④에 따라 원천징수한 금액보다 큰 경우 비과세 외국연예 등 법인은 그 차액에 대하여 관할 세무서에 환급을 신청할 수 있다.

⑥ 관할 세무서장은 신청내용을 확인하여 환급할 세액이 있는 경우에는 국세환급가산금을 가산하여 비과세 외국연예 등 법인에 지급한다.

소득세법 시행규칙[별지 제29호의10서식] <개정 2010.4.30>

비거주연예인 등의 용역제공소득 지급명세서

비과세외국연예등법인	법인명(영문법인명)		거주지국	
	소 재 지			

번호	성 명(상 호)		주 소		제공한 용역내용	지급일자	지급액(원)	원천징수세액	
	납세관리번호	생년월일	거주지국	거주지국 코드				소득세(원)	지방소득세(원)
1									
2									
3									
4									
5									
6									
7									
8									
9									
10									
계									

※ 작성방법

1. 거주지국과 거주지국코드는 국제표준화기구(ISO)가 정한 국가별 ISO코드 중 국명약어 및 국가코드를 적습니다.
2. 납세관리번호란 : 아래의 표를 참조하여 적습니다.

	구 분	기 재 번 호
(1)	원 칙	주민등록번호 또는 사업자등록번호
(2)	(1)의 기재번호를 부여받지 않은 경우	[개인] 국내거소신고증상의 국내거소신고번호(재외국민, 외국국적동포인 경우) 또는 외국인등록표상의 외국인등록번호(외국인인 경우)를 적고, 그 번호가 없는 경우 여권상의 여권번호를 적습니다.
(3)	(1),(2)의 기재번호를 부여받지 않은 경우	투자등록증상의 투자등록번호를 적고, 그 번호가 없는 경우 해당 거주지국의 납세번호(Taxpayer Identification Number)를 적습니다.

210㎜×297㎜(신문용지 54g/㎡(재활용품))

소득세법 시행규칙[별지 제29호의11서식] <개정 2010.4.30>

비과세외국연예 등 법인에 대한 원천징수세액 환급신청서

원천징수 의무자	① 상호(법인명)		②사업자등록번호	- -
	③ 사업장소재지			
비과세 외국연예등 법인	④ 상호(법인명)		⑤납세관리번호	
	⑥ 사업장소재지		거주지국	(코드:)
납세 관리인	⑦ 상 호(성명)		⑧사업자(주민)등록번호	
	⑨ 사업장소재지			

환 급 신 청 내 역 (단위 : 원)

당초 원천징수 내역			⑬ 비거주연예인등의 보수에 대한 원천징수 세액	환급신청 세액 (⑪-⑬)
⑩ 대가지급액	⑪ 원천징수 세 액	⑫ 납부일자		

국세환급금계좌신고	
⑭ 예 입 처	은행 본·지점
⑮ 예금종류	예금
⑯ 계좌번호	

신청인은 「소득세법 시행령」 제207조의7제4항에 따라 비과세외국연예등법인에 대한 원천징수세액 환급신청서를 제출하며, 위 내용을 충분히 검토하였고 신청인이 알고 있는 사실 그대로를 정확하게 적었음을 확인합니다.

년 월 일

신청인 (서명 또는 인)

귀하

※ **첨부서류** : 1. 비과세외국연예등법인과 비거주연예인 등 사이에 체결된 용역제공 관련 계약서
2. 비거주연예인 등에게 지급한 보수 또는 대가에 대한 증거서류
3. 비과세외국연예등법인이 교부받은 원천징수영수증

※ **작성방법**

1. 거주지국과 거주지국코드는 국제표준화기구(ISO)가 정한 국가별 ISO코드 중 국명약어 및 국가코드를 적습니다.
2. ⑤납세관리번호, ⑧사업자(주민)등록번호란 : 아래의 표를 참조하여 적습니다.

	구 분	기 재 번 호
(1)	원 칙	주민등록번호 또는 사업자등록번호
(2)	(1)의 기재번호를 부여받지 않은 경우	[개인] 국내거소신고증상의 국내거소신고번호(재외국민, 외국국적동포인 경우) 또는 외국인등록표상의 외국인등록번호(외국인인 경우)를 적고, 그 번호가 없는 경우 여권상의 여권번호를 적습니다.
(3)	(1),(2)의 기재번호를 부여받지 않은 경우	투자등록증상의 투자등록번호를 적고, 그 번호가 없는 경우 해당 거주지국의 납세번호(Taxpayer Identification Number)를 적습니다.

210㎜×297㎜(신문용지 54g/㎡(재활용품))

Chapter 05 국내원천 관련 기타 문제

I 국외전출자 주식 등에 대한 양도소득세

현행 소득세법이나 법인세법에서 비거주자나 외국법인의 국내원천소득을 열거하면서 유가증권 양도소득에 대한 과세를 규정하고 있는데, 현행 세법의 규정에도 불구하고 우리나라가 체결한 대부분의 조세조약에서는 비거주자 등의 유가증권 양도소득에 대해서는 일정 요건을 충족할 경우 거주지국에서만 과세할 수 있도록 규정하고 있다. 국내세법과 조세조약의 규정이 상이할 경우 조세조약이 우선하기 때문에 해당 국가와의 조세조약에서 비거주자의 유가증권 양도소득에 대하여 소득원천지국에서 과세하지 않는 것으로 규정하고 있는 경우, 거주자로서 보유하고 있던 국내 유가증권을 비거주자로 전환된 후에 양도하게 되면 비과세되는 결과를 초래할 수 있다. 이렇게 거주자에서 비거주자로 전환됨으로써 유가증권 양도차익에 대한 세금을 회피하는 것을 방지하기 위해 많은 나라에서는 국내 거주자가 국외로 전출하여 비거주자로 되는 경우에 국내에서 보유하고 있는 주식 등에 대한 평가차익에 대하여 과세하는 제도를 두고 있는데, 이를 일명 '국외전출세'라고 한다. 우리나라도 거주자의 국외전출 시 국내주식 등에 대한 양도소득세 과세특례제도를 도입하여 소득세법에서 규정하고 있는데, 이를 통해 역외(Offshore) 조세회피 방지 및 국내 재산에 대한 과세권을 확보하고 있는 셈이다.

1. 국외전출세의 납세의무자

거주자가 주소 또는 거소의 국외이전을 위해 출국함으로써 비거주자가 되는 경우에는 국내에서 보유하고 있는 주식 등에 대하여 비록 그 주식 등을 양도하지 않아도 출국일에 양도한 것으로 보고 국외전출세로서 양도소득세를 납부하여야 한다. 국외전출세의 납세의무자는 다음의 요건을 모두 갖추어 출국하는 거주자('국외전출자')로 한다(소득법 §118의 9 ①, 소득령 §178의 8·§167의 8 ①·§157 ④·⑤).

① 출국일 10년 전부터 출국일까지의 기간 중 국내에 주소나 거소를 둔 기간의 합계가 5년 이상일 것

② 출국일이 속하는 연도의 직전 연도 종료일 현재 소유하고 있는 주식 등의 비율·시가총액 등을 고려하여 다음 표에 해당하는 대주주에 해당할 것

<table>
<tr><th colspan="2" rowspan="3">구 분</th><th colspan="6">대주주(지분율 또는 시가총액 중 하나의 요건을 충족하는 경우)</th></tr>
<tr><th colspan="2">2018.4.1.~
2020.3.31.</th><th colspan="2">2020.4.1.~
2021.3.31.</th><th colspan="2">2021.4.1.~</th></tr>
<tr><th>지분율</th><th>시가총액</th><th>지분율</th><th>시가총액</th><th>지분율</th><th>시가총액</th></tr>
<tr><td rowspan="3">상장
주식</td><td>유가증권
시장</td><td>1% 이상</td><td>15억원 이상</td><td>1% 이상</td><td rowspan="4">10억원
이상</td><td>1% 이상</td><td rowspan="4">3억원
이상</td></tr>
<tr><td>코스닥
시장</td><td>2% 이상</td><td>15억원 이상</td><td>2% 이상</td><td>2% 이상</td></tr>
<tr><td>코넥스
시장</td><td>4% 이상</td><td>10억원 이상</td><td>4% 이상</td><td>4% 이상</td></tr>
<tr><td colspan="2">비상장주식</td><td>4% 이상</td><td>15억원 이상</td><td>4% 이상</td><td>4% 이상</td></tr>
</table>

✔ 비상장주식 중 자본시장과금융투자업에관한법률시행령 제178조 제1항에 따라 거래되는 벤처기업육성에관한특별조치법 제2조 제1항에 따른 벤처기업의 주식 등은 시가총액 기준을 40억원으로 한다.

2. 국외전출세의 과세대상

국외전출세의 과세대상은 다음에 해당하는 주식 등으로서 해당 거주자가 출국당시에 소유하고 있는 것으로 한다(소득법 §118의 9 ①, 소득법 §94 ① 3·4호, 소득령 §158 ⑧).

① 다음 중 어느 하나에 해당하는 주식 등

가. 주권상장법인의 주식 등

나. 주권비상장법인의 주식 등

② 다음 중 어느 하나에 해당하는 자산

가. 법인의 자산총액 중 다음의 합계액이 차지하는 비율이 50% 이상인 법인의 과점주주가 그 법인의 주식 등의 50% 이상을 해당 과점주주 외의 자에게 양도하는 경우에 해당하는 주식 등

ⓐ 소득세법 제94조 제1호 및 제2호에 따른 자산('부동산 등')의 가액

ⓑ 해당 법인이 직접 또는 간접으로 보유한 다른 법인의 주식가액에 그 다른 법인의 부동산 등 보유비율을 곱하여 산출한 가액

나. 체육시설의설치·이용에관한법률에 따른 골프장 및 스키장과 관광진흥법에 따른 휴양콘도미니엄 및 전문휴양시설 사업을 하는 법인으로서 자산총액 중 위 가.의 ⓐ 및 ⓑ의 합계액이 차지하는 비율이 80% 이상인 법인의 주식 등

3. 국외전출세의 과세표준

거주자가 국외전출로 인해 비거주자가 되는 경우에 국외전출세를 과세하기 위한 주식 등의 양도소득과세표준의 계산은 거주자의 주식 등의 양도에 대한 양도소득과세표준의 계산방식과 유사한데, 이 경우에 양도소득과세표준은 종합소득, 퇴직소득 및 다른 일반 양도소득의 양도소득과세표준과는 구분하여 계산한다(소득법 §118의 10 ⑤).

(1) 양도가액의 계산

국외전출세의 과세대상이 되는 국외전출자의 국내주식 등의 양도가액은 출국일 당시의 시가로 하는데, 이 경우 시가란 국외전출자의 출국일 당시의 해당 주식 등의 거래가액을 말한다. 다만, 시가를 산정하기 어려울 때에는 그 규모 및 거래상황 등을 고려하여 다음에서 정하는 방법에 따른다(소득법 §118의 10 ①, 소득령 §178의 9 ①·②).

① 주권상장법인의 주식 등 : 소득세법 제99조 제1항 제3호, 제5호 및 제6호에 따른 기준시가

② 주권비상장법인의 주식 등 : 다음의 방법을 순차로 적용하여 계산한 가액

ⓐ 출국일 전후 각 3개월 이내에 해당 주식 등의 매매사례가 있는 경우 그 가액

ⓑ 소득세법 제99조 제1항 제4호부터 제6호까지의 규정에 따른 기준시가

(2) 필요경비의 계산

양도가액에서 공제할 필요경비는 다음과 같이 소득세법 제97조에 따라 계산한다(소득법 §118의 10 ②).

① 취득가액. 다만, ⓐ의 실지거래가액을 확인할 수 없는 경우에 한하여 ⓑ의 금액을 적용한다.

ⓐ 소득세법 제94조 제1항 각 호의 자산의 취득에 든 실지거래가액

ⓑ 소득세법시행령으로 정하는 매매사례가액, 감정가액 또는 환산취득가액을 순차적으로 적용한 금액

② 자본적지출액 등으로서 소득세법시행령으로 정하는 것

③ 양도비 등으로서 소득세법시행령으로 정하는 것

(3) 양도소득금액과 과세표준의 계산

국외전출세를 계산하기 위한 양도소득금액은 위 (1)에 따라 계산한 양도가액에서 위 (2)에 따른 필요경비를 공제한 금액으로 한다(소득법 §118의 10 ③). 그리고 양도소득과세표준은 양도소득금액에서 연 250만원을 공제한 금액으로 한다(소득법 §118의 10 ④).

4. 국외전출세의 산출세액과 조정공제 등

(1) 세율 및 산출세액의 계산

국외전출자의 주식 등에 대한 양도소득세는 양도소득과세표준에 다음의 계산식에 따라 계산한 금액을 그 세액('산출세액')으로 한다(소득법 §118의 11).

양도소득과세표준	세 율
3억원 이하	20%
3억원 초과	6천만원+(3억원 초과액×25%)

(2) 조정공제액의 계산

국외전출세는 실제로 주식 등을 양도하는 것에 대한 과세가 아니기 때문에 나중에 실제로 주식 등을 양도하는 경우에 출국일 시점의 평가액과 차이가 날 수 있다. 따라서 국외전출자가 출국한 후 국외전출자 국내주식 등을 실제 양도한 경우로서 실제 양도가액이 소득세법 제118조의 10 제1항에 따른 양도가액보다 낮은 때에는 다음의 계산식에 따라 계산한 세액('조정공제액')을 산출세액에서 공제한다(소득법 118의 12 ①).

> [소득세법 제118조의 10 제1항에 따른 양도가액 − 실제 양도가액]
> ×소득세법 제118조의 11에 따른 세율

(3) 외국납부세액의 공제

국외전출자가 출국한 후 국외전출자 국내주식 등을 실제로 양도하면서 해당 자산의 양도소득에 대하여 외국정부(지방자치단체 포함)에 세액을 납부하였거나 납부할 것이 있는 때에는 국제적으로 이중과세가 발생할 수 있기 때문에 산출세액에서 조정공제액을 공제한 금액을 한도로 다음의 계산식에 따라 계산한 외국납부세액을 산출세액에서 공제한다(소득법 §118의 13 ①).

> 해당 자산의 양도소득에 대하여 외국정부에 납부한 세액×[소득세법 제118조의 10 제1항에 따른 양도가액(소득세법 제118조의 12 제1항에 해당하는 경우에는 실제 양도가액) − 소득세법 제118조의 10 제2항에 따른 필요경비]÷(실제 양도가액 − 소득세법 제118조의 10 제2항에 따른 필요경비)

그런데 다음 중 어느 하나에 해당하는 경우에는 이중과세가 발생하지 않으므로 위의 외국납부세액공제를 적용하지 아니한다(소득법 §118의 13 ②).

① 외국정부가 산출세액에 대하여 외국납부세액공제를 허용하는 경우

② 외국정부가 국외전출자 국내주식 등의 취득가액을 소득세법 제118조의 10 제1항에 따른 양도가액으로 조정하여 주는 경우

(4) 비거주자의 국내원천소득 세액공제

국외전출자가 출국한 후 국외전출자 국내주식 등을 실제로 양도하여 소득세법 제119조 제11호에 따른 비거주자의 국내원천소득으로 국내에서 과세되는 경우에는 산출세

액에서 조정공제액을 공제한 금액을 한도로 소득세법 제156조 제1항 제7호에 따른 금액을 산출세액에서 공제한다(소득법 §118의 14 ①). 이 경우 비거주자의 국내원천소득에 대한 세액공제를 하는 경우에는 소득세법 제118조의 13 제1항에 따른 외국납부세액의 공제는 적용하지 아니한다(소득법 §118의 14 ②).

(5) 세액공제신청서의 제출

위 (2)에 따른 조정공제, (3)에 따른 외국납부세액공제 또는 (4)에 따른 비거주자의 국내원천소득 세액공제를 받으려는 자는 국외전출자 국내주식 등을 실제 양도한 날부터 2년 이내에 세액공제신청서를 납세지 관할 세무서장에게 제출(국세정보통신망을 통한 제출 포함)하여야 한다(소득령 §178의 10).

5. 국외전출세의 신고·납부 및 가산세 등

(1) 국내주식 등의 보유현황의 신고

국외전출자는 국외전출자 국내주식 등의 양도소득에 대한 납세관리인과 국외전출자 국내주식 등의 보유현황을 출국일 전날까지 납세지 관할 세무서장에게 신고하여야 한다. 이 경우 국외전출자 국내주식 등의 보유현황은 신고일의 전날을 기준으로 작성한다(소득법 §118의 15 ①).

(2) 양도소득과세표준의 신고 및 세액의 납부

국외전출자는 국내주식 등의 양도소득과세표준을 출국일이 속하는 달의 말일부터 3개월 이내[위 (1)에 따라 납세관리인을 신고한 경우에는 소득세법 제110조 제1항에 따른 양도소득과세표준 확정신고 기간 내]에 납세지 관할 세무서장에게 신고하여야 한다(소득법 §118의 15 ②). 이 경우 국외전출자가 양도소득과세표준을 신고할 때에는 산출세액에서 소득세법 또는 다른 조세에 관한 법률에 따른 감면세액과 세액공제액을 공제한 금액을 납세지 관할 세무서, 한국은행 또는 체신관서에 납부하여야 한다(소득법 §118의 15 ③).

(3) 가산세

국외전출자가 위 (1)에 따라 출국일 전날까지 국외전출자 국내주식 등의 보유현황을 신고하지 아니하거나 누락하여 신고한 경우에는 다음의 구분에 따른 금액의 2%에 상당하는 금액을 산출세액에 더한다(소득법 §118의 15 ④).

① 출국일 전날까지 국외전출자 국내주식 등의 보유현황을 신고하지 아니한 경우 : 출국일 전날의 국외전출자 국내주식 등의 액면금액(무액면주식인 경우에는 그 주식을 발행한 법인의 자본금을 발행주식총수로 나누어 계산한 금액) 또는 출자가액

② 국내주식 등의 보유현황을 누락하여 신고한 경우 : 신고일의 전날을 기준으로 신고를 누락한 국외전출자 국내주식 등의 액면금액 또는 출자가액

(4) 경정청구

소득세법 제118조의 12 제1항에 따른 조정공제, 제118조의 13 제1항에 따른 외국납부세액공제 및 제118조의 14 제1항에 따른 비거주자의 국내원천소득 세액공제를 적용받으려는 자는 국외전출자 국내주식 등을 실제 양도한 날부터 2년 이내에 납세지 관할 세무서장에게 경정을 청구할 수 있다(소득법 §118의 15 ⑤).

6. 국외전출세의 납부유예

(1) 납부유예의 신청

국외전출자는 납세담보를 제공하거나 납세관리인을 두는 등 다음에서 정하는 요건을 모두 충족하는 경우에는 소득세법 제118조의 15 제3항에 따른 세액의 납부규정에도 불구하고 출국일부터 국외전출자 국내주식 등을 실제로 양도할 때까지 납세지 관할 세무서장에게 양도소득세 납부의 유예를 신청하여 납부를 유예받을 수 있다(소득법 §118의 16 ①, 소득령 §178의 12 ①). 이 경우 납부유예를 받으려는 자는 양도소득과세표준신고서 및 납부계산서를 제출할 때 납부유예신청서를 납세지 관할 세무서장에게 제출하여야 한다(소득령 §178의 12 ④).

① 국세기본법 제29조에 따른 납세담보를 제공할 것

② 소득세법 제118조의 15 제1항에 따라 납세관리인을 납세지 관할 세무서장에게 신고할 것

(2) 납부유예 세액의 납부와 이자상당액의 가산

국내주식 등에 대한 양도소득세의 납부유예를 받은 국외전출자가 국외전출자 국내주식 등을 실제 양도한 경우 양도일이 속하는 달의 말일부터 3개월 이내에 국외전출자 국내주식 등에 대한 양도소득세를 납부하여야 하는데(소득법 §118의 16 ③), 납부를 유예

받은 국외전출자가 출국일부터 5년(국외전출자의 국외유학에관한규정 제2조 제1호에 따른 유학의 경우에는 10년) 이내에 국외전출자 국내주식 등을 양도하지 아니한 경우에는 출국일부터 5년이 되는 날이 속하는 달의 말일부터 3개월 이내에 국외전출자 국내주식 등에 대한 양도소득세를 납부하여야 한다(소득법 §118의 16 ②, 소득령 §178의 12 ②). 이 경우 납부를 유예받은 국외전출자가 국외전출자 국내주식 등에 대한 양도소득세를 납부할 때는 다음 계산식에 따라 산출된 금액을 납부유예를 받은 기간에 대한 이자상당액으로 가산하여 납부하여야 한다(소득법 §118의 16 ④, 소득령 §178의 12 ③).

> 이자상당액=소득세법 제118조의 15 제3항에 따른 금액×신고기한의 다음 날부터 납부일까지의 일수×납부유예 신청일 현재 국세기본법시행령 제43조의 3 제2항에 따른 이자율(2020년 3월 13일 현재 연 1.8%)

7. 재전입 등에 따른 국외전출세의 환급 등

국외전출자(아래 ③의 경우에는 상속인)는 다음 중 어느 하나에 해당하는 사유가 발생한 경우 그 사유가 발생한 날부터 1년 이내에 납세지 관할 세무서장에게 이미 국외전출세로 납부한 세액의 환급을 신청하거나 납부유예 중인 세액의 취소를 신청하여야 한다(소득법 §118의 17 ①). 이렇게 국외전출세의 환급이나 납부유예 세액의 취소 신청을 받은 납세지 관할 세무서장은 지체 없이 국외전출자가 납부한 세액을 환급하거나 납부유예 중인 세액을 취소하여야 한다(소득법 §118의 17 ②).

① 국외전출자가 출국일부터 5년 이내에 국외전출자 국내주식 등을 양도하지 아니하고 국내에 다시 입국하여 거주자가 되는 경우

② 국외전출자가 출국일부터 5년 이내에 국외전출자 국내주식 등을 거주자에게 증여한 경우

③ 국외전출자의 상속인이 국외전출자의 출국일부터 5년 이내에 국외전출자 국내주식 등을 상속받은 경우

그런데 위 ② 또는 ③에 해당하여 국외전출자가 납부한 세액을 환급하는 경우에는 국세기본법 제52조에도 불구하고 국세환급금에 국세환급가산금은 가산하지 아니한다(소득법 §118의 17 ③).

Ⅱ 유가증권 양도에 대한 증권거래세

국내에서 주식이나 출자지분 등을 양도하는 경우 그 양도차익에 대한 세금뿐만 아니라 일종의 거래세인 증권거래세도 납부해야 한다. 일반적으로 증권거래세는 증권회사 등을 통해 거래하는 경우에는 그 증권회사 등이 징수해서 납부하고, 그렇지 않은 경우에는 주권 등의 양도자가 신고·납부해야 한다. 그런데 국내사업장이 없는 비거주자나 외국법인이 국내에서 증권회사 등을 통하지 않고 주권 등을 양도하는 경우 그 비거주자나 외국법인이 증권거래세를 신고·납부하기가 쉽지 않기 때문에 이런 경우에는 양수자가 증권거래세를 징수해서 납부하도록 하고 있는데, 실무에서 이런 점을 놓치기 쉬우므로 비거주자 등으로부터 주권 등을 양수하는 경우에는 각별한 주의가 필요하다.

1. 증권거래세의 납세의무자

(1) 일반적인 경우

일반적인 경우 증권거래세의 납세의무자는 다음 중 어느 하나에 해당하는 자로 한다 (증권법 §3).

① 다음 중 어느 하나에 해당하는 주권을 계좌 간 대체로 매매결제하는 경우에는 주식·사채등의전자등록에관한법률 제2조 제6호에 따른 전자등록기관 또는 자본시장과금융투자업에관한법률 제294조에 따라 설립된 한국예탁결제원

ⓐ 증권시장에서 양도되는 주권

ⓑ 증권시장 밖에서 자본시장과금융투자업에관한법률시행령 제78조 또는 제178조 제1항에 따른 기준에 따라 주권을 매매하는 방법에 따라 양도되는 주권

② 위 ① 외에 자본시장과금융투자업에관한법률 제8조 제1항에 따른 금융투자업자를 통하여 주권 등을 양도하는 경우에는 해당 금융투자업자

③ 위 ① 및 ② 외의 방법으로 주권 등을 양도하는 경우에는 그 주권 등의 양도자

(2) 국내사업장이 없는 비거주자 또는 외국법인의 경우

증권시장에서 주권 등을 양도하거나 금융투자업자를 통하여 주권 등을 양도하는 경우 등 외의 경우에는 원칙적으로 그 주권의 양도자가 증권거래세의 납세의무자이지만, 국내사업장을 가지고 있지 아니한 비거주자 또는 외국법인이 주권 등을 금융투자업자를 통하지 아니하고 양도하는 경우에는 그 주권 등의 양수인을 증권거래세의 납세의무자로 한다(증권법 §3 3호 단서).

참고 외국법인의 증권거래세 납세의무 관련 사례

① 외국법인이 국외에서 내국법인의 주식을 양도한 경우 증권거래세의 납세의무

국내에 본점 또는 주된 사무소를 두고 있지 않은 외국법인이 내국법인의 발행주식을 국외에서 외국법인 또는 내국법인에게 양도한 경우에는 증권거래세가 과세되지 않고(재소비 22601-13, 1992.1.31.; 소비 2641-754, 1985.4.24.), 외국법인의 경우와 마찬가지로 국내사업장이 없는 비거주자가 내국법인의 발행주식을 국외에서 비거주자에게 양도하는 경우에도 증권거래세의 납세의무가 없음(소비 46450-25, 1993.1.21.)

② 국내사업장이 없는 외국법인 사이에 장외거래를 통해 주식을 양도한 경우 증권거래세의 납세의무

국내사업장을 가지고 있지 아니한 외국법인 사이에 주권 등을 증권회사를 통하지 아니하고 양도하는 경우에 증권거래세법 제3조 제3호의 규정에 의거 증권거래세 납세의무자는 해당 주권 등의 양수인으로 함(소비 46430-59, 1999.2.25.)

③ 조세조약에 따라 주식양도소득에 대한 비과세 적용 시 증권거래세의 납세의무

국내사업장이 없는 미국법인이 내국법인이 발행한 주식(소득세법 제94조 제1항 제4호의 규정에 의한 기타자산 제외)을 양도함으로써 발생하는 소득은 법인세법 제93조 제10호의 국내원천소득에 해당되지만, 한·미조세조약 제16조 및 제17조의 규정에 의하여 국내에서는 과세되지 않음. 그런데, 이렇게 조세조약에 따라 주식양도소득에 대해 국내에서 과세되지 않는 경우에도 국내사업장을 가지고 있지 아니한 비거주자 또는 국내사업장을 가지고 있지 아니한 외국법인이 주권 등을 증권회사를 통하지 아니하고 양도하는 경우에 해당하면 해당 주권 등의 양수인이 증권거래세법제 제3조 제3호의 규정에 따라서 증권거래세의 납세의무자가 되어 증권거래세의 납세의무가 있음(서면2팀-781, 2005.6.7.)

Part 2

2. 증권거래세의 납세지

(1) 일반적인 경우

일반적인 경우의 증권거래세의 납세지는 다음과 같다(증권법 §4 ①).

① 증권거래세법 제3조 제1호(증권시장에서 주권 등을 양도하는 경우 등) 및 제2호(금융투자업자를 통하여 주권 등을 양도하는 경우)의 경우에는 해당 납세의무자의 각 사업장소재지

② 증권거래세법 제3조 제3호(위 ① 외의 방법으로 주권 등을 양도하는 경우)에 해당하는 경우

ⓐ 납세의무자가 거주자인 경우에는 그 주소지. 다만, 주소지가 없는 경우에는 그 거소지

ⓑ 납세의무자가 내국법인인 경우에는 등기부에 적힌 본점 또는 주사무소의 소재지

(2) 국내사업장이 없는 비거주자 또는 외국법인의 경우

증권거래세법 제3조 제1호(증권시장에서 주권 등을 양도하는 경우 등) 및 제2호(금융투자업자를 통하여 주권 등을 양도하는 경우) 외의 경우로서 국내사업장이 있는 비거주자 또는 외국법인이 주권 등을 양도한 경우에는 해당 비거주자 등이 그 주식양도에 대한 증권거래세의 납세의무자가 되는데, 이런 경우에는 해당 비거주자 또는 외국법인의 그 국내사업장(국내사업장이 둘 이상인 경우에는 주된 국내사업장)의 소재지를 증권거래세의 납세지로 한다. 그런데, 국내사업장이 없는 비거주자 또는 외국법인이 주권 등을 증권시장에서 양도하거나 금융투자업자를 통해 양도하는 경우 외에는 그 주권 등의 양수인을 증권거래세의 납세의무자로 하는데, 이런 경우의 증권거래세의 납세지는 과세대상이 되는 주권 등을 발행한 법인의 본점 또는 주사무소의 소재지로 한다(증권법 §4 ① 2호).

3. 비거주자 등에 대한 증권거래세의 거래징수

증권거래세법 제3조 제1호 및 제2호에 따라 한국예탁결제원이나 금융투자업자가 증권거래세의 납세의무자가 되거나 같은 법 제3조 제3호 단서에 따라 국내사업장을 가지고 있지 아니한 비거주자 또는 외국법인이 주권 등을 금융투자업자를 통하지 아니하고 양도하는

경우에 해당되어 그 주권 등의 양수인이 증권거래세의 납세의무자가 되는 경우에는 그 납세의무자가 주권 등의 매매결제 또는 양도를 할 때에 양도자로부터 증권거래세를 징수해서 증권거래세법에서 정하는 기한까지 신고·납부하여야 한다(증권법 §9 ①). 즉, 국내사업장이 없는 비거주자 또는 외국법인이 국내에서 주권 등을 금융투자업자를 통하지 않고 양도하는 경우에는 주권 등의 양수자가 양도자인 비거주자나 외국법인으로부터 증권거래세를 징수하여 신고·납부해야 하는 것이다(서면-2018-법령해석부가-2353, 2018.11.20.).

Ⅲ 국내제공 용역 등에 대한 부가가치세 대리납부

국내사업장이 없는 비거주자 또는 외국법인으로부터 용역이나 권리를 공급받는 경우에 그 용역의 수입은 세관통관절차를 거치지 않기 때문에 거래사실을 포착하기가 어렵고, 또한 그런 용역 등의 수입에 대해서는 국내에서 과세가 되지 않기 때문에 부가가치세를 부담하면서 국내 사업자로부터 구입하는 용역 등에 비해 가격경쟁력이 커져서 과세형평성이 문제될 수 있다. 따라서 현행 부가가치세법에서는 소비지국 과세원칙에 따라 국내 사업장이 없는 비거주자 등으로부터 용역 등을 공급받고 대가를 지급하는 경우에는 용역 등을 공급받고 그 대가를 지급하는 자가 부가가치세를 징수해서 그 비거주자 등을 대신해서 납부하도록 하고 있는데, 이것을 '국내제공 용역 등에 대한 대리납부제도'라고 한다. 그런데 비거주자 등으로부터 용역 등을 수입해서 과세사업에 사용하는 경우에는 그 대리납부세액을 매입세액으로 공제해 주기 때문에 세부담 면에서 차이가 없고 번거롭기만 할 것이다. 그래서 현행 부가가치세법상 국내제공 용역 등에 대한 대리납부제도는 국내사업장이 없는 비거주자 등으로부터 용역 등을 수입해서 과세사업에 사용하는 경우에는 적용대상에서 제외하고 면세사업에 사용하는 경우에만 적용하고 있다.

1. 부가가치세의 징수

(1) 대리납부세액의 징수

다음 중 어느 하나에 해당하는 자로부터 국내에서 용역 또는 권리('용역 등')를 공급받는 자(공급받은 그 용역 등을 과세사업에 제공하는 경우는 제외함)는 그 대가를 지급하는 때에 그 대가를 받는 자로부터 부가가치세를 징수해야 한다(부가법 §52 ①).

① 소득세법 제120조 또는 법인세법 제94조에 따른 국내사업장('국내사업장')이 없는 비거주자 또는 외국법인

② 국내사업장이 있지만 그 국내사업장과 실질적으로 관련되지 않거나 그 국내 사업장에 귀속되지 않는 용역 등을 제공하는 비거주자 또는 외국법인

(2) 대리납부 대상

국내사업장이 없는 비거주자나 외국법인 등으로부터 국내에서 공급받는 부가가치세 대리납부 대상 '용역 등'이란 해당 용역 등이 부가가치세가 과세되는 것이어야 한다. 구체적으로는 부가가치세가 과세되는 부동산, 부동산상의 권리, 광업권, 조광권, 채석권, 선박, 항공기, 자동차, 건설기계, 기계, 설비, 장치, 운반구, 공구, 학술 또는 예술상의 저작물(영화필름 포함)의 저작권, 특허권, 상표권, 의장, 모형, 도면, 비밀의 공식 또는 공정, 라디오·텔레비전·방송용 필름 및 테이프, 산업상·상업상 또는 과학상의 지식·경험 또는 숙련에 관한 정보, 우리나라 법에 따른 면허·허가 또는 이와 유사한 처분에 의하여 설정된 권리, 그 밖의 이와 유사한 재화 시설물 또는 권리를 사용하고 지급하는 대가를 말한다(부가통 52-95-1).

(3) 대리납부세액의 징수시기

대리납부할 부가가치세액은 제공받는 용역 등의 공급시기에 관계없이 그 대가를 지급하는 때에 징수한다. 그리고 대리납부대상 용역 등을 공급받기 전에 그 대가의 일부를 수회에 걸쳐 지급하는 경우에는 그 지급을 하는 때마다 대리납부세액을 징수해야 한다(부가집행 52-95-2).

참고 **대리납부 대상 여부 관련 사례**

① **선박·항공기 등의 이용대가에 대한 대리납부 대상 여부**

국내사업장이 없는 비거주자 또는 외국법인 등이 우리나라에서 공급하는 외국항행용역(선원부 용선계약에 따른 외국항행용역 포함)은 대리납부대상이 되지 않지만, 선박 및 항공기를 나용선(기)계약에 따라 사용하고 용선(기)료를 지급하는 때에는 대리납부를 하여야 한다(부가통 52-95-2).

② **사용료 대가가 개인 저작자에게 귀속되는 경우**

출판업을 영위하는 국내사업자가 국내사업장이 없는 출판사인 법인 및 저작자인 개인(출판사가 대리인임)과 저작권사용료의 총 지급액에 대한 저작권계약을 체결하고 그 출판사에 사용료를 지급하고 그 사용료가 개인인 저작자에 귀속되는 부분은 대리납부의 대상에 해당되지 아니한다(제도 46015-11997, 2001.7.9.). 즉, 국내사업장이 없는 저작자인 개인과 저작권자의 대리인인 외국출판사에 저작권 사용료를 지급함에 있어 외국출판사가 저작권자로부터 저작권을 양수하지 아니하고 저작권자의 단순한 대리인인 경우 해당 저작권사용료는 부가가치세 대리납부의 대상에 해당되지 않는 것이다(서면법규 983, 2013.9.10.). 따라서 외국대리인이 그 개인 저작권자로부터 저작권을 양수하거나 저작권 사용에 관한 권리를 포괄적으로 위임받은 경우 해당 저작권 사용료는 부가가치세 대리납부의 대상이 된다(사전-2017-법령해석부가-479, 2017.8.22.).

③ **국내지점이 해외 본점 등에 용역대가를 지급하는 경우**

해외에 본점을 두고 있는 국내지점이 국외 소재 본·지점으로부터 용역을 제공받고 그 대가를 지급하는 경우에는 대리납부대상에 해당하지 아니한다(부가집행 52-95-6).

2. 대리납부세액의 계산

(1) 대리납부세액의 계산 방식

부가가치세법 제52조에 따른 대리납부세액의 계산은 다음과 같이 한다(부가통 52-95-3).

① 거래당사자 간에 부가가치세액의 징수 및 부담에 대하여 별도의 계약이 있는 경우에는 해당 계약에 따른다.

② 부가가치세액의 징수 및 부담에 대하여 별도의 계약이 없이 용역대가의 전액을 지급하는 때에는 해당 용역대가에 부가가치세가 제외되어 있는 것으로 하여 계산한다.

③ 부가가치세액의 징수 및 부담에 대하여 별도의 계약이 없이 용역대가에서 부가가치세액을 공제하여 지급하는 때에는 해당 용역대가에 부가가치세가 포함되어 있는 것으로 하여 계산한다.

(2) 용역 등 대가에 대하여 법인세 등을 원천징수하는 경우

국내사업장이 없는 비거주자나 외국법인에게 국내에서 사용료 등을 지급하는 경우 그 사용료에 대하여는 부가가치세 대리납부와는 별개로 법인세법이나 소득세법에서 정하고 있는 세율 또는 해당국과의 조세조약이 있는 경우 해당 조세조약에서 정하고 있는 제한세율로 원천징수를 해야 한다. 그런데 국내사업장이 없는 비거주자 또는 외국법인으로부터 용역을 공급받는 자가 해당 비거주자 또는 외국법인이 부담하여야 할 국내원천소득에 대한 법인세와 지방소득세 등을 대신하여 부담하는 경우가 있을 수 있는데, 이런 경우 그 국내원천소득에 대한 법인세 등 상당액을 용역의 대가에 포함하여 부가가치세 대리납부세액을 계산하여야 한다(부가 22601-1135, 1988.7.4.).

참고 부가가치세 대리납부세액 및 법인세 등 원천징수세액의 계산 사례

부가가치세 면세사업인 출판업을 영위하는 내국법인이 조세조약이 체결되지 않은 외국의 법인에게 부가가치세 대리납부세액은 별도로 하기로 하고 저작권료를 지급하는 경우 그 국내원천소득에 대한 법인세 등 원천징수세액과 부가가치세 대리납부세액은?

✔ 원천징수세율(소득세율+지방소득세율)=0.20+(0.20×0.10)=0.22

① 지급자인 내국법인이 법인세 등을 대신 부담하기로 하고 저작권료 10,000원 지급하는 경우

- 법인세 등 원천징수 과세표준 : 12,820원=10,000×1/(1−0.22)
- 법인세 등 원천징수세액 : 2,820=12,820×0.22
- 부가가치세 대리납부세액 : 1,282=12,820×0.1

② 지급자인 내국법인이 저작권료 10,000원에서 법인세 등을 원천징수하고 지급하기로 한 경우
- 법인세 등 원천징수 과세표준 : 10,000원
- 법인세 등 원천징수세액 : 2,200=10,000×0.22
- 부가가치세 대리납부세액 : 1,000 = 10,000×0.1

3. 대리납부신고서의 제출과 납부

비거주자 등으로부터 부가가치세를 징수한 자는 다음의 사항을 적은 '부가가치세 대리납부신고서'와 함께 부가가치세를 징수한 사업장 또는 주소지 관할 세무서장에게 납부하거나 국세징수법에 따른 납부서를 작성해서 한국은행(그 대리점 포함) 또는 체신관서에 납부해야 한다(부가령 §95 ①).

① 용역 등 공급자의 상호·주소·성명
② 대리납부하는 사업자의 인적사항
③ 공급가액 및 부가가치세액
④ 그 밖의 참고사항

Part 2

4. 용역 등을 과세사업과 면세사업 등에 공통으로 사용하는 경우

비거주자 또는 외국법인으로부터 공급받은 용역 등이 과세사업과 면세사업(비과세사업 포함) 등에 공통으로 사용되어 그 실지귀속을 구분할 수 없는 경우 그 면세사업 등에 사용된 용역 등의 과세표준은 다음 계산식에 따라 계산한 금액으로 한다(부가령 §95 ②).

$$\text{과세표준} = \text{해당 용역 등의 총공급가액} \times \frac{\text{대가의 지급일이 속하는 과세기간의 면세공급가액}}{\text{대가의 지급일이 속하는 과세기간의 총공급가액}}$$

5. 외화로 대가를 지급하는 경우

비거주자 등으로부터 공급받은 용역 등에 대한 대가를 외화로 지급하는 경우에는 다음의 구분에 따른 금액을 그 대가로 한다(부가령 §95 ③).

① 원화를 외화로 매입하여 지급하는 경우 : 지급일 현재의 대고객외국환매도율에 따라 계산한 금액

② 보유 중인 외화로 지급하는 경우 : 지급일 현재의 기준환율 또는 재정환율에 따라 계산한 금액

■ 부가가치세법 시행규칙 [별지 제37호서식]

부가가치세 대리납부신고서

※ 아래의 작성방법을 읽고 작성하시기 바랍니다.

접수번호	접수일	처리기간 즉시

1. 신고인 인적사항

① 상호(법인명) (주)문학사	② 사업자등록번호 101-81-12345
③ 성명(대표자) 홍길동	④ 사업장 소재지 서울시 종로구 종로대로 10
⑤ 업태 출판	⑥ 종목 도서

2. 대리납부 신고 내용

용역 등 공급자		⑨ 대가지급 연월일	⑩ 공급 받은 금액	⑪ 부가 가치세	⑫ 가산세	⑬ 납부할 세 액
⑦ 성명(법인명)	⑧ 주소					
Victoria Shaw	50 Diamond Road Antri, United Kingdom	2020.6.1.	10,000,000	1,000,000		1,000,000

「부가가치세법 시행령」 제95조제1항에 따라 위와 같이 부가가치세 대리납부를 신고합니다.

2020 년 7 월 25 일

신고인 (주)문학사 (서명 또는 인)

종로 세 무 서 장 귀하

첨부서류	없음	수수료 없 음

작 성 방 법

이 신고서는 아래의 작성방법에 따라 한글과 영문, 아라비아 숫자로 정확하게 적고, 거래금액은 원단위까지 표시합니다.

1. 사업자기본사항
 ① ~ ⑥: 대리납부신고서를 제출하는 사업자의 인적사항을 적습니다.
2. 대리납부 신고 내용
 ⑦: 용역 등 공급자의 성명 또는 법인명을 적습니다.
 ⑧: 용역 등 공급자의 정확한 주소를 적습니다.
 ⑨: 용역 등 대가 지급일(외화송금일)을 적습니다.
 ⑩: 용역 등 대가 지급액을 원화로 적습니다. 다만, 원화를 외화로 매입하여 지급하는 경우에는 지급일 현재의 대고객 외국환매도율에 의하여 계산한 금액으로 하고, 보유 중인 외화로 지급하는 경우에는 지급일 현재의 기준환율 또는 재정환율에 의하여 계산한 금액으로 적습니다.
 ⑪: 대리납부하는 부가가치세액을 적습니다.
 ⑫: 「국세기본법」 제47조의5에 따른 가산세가 적용되는 경우 가산세를 적습니다.
 ⑬: 대리납부하는 부가가치세액과 가산세를 더한 금액을 적습니다.

210㎜×297㎜[백상지 80g/㎡(재활용품)]

Part 2

Ⅳ 국내부동산 매각대금 등 국내자금의 국외송금

1. 비거주자의 국내부동산 등 매각대금의 국외지급절차

비거주자(재외동포 제외)가 다음 중 어느 하나에 해당하는 방법으로 취득한 국내에 있는 부동산 또는 이에 관한 권리의 매각대금을 외국으로 지급하고자 하는 경우에는 관할 세무서장이 발행한 부동산 매각자금 확인서 등 해당 부동산 또는 이에 관한 권리의 취득 및 매각을 입증할 수 있는 서류를 외국환은행의 장에게 제출하여야 한다(외환규정 §9-43 ①).

① 외국으로부터 휴대수입 또는 송금(대외계정에 예치된 자금 포함)된 자금으로 다음과 같이 외국환거래규정 제9-42조 제1항 제1호부터 제4호에 따라 부동산취득신고를 하지 않아도 되는 방법으로 국내에 있는 부동산 또는 이에 관한 권리를 취득한 경우

ⓐ 해저광물자원개발법의 규정에 의하여 인정된 바에 따라 비거주자인 조광권자가 국내에 있는 부동산 또는 이에 관한 권리를 취득한 경우

ⓑ 비거주자가 본인, 친족, 종업원의 거주용으로 국내에 있는 부동산을 임차한 경우

ⓒ 국민인 비거주자가 국내에 있는 부동산 또는 이에 관한 권리를 취득한 경우

ⓓ 비거주자가 국내에 있는 비거주자로부터 토지 이외의 부동산 또는 이에 관한 권리를 취득한 경우

② 외국인 비거주자가 외국환거래규정 제9-42조 제1항 제5호에 따라 부동산취득신고를 하지 않아도 되는 상속 또는 유증으로 인하여 국내에 있는 부동산 또는 이에 관한 권리를 취득한 경우 및 비거주자가 국내에 있는 부동산 또는 이에 관한 권리를 취득하면서 한국은행총재에게 신고해야 하는 규정에 의하여 국내에 있는 부동산 또는 이에 관한 권리를 취득한 경우

③ 비거주자가 외국환거래규정 제9-42조 제2항에 따라 부동산취득신고를 해야 하는 방법으로 국내부동산 또는 이에 관한 권리를 취득한 다음의 경우

ⓐ 외국으로부터 휴대수입 또는 송금(대외계정에 예치된 자금 포함)된 자금으로 취득한 경우

ⓑ 거주자와의 인정된 거래에 따른 담보권을 취득한 경우

ⓒ 외국으로부터 휴대수입 또는 송금된 자금(외국에서 직접 결제하는 경우 포함) 또는 외국

환거래규정 제9-42조 제1항에 따라 부동산취득신고를 하지 않아도 되는 비거주자 및 거주자와의 인정된 거래에 따른 담보권을 취득한 비거주자로부터 부동산 또는 이에 관한 권리를 취득한 경우

2. 재외동포의 국내재산 반출절차

(1) 거래외국환은행의 지정

재외동포(해외이주법에 의한 해외이주자로서 외국 국적을 취득한 자와 대한민국 국민으로서 외국의 영주권 또는 이에 준하는 자격을 취득한 자를 말함)가 본인 명의로 보유하고 있는 다음 중 어느 하나에 해당하는 국내재산(재외동포 자격 취득 후 형성된 재산 포함)을 국외로 반출하고자 하는 경우에는 거래외국환은행을 지정하여야 한다(외환규정 §4-7 ①).

① 부동산 처분대금(부동산을 매각하여 금융자산으로 보유하고 있는 경우 포함)

② 국내예금·신탁계정관련 원리금과 증권매각대금

③ 본인명의 예금 또는 부동산을 담보로 하여 외국환은행으로부터 취득한 원화대출금

④ 본인명의 부동산의 임대보증금

(2) 취득경위에 대한 입증서류의 제출

재외동포가 위 (1)에 해당하는 자금을 반출하고자 하는 경우에는 다음에 해당하는 취득경위 입증서류를 지정거래외국환은행의 장에게 제출하여야 한다(외환규정 §4-7 ②).

① 부동산처분대금의 경우 부동산소재지 또는 신청자의 최종주소지 관할 세무서장이 발행하는 부동산 매각자금 확인서. 다만, 확인서 신청일 현재 부동산 처분일로부터 5년이 경과하지 아니한 부동산처분대금에 한한다.

② 부동산처분대금 외의 자금의 경우 지급누계금액이 미화 10만불을 초과하는 경우 지정거래외국환은행의 주소지 또는 신청자의 최종주소지 관할 세무서장이 발행한 전체 금액에 대한 자금출처 확인서 등

3. 해외이주비의 지급절차

(1) 해외이주비의 지급기한

해외이주자가 해외이주비를 지급하고자 하는 경우에는 다음에서 정하는 날부터 3년 이내에 지정거래외국환은행을 통하여 지급하거나 휴대수출할 수 있다. 이 경우 이주자가 이주기간이 지연되는 상황에 대해 소명한 후 대외송금 기한을 연장할 수 있다(외환규정 §4-6 ①). 그리고 해외이주예정자가 영주권 등을 취득하기 위한 자금을 지급하고자 하는 경우에는 지정거래외국환은행을 통하여 지급하거나 외국환거래규정 제5-11조의 규정에 의하여 휴대수출할 수 있다(외환규정 §4-6 ②).

① 국내로부터 이주하는 자 : 외교통상부로부터 해외이주신고 확인서를 발급받은 날

② 현지 이주하는 자 : 재외공관으로부터 최초로 거주여권을 발급받은 날

(2) 자금출처 확인서를 제출하여야 하는 경우

해외이주자(해외이주예정자 포함)는 세대별 해외이주비 지급누계금액(2006년 이후분)이 미화 10만불을 초과하는 경우에는 해외이주자의 관할 세무서장이 발급하는 해외이주비 전체금액에 대한 자금출처 확인서를 지정거래외국환은행의 장에게 제출하여야 한다(외환규정 §4-6 ③).

(3) 해외이주예정자의 영주권 등 취득서류 제출 또는 자금의 국내회수

해외이주예정자는 해외이주비 지급 후 1년 이내에 영주권 등을 취득하였음을 입증하는 서류를 지정거래외국환은행의 장에게 제출하거나 지급한 자금을 국내로 회수하여야 한다. 다만, 영주권 등을 1년 이내에 취득하는 것이 불가능하다는 사실을 입증할 경우에는 영주권 등을 취득하였음을 입증하는 서류의 제출기한을 연장할 수 있으며, 이 경우 매년 영주권 등 취득현황을 통보하여야 한다(외환규정 §4-6 ④).

4. 국외송금을 위한 증명서류의 발급

(1) 부동산 매각자금 확인서

① 확인서의 발급

'부동산 매각자금 확인서'를 발급하는 세무서장(재산제세 담당과장)은 재산반출금액이 국세의 신고·납부 금액과 대비하여 적정한지 여부에 대하여, 다음의 내용을 확인하여 국세징수·예금 압류 등 조세채권확보에 필요한 조치 후 접수일로부터 10일 이내에 전산으로 발급하여야 한다. 다만, 서면으로 부동산 매각자금을 확인할 수 없는 경우에는 실지조사 후 발급할 수 있으며, 이 경우 1회에 한하여 발급기한을 20일 이내에서 연장할 수 있다(상증사무규정 §54 ②).

ⓐ 해당 부동산에 대한 양도소득세, 상속세 및 증여세 등의 신고·납부 여부

ⓑ 국세의 체납 여부

ⓒ 국세징수법 제14조 제1항 각 호의 납기 전 징수 사유 해당 여부

② 확인서 발급 관할

외국환거래규정 등에 규정된 부동산 매각자금 확인서는 아래에서 정하는 세무서장이 발급하여야 한다(상증사무규정 §54 ①).

ⓐ 외국환거래규정 제2-3조 제1항 제3호 나목에 규정된 외국인거주자 : 매각한 부동산 소재지 관할 세무서장(부동산이 둘 이상으로 이를 관할하는 세무서가 다른 경우에는 신청서를 접수한 세무서장)

ⓑ 외국환거래규정 제4-7조 제1항 제1호에 규정된 재외동포 : 신청자의 최종 주소지 관할 세무서장 또는 매각한 부동산 소재지 관할 세무서장(부동산이 둘 이상으로 이를 관할하는 세무서가 서로 다른 경우에는 신청서를 접수한 세무서장)

ⓒ 외국환거래업무취급지침 제9장 제5절에 규정된 비거주자 : 신청자의 최종 주소지 관할 세무서장(국민인 경우로 한정함) 또는 매각한 부동산 소재지 관할 세무서장(부동산이 둘 이상으로 이를 관할하는 세무서가 서로 다른 경우에는 신청서를 접수한 세무서장)

③ 발급금액의 산정기준 및 발급대상기간

부동산 매각자금 확인서상의 양도가액은 실지거래가액으로 계산하고, 실제 반출 가능한 금액(확인금액)은 양도가액에서 해당 부동산의 채무액(전세보증금, 임대보증금 등 포함) 및 양도와 관련된 제세공과금(양도소득세와 지방소득세 등 포함), 양도비 등을 공제한 금액으로 한다(상증사무규정 §54 ③). 그리고 부동산 매각자금 확인서의 발급 대상은 신청자가 신청일 현재 5년 이내에 매각한 부동산으로 한다(상증사무규정 §54 ④).

(2) 예금 등에 대한 자금출처 확인서

① 일반적인 경우의 확인서 발급

재외동포의 국내재산 반출을 위한 '예금 등에 대한 자금출처 확인서'는 지정거래 외국환은행 소재지 또는 신청자의 최종 주소지를 관할하는 세무서장(재산제세 담당 과장)이 재산반출금액이 국세의 신고납부 금액과 대비하여 적정한지 여부에 대하여, 다음의 내용을 확인하여 국세징수·예금 압류 등 조세채권확보에 필요한 조치 후 접수일부터 10일 이내에 전산으로 발급하여야 한다. 다만, 서면으로 자금출처를 확인할 수 없는 경우에는 실지조사 후 발급할 수 있으며, 이 경우 1회에 한하여 발급기한을 20일 이내에서 연장할 수 있다(상증사무규정 §55 ①).

ⓐ 예금 등에 대한 자금출처 확인서에 기재된 내용의 자금출처와 관련된 국세의 신고·납부 여부

ⓑ 국세의 체납 여부

ⓒ 국세징수법 제14조 제1항 각 호의 납기 전 징수 사유 해당 여부

② 누적금액이 미화 10만 달러를 초과하는 경우의 확인서 발급

다음의 지급누계 금액이 미화 10만 달러를 초과하는 경우에는 전체금액에 대하여 자금출처 확인서를 발급하여야 한다(상증사무규정 §55 ②).

ⓐ 국내예금·신탁계정관련 원리금, 증권매각대금

ⓑ 본인명의 예금 또는 부동산을 담보로 하여 외국환은행으로부터 취득한 원화대출금

ⓒ 본인명의 부동산의 임대보증금

(3) 해외이주비 자금출처 확인서

해외이주자 및 해외이주예정자('해외이주자 등')가 신청한 '해외이주비 자금출처 확인서'는 해외이주자 등의 최종 주소지를 관할하는 세무서장(재산제세 담당과장)이 재산반출 금액이 국세의 신고·납부 금액과 대비하여 적정한지 여부에 대하여, 다음의 내용을 확인하여 국세징수·예금 압류 등 조세채권확보에 필요한 조치 후 접수일부터 10일 이내에 전산으로 발급하여야 한다. 다만, 서면으로 자금출처를 확인할 수 없는 경우에는 실지조사 후 발급할 수 있으며, 이 경우 1회에 한하여 발급기한을 20일 이내에서 연장할 수 있다(상증사무규정 §53 ①). 이 경우 세무서장(재산제세 담당과장)은 세대별 해외이주비 지급 누계액이 미화 10만 달러를 초과하는 경우에는 해외이주비 전체 금액에 대하여 자금출처 확인서를 발급하여야 한다(상증사무규정 §53 ②).

① 신청인 및 그 세대원의 부동산 매각자금에 대한 양도소득세, 상속 또는 수증재산에 대한 상속세 및 증여세 등의 신고·납부 여부

② 국세의 체납 여부

③ 국세징수법 제14조 제1항 각 호의 납기 전 징수 사유 해당 여부

【상속세 및 증여세 사무처리규정 별지 제7호 서식】(2017. 5. 1. 개정)

<table>
<tr><td colspan="2">발급번호</td><td colspan="4" rowspan="2">부동산 매각자금 확인서</td><td>처리기간</td></tr>
<tr><td colspan="2"></td><td>10일
(필요시 30일)</td></tr>
<tr><td rowspan="2">신청인</td><td>성 명</td><td>홍길동</td><td>생년월일
(외국인등록번호)</td><td colspan="2">801010-5123456</td><td>국적 또는 영주권취득일
2015. 4. 1.</td></tr>
<tr><td>국내거소</td><td colspan="5">서울시 송파구 올림픽로 10 (연락처)</td></tr>
<tr><td colspan="7">부 동 산 매 각 자 금 내 역</td></tr>
<tr><td rowspan="4">부동산</td><td>소 재 지</td><td colspan="5">서울시 송파구 잠실대로 50</td></tr>
<tr><td>지 목</td><td>아파트</td><td>면 적(㎡)</td><td colspan="3">84㎡</td></tr>
<tr><td>양도일자</td><td>2020.6.1.</td><td>양도가액(원)</td><td colspan="3">2,000,000,000</td></tr>
<tr><td>확인금액(원)</td><td colspan="5">1,500,000,000</td></tr>
<tr><td rowspan="2">양수인</td><td>성 명</td><td colspan="2">허준</td><td>생년월일</td><td colspan="2">700101-1234567</td></tr>
<tr><td>주 소</td><td colspan="5">서울시 송파구 잠실대로 50</td></tr>
<tr><td colspan="7">외국환거래규정 및 관련 지침 등에 의해 국내보유 부동산을 매각한 자금이 위와 같이 확인됨을 증명하여 주시기 바랍니다.
2020 년 6 월 15 일
신청인 : 홍길동
대리인 : 최절세
신청인과의 관계 : 세무대리인
대리인 생년월일 : 1975. 4 .1.
잠실 세무서장 귀하</td></tr>
<tr><td colspan="7">위와 같이 확인함
년 월 일
세무서장 (인)</td></tr>
<tr><td colspan="7">붙임서류 1. 양도소득세 신고서 및 납부서
2. 양도 당시 실지거래가액을 확인할 수 있는 서류(매매계약서 및 관련 금융자료 등)</td></tr>
<tr><td colspan="7">☞ 작성요령
1. “국내거소”란에는 국내체류지 및 연락 전화번호를 기재
2. “지목”란에는 부동산의 종류(대지,전답,아파트 등)을 기재하고 부동산소재지별로 작성한다.
3. “양도가액”란에는 세무서에 신고된 부동산 매각당시의 가액을 기재
다만, 기준시가에 의한 양도소득세 신고의 경우 또는 양도소득세 비과세에 해당하는 경우 매매계약서 및 관련 금융자료 등 제출된 증빙서류에 의하여 객관적으로 부동산매각대금이 확인된 경우에는 그 가액을 기재
4. “확인금액”란에는 양도가액에서 해당 부동산의 채무액(전세보증금, 임차보증금 등)을 공제한 가액을 기재
5. 토지수용 등의 경우 사업시행소관부처장의 확인서를 첨부
※ 개인정보보호법 제24조에 의한 수집·이용 동의 [신청인(본인)]
○ 수집·이용목적(확인서발급, 사후관리 등)
○ 수집대상 고유식별정보 (주민등록번호, 외국인등록번호, 여권번호)
○ 보유·이용기간(5년)
☞ 상기내용에 대해 동의함 □, 동의하지 않음 □
○ 동의를 거부할 권리가 있으며, 동의 거부에 따라 불이익(확인서 미발급 등)이 있을 수 있음</td></tr>
</table>

【상속세 및 증여세 사무처리규정 별지 제12호 서식(갑)】(2019. 6. 3. 개정)

발급번호	예금 등에 대한 자금출처 확인서(갑)			수수료 없음
				처리기간 10일 (필요시 30일)
신 청 자	성 명	홍길동	생년월일 또는 외국인등록번호	801010-5123456
	주소 또는 거소	서울시 송파구 올림픽로 10		
제출처	금융기관		이민일자	
확인서의 사용목적	해외 송금	여권번호 505638000	전화번호	
		해외이주허가번호 및 일자 No.	(. . .)	
확인금액	6,995,318,428 원(미화 $) 【 2019년 10월 30일 확인서 발급금액 6,585,318,428 원 포함】			

자 금 출 처 내 역

자 금 출 처	금 액	자 금 원 천	비 고
계	410,000,000		
예금 · 적금	410,000,000	주식양도대금	(주)써니산업(214-81-12345) 주식양도
신 탁 계 정			
원 화 대 출 금			
임 대 보 증 금			
기 타			

외국환거래규정 제4-7조의 규정에 따라 위 확인서 발급되는 날 현재 자금출처가 위와 같이 확인됨을 증명하여 주시기 바랍니다.

2020. 4. 28.

신 청 인 : 홍 길 동 ㊞

서초세무서장 귀하

위와 같이 확인합니다.

. . .

세 무 서 장 ㊞

※ 붙임서류 : 1. 예금 등 재산반출 명세서
2. 예금·적금 및 신탁계정은 통장 사본을 붙이고 동 예금·적금의 입금과 관련한 자금원천이 확인되는 서류
3. 대출금의 경우 대출금 통장 사본 및 대출관련 서류
4. 임대보증금의 경우 임대차계약서 사본
5. 대리인의 경우 위임장

※ 유의사항 : - 비고란에는 자금의 원천을 간단하게 기재합니다.
- 확인금액은 국외 반출되는 전체 누계금액이 미화 10만 달러을 초과하는 경우 초과하는 금액을 포함한 전체 누계금액으로 표기합니다.

※ 원화대출금·임대보증금 : 본인명의 예금 또는 부동산을 담보로 하여 외국환은행으로부터 취득한 원화대출금 및 본인명의 부동산의 임대보증금을 말합니다

※ 개인정보보호법 제24조에 의한 수집·이용 동의 [신청인(본인)]

○ 수집·이용목적(확인서발급, 사후관리 등)
○ 수집대상 고유식별정보 (주민등록번호, 외국인등록번호, 여권번호)
○ 보유·이용기간(5년)
☞ 상기내용에 대해 동의함 □, 동의하지 않음 □
○ 동의를 거부할 권리가 있으며, 동의 거부에 따라 불이익(**확인서 미발급 등**)이 있을 수 있음

【상속세 및 증여세 사무처리규정 별지 제12호 서식(을)】(2019. 6. 3. 개정)

예금 등에 대한 자금출처 확인 명세서(을)

1. 본인 명의 예금 또는 부동산을 담보로 하여 외국환은행으로부터 취득한 원화대출금

재산 종류 (예금·부동산 원화대출금)	부동산소재지 또는 계좌번호	대출기관		대출금(원)
		은행명	사업자등록번호	

2. 본인명의 부동산의 임대보증금

임차인		부동산소재지		임대차기간	임대보증금(원)
성명	생년월일	소재지	층, 호수		

【상속세 및 증여세 사무처리규정 별지 제19호 서식】(2016. 7. 1. 개정)

<table>
<tr><td>발급번호</td><td colspan="6" rowspan="2">해외이주비 자금출처 확인서
(□해외이주자, □해외이주예정자)</td><td>수수료 없음</td></tr>
<tr><td></td><td>처리기간
10일(필요시 30일)</td></tr>
<tr><td rowspan="2">신 청 자</td><td>성 명</td><td></td><td>생년월일</td><td></td><td>전화번호</td><td colspan="2"></td></tr>
<tr><td>주소 또는 거소</td><td colspan="6"></td></tr>
<tr><td rowspan="4">이주가족</td><td>성 명</td><td>생년월일</td><td>세대주와 관계</td><td>성 명</td><td>생년월일</td><td colspan="2">세대주와 관계</td></tr>
<tr><td></td><td></td><td></td><td></td><td></td><td colspan="2"></td></tr>
<tr><td></td><td></td><td></td><td></td><td></td><td colspan="2"></td></tr>
<tr><td></td><td></td><td></td><td></td><td></td><td colspan="2"></td></tr>
<tr><td>확인서의
사용목적</td><td>이주비 환전</td><td colspan="6">해외이주허가번호 및 일자 No. (. . .)
여권발급번호 및 일자 No. (. . .)</td></tr>
<tr><td>이주비 금액</td><td colspan="7">원(미화 $)</td></tr>
</table>

자 금 출 처 내 역		
자 금 출 처	금 액	비 고
계		
부 동 산 매 각 대 금		
동산, 기타재산매각대금		
예 금 · 적 금		
수 증		
기 타		

외국환거래규정 제4-6조의 규정에 따라 해외이주자의 해외이주비 확인 발급되는 날 현재 자금출처가 위와 같이 확인됨을 증명하여 주시기 바랍니다.

. . .

신 청 인 : ㊞

세 무 서 장 귀하

위와 같이 확인합니다.

. . .

세 무 서 장 ㊞

※ 붙임서류

- ‘부동산 매각대금’은 부동산 소재지·수량 및 금액이 표시된 매매계약서 사본과 그 부동산 취득자금원천이 확인되는 서류
- ‘동산, 기타 재산매각대금’은 매수자의 주소, 성명, 생년월일이 기입된 매매계약서 또는 매수 확인서와 그 동산 취득자금원천이 확인되는 서류
- ‘예금·적금’은 통장 사본 및 동 예금·적금의 자금원천이 확인되는 서류
- ‘수증’은 증여자의 주소, 성명 및 생년월일이 기입된 확인서
- ‘기타’는 자금원천이 확인되는 서류

※ ‘비고’란에는 자금의 원천을 간단하게 기재합니다.

※ 개인정보보호법 제24조에 의한 수집·이용 동의 [신청인(본인)]

○ 수집·이용목적(확인서발급, 사후관리 등)

○ 수집대상 고유식별정보 (주민등록번호, 외국인등록번호, 여권번호)

○ 보유·이용기간(5년)

☞ **상기내용에 대해 동의함 □, 동의하지 않음 □**

○ 동의를 거부할 권리가 있으며, 동의 거부에 따라 불이익(**확인서 미발급 등**)이 있을 수 있음

Part 3

해외투자에 대한 과세

Chapter 01 해외투자에 대한 관리

Chapter 02 해외투자에 대한 세무

Chapter 03 국외원천소득에 대한 이중과세의 조정

Chapter 01

해외투자에 대한 관리

I 해외투자의 신고

외국환거래법상 '해외직접투자'란 거주자가 하는 다음 중 어느 하나에 해당하는 거래·행위 또는 지급을 말한다(외환법 §3 ① 18호).

① 외국법령에 따라 설립된 법인(설립 중인 법인 포함)이 발행한 증권을 취득하거나 그 법인에 대한 금전의 대여 등을 통하여 그 법인과 지속적인 경제관계를 맺기 위하여 하는 거래 또는 행위로서 다음에 해당하는 것(외환령 §8 ①)

ⓐ 외국 법령에 따라 설립된 법인(설립 중인 법인 포함. '외국법인')의 경영에 참가하기 위하여 취득한 주식 또는 출자지분이 해당 외국법인의 발행주식총수 또는 출자총액에서 차지하는 비율(주식 또는 출자지분을 공동으로 취득하는 경우 그 주식 또는 출자지분 전체의 비율. '투자비율')이 10% 이상인 투자

ⓑ 투자비율이 10% 미만인 경우로서 해당 외국법인과 다음 중 어느 하나에 해당하는 관계를 수립하는 것

- 임원의 파견
- 계약기간이 1년 이상인 원자재 또는 제품의 매매계약의 체결
- 기술의 제공·도입 또는 공동연구개발계약의 체결
- 해외건설 및 산업설비공사를 수주하는 계약의 체결

ⓒ 위 ⓐ 또는 ⓑ에 따라 이미 투자한 외국법인의 주식 또는 출자지분을 추가로 취득하는 것

ⓓ 위 ⓐ부터 ⓒ까지의 규정에 따라 외국법인에 투자한 거주자가 해당 외국법인에 대하여 상환기간을 1년 이상으로 하여 금전을 대여하는 것

② 외국에서 영업소를 설치·확장·운영하거나 해외사업 활동을 하기 위하여 다음의 자금을 지급하는 것(외환령 §8 ②)

ⓐ 지점 또는 사무소의 설치비 및 영업기금

ⓑ 거주자가 외국에서 법인 형태가 아닌 기업을 설치·운영하기 위한 자금

ⓒ 해외자원개발사업법 제2조에 따른 해외자원개발사업 또는 사회간접자본개발사업을 위한 자금. 다만, 해외자원개발을 위한 조사자금 및 해외자원의 구매자금은 제외한다.

그런데 외국환거래법과 동법 시행령에서 위임된 사항과 그 시행에 관하여 필요한 사항을 정하기 위해 만들어진 외국환거래규정에서는 해외투자를 직접투자와 지사설치, 부동산취득 등으로 구분하여 규정하고 있다. 아래에서는 해외투자를 외국환거래규정에서의 구분대로 해외직접투자와 해외지사설치, 외국부동산취득 등으로 나누어 살펴보기로 한다.

1. 해외직접투자

(1) 해외직접투자신고 및 변경의 보고 등

① 해외직접투자의 신고

거주자(해외이주 수속 중이거나 영주권 등을 취득할 목적으로 지급하고자 하는 개인 또는 개인사업자는 제외)가 해외직접투자(증액투자 포함)를 하고자 하는 경우에는 다음에서 정하는 외국환은행의 장에게 신고하여야 한다. 다만, 이미 투자한 외국법인이 자체 이익유보금 또는 자본잉여금으로 증액투자하는 경우에는 사후에 보고할 수 있으며, 누적 투자금액이 미화 50만불 이내에서의 투자의 경우에는 투자금의 지급이 있은 날로부터 1개월 이내에 사후보고할 수 있다(외환규정 §9-5 ①). 이 경우 외국환거래규정 제4-2조 및 제4-3조에도 불구하고 신용불량자가 아님을 입증하는 서류와 조세체납이 없음을 입증하는 서류를 제출하여 투자자금을 사전에 송금할 수 있다(외환규정 §9-5 ④).

ⓐ 주채무계열 소속 기업체인 경우에는 해당 기업의 주채권은행

ⓑ 거주자가 주채무계열 소속 기업체가 아닌 경우에는 여신최다은행

ⓒ 위 ⓐ 또는 ⓑ에 해당하지 않는 거주자의 경우 거주자가 지정하는 은행

② 신고내용 변경의 보고

해외직접투자를 하고자 하는 거주자가 직접투자신고하거나 사후보고한 내용을 변경하는 경우(현지법인의 외국환거래법시행령 제8조 제1항의 요건에 해당하는 자회사 또는 자회사의 외국환거래법시행령 제8조 제1항의 요건에 해당하는 손자회사의 설립·투자금액 변경·청산 및 외국환거래법시행령 제8조 제1항 제4호에 따라 금전을 대여했으나 해외직접투자자의 회생절차 등 신고기관의 장이 불가피하다고 인정하여 1년 이내에 회수하는 경우 포함) 외국환거래법 제20조 제1항에 따라 변경사유가 발생한 후 3개월 이내에 해당 신고기관의 장에게 보고를 하여야 한다. 다만, 해외직접투자를 한 거주자가 다른 거주자에게 해당 주식 또는 지분을 매각하는 경우에는 즉시 해당 신고기관의 장에게 보고하여야 한다(외환규정 §9-5 ②).

③ 해외직접투자 신고서의 제출

해외직접투자를 하고자 하는 자는 외국환거래규정 [별지 제9-1호 서식]의 '해외직접투자 신고서(보고서)'에 다음의 서류를 첨부하여 해당 신고기관에 제출하여야 한다(외환규정 §9-5 ③).

ⓐ 사업계획서(자금조달 및 운용계획 포함)

ⓑ 주식을 통한 해외직접투자인 경우에는 공인회계사법에 의한 회계법인의 주식평가에 관한 의견서

ⓒ 해외직접투자를 하고자 하는 자가 신용정보의이용및보호에관한법률에 의한 금융거래 등 상거래에 있어서 약정한 기일 내에 채무를 변제하지 아니한 자로서 종합신용정보 집중기관에 등록(속칭 '신용불량자')되어 있지 않음을 입증하는 서류

ⓓ 조세체납이 없음을 입증하는 서류

ⓔ 기타 신고기관의 장이 필요하다고 인정하는 서류

(2) 해외직접투자의 수단

해외직접투자의 수단은 다음 중 하나에 해당하는 것으로 한다(외환규정 §9-1의 2).

① 지급수단(정부지폐·은행권·주화·수표·우편환·신용장과 환어음·약속어음·여행자카드·상품권·기타 지급받을 수 있는 내용이 표시된 우편 또는 전신에 의한 지급지시 및 전자금융거래법상 전자화폐, 선불전자지급수단 등 전자적 방법에 따른 지급수단 등)

② 현지법인의 이익유보금 및 자본잉여금

③ 자본재(외국인투자촉진법 제2조 제1항 제9호의 자본재) : 산업시설(선박, 차량, 항공기 등 포함)로서의 기계, 기자재, 시설품, 기구, 부분품, 부속품 및 농업·임업·수산업의 발전에 필요한 가축, 종자, 수목, 어패류, 그 밖에 주무부장관이 해당 시설의 첫 시험운전(시험사업 포함)에 필요하다고 인정하는 원료·예비품 및 이의 도입에 따르는 운임·보험료와 시설을 하거나 조언을 하는 기술 또는 용역

④ 산업재산권, 기타 이에 준하는 기술과 이의 사용에 관한 권리

⑤ 해외법인 또는 해외지점·사무소를 청산한 경우의 그 잔여재산

⑥ 대외채권

⑦ 주식

⑧ 기타 그 가치와 금액의 적정성을 입증할 수 있는 자산

(3) 한국수출입은행장의 보고서 제출

한국수출입은행장은 해외직접투자자 또는 신고기관으로부터 제출받은 각종 통계·보고서 등을 종합관리하고, 다음의 보고서를 작성하여 다음에서 정한 기일 내에 기획재정부장관에게 제출하여야 한다(외환규정 §9-2의 2).

① 해외직접투자 신고 및 투자실적(월보) : 매 익월 말일 이내

② 해외직접투자 동향분석(분기보 및 연보) : 매 분기 익익월 10일 이내 및 매 익년도 3월 이내

③ 해외직접투자 경영분석보고서 : 매 익년도 10월 이내

(4) 투자금의 회수

해외직접투자자는 해당 신고의 내용에 따라 투자원금과 과실을 국내에 회수하여야 한다(외환규정 §9-4 ①). 다만, 해외에서 외국환거래규정에 의해 인정된 자본거래를 하고자 하는 경우에는 그러하지 아니하다(외환규정 §9-4 ②).

(5) 사후관리

① 사후관리 보고서 등의 제출

해외직접투자자는 다음의 보고서 또는 서류를 다음에서 정한 기일 내에 해당 신고기관의 장에게 제출하여야 한다. 다만, 해외직접투자자 또는 투자한 현지법인이

휴·폐업 등으로 인해 보고서 등을 제출하는 것이 불가능하다고 신고기관의 장이 인정하는 경우에는 해당 휴·폐업 등의 기간에는 제출하지 아니할 수 있다(외환규정 §9-9 ①). 그런데, 다음의 보고서 중 연간사업실적보고서와 청산보고서를 제출할 경우에는 현지 공인회계사의 감사를 받은 감사보고서(현지 공인회계사가 확인한 결산서 또는 현지 세무사의 세무보고서로 갈음할 수 있음)를 함께 제출해야 한다. 단, 누적 투자금액 10만불 이하인 경우는 제출하지 아니할 수 있다(외환규정 §9-9 ⑥).

ⓐ 외화증권(채권)취득보고서(법인 및 개인기업 설립보고서 포함) : 투자금액 납입 또는 대여자금 제공 후 6개월 이내. 다만, 외국환거래시행령 제8조 제2항 제3호의 규정에 의한 해외자원개발사업 및 사회간접자본개발사업으로서 법인 형태가 아닌 투자의 경우에는 외화증권(채권)취득보고서 제출을 면제한다.

ⓑ 송금(투자)보고서 : 송금 또는 투자 즉시(투자금액을 현지금융으로 현지에서 조달하는 경우 투자시점)

ⓒ 연간사업실적보고서(해외자원개발사업 및 사회간접자본개발사업으로서 법인 형태가 아닌 투자의 경우는 제외) : 회계기간 종료 후 5개월 이내. 신고기관의 장은 부동산 관련업 이외의 투자사업으로서 투자금액의 합계가 미화 100만불 이하인 경우에는 연간사업실적보고서의 제출을 면제할 수 있으며, 미화 200만불 이하인 경우에는 현지법인 투자현황표로 갈음할 수 있다.

ⓓ 청산보고서(금전대여의 경우 원리금회수내용 포함) : 청산자금 수령 또는 원리금회수 후 즉시

ⓔ 기타 신고기관의 장이 해외직접투자의 사후관리에 필요하다고 인정하여 요구하는 서류

② 신고기관장의 관리대장의 작성과 제출

신고기관의 장은 외국환거래규정에 따라 신고를 받은 해외직접투자사업에 대한 사후관리를 위하여 해외직접투자 관리대장을 작성하여야 하며, 다음에서 정한 기일 내에 한국수출입은행장에게 제출하여야 한다. 다만, 해외직접투자자 및 투자한 현지법인이 휴·폐업 또는 소재불명 등의 상태에 있어 신고기관의 장이 해외직접투자자 및 투자한 현지법인으로부터 관련 보고서나 서류를 제출받는 것이 불가능한 것으로 인정되는 경우에는 그러하지 아니하며, 이 경우 신고기관의 장은

휴·폐업 또는 소재불명 등의 사실을 한국수출입은행장에게 보고하여야 한다(외환규정 §9-9 ②).

ⓐ 해외직접투자 신고서 사본(내용변경보고서 포함), 해외직접투자 신고 및 투자실적(월보) : 매 익월 15일 이내

ⓑ 연간사업실적보고서(현지법인 투자현황표) : 해외직접투자자로부터 제출받은 즉시

ⓒ 사후관리종합내역 등 기타 통계 또는 사후관리에 필요한 서류

③ 한국수출입은행장의 해외직접투자기업 현황의 작성과 송부

한국수출입은행장은 매년 해외직접투자기업 현황을 작성하여 기획재정부장관 및 해외공관의 장에게 송부하여야 한다. 이 경우 기획재정부장관은 사실 확인 등을 위하여 추가적인 자료의 요청 및 실태 점검 등을 실시할 수 있다(외환규정 §9-9 ⑤).

④ 신고기관장의 자료 통보

신고기관의 장은 개인, 개인사업자 또는 법인의 투자, 부동산 관련업에 대한 투자 및 주식을 출자한 투자에 대하여는 다음의 보고서 등을 다음의 기일 내에 한국수출입은행을 경유하여 국세청장, 관세청장 및 금융감독원장에게 통보하여야 한다(외환규정 §9-9 ⑦).

ⓐ 해외직접투자 신고내용, 송금(투자)보고 내용, 해외직접투자사업 청산 및 대부채권 회수보고 내용, 해외직접투자자 또는 투자한 현지법인의 휴·폐업, 소재불명 및 시민권의 취득 등의 사실 : 매 익월 25일 이내

ⓑ 연간사업실적보고서 : 매 익년도 9월 말일 이내

⑤ 개인투자자가 영주권 등을 취득한 경우

개인투자자가 영주권이나 시민권을 취득한 경우에는 외국환거래규정 제9-4조(투자금의 회수)와 제9-6조(해외직접투자사업의 청산), 제9-8조(현지공관장에 대한 조사의뢰 등), 제9-9조(사후관리)의 규정은 적용하지 아니한다. 다만, 영주권을 취득한 개인투자자가 이후 국내에 체재하여 거주자가 된 경우에는 그러하지 아니하다(외환규정 §9-5 ⑥).

외국환거래규정〔별지 제9-1호 서식〕(2018.07.01 개정)

<table>
<tr><td colspan="5">해 외 직 접 투 자 신 고 서(보고서)</td><td>처리기간
</td></tr>
<tr><td rowspan="5">신고인(보고인)</td><td rowspan="2">상 호</td><td rowspan="2"></td><td>사업자등록번호</td><td colspan="2"></td></tr>
<tr><td>법인등록번호</td><td colspan="2"></td></tr>
<tr><td>대 표 자</td><td>(인)</td><td>주민등록번호</td><td colspan="2"></td></tr>
<tr><td>소 재 지</td><td colspan="4">전화번호 :</td></tr>
<tr><td>업 종</td><td colspan="4"></td></tr>
<tr><td rowspan="7">해외직접투자내용</td><td>투자국명</td><td></td><td>소 재 지</td><td colspan="2"></td></tr>
<tr><td>투자방법</td><td></td><td>자 금 조 달</td><td colspan="2"></td></tr>
<tr><td>투자업종</td><td></td><td>주 요 제 품</td><td colspan="2"></td></tr>
<tr><td>투자금액</td><td></td><td>출 자 금 액</td><td colspan="2"></td></tr>
<tr><td>투자비율</td><td></td><td>결 산 월</td><td colspan="2"></td></tr>
<tr><td>투자목적</td><td colspan="4"></td></tr>
<tr><td>현지법인명
(영 문)</td><td colspan="4">(자본금 :)</td></tr>
<tr><td colspan="6">외국환거래법 제18조의 규정에 의거 위와 같이 신고(보고)합니다.
년 월 일
외국환은행의 장 귀하</td></tr>
<tr><td colspan="3" rowspan="3">위와 같이 신고(보고)되었음을 확인함</td><td>신 고 번 호</td><td colspan="2"></td></tr>
<tr><td>신 고 금 액</td><td colspan="2"></td></tr>
<tr><td>유 효 기 간</td><td colspan="2"></td></tr>
<tr><td colspan="6">피신고(보고)기관 : 외국환은행의 장</td></tr>
</table>

210㎜×297㎜

〈첨부서류〉 1. 사업계획서(자금조달 및 운영계획 포함)
2. 합작인 경우 당해 사업에 관한 계약서
3. 외국환거래법 시행령 제8조제1항제4호에 규정한 금전의 대여에 의한 해외직접투자인 경우에는 금전대차계약서
4. 해외투자수단이 해외주식인 경우, 당해 해외주식의 가격적정성을 입증할 수 있는 서류

※ 업종은 통계청 한국표준산업분류표상 세세분류코드(5자리) 및 업종명을 기재

※ 출자금액란에는 액면가액과 취득가액이 상이한 경우 액면가액을 기재

2. 해외지사의 설치

(1) 해외지사의 구분

해외지사는 다음과 같이 구분한다(외환규정 §9-17).

① 해외지점

독립채산제를 원칙으로 하여 외국에서 영업활동을 영위하고자 설치하는 경우

② 해외사무소(해외연락사무소)

외국에서 영업활동을 영위하지 아니하고 업무연락, 시장조사, 연구개발활동 등의 비영업적 기능만을 수행하거나 비영리단체(종교단체 포함)가 국외에서 해당 단체의 설립목적에 부합하는 활동을 수행하기 위하여 설치하는 경우

(2) 해외지사의 설치신고

다음 중 어느 하나에 해당하는 비금융기관이 해외지사를 설치하고자 하는 경우에는 지정거래외국환은행의 장에게 신고하여야 한다(외환규정 §9-18 ①).

① 해외지점을 설치하는 경우

ⓐ 과거 1년간의 외화획득실적이 미화 1백만불 이상인 자

ⓑ 기타 주무부장관 또는 중소벤처기업부장관 또는 한국무역협회장이 외화획득의 전망 등을 고려하여 해외지점의 설치가 필요하다고 인정한 자

② 해외사무소를 설치하는 경우

ⓐ 공공기관

ⓑ 금융감독원

ⓒ 과거 1년간 외화획득실적이 미화 30만불 이상인 자

ⓓ 과거 1년간 유치한 관광객 수가 8천명 이상인 국제여행 알선업자

ⓔ 2인 이상이 공동으로 하나의 해외사무소를 설치하고자 하는 자로서 공동으로 위 ⓒ 또는 ⓓ의 요건을 충족하는 경우

ⓕ 외화획득업자나 수출품 또는 군납품 생산업자로 구성된 협회 또는 조합 등의 법인

ⓖ 중소기업협동조합

ⓗ 국내의 신문사·통신사 및 방송국

ⓘ 산업기술혁신촉진법령에 의하여 산업통상자원부장관으로부터 국외에 기업부설연구소의 설치가 필요하다고 인정받은 자

ⓙ 대외무역법에서 정하는 바에 의하여 무역업을 영위하는 법인으로서 설립 후 1년을 경과한 자

ⓚ 기타 주무부장관 또는 중소벤처기업부장관 또는 한국무역협회장이 해외사무소의 설치가 불가피하다고 인정한 자(비영리단체 포함)

(3) 해외지점의 영업기금

① 영업기금의 지급과 신고

해외지점을 설치한 자가 해외지점 설치신고 시 신고한 금액범위 내에서 해당 해외지점에 영업기금(해당 해외지점의 설치비·유지운영비 및 영업활동을 위한 운전자금을 포함하고 현지금융차입에 의한 자금 제외)을 지급하고자 하는 경우에는 지정거래외국환은행을 통하여 지급하여야 한다(외환규정 §9-19 ①). 그리고 해외지점 설치신고 시 신고한 영업기금을 초과하여 영업기금을 송금하고자 하는 경우에는 지정거래외국환은행의 장에게 신고하여야 한다(외환규정 §9-19 ②).

② 영업기금을 지급할 수 없는 경우

다음 중 어느 하나에 해당하는 자의 해외지점은 독립채산제를 적용하지 아니하며, 이 경우 영업기금(외국환거래규정 제9-20조의 규정에 의한 설치비 및 유지활동비 제외)을 지급할 수 없다. 다만, 부득이한 경우 한국은행총재에게 신고하여 수리를 받은 건에 한하여 독립채산제를 적용할 수 있으며, 매 분기마다 해외지점으로의 지급내역 등에 대해 한국은행총재에게 보고하여야 한다(외환규정 §9-19 ③).

ⓐ 외항운송업자 및 원양어업자

ⓑ 해외건설 및 용역사업자

(4) 해외사무소의 경비

해외사무소의 설치비 및 유지활동비는 지정거래외국환은행을 통하여 지급하여야 하고(외환규정 §9-20 ①), 설치비 지급을 함에 있어서 증빙서류에 의한 지급이 곤란한 경우에는 해외사무소의 설치계획서에 의하여 사전개산 지급을 할 수 있으며, 이 경우 설치신고일부터 1년 이내에 해당 지급을 증빙하는 서류 등을 지정거래외국환은행의

장에게 제출하여 정산하여야 한다(외환규정 §9-20 ③). 또한, 해외사무소의 확장에 따른 경비를 지급하고자 하는 경우에는 지정거래외국환은행의 장에게 신고하여야 한다(외환규정 §9-20 ②). 그리고 지정거래외국환은행의 장은 설치비의 정산 결과 미사용 잔액이 있는 경우에는 이를 유지활동비로 전용하게 할 수 있으며, 그 전용금액은 해당 사무소의 유지활동비 지급총액에 합산하여 관리하여야 한다(외환규정 §9-20 ④).

(5) 해외지점의 결산 순이익금의 처분 등

① 결산재무제표 및 순이익금의 처분내역 제출

독립채산을 하는 해외지점을 설치한 자는 해당 거주자의 매 회계기간별로 각 해외지점의 결산재무제표 및 그 부속서류와 결산결과 발생한 순이익금의 처분내역을 회계기간 종료 후 5개월 이내에 지정거래외국환은행의 장에게 제출하여야 한다(외환규정 §9-23 ①).

② 결산이익금의 처분방법

해외지점의 결산이익금의 처분은 다음 중 어느 하나에 해당하는 방법에 의하여야 한다(외환규정 §9-23 ②).

ⓐ 전기이월 결손에의 충당

ⓑ 국내에 회수한 후 외국환은행에 내국지급수단을 대가로 매각하거나 거주자계정에의 예치

ⓒ 해당 해외지점의 영업기금으로의 운용

(6) 해외지사의 변경내용의 보고와 폐쇄 등

① 변경내용의 보고

해외지사의 명칭 또는 위치를 변경한 자는 변경 후 3개월 이내에 지정거래외국환은행의 장에게 그 변경내용을 사후보고하여야 한다(외환규정 §9-24 ①).

② 해외지사의 폐쇄

해외지사를 폐쇄할 때는 잔여재산을 국내로 즉시 회수하고 해당 해외지사의 재산목록, 대차대조표, 재산처분명세서, 외국환매각증명서류를 지정거래외국환은행에 제출하여야 한다. 다만, 해외에서 이 규정에 의해 인정된 자본거래를 하고자 하는 경우에는 국내로 회수하지 아니할 수 있다(외환규정 §9-24 ②).

(7) 해외지사에 관한 사후관리 등

① 설치행위 완료내용의 보고

해외지사의 설치에 관한 신고를 한 자는 설치신고를 한 날부터 6개월 이내에 현지 법규에 의한 등록증 등 지사설치를 확인할 수 있는 서류를 첨부하여 그 설치신고를 한 지정거래외국환은행의 장에게 설치행위의 완료내용을 보고하여야 한다(외환규정 §9-25 ①).

② 부동산의 취득 및 처분내용의 보고

해외지사가 부동산을 취득 또는 처분하는 경우에는 그 취득 또는 처분일부터 6개월 이내에 지정거래외국환은행의 장에게 그 취득 또는 처분내용을 보고하여야 한다(외환규정 §9-25 ②).

③ 해외지점의 영업활동 상황보고서의 제출

해외지점(비독립채산제 해외지점 제외)을 설치한 자는 해당 해외지점의 연도별 영업활동 상황(외화자금의 차입 및 대여명세표 포함)을 회계기간 종료 후 5개월 이내에 지정거래외국환은행의 장에게 제출하여야 한다. 다만, 해외지점을 설치한 자가 휴·폐업 등으로 인해 보고서를 제출하는 것이 불가능하다고 신고기관의 장이 인정하는 경우에는 해당 휴·폐업의 기간에 보고서를 제출하지 아니할 수 있다(외환규정 §9-25 ③).

④ 해외지사 설치신고서 등의 통보

지정거래외국환은행의 장(한국은행총재 신고내용 포함)은 다음의 보고서 또는 서류를 작성하여 다음에서 정한 기일 내에 한국수출입은행을 경유하여 한국은행총재, 국세청장 및 관세청장에게 통보하여야 한다. 다만, 해외지사를 설치한 자가 휴·폐업의 상태에 있어 신고기관의 장이 해외지사를 설치한 자로부터 보고서를 제출받는 것이 불가능한 것으로 인정되는 경우에는 그러하지 아니하며, 이 경우 신고기관의 장은 휴·폐업의 사실을 한국수출입은행장에게 보고하여야 한다(외환규정 §9-25 ⑤).

ⓐ 해외지사 설치(변경·폐지)신고(수리)서 사본, 해외지사 설치·현황보고서(분기보) : 매 분기 익익월 10일 이내

ⓑ 연간영업활동보고서(해외사무소와 비독립채산제 해외지점 제외) : 매 익년도 9월 말일 이내

ⓒ 사후관리종합내역 등 기타 통계 또는 사후관리에 필요한 서류(해외지사별 영업기금·유지활동비 지급 현황 및 부동산 취득·처분 현황 포함)

3. 외국부동산의 취득

(1) 부동산취득의 신고

아래 (2)에서 규정하는 신고의무가 면제되는 경우를 제외하고 거주자가 다음 중 어느 하나에 해당하는 외국에 있는 부동산 또는 이에 관한 권리를 취득하고자 하는 경우에는 외국환거래규정 [별지 제9-12호 서식]의 '부동산취득신고(수리)서'를 작성하여 지정거래외국환은행의 장에게 신고하여 수리를 받아야 한다(외환규정 §9-39 ②).

① 거주자가 주거 이외의 목적으로 외국에 있는 부동산을 취득하는 경우

② 거주자 본인 또는 거주자의 배우자가 해외에서 체재할 목적으로 주거용 주택을 취득하는 경우(거주자의 배우자 명의의 취득 포함)

③ 외국에 있는 부동산을 임차하는 경우(임차보증금이 미화 1만불 초과인 경우로 한정함)

그런데 이 신고규정에도 불구하고 거주자가 외국부동산 매매계약이 확정되기 이전에 지정거래외국환은행의 장으로부터 내신고수리를 받은 경우에는 취득 예정금액의 10% 이내(최대 미화 20만불로 한정함)에서 외국부동산 취득대금을 지급할 수 있다. 이 경우 내신고수리를 받은 날로부터 3개월 이내에 이 신고규정에 의해 신고하여 수리를 받거나 지급한 자금을 국내로 회수하여야 한다(외환규정 §9-39 ③).

(2) 부동산취득 신고의무의 면제

거주자가 외국에 있는 부동산 또는 이에 관한 권리를 취득하고자 하는 경우로서 다음 중 어느 하나에 해당하는 경우에는 신고를 요하지 아니한다(외환규정 §9-39 ①).

① 외국환업무취급기관이 해외지사의 설치 및 운영에 직접 필요한 부동산의 소유권 또는 임차권을 취득하는 경우(해당 해외지점의 여신회수를 위한 담보권의 실행으로 인한 취득 포함)

② 거주자가 비거주자로부터 상속·유증·증여로 인하여 부동산에 관한 권리를 취득하는 경우

③ 정부가 외국에 있는 비거주자로부터 부동산 또는 이에 관한 권리를 취득하는 경우

④ 외국인거주자와 외국환거래법 제3조 제1항 제15호 단서의 규정에 해당하는 거주자(거주자로 보는 비거주자의 대한민국에 있는 지점, 출장소, 그 밖의 사무소)가 외국환거래법 또는 외국환거래법시행령의 적용을 받는 거래 이외의 거래에 의하여 외국에 있는 부동산 또는 이에 관한 권리를 취득하는 경우

⑤ 외국환업무취급기관이 외국환업무를 영위함에 따라 해외소재 부동산을 담보로 취득하는 경우

⑥ 부동산투자회사법에 의한 부동산투자회사, 자본시장과금융투자업에관한법률에 의한 금융투자업자가 해당 법령이 정한 바에 의하여 외국에 있는 부동산 또는 이에 관한 권리를 취득하는 경우

⑦ 법률에 따라 설립된 기금을 관리·운용하는 법인 및 국민연금법 제102조 제5항에 따라 국민연금기금의 관리·운용에 관한 업무를 위탁받은 법인이 해당 법령에 따라 해외자산 운용목적으로 부동산을 매매 또는 임대하기 위한 경우

⑧ 은행, 보험회사, 종합금융회사가 해외자산 운용목적으로 부동산을 매매 또는 임대하기 위한 경우로서 해당 기관의 관련 법령이나 규정 등에서 정한 범위 내에서 외국에 있는 부동산 또는 이에 관한 권리를 취득하는 경우

⑨ 해외체재자 및 해외유학생이 본인 거주 목적으로 외국에 있는 부동산을 임차하는 경우

⑩ 외국에 있는 부동산을 임차하는 경우(임차보증금이 미화 1만불 이하인 경우에 한함)

(3) 한국은행총재에게 부동산취득신고를 하는 경우

위 (1)과 (2)에 규정된 경우를 제외하고 거주자가 외국에 있는 부동산 또는 이에 관한 권리를 취득하고자 하는 경우에는 외국환거래규정 [별지 제9-12호 서식]의 부동산취득신고(수리)서를 작성하여 한국은행총재에게 신고하여 수리를 받아야 한다(외환규정 §9-39 ④).

(4) 신고수리요건의 심사

거주자의 외국에 있는 부동산 또는 이에 관한 권리의 취득과 관련하여 한국은행총재 또는 지정거래외국환은행의 장은 외국부동산 취득신고가 있는 경우에는 다음의 사항을 심사하여 수리여부를 결정하여야 한다(외환규정 §9-38).

① 외국에 있는 부동산 또는 이에 관한 물권·임차권, 기타 이와 유사한 권리를 취득하고자 하는 자가 다음 중 어느 하나에 해당하는 자가 아닌지 여부

ⓐ 신용정보의이용및보호에관한법률에 의한 금융거래 등 상거래에 있어서 약정한 기일 내에 채무를 변제하지 아니한 자로서 종합신용정보집중기관에 등록된 자

ⓑ 조세체납자

ⓒ 해외이주수속 중인 개인 또는 개인사업자

② 부동산취득금액이 현지금융기관 및 감정기관 등에서 적당하다고 인정하는 수준인지 여부

③ 부동산취득이 해외사업활동 및 거주목적 등 실제 사용목적에 적합한지 여부

(5) 사후관리

① 신고수리내용의 통보

한국은행총재 또는 지정거래외국환은행의 장은 거주자의 외국에 있는 부동산 또는 이에 관한 권리 취득에 대한 신고수리 내용을 매 익월 20일까지 국세청장, 관세청장 및 금융감독원장에게 통보하여야 한다(외환규정 §9-40 ①).

② 부동산취득에 대한 보고서 제출

외국부동산 취득에 대한 신고수리를 받아 외국에 있는 부동산 또는 이에 관한 권리를 취득한 자는 다음의 보고서를 한국은행총재 또는 지정거래외국환은행의 장에게 제출하여야 하며, 한국은행총재 또는 지정거래외국환은행의 장은 다음 ⓐ 및 ⓑ의 보고서를 제출받은 날이 속하는 달의 익월 말일까지 국세청장, 관세청장 및 금융감독원장에게 제출하여야 한다. 다만, 신고인의 소재불명 등으로 다음의 보고서를 제출받는 것이 불가능할 경우에는 예외로 하며, 이 경우 한국은행총재 또는 지정거래외국환은행의 장은 국세청장, 관세청장 및 금융감독원장에게 소재불명 등의 사실을 통보하여야 한다(외환규정 §9-40 ②).

ⓐ 해외부동산취득보고서 : 부동산 취득대금 송금 후 3개월 이내

ⓑ 해외부동산처분(변경)보고서 : 부동산 처분(변경) 후 3월개 이내. 다만, 3개월 이내에 처분대금을 수령하는 경우에는 수령하는 시점

ⓒ 수시보고서 : 한국은행총재 또는 지정거래외국환은행의 장이 취득부동산의 계속 보유여부의 증명 등 사후관리에 필요하다고 인정하여 요구하는 경우

③ 개인투자자가 영주권 등을 취득한 경우

개인투자자가 영주권, 시민권을 취득한 경우에는 외국환거래규정 제9-4조(투자금의 회수), 제9-6조(해외직접투자사업의 청산) 및 제9-40조(사후관리)의 규정은 적용하지 아니한다. 다만, 영주권을 취득한 개인투자자가 이후 국내에 체재하여 거주자가 된 경우에는 그러하지 아니하다(외환규정 §9-39 ⑥).

외국환거래규정〔별지 제9-12호 서식〕(2018.07.01 개정)

부동산취득신고(수리)서	처 리 기 간

신청인	상호 및 대표자 성명	이 성 계 ㊞
	주 소(소재지)	서울시 서초구 방배로 20 (전화번호)
	업 종(직 업)	회사원
신청내역	취 득 인	(성명) 이성계 (주소) 서울시 서초구 방배로 20 (전화번호)
	취 득 상 대 방	(성명) Mohammad Baqir Rahimi (주소) 100 Airfield Rd, Takanini, Auckland, NZ (전화번호)
	부 동 산 의 종 류	토지
	소 재 지	100 Airfield Rd, Takanini, Auckland, NZ
	면 적	2 ha
	취 득 가 액	NZD 1,700,000 (취득단가)
	취 득 기 간	2020. 6. 5. ~ 2020. 9. 30.
	취 득 사 유	투자

외국환거래법 제18조의 규정에 의하여 위와 같이 신고합니다.

2020년 6월 1일

한국은행총재 귀하
(외국환은행의 장)

신청(신고)인 귀하
위의 신고를 다음과 같이 신고수리함.

신고(수리)번호	
신고(수리)금액	
유 효 기 간	

신고수리 조건 :

년 월 일

신고수리 기관 : 한국은행총재 ㊞
(외국환은행의 장)

210㎜×297㎜

〈첨부서류〉 1. 부동산매매계약서
2. 부동산감정서
3. 기타 부동산 취득신고수리시 필요한 서류

4. 현지금융

(1) 현지금융에 대한 적용범위

'현지금융'이란 거주자 등이 외국에서 사용하기 위하여 외국에서 자금을 차입(증권발행에 의한 경우 포함)하거나 지급보증을 받는 것을 말하는데(외환규정 §1-2 42호), 금융기관(외국환거래법 제3조 제1항 제17호에 규정된 금융회사 등을 말하며 그 해외지점 포함)과 그 금융기관의 현지법인 및 비금융기관이 설립한 현지법인금융기관을 제외하고, 다음 중 어느 하나에 해당하는 자(②와 ③의 자를 합해 '현지법인 등'이라 함)가 현지금융을 받고자 하는 경우에는 외국환거래규정 제8장에 의한다(외환규정 §8-1 ①).

① 거주자(현지금융 관련해서는 개인은 제외)

② 거주자의 해외지점(외국환거래규정 제9-19조의 규정에서 정한 독립채산제의 예외적용을 받는 해외지점 제외)

③ 거주자의 현지법인(거주자의 현지법인이 50% 이상 출자한 자회사 포함)

(2) 현지금융의 신고 및 변경신고

거주자 또는 현지법인 등이 현지금융을 받고자 하는 경우에는 다음의 구분에 따라 신고하여야 한다. 이 경우 주채무계열 소속 기업체의 경우에는 부득이한 경우를 제외하고 주채권은행을 현지금융관련 거래외국환은행으로 지정하여야 한다(외환규정 §8-2 ①). 그리고 거주자 또는 현지법인 등이 당초 신고한 내용을 변경하고자 하는 경우 해당 신고기관의 장에게 변경신고를 하여야 한다(외환규정 §8-2 ④).

① 거주자가 현지금융을 받고자 하는 경우

ⓐ 다른 거주자의 보증 및 담보('보증 등') 제공이 없거나 해당 거주자가 본인의 담보를 제공하는 경우 또는 외국환은행(종합금융회사 포함)이 보증을 하는 경우에는 해당 거주자가 지정거래외국환은행의 장에게 신고

ⓑ 다른 거주자가 보증 등을 하는 경우에는 다른 거주자가 현지금융을 받는 거주자의 지정거래외국환은행에 신고

ⓒ 외화증권발행방식에 의하여 미화 3천만불을 초과하는 현지금융을 받고자 하는 경우에는 지정거래외국환은행을 경유하여 기획재정부장관에게 신고

② 현지법인 등이 현지금융을 받고자 하는 경우

ⓐ 외국환은행의 보증이 있는 경우에는 그 현지법인 등을 설치한 거주자(국내 다른 기업과 공동출자하여 현지법인 등을 설치한 경우에는 출자지분이 가장 많은 기업, 출자지분이 같은 경우에는 자기자본이 가장 큰 기업으로 함)가 지정거래외국환은행의 장에게 신고

ⓑ 해당 현지법인 등을 설치한 거주자 또는 다른 거주자가 보증 등을 하는 경우에는 보증 등의 제공자가 해당 현지법인 등을 설치한 거주자의 지정거래외국환은행의 장에게 신고. 이 경우 동일 신용공여한도 제공은행으로부터 총액보증한도를 정하여 사전에 포괄신고를 할 수 있다.

(3) 현지금융의 신고의 예외

현지법인 등이 거주자의 보증 등을 받지 아니하고 현지금융을 받고자 하는 경우에는 외국환거래규정 제8장의 규정에 의한 신고를 요하지 아니한다. 다만, 해외지점 및 다음 중 어느 하나에 해당하는 현지법인의 경우에는 현지법인 등을 설치한 거주자가 해당 현지법인 등의 현지금융 차입 및 상환 반기보를 다음 반기 첫째 달 말일까지 지정거래외국환은행의 장에게 보고하여야 한다(외환규정 §8-2 ②).

① 거주자의 투자비율이 50% 이상인 현지법인

② 위 ①의 현지법인이 50% 이상 출자한 자회사

(4) 현지금융으로 조달한 자금의 사용과 사후관리

현지금융으로 조달한 자금은 현지법인 등과 국내 거주자 간의 인정된 경상거래에 따른 결제자금의 국내 유입의 경우를 제외하고는 국내에 예치하거나 국내로 유입할 수 없고(외환규정 §8-1 ③), 차입한 자금은 그 신고한 바에 따라 사용되어야 하며, 그 사용 및 차입원리금의 정당한 상환여부에 대하여 지정거래외국환은행의 장의 사후관리를 받아야 한다(외환규정 §8-2 ③).

(5) 차입 및 상환 보고

외국환거래규정 제8장의 규정에 의하여 현지금융을 받은 자(현지법인 등의 현지금융인 경우에는 해당 현지법인 등을 설치한 거주자 포함)는 현지금융의 차입·상환 반기보를 해당 거주자의 지정거래외국환은행의 장에게 다음 반기 첫째 달 말일까지 보고하여야 한다(외환규정 §8-4). 이렇게 보고서를 제출받은 지정거래외국환은행의 장은 현지금융

차입 및 상환 상황 반기보를 다음 반기 둘째 달 말일까지 한국은행총재에게 보고하여야 하며, 한국은행총재는 현지금융 차입 및 상환 상황을 국세청장 및 금융감독원장에게 통보하여야 한다(외환규정 §8-4 ②).

(6) 원리금의 상환 등

외국환거래규정 제8장의 규정에 의하여 현지금융을 받은 자 또는 현지금융관련 보증 등을 제공한 자가 그 원금 및 이자와 부대비용을 국내에서 외국에 지급하고자 하는 경우에는 지정거래외국환은행을 통하여 송금하여야 한다. 다만, 외국환은행이 보증과 관련하여 대지급하는 경우에는 그러하지 아니하다(외환규정 §8-5 ①).

Ⅱ 해외직접투자 및 해외부동산 등에 대한 자료제출

최근에는 거주자나 내국법인이 해외에 직접투자를 하거나 부동산 등을 취득하는 사례가 늘어나고 있는데, 거주자나 내국법인이 해외직접투자 등을 한 경우 소득세나 법인세 신고를 하면서 관련 자료를 제출하여야 하고 이런 자료제출 의무를 불이행하면 과태료가 부과될 수 있다. 따라서 해외직접투자 등을 하는 경우에는 세금계산을 제대로 하는 것 못지않게 관련 자료의 제출도 빠뜨리지 않도록 주의해야 한다.

1. 해외현지법인 등에 대한 자료제출 의무

(1) 해외현지법인 명세서 등의 제출

거주자(해당 과세기간 종료일 10년 전부터 국내에 주소나 거소를 둔 기간의 합계가 5년 이하인 외국인 거주자는 제외)나 내국법인이 외국환거래법 제3조 제1항 제18호에 따른 해외직접투자를 하거나 같은 항 제19호에 따른 자본거래 중 외국에 있는 부동산이나 이에 관한 권리('해외부동산 등')를 취득하거나 처분한 경우에는 소득세나 법인세 신고기한까지 다음의 자료를 납세지 관할 세무서장에게 제출하여야 한다(소득법 §165의 2 ①, 소득령 §217의 2 ①, 법인법 §121의 2 ①, 법인령 §164의 2 ①).

① 외국환거래법 제3조 제1항 제18호 가목에 따른 투자를 한 거주자나 내국법인 : 해외현지법인 명세서

② 위 ①에 해당하는 거주자나 내국법인 중 다음 중 어느 하나에 해당하는 거주자나 내국법인 : 해외현지법인 명세서 및 해외현지법인 재무상황표

ⓐ 외국환거래법 제3조 제1항 제18호 가목에 따른 해외직접투자를 받은 법인('피투자법인')의 발행주식총수 또는 출자총액의 10% 이상을 소유하고 그 투자금액이 1억원 이상인 거주자나 내국법인

ⓑ 피투자법인의 발행주식총수 또는 출자총액의 10% 이상을 직접 또는 간접으로 소유하고 피투자법인과 국제조세조정에관한법률 제2조 제1항 제8호에 따른 특수관계에 있는 거주자나 내국법인

③ 위 ②의 ⓑ에 해당하는 거주자나 내국법인 중 해외직접투자를 한 거주자나 내국법인의 손실거래(해외직접투자를 받은 외국법인과의 거래에서 발생한 손실거래로 한정함) 또는 해외직접투자를 받은 외국법인의 손실거래(해외직접투자를 한 거주자나 내국법인과의 거래에서 발생한 손실거래는 제외함)에 해당하는 거래 건별 손실금액이 거주자의 경우 단일 과세기간(사업연도) 10억원(내국법인은 50억원) 이상이거나 최초 손실이 발생한 과세기간(사업연도)부터 5년이 되는 날이 속하는 과세기간(사업연도)까지 누적 손실금액이 20억원(내국법인은 100억원) 이상인 경우 : 해외현지법인 명세서, 해외현지법인 재무상황표와 손실거래명세서

④ 외국환거래법 제3조 제1항 제18호 나목에 따른 투자를 한 거주자나 내국법인 : 해외영업소 설치현황표

⑤ 외국환거래법 제3조 제1항 제19호에 따른 자본거래로서 해당 과세기간 또는 사업연도 중에 해외부동산 등을 취득하거나 해외부동산 등을 투자운용(임대 포함) 또는 처분한 사실이 있는 거주자나 내국법인[해외부동산 등 물건별 취득가액(소득세법 제118조의 4 제1항 제1호나 법인세법 제41조에 따른 취득가액) 또는 처분가액(소득세법 제118조의 3에 따른 양도가액)이 2억원 미만인 경우 제외] : 해외부동산 취득·투자운용(임대) 및 처분 명세서

(2) 자료제출 의무 불이행에 대한 제출 및 보완요구

납세지 관할 세무서장은 해외현지법인 명세서 등에 대한 자료제출 의무가 있는 거주자나 내국법인이 해외현지법인 명세서 등을 제출하지 않거나 거짓된 해외현지법인 명세서

Part 3

등을 제출한 경우에는 해외현지법인 명세서 등의 제출이나 보완을 요구할 수 있다(소득법 §165의 2 ②, 법인법 §121의 2 ②). 이렇게 자료제출 또는 보완을 요구받은 자는 요구받은 날부터 60일 이내에 해당 자료를 제출하여야 한다(소득법 §165의 2 ③, 법인법 §121의 2 ③).

(3) 자료제출 의무 불이행 시 취득자금출처에 대한 소명요구

① 취득자금 출처에 대한 소명요구

거주자나 내국법인이 소명요구일 전 10년 이내에 해외부동산 등 또는 해외직접투자를 받은 외국법인의 주식 등을 취득한 경우로서 소득세나 법인세 신고기한까지 해외직접투자의 명세(외국환거래법 제3조 제1항 제18호 가목에 따른 해외직접투자를 한 거주자나 내국법인이 해외직접투자를 받은 외국법인의 발행주식총수 또는 출자총액의 10% 이상을 직접 또는 간접으로 소유한 경우로 한정함), 해외부동산 등의 투자 명세 및 해외부동산 등의 투자운용 및 처분과 관련된 자료를 제출하지 않거나 거짓된 자료를 제출한 경우에는 해당 납세지 관할 세무서장은 그 거주자나 내국법인에 다음의 금액(외국환거래법 제18조에 따라 신고한 금액은 제외함)의 출처에 대하여 소명을 요구할 수 있다(소득법 §165의 4 ①, 법인법 §121의 4 ①).

ⓐ 해외직접투자의 명세 자료를 제출하지 않거나 거짓된 자료를 제출한 경우 : 외국환거래법 제3조 제1항 제18호 가목에 따른 해외직접투자를 받은 외국법인의 주식 등의 취득에 든 금액

ⓑ 해외부동산 등의 투자 명세 및 해외부동산 등의 투자운용 및 처분과 관련된 자료를 제출하지 않거나 거짓된 자료를 제출한 경우 : 해외부동산 등의 취득에 든 금액

② 자금출처 소명요구에 대한 소명기한 및 소명범위

납세지 관할 세무서장으로부터 해외직접투자나 해외부동산 등의 취득자금의 출처에 대한 소명을 요구받은 거주자나 내국법인은 통지를 받은 날부터 90일 이내에 소명을 해야 하고, 이 경우 소명을 요구받은 거주자나 내국법인이 소명을 요구받은 금액의 80% 이상에 대하여 출처를 소명한 경우에는 소명을 요구받은 전액에 대하여 소명한 것으로 본다(소득법 §165의 4 ②, 법인법 §121의 4 ②). 그런데 자금출처에 대한 소명요구를 받은 거주자나 내국법인이 자료의 수집·작성에 상당한 기간

이 걸리는 등 다음에 해당하는 부득이한 사유로 소명기간의 연장을 신청하는 경우에는 납세지 관할 세무서장은 60일의 범위에서 한 차례만 연장할 수 있다(소득법 §165의 4 ③, 법인법 §121의 4 ③, 소득령 §227 ①, 법인령 §166 ①).

ⓐ 화재·재난 및 도난 등의 사유로 자료제출이 불가능한 경우

ⓑ 사업이 중대한 위기에 처해 자료제출이 매우 곤란하다고 납세지 관할 세무서장이 인정하는 경우

ⓒ 수사기관 등 관계 기관에 관련 장부·서류가 압수 또는 영치된 경우

ⓓ 자료의 수집·작성에 상당한 기간이 필요해 기한 내에 자료를 제출할 수 없다고 납세지 관할 세무서장이 인정하는 경우

ⓔ 그 밖에 위 ⓐ부터 ⓓ까지의 규정에 따른 사유와 유사한 사유로서 기한 내에 자료를 제출할 수 없다고 납세지 관할 세무서장이 인정하는 경우

2. 해외현지법인 등에 대한 자료제출 의무 불이행에 대한 제재

(1) 해외현지법인 명세서 등의 제출 의무 불이행에 대한 과태료

해외현지법인 명세서 등의 자료제출 의무가 있는 거주자나 내국법인(해외직접투자의 명세, 해외직접투자를 받은 외국법인의 재무상황, 해외직접투자를 한 내국법인의 손실거래, 해외직접투자를 받은 외국법인의 손실거래와 관련된 자료는 외국환거래법 제3조 제1항 제18호에 따른 해외직접투자를 한 내국법인이 해외직접투자를 받은 법인의 발행주식총수 또는 출자총액의 10% 이상을 직접 또는 간접으로 소유한 경우만 해당함)이 다음 중 어느 하나에 해당하는 경우 그 거주자나 내국법인에 대해서는 5천만원 이하의 과태료를 부과한다. 다만, 기한까지 자료제출이 불가능하다고 인정되는 경우 등 정당한 사유가 있는 경우에는 과태료를 부과하지 아니한다(소득법 §176 ①, 법인법 §123 ①).

① 소득세나 법인세 신고기한까지 해외현지법인 명세서 등을 제출하지 아니하거나 거짓된 해외현지법인 명세서 등을 제출하는 경우

② 당초 기한까지 자료제출을 하지 않는 경우 등에 해당되어 자료제출 또는 보완을 요구받고 정해진 보완요구 기한까지 해당 자료를 제출하지 아니하거나 거짓된 자료를 제출하는 경우

Part 3

(2) 해외부동산 등의 자료제출 의무 불이행에 대한 과태료

해외부동산 등의 투자명세 및 해외부동산 등과 관련된 자료의 제출의무가 있는 거주자나 내국법인이 다음 중 어느 하나에 해당하는 경우 그 거주자나 내국법인에 대해서는 해외부동산 등의 취득가액(소득세법 제118조의 4 제1항 제1호나 법인세법 제41조에 따른 취득가액에서 해당 부동산 등의 취득과 관련해 외국환거래법 제18조에 따라 신고한 금액을 뺀 가액), 처분가액(소득세법 제118조의 3에 따른 양도가액에서 해당 해외부동산 등의 처분과 관련해 외국환거래법 제20조에 따라 보고한 금액을 뺀 가액) 및 투자운용 소득(해외부동산 등의 투자운용과 관련된 소득세법 제24조, 법인세법 제15조에 따른 익금 등)의 10% 이하의 과태료(1억원을 한도로 함)를 부과한다. 다만, 기한까지 자료제출이 불가능하다고 인정되는 경우 등 정당한 사유가 있는 경우에는 과태료를 부과하지 아니한다(소득법 §176 ②, 소득령 §227 ②, 법인법 §123 ②, 법인령 §166 ②).

① 소득세나 법인세 신고기한까지 해외부동산 등의 투자 명세 등을 제출하지 아니하거나 거짓된 해외부동산 등의 투자 명세 등을 제출하는 경우

② 당초 기한까지 자료제출을 하지 않는 경우 등에 해당되어 자료제출 또는 보완을 요구받고 정해진 보완요구 기한까지 해당 자료를 제출하지 아니하거나 거짓된 자료를 제출하는 경우

(3) 취득자금 출처의 소명요구 불응에 대한 과태료

거주자나 내국법인이 소득세나 법인세 신고기한까지 해외직접투자의 명세, 해외부동산 등의 투자 명세 및 해외부동산 등의 투자운용 및 처분과 관련된 자료를 제출하지 않거나 거짓된 자료를 제출한 경우에 해당되어 납세지 관할 세무서장으로부터 그 취득자금의 출처에 대하여 소명을 요구받고 소명대상 금액의 출처에 대하여 소명하지 아니하거나 거짓으로 소명한 경우에는 소명하지 아니하거나 거짓으로 소명한 금액의 20%에 상당하는 과태료를 부과한다. 다만, 천재지변 등 다음 중 어느 하나에 해당하는 정당한 사유가 있는 경우에는 과태료를 부과하지 아니한다(소득법 §176 ③, 소득령 §227 ③, 법인법 §123 ③, 법인령 §166 ③).

① 천재지변, 재난 및 도난 등 불가항력적 사유로 증명서류 등이 멸실되어 소명이 불가능한 경우

② 해당 해외현지법인 또는 해외부동산 등의 소재 국가의 사정 등으로 소명이 불가능한 경우

3. 자료제출 의무 불이행에 대한 과태료 부과기준과 불복가능 여부

(1) 과태료의 부과기준

거주자나 내국법인이 해외현지법인 등에 대한 자료제출 의무를 제대로 이행하지 아니한 경우에는 다음과 같이 소득세법시행령 [별표 5]나 법인세법시행령 [별표 2]에서 정하는 과태료가 부과된다(소득령 §228 ①, 법인령 §167 ①). 이렇게 과태료를 부과하는 경우 납세지 관할 세무서장은 위반 정도, 위반 횟수, 위반행위의 동기 및 그 결과 등을 고려해 과태료 부과기준에 따른 과태료 금액의 2분의 1의 범위에서 그 금액을 줄이거나 늘릴 수 있다. 다만, 과태료 금액을 늘리는 경우에는 소득세법 제176조 제1항부터 제3항까지 및 제177조나 법인세법 제123조 제1항부터 제3항까지 및 제124조에 따른 과태료 금액의 상한을 넘을 수 없다(소득령 §228 ②, 법인령 §167 ②).

위반행위		과태료 금액
1. 소득세법 제165조의 2 제1항 또는 법인세법 제121조의 2 제1항에 따른 기한까지 다음의 자료를 제출하지 않거나 거짓된 자료를 제출하는 경우	가. 해외현지법인 명세서 등 1) 해외현지법인 명세서 2) 해외현지법인 재무상황표 3) 손실거래명세서 4) 해외영업소 설치현황표	거주자는 건별 500만원, 법인은 건별 1천만원
	나. 해외부동산 등의 투자 명세 등 : 해외부동산 취득·투자운용(임대) 및 처분 명세서	해외부동산 등의 취득가액, 처분가액 및 투자운용 소득의 10%(1억원 한도)
2. 소득세법 제165조의 2 제2항 또는 법인세법 제121조의 2 제2항에 따라 자료제출 또는 보완을 요구받은 날부터 60일 이내에 다음의 자료를 제출하지 않거나 거짓된 자료를 제출하는 경우	가. 해외현지법인 명세서 등 1) 해외현지법인 명세서 2) 해외현지법인 재무상황표 3) 손실거래명세서 4) 해외영업소 설치현황표	거주자는 건별 500만원, 법인은 건별 1천만원
	나. 해외부동산 등의 투자 명세 등 : 해외부동산 취득·투자운용(임대) 및 처분 명세서	해외부동산 등의 취득가액, 처분가액 및 투자운용 소득의 10%(1억원 한도)

(2) 과태료 부과의 국세기본법상 불복대상 여부

일반적으로 과태료 부과처분과 같이 질서위반행위로 인한 과태료의 부과·징수 및 재판 등에 관한 사항은 질서위반행위규제법의 적용을 받는 것으로, 과태료 부과처분은 국세기본법상 불복대상은 아니어서 해외현지법인 등에 대한 자료제출 의무 불이행으로 과태료가 부과된 경우 국세기본법상에 따른 불복절차가 아닌 소송을 통해 다퉈야 한다(조심 2017서4981, 2018.6.12.). 질서위반행위규제법에 따르면, 과태료의 부과·징수, 재판 및 집행 등의 절차에 관한 다른 법률의 규정 중 질서위반행위규제법의 규정에 저촉되는 것은 질서위반행위규제법으로 정하는 바에 따르고(같은 법 제5조), 행정청의 과태료 부과에 불복하는 당사자는 과태료 부과 통지를 받은 날부터 60일 이내에 해당 행정청에 서면으로 이의제기를 할 수 있으며(같은 법 제20조), 이의제기를 받은 행정청은 이의제기를 받은 날부터 14일 이내에 이에 대한 의견 및 증빙서류를 첨부하여 관할 법원에 통보하여야 하고(같은 법 제21조), 과태료 사건은 다른 법령에 특별한 규정이 있는 경우를 제외하고는 당사자의 주소지의 지방법원 또는 그 지원의 관할로 한다(같은 법 제25조)고 규정하고 있다. 따라서 질서위반행위로 인한 과태료의 부과·징수 및 재판 등에 관한 사항은 질서위반행위규제법의 적용을 받기 때문에 해외현지법인 등에 대한 자료제출 의무 불이행에 따른 과태료 처분은 국세기본법에 따른 불복절차를 진행할 수 없다.

■ 법인세법 시행규칙 [별지 제81호서식] <개정 2014.3.14>

(앞쪽)

① 모법인명	해외현지법인 명세서	③ 모법인 사업연도
(주)비스콤		2019. 1. 1. ~ 2019.12.31.
② 모법인 사업자등록번호		④ 해외현지법인 사업연도
214-86-12345		2019. 1. 1. ~ 2019.12.31.

Ⅰ. 해외현지법인 명세서 제출현황(총계)

구분	제출대상 법인 수				⑨ 제출법인 수	⑩ 미제출 법인 수 (⑧-⑨)
	⑤ 전기말 가동법인 수	⑥ 해당 사업연도 중 신설 법인 수	⑦해당 사업연도 중 청산 (지분양도)법인 수	⑧ 제출대상 법인 수(⑤+⑥)		
특수관계	1			1	1	
기 타						

Ⅱ. 제출대상 해외현지법인 (해외현지법인별로 작성)

1. 해외현지법인 기본사항 : [✔] 국내모법인의 자회사 [ ] 국내모법인의 손회사 이하

⑪ 해외현지법인명	Biscom Amarica Inc.			⑫ 해외현지기업고유번호	275101010
⑬ 거주지국	미국	⑭ 투자일	2010 . 10. 10.	⑮ 현지납세자번호	273123231
⑯ 해외현지법인 소재지	100 Oldiron Drive Santa Clara, CA, USA				
⑰ 업종 (업종코드)	정보통신업 (722000)	⑱ 직원 수 (모법인파견 직원 수)	10 ( )	⑲ 현지법인 전화번호	

2. 해외현지법인 투자 명세

가. 해외현지법인에 대한 투자현황 (단위: %, 원)

⑳ 해외현지법인의 주주명 (주주의 거주지국)	출 자 명 세				대부투자 명세	
	㉑ 출자금액	㉒ 주식 수	㉓ 지분율	㉔ 배당금수입	㉕ 대여금	㉖ 대부수입이자
(주)비스콤 (대한민국)	1,900,000,000	1,900,000	100			
( ) ( )						
( )						
( )						
소액주주 소계						
계	1,900,000,000	1,900,000	100			

나. 해외현지법인이 10% 이상 직접 소유한 자회사 현황 (단위: %, 원)

㉗ 자회사명	㉘ 업종	㉙ 소재지 (국가 & 도시명)	㉚ 출자일	㉛ 현지법인의 출자금액	㉜ 지분율	㉝ 당기순손익
			. . .			
			. . .			
			. . .			

다. 청산(지분양도) 여부 (단위: 원)

㉞ 청산(지분양도)일		㉟ 청산유형		㊱ 회수금액		㊲ 주거래은행 신고 여부	[ ]여 [ ]부

「법인세법」 제121조의2 및 「법인세법 시행령」 제164조의2에 따라 해외현지법인명세서를 제출합니다.

2020년 3월 31일

제출인 (주)비스콤 (서명 또는 인)

서초 세무서장 귀하

210㎜×297㎜[백상지 80g/㎡ 또는 중질지 80g/㎡]

■ 법인세법 시행규칙 [별지 제82호서식] <개정 2014.3.14>

(앞쪽)

① 모법인명	해외현지법인 재무상황표	③ 모법인 사업연도
(주)비스콤	[✔]확정분, [ ]가결산	2019. 1. 1. ~ 2019.12.31.
② 모법인 사업자등록번호		④ 해외현지법인 사업연도
214-86-12345		2019. 1. 1. ~ 2019.12.31.

Ⅰ. 해외현지법인 재무상황표 자료제출 현황(총계)

⑤ 제출대상 현지법인 수	⑥ 제출 현지법인 수	⑦ 미제출 현지법인 수(⑤-⑥)
1	1	

Ⅱ. 해외현지법인 재무상황(해외현지법인별로 작성) (단위: 원)

⑧ 해외현지법인명	Biscom Amarica Inc.	⑨ 해외현지기업고유번호	275101010

1. 해외현지법인 요약대차대조표 (⑩ 적용환율: 1,157.80 / USD)			2. 해외현지법인 요약손익계산서 (⑪ 적용환율: 1,165.65 / USD)		
Ⅰ. 자 산 총 계	01	3,702,218,987	Ⅰ. 매출액	27	6,782,939,555
1. 현금과 예금	50	180,747,827	1. 특수관계인에 대한 매출	28	
2. 특수관계인에 대한 매출채권	02	582,938,985	2. 기타 매출	29	6,782,939,555
3. 기타매출채권	03	1,382,886,473	Ⅱ. 매출원가	30	2,364,619,603
4. 재고자산	04		1. 특수관계인으로부터 매입	51	2,130,972,848
5. 유가증권	05		2. 기타 매입	52	233,646,755
6. 투자유가증권	55		Ⅲ. 매출총손익	56	4,418,319,952
7. 특수관계인에 대한 대여금	06		Ⅳ. 판매비와 일반관리비	31	4,154,950,926
8. 기타대여금	07		1. 급여(모회사파견직원)	32	
9. 유형자산	08	193,914,133	2. 급여(기타)	33	2,979,783,651
1) 토지 및 건축물	09		3. 임 차 료	34	222,124,422
2) 기계장치, 차량운반구	10		4. 연구개발비	35	
3) 기타유형자산	11	193,914,133	5. 대손상각비	36	
10. 무형자산	12		6. 기타 판매비와 관리비	37	953,042,853
11. 위 분류과목 이외 자산	13	1,361,731,569	Ⅴ. 영업손익	57	263,369,026
Ⅱ. 부 채 총 계	14	3,390,151,457	Ⅵ. 영업외수익	38	
1. 특수관계인에 대한 매입채무	15	2,069,161,841	1. 이자수익	39	
2. 기타매입채무	16	292,154,736	2. 배당금수익	40	
3. 특수관계인에 대한 차입금	17		3. 채무면제익	53	
4. 기타차입금	18		4. 기타영업외수익	41	
5. 미지급금	19		Ⅶ. 영업외비용	42	69,994,251
6. 위 분류과목 이외 부채	20	1,028,834,880	1. 이자비용	43	
Ⅲ. 자 본 금 총 계	21	312,067,530	2. 기타영업외비용	44	69,994,251
1. 자 본 금	22	1,975,015,855	Ⅷ. 법인세비용차감전손익	58	193,374,775
2. 기타 자본금	23	-1,662,948,325	Ⅸ. 법인세비용	47	
1) 자본잉여금	24		Ⅹ. 당기순손익	48	193,374,775
2) 이익잉여금	25	-1,662,948,325			
3) 기 타	26				

210㎜×297㎜[백상지 80g/㎡ 또는 중질지 80g/㎡]

(뒤쪽)

3. 해외현지법인 이익잉여금 처분계산서			4. 해외현지법인 결손금 처리계산서		
(⑩ 적용환율:)			(⑩ 적용환율:)		
Ⅰ. 미처분이익잉여금	71		Ⅰ. 미처리결손금	83	
1. 전기이월미처분이익잉여금 (전기이월미처리결손금)	72		1. 전기이월미처리결손금 (전기이월미처분이익잉여금)	84	1,856,323,100
2. 전기오류수정이익 (전기오류수정손실)	73		2. 전기오류수정손실 (전기오류수정이익)	85	
3. 중간배당액	74		3. 중간배당액	86	
4. 당기순이익(당기순손실)	75		4. 당기순손실(당기순이익)	87	(193,374,775)
Ⅱ. 임의적립금 등의 이입액	76		Ⅱ. 결손금 처리액	88	
Ⅲ. 이익잉여금 처분액	77		1. 임의적립금 이입액	89	
1. 현금배당	78		2. 그 밖의 법정적립금 이입액	90	
2. 주식배당	79		3. 이익준비금 이입액	91	
3. 의무적립금	80		4. 자본잉여금 이입액	92	
4. 그 밖의 임의적립금 및 상여 등	81		Ⅲ. 차기이월미처리결손금	93	1,662,948,325
Ⅳ. 차기이월이익잉여금	82				

「법인세법」 제121조의2 및 「법인세법 시행령」 제164조의2에 따라 해외현지법인 재무상황표를 제출합니다.

2020 년 3월 31 일

제출인 (주)비스콤 (서명 또는 인)

서초 **세무서장** 귀하

작성방법

※ 이 서식은 「외국환거래법」 제3조제1항제18호가목에 따른 해외직접투자를 한 내국법인 중 피투자법인의 발행주식총수 또는 출자총액의 100분의10 이상을 소유하고 그 투자금액(증권투자 및 대부투자 합계)이 1억원 이상이거나, 피투자법인의 발행주식 총수 또는 출자총액의 100분의 10 이상을 직접 또는 간접으로 소유하고 피투자법인과 「국제조세조정에 관한 법률」 제2조제1항제8호에 따른 특수관계에 있는 모든 내국법인이 제출대상이 됩니다(상기 요건에 해당하는 경우에는 공동투자자 모두가 제출대상이 됩니다).

여기서 1억원 이상의 외화환산은 각 투자실행일 현재의 매매기준율 또는 재정(裁定)된 매매기준율로 환산한 금액입니다.

1. 국내 모법인과 해외현지법인의 사업연도 종료일이 다른 경우 국내 모법인의 사업연도종료일 직전에 종료하는 해외현지법인 사업연도분을 대상으로 하여 작성하며 가결산하여 작성하는 경우 가결산의 [ ]에 √ 합니다.
2. 외화의 원화환산은 요약대차대조표 및 이익잉여금(결손금)처리 계산서항목의 경우 해외현지법인 사업연도종료일 현재 매매기준율 또는 재정(裁定)된 매매기준율을 적용한 환율은 ⑩ 적용환율에, 요약손익계산서항목의 경우 해외현지법인 사업연도의 평균환율은 ⑪ 적용환율에 적습니다.
   (예: 미 달러화의 경우 930.00/USD 방식으로 적습니다.)
3. 해외현지기업고유번호는 국내 모법인의 납세지 관할 세무서장이 부여한「해외현지기업고유번호」(9자리)를 적습니다.
4. 요약대차대조표 및 요약손익계산서 상의 '특수관계인'은 해외현지법인의 특수관계인으로 국내 특수관계인뿐만 아니라 국외특수관계인도 포함합니다. 이 경우 특수관계인의 범위에는 「국제조세조정에 관한 법률」 제2조제1항제8호 및 같은 법 시행령 제2조에서 규정한 특수관계를 적용합니다.
5. 계정과목을 분류할 수 있는 항목은 반드시 해당 항목에 분류하여 적어야 합니다.
   (예: 현금+단기예금+장기예금→현금과예금, 단기대여금+장기대여금→대여금 등)
   * 특히 계정과목을 분류할 수 있음에도 "위 분류과목 이외의 자산, 부채 항목"으로 분류하지 마시기 바랍니다.
6. 유가증권의 경우 유동자산에 해당하는 항목은 「유가증권」에, 비유동자산에 해당하는 항목은 「투자유가증권」에 적습니다. (예: 지분법적용해외투자주식→투자유가증권)
7. 해외현지법인 이익잉여금처분(결손금처리)계산서의 작성요령은 별지 제3호의3서식(4) "이익잉여금처분(결손금처리) 계산서"의 작성요령을 참고하시기 바랍니다.
8. 제출대상 해외현지법인 수가 둘 이상인 경우 제출인 서명날인은 첫 장에만 합니다.

■ 법인세법 시행규칙 [별지 제82호의2서식] <신설 2014.3.14>

(앞쪽)

사업연도	. . . ~ . . .	손실거래명세서	법 인 명	
			사업자등록번호	

1. 손실거래 관련 해외현지법인의 인적사항

① 연번	② 법인명	③ 소재지 국가 (또는 지역)	④ 국가 코드	⑤ 해외현지기업 고유번호	⑥ 내국법인의 주식소유비율	⑦ 제출대상 손실거래 수

2. 손실거래 명세

(단위: 원)

⑧ 일련번호	①-1 연번	⑨ 손실 구분	⑩ 제출 구분	손실거래 발생기간		⑬ 손실거래금액	⑭ 산출기준
				⑪ 시작일	⑫ 종료일		
	1	[ ] 내국법인 [ ] 해외현지법인	[ ] 거래건별 [ ] 누적손실				[ ] 기업회계기준 [ ] 거주지국 회계원칙
	⑮ 거래종류	⑯ 코드	⑰ 손실거래 내용				

⑧ 일련번호	①-1 연번	⑨ 손실 구분	⑩ 제출 구분	손실거래 발생기간		⑬ 손실거래금액	⑭ 산출기준
				⑪ 시작일	⑫ 종료일		
	1	[ ] 내국법인 [ ] 해외현지법인	[ ] 거래건별 [ ] 누적손실				[ ] 기업회계기준 [ ] 거주지국 회계원칙
	⑮ 거래종류	⑯ 코드	⑰ 손실거래 내용				

⑧ 일련번호	①-1 연번	⑨ 손실구분	⑩ 제출 구분	손실거래 발생기간		⑬ 손실거래금액	⑭ 산출기준
				⑪ 시작일	⑫ 종료일		
	1	[ ] 내국법인 [ ] 해외현지법인	[ ] 거래건별 [ ] 누적손실				[ ] 기업회계기준 [ ] 거주지국 회계원칙
	⑮ 거래종류	⑯ 코드	⑰ 손실거래 내용				

⑧ 일련번호	①-1 연번	⑨ 손실 구분	⑩ 제출 구분	손실거래 발생기간		⑬ 손실거래금액	⑭ 산출기준
				⑪ 시작일	⑫ 종료일		
	1	[ ] 내국법인 [ ] 해외현지법인	[ ] 거래건별 [ ] 누적손실				[ ] 기업회계기준 [ ] 거주지국 회계원칙
	⑮ 거래종류	⑯ 코드	⑰ 손실거래 내용				

「법인세법」 제121조의2 및 「법인세법 시행령」 제164조의2에 따라 손실거래명세서를 제출합니다.

년 월 일

제출인 (서명 또는 인)

세무서장 귀하

210㎜×297㎜[백상지 80g/㎡ 또는 중질지 80g/㎡]

■ 법인세법 시행규칙 [별지 제83호서식] <개정 2014.3.14>

(앞쪽)

① 본점 법인명	해외영업소 설치현황표	② 본점 사업자등록번호
		214-86-12345
(주)비스콤		③ 본점 사업연도
		2019. 1. 1. ~ 2019. 12. 31.

Ⅰ. 해외영업소 설치 현황

제출대상 해외영업소 수				⑧ 제출 영업소 수	⑨ 미제출 영업소 수 (⑦-⑧)
④ 전기말 가동 영업소 수	⑤ 해당 사업연도 중 설립 영업소 수	⑥ 당기 중 폐쇄(철수) 영업소 수	⑦ 제출대상 영업소 수 (④+⑤)		
1			1	1	

Ⅱ. 해외영업소 설치명세(해외영업소별로 작성)

1. 해외영업소 기본사항

⑩ 해외영업소명	Biscom Singapore	⑪ 해외현지기업고유번호	164901010	⑫ 거주지국	싱가포르
⑬ 해외영업소소재지	20 Boonlay Way Tradehub, Singapore	⑭ 현지납세자번호	T16G00200	⑮ 설립일	2015. 4. 1.
⑯ 설립형태	[✔] 1. 지점 [ ] 2. 사무소	⑰ 업종 (업종코드)	정보통신업 (722000)	⑱ 직원 수 (본점파견 직원 수)	3 ( )

2. 해외지점 경영상황(⑯항목에서 "1. 지점"인 경우만 작성)

가. 해외지점 요약대차대조표 (⑲ 적용환율: 850.50/SGD)			나. 해외지점 요약손익계산서 (⑳ 적용환율: 855.20/SGD)		
Ⅰ. 자산총계	01	156,268,850	Ⅰ. 매출액	08	750,375,200
1. 토지 및 건축물	02		Ⅱ. 매출원가	09	240,560,100
2. 기계장치, 차량운반구	03		Ⅲ. 판매비와 일반관리비	10	310,236,320
3. 기타	04	156,268,850	Ⅳ. 영업외수익	11	
Ⅱ. 부채총계	05	130,250,000	Ⅴ. 영업외비용	12	
Ⅲ. 자본총계	06	26,018,850	Ⅵ. 소득세	15	30,120,100
(본점지원경비)	07		Ⅶ. 당기순손익	16	169,458,680

3. 폐업(철수) 여부

㉑ 폐업(철수)일		㉒ 회수금액	

「법인세법」 제121조의2 및 「법인세법 시행령」 제164조의2에 따라 해외영업소 설치현황표를 제출합니다.

2020 년 3월 31일

제출인 (주)비스콤 (서명 또는 인)

서초 **세무서장** 귀하

210㎜×297㎜[백상지 80g/㎡ 또는 중질지 80g/㎡]

Part 3

■ 법인세법 시행규칙 [별지 제84호서식] <개정 2019. 3. 20.>

(앞쪽)

해외부동산 취득 · 투자운용(임대) 및 처분 명세서

① 사업연도	2019년 1월 1일부터 2019년 12월 31일까지	② 사업자 등록번호	214-86-12345	③ 취득(소유)자 법인명	(주)비스콤
④ 주소	서울시 서초구 서초대로 100			⑤ 전화번호	

1. 해외부동산 취득 명세

부동산 소재지	⑥ 국가	미국	⑦ 신고수리은행	KEB하나은행	⑧ 신고수리번호	0684-자본-130800501
	⑨ 소재지	50 Clock Tower Irvine, CA, USA				
⑩ 취득일		2015년 11월 10일	⑪취득목적	[ ]주거, [✔]주거 이외		
⑫ 부동산의 종류		[ ]주택 · 아파트, [✔]상가 · 건물, [ ]토지, [ ]부동산에 관한 권리, [ ]기타				
⑬ 부동산의 규모(면적,㎡)		건물 (450), 대지 (500)	⑭소유지분	100%		
⑮ 총 취득금액(A)=(B+C)		현지통화 : USD (1,950,000)(원화환산 :₩ 2,145,000,000)				
⑯ 국내에서 송금액(B)		현지통화 : USD (1,950,000)(원화환산 :₩ 2,145,000,000)				
⑰ 현지조달금액(방법)(C)		현지통화 : ( )(원화환산 :₩)				

2. 공동취득인 경우

구분	제출법인	공동취득인1	공동취득인2	기타 공동취득인
⑱ 공동취득자성명(상호)				
⑲ 사업자(주민)등록번호				
⑳ 제출법인과의 관계				
㉑ 소유지분	%	%	%	%

3. 해외부동산 투자운용(임대) 명세 (단위: 원)

㉒ 층 · 호수	임차인			임대수입 등 명세		
	㉓ 상호(성명)	㉔ 개시일 (입주일)	㉕ 종료일 (퇴거일)	㉖ 보증금	㉗ 월세	㉘ 연간월세 합 계

4. 해외부동산 처분 명세 (단위: 원)

부동산 소재지	㉙ 국가		㉚ 보고은행		㉛ 보고번호	
	㉜ 소재지				㉝ 처분일	년 월 일
㉞ 부동산의 종류		[ ]주택 · 아파트, [ ]상가 · 건물, [ ]토지, [ ]부동산에 관한 권리, [ ]기타				
㉟ 부동산의 규모(면적,㎡)		건물 ( ), 대지 ( )			㊱처분지분	%
㊲ 총 처분금액		현지통화 : ( )(원화환산 :₩)				

붙임 서류: 1. 매매계약서 사본 2. 등기부등본 사본 3. 그 밖의 증빙서류

「법인세법」 제121조의2 및 같은 법 시행령 제164조의2에 따라 해외부동산 취득 · 투자운용(임대) 및 처분 명세서를 제출합니다.

2020년 3월 31일

제출법인 (주)비스콤 (인)

서초 세무서장 귀하

210㎜×297㎜[백상지 80g/㎡ 또는 중질지 80g/㎡]

■ 법인세법 시행규칙 [별지 제85호서식] <신설 2019. 3. 20.>

취득자금 소명대상 금액의 출처 확인서

(3쪽중 제1쪽)

1. 소명법인 인적사항

① 법인명	② 사업자등록번호
③ 대표자 성명	④ 전화번호
⑤ 소재지	

2. 납세지 관할 세무서장의 소명요구 내용 (1)

⑥ 자산종류	⑦ 자산 소재 국가	⑧ 자산 내용	⑨ 취득일	⑩ 소명요구 금액 (천원)	⑪ 소명요구일

3. 위반금액 출처 명세 (1)

(단위: 천원)

구분	⑫ 금액	⑬ 발생처	⑭ 발생기간	⑮ 과세대상 금액	⑯ 과세대상 금액 중 신고(결정) 금액
⑰ 소득					
⑱ 수증, 채무 면제					
⑲ 채무					
⑳ 기타					
㉑ 합계(⑰+⑱+⑲+⑳)		㉒ 소명기준 충족 여부[(㉑/⑩)≥80%]		[ ] 예	[ ] 아니요

위 소명법인은 「법인세법」 제121조의4 및 같은 법 시행령 제164조의5제1항에 따라 소명법인이 알고 있는 사실 그대로 정확하게 소명하였음을 확인합니다.

년 월 일

제출법인 (서명 또는 인)

세무서장 귀하

대리인	성명(상호)	사업자등록번호(주민등록번호)	전화번호

신고인 제출서류(예시)	1. 신고(결정) 소득금액을 확인할 수 있는 신고서 등 2. 부동산 양도차익은 부동산소재지·수량 및 금액이 표시된 매수·매도계약서 또는 양도소득세 신고서 3. 동산 등 양도차익은 매수자의 주소(소재지), 성명(법인명), 주민등록번호(법인등록번호 등) 등이 적힌 매수·매도계약서 또는 매수·매도자 확인서 등 거래금액 및 거래사실을 증명하는 서류 4. 증여는 증여자의 주소(소재지), 성명(법인명), 주민등록번호(법인등록번호 등) 등을 적은 확인서 또는 증여세(법인세) 신고서 5. 채무 중 금융기관 차입자금은 해당 금융기관이 발행한 증명서 6. 채무 중 타인자금은 채권자가 확인되는 차용증서, 전세금 등의 경우 계약서 등 7. 그 밖의 자금원천이 확인되는 서류

210㎜×297㎜[백상지(80g/㎡)]

Part 3

Ⅲ 해외현지기업에 대한 고유번호 부여 및 관리

1. 해외현지기업의 고유번호 부여

(1) 고유번호 신청과 부여

'해외현지기업 고유번호'란 외국환거래법 제3조 제1항 제18호에 따른 해외직접투자자에 대한 효율적인 세원관리를 위하여 국세청장(국제세원관리담당관) 또는 세무서장(세원관리담당과장)이 해외현지법인과 해외지사(지점) 및 해외영업소 등에 부여하는 번호를 말한다(국조사무규정 §2 22호). 국세청장(국제세원관리담당관)은 매월 한국수출입은행장으로부터 해외현지법인자료, 해외지사자료, 사무소자료 등 현지법인 등의 설립(변동·청산·폐쇄 포함) 현황자료, 연간사업실적보고서 등을 수집하는데(국조사무규정 §20), 이렇게 수집한 자료 중 신규설립(거주자 간 양수·도 포함) 법인 등에 대해서는 해외현지기업 고유번호를 부여하여 전산으로 관리한다(국조사무규정 §27 ①). 그리고 납세지 관할 세무서장(세원관리담당과장)은 납세자가 해외현지기업 고유번호를 신청(해외현지기업 고유번호 신청서)한 경우 고유번호 중복 부여에 해당하는지를 확인한 후 설립과 관련된 서류를 검토하여 해외현지기업 고유번호를 부여하여야 한다(국조사무규정 §27 ②).

(2) 해외현지기업자료의 관리

국세청 국제조사과장 및 역외탈세정보담당관은 직접 또는 다른 법률에 따라 수집한 해외현지기업자료를 세원관리에 활용될 수 있도록 국제세원관리담당관에게 통보하여 한다(국조사무규정 §27 ③). 그리고 지방국세청장 또는 세무서장(세원관리담당과장 및 조사과장)은 세원분석 및 신고내용 확인, 세무조사 등의 과정에서 확인된 납세자의 해외현지기업에 대한 자료를 납세지 관할 세무서장(세원관리담당과장)에게 송부하여야 하며, 해외현지기업에 대한 자료를 수보한 납세지 관할 세무서장(세원관리담당과장)은 해외현지기업 고유번호를 부여하여 관리하여야 한다(국조사무규정 §27 ④).

2. 해외현지기업 고유번호증의 발급 및 관리와 청산 처리

(1) 고유번호증의 발급과 관리

국세청장 등이 해외현지기업 고유번호를 새로 부여한 경우에는 납세자에게 고유번호증을 발급·교부하여야 한다(국조사무규정 §27의 2). 그리고 납세지 관할 세무서장(세원관리담당과장)은 해외현지기업 소재지 이전, 투자자 변경 등의 변동내역이 확인되는 경우 확인된 사항을 전산에 반영하여야 한다(국조사무규정 §28).

(2) 해외현지기업 청산 처리

납세지 관할 세무서장(세원관리담당과장)은 납세자가 해외현지기업 청산(지분양도 포함)을 증명하는 서류를 제출하는 경우에는 청산일자(지분양도일자)를 확인하여 전산으로 청산처리를 하여야 하며, 외국환거래규정 제9-6조(해외직접투자사업의 청산)에 따른 청산신고를 지정거래외국환은행의 장에게 할 수 있도록 안내한다(국조사무규정 §28의 2).

■ 국제조세사무처리규정[별지 제8호서식] <신설 2019.9.2.>

해외현지기업 고유번호 신청서

접수번호	접수일	처리기간 즉시

신청인 (해외투자자)	① 법인명 (상호)	② 사업자등록번호	
	③ 대표자 (성명)	④ 주민등록번호	
	⑤ 업종	⑥ 전화번호	
	⑦ 소재지(주소)		
해외현지기업	⑧ 현지기업명	⑨ 소재지국명	
	⑩ 소재지	⑪ 업종	
	⑫ 납입자본금 (화폐단위 :)	⑬ 설립일자	
	⑭ 해외현지기업의 형태	[ ] 해외현지법인 [ ] 해외개인기업	[ ] 지점 또는 연락사무소
	⑮ 신청인과의 관계 (⑭에서 현지법인인 경우)	[ ] 자회사	[ ] 손회사 이하
해외현지기업에 대한 투자내역	⑯ 투자일자		
	투자자의 주식소유 비율	⑰ 직접 주식소유 비율	
		⑱ 간접 주식소유 비율	

해외현지기업의 주주현황	⑲ 법인명 또는 성명	⑳ 납세자번호(사업자번호, 주민등록번호, 고유번호)	㉑ 소재지국	㉒ 투자비율

법인세법 시행규칙 제82조 제1항 제60호 및 소득세법 시행규칙 제101조 제23호에 근거하여 해외현지기업에 대한 고유번호 발급을 신청합니다.

년 월 일

신청인 [서명 또는 인]

세무서장 귀하

증명발급 등을 위한 개인정보 수집·이용 동의

■ **개인정보 수집·이용 내역(개인정보보호법 제15조)**

(수집항목) 성명, 상호, 주소(사업장), 전화번호 (수집목적) 증명발급, 사후관리 등 (보유기간) **5년**

위와 같이 개인정보 수집·이용하는데 동의하십니까? □ 동의 □ 미동의

■ **고유식별정보 수집·이용 내역(개인정보보호법 제24조)**

(수집항목) **주민등록번호**, **외국인등록번호**, **여권번호**, (수집목적) 증명발급, 사후관리 등 (보유기간) **5년**

위와 같이 고유식별정보를 수집·이용하는데 동의하십니까? □ 동의 □ 미동의

납세자 본인(서명 또는 인) : 위임받은 사람(서명 또는 인) :

■ **신청인이 만 14세미만 아동인 경우 위와 같이 개인정보 및 고유식별정보를 처리하는데 동의하십니까?(개인정보보호법 제22조)**

□ 동의 □ 미동의 본인(서명 또는 인) : 법정대리인(서명 또는 인) :

주민등록번호 수집근거 : 국세청은 국세기본법 시행령 제68조(민감정보 및 고유식별정보의 처리)에 따라 국세에 관한 사무를 수행하기 위하여 불가피한 경우 주민등록번호 등이 포함된 자료를 처리할 수 있습니다.

※ 동의를 거부할 권리가 있으며, 거부할 경우 증명발급 불가 등의 불이익이 따를 수 있습니다.

첨부서류	내용	수수료
첨부서류	1. 해외현지기업에 투자하였음을 확인할 수 있는 서류 2. 해외현지기업의 주주를 확인할 수 있는 서류 3. ⑭란이 해외현지법인인 경우 신청인과 해외현지법인 사이의 지배구조도(그림)	없음

210㎜×297㎜[백상지 80g/㎡(재활용품)]

Ⅳ 해외금융계좌의 신고

1. 해외금융계좌의 신고의무자 및 신고대상계좌의 범위 등

(1) 신고의무자

해외금융회사에 개설된 해외금융계좌를 보유한 거주자 및 내국법인 중에서 해당 연도의 매월 말일 중 어느 하루의 보유계좌잔액(보유계좌가 복수인 경우에는 각 계좌잔액을 합산함)이 5억원을 초과하는 자는 다음의 해외금융계좌정보를 다음 연도 6월 1일부터 30일까지 납세지 관할 세무서장에게 신고하여야 한다(국조법 §34 ①·④, 국조령 §49 ①). 이 경우 해외금융회사란 국외에 소재하는 금융업, 보험 및 연금업, 금융 및 보험 관련 서비스업 및 외국의 금융 관련 법령에 따라 설립된 금융회사 중 이와 유사한 금융회사 등을 말한다(국조법 §34 ②, 국조령 §49 ②).

① 보유자의 성명·주소 등 신원에 관한 정보

② 계좌번호, 금융회사의 이름, 매월 말일의 보유계좌잔액의 최고금액 등 보유계좌에 관한 정보

③ 해외금융계좌 중 실지명의에 의하지 아니한 계좌 등 그 계좌의 명의자와 실질적 소유자가 다른 경우에는 명의자 및 실질적 소유자, 공동명의 계좌인 경우에는 공동명의자 등 해외금융계좌 관련자에 관한 정보

(2) 신고의무자의 판정기준 등

① 신고의무자의 판정기준일

해외금융계좌 신고대상 거주자 및 내국법인은 신고대상 연도 종료일을 기준으로 판정한다(국조령 §50 ①).

② 해외금융계좌잔액의 환산

해외금융계좌 신고의무자의 매월 말일 보유계좌잔액은 신고의무자가 보유한 각 해외금융계좌의 자산에 대하여 다음의 구분에 따라 산정한 금액을 해당 표시통화의 환율(외국환거래법에 따른 일별 기준환율 또는 재정환율을 말함)로 각각 환산한 후 합산하여 산출한다. 이 경우 피상속인 명의의 해외금융계좌를 수인이 공동으로 상

속받은 경우에는 계좌잔액 중 공동상속인 각자의 상속분에 해당하는 금액만큼만 환산하여 합산한다(국조령 §50 ②).

ⓐ 현금 : 해당하는 매월 말일의 종료시각 현재의 잔액

ⓑ 자본시장과금융투자업에관한법률에 따른 증권시장 또는 이와 유사한 해외 증권시장에 상장된 주식과 그 주식을 기초로 발행한 예탁증서 : 해당하는 매월 말일의 종료시각 현재의 수량×해당하는 매월 말일의 최종가격(해당하는 매월 말일이 거래일이 아닌 경우에는 그 직전 거래일의 최종가격)

ⓒ 자본시장과금융투자업에관한법률에 따른 증권시장 또는 이와 유사한 해외 증권시장에 상장된 채권 : 해당하는 매월 말일의 종료시각 현재의 수량×해당하는 매월 말일의 최종가격(해당하는 매월 말일이 거래일이 아닌 경우에는 그 직전 거래일의 최종가격)

ⓓ 자본시장과금융투자업에관한법률에 따른 집합투자증권 및 이와 유사한 해외 집합투자증권 : 해당하는 매월 말일의 종료시각 현재의 수량×해당하는 매월 말일의 기준가격(해당하는 매월 말일의 기준가격이 없는 경우에는 해당하는 매월 말일 현재의 환매가격 또는 해당하는 매월 말일 전 가장 가까운 날의 기준가격)

ⓔ 보험업법에 따른 보험상품 및 이와 유사한 해외보험상품 : 해당하는 매월 말일의 종료시각 현재의 납입금액

ⓕ 위 ⓐ부터 ⓔ까지에서 규정한 자산 외의 자산 : 해당하는 매월 말일의 종료시각 현재의 수량×해당하는 매월 말일의 시가(시가산정이 곤란한 경우에는 취득가액)

③ 해외금융계좌 관련자의 계좌보유 간주

해외금융계좌신고와 관련하여 해외금융계좌 관련자(해외금융계좌 중 실지명의에 의하지 아니한 계좌 등 그 계좌의 명의자와 실질적 소유자가 다른 경우에는 명의자 및 실질적 소유자를, 공동명의 계좌인 경우에는 공동명의자 각각을 말함)는 해당 계좌의 잔액 전부를 각각 보유한 것으로 본다(국조법 §34 ④, 국조령 §50 ⑥). 이 경우 실질적 소유자는 해당 계좌의 명의와는 관계없이 해당 해외금융계좌와 관련한 거래에서 경제적 위험을 부담하거나 이자·배당 등의 수익을 획득하거나 해당 계좌를 처분할 권한을 가지는 등 해당 계좌를 사실상 관리하는 자[내국인이 외국법인의 의결권 있는 주식의 100%를 직접 또는 간접으로 소유(내국인과 국세기본법 제2조 제20호 가목 또는 나목의 관계에 있는

자가 직접 또는 간접으로 소유한 주식 포함)한 경우 그 내국인을 포함하되, 조세조약의 체결여부 등을 고려하여 기획재정부장관이 정하는 경우에는 그렇지 않다]로 한다. 다만, 다음 중 어느 하나에 해당하는 경우에는 실질적 소유자로 보지 아니한다(국조령 §50 ⑤).

ⓐ 해외금융계좌의 명의자가 자본시장과금융투자업에관한법률 제9조 제18항에 따른 집합투자기구 또는 이와 유사한 외국에서 설립된 집합투자기구(자본시장과금융투자업에관한법률 제279조 제1항에 따라 금융위원회에 등록된 것에 한정함)인 경우에 해당 집합투자기구에 투자한 자

ⓑ 해외금융계좌의 명의자가 자본시장과금융투자업에관한법률 제8조 제3항에 따른 투자중개업자 또는 같은 법 제294조에 따른 한국예탁결제원인 경우에 해당 해외금융자산에 투자한 자

ⓒ 해외금융계좌의 명의자가 자본시장과금융투자업에관한법률시행령 제103조에 따른 금전신탁계약의 신탁업자인 경우에 해당 해외금융자산에 투자한 자

ⓓ 해외금융계좌의 명의자가 중소기업창업지원법 제20조에 따른 중소기업창업투자조합인 경우에 해당 해외금융자산에 투자한 자

ⓔ 해외금융계좌의 명의자가 벤처기업육성에관한특별조치법 제4조의 3에 따른 한국벤처투자조합인 경우에 해당 해외금융자산에 투자한 자

Part 3

참고 내국법인의 해외소재 완전자회사 명의의 해외금융계좌에 대한 신고의무 여부

개정 전 시행령하에서 국제조세조정법령의 주무부처인 기획재정부는 해외자회사가 국내 모회사로부터 출자받은 출자금으로 현지에서 독립된 경영활동을 수행하면서 보유하는 해외금융계좌에 대해서는 국내 모회사에게 신고의무가 없는 것으로 해석하였다. 이러한 해석에 따르면, 내국법인이 해외지점을 개설하여 현지에서 보유하는 해외금융계좌에 대해서는 내국법인이 신고의무를 부담하는 반면, 내국법인이 해외에서 의결권 있는 주식 100분의 100을 직접 또는 간접으로 소유하는 완전자회사를 설립하여 현지에서 보유하는 해외금융계좌에 대해서는 내국법인이 신고의무를 부담하지 않게 되어 형평에 반한다는 문제제기가 있었다. 이에 2015.2.3. 대통령령 제26078호 개정에서 국제조세조정에관한법률시행령 제50조 제4항 본문에 이 사건 괄호 규정을 추가하는 내용의 개정이 이루어졌다. 따라서 내국법인이 국제조세조정에관한법률시행령의 해외금융계좌 '신고의무자 판정기준

[외국법인의 의결권 있는 주식 100분의 100을 직접 또는 간접 소유한 내국법인('완전모회사')을 그 '완전자회사'의 실질적 소유자로 판정하는 기준]'을 충족하는 경우 그 내국법인은 완전자회사 명의의 해외금융계좌에 대해서 신고의무를 부담한다고 보아야 한다(대법원 2019도11381, 2020.3.12.).

(3) 해외금융계좌의 범위

① 신고대상 해외금융계좌

신고대상 해외금융계좌는 해외금융회사와 금융거래(금융실명거래및비밀보장에관한법률 제2조 제3호의 금융거래 및 이와 유사한 거래 포함)를 위하여 해외금융회사에 개설한 계좌로서 다음의 계좌를 말한다(국조법 §34 ③).

ⓐ 은행법 제27조에 따른 은행업무와 관련하여 개설한 계좌

ⓑ 자본시장과금융투자업에관한법률 제4조에 따른 증권 및 이와 유사한 해외증권의 거래를 위하여 개설한 계좌

ⓒ 자본시장과금융투자업에관한법률 제5조에 따른 파생상품 및 이와 유사한 해외파생상품의 거래를 위하여 개설한 계좌

ⓓ 위 ⓐ부터 ⓒ에서 규정한 계좌 외의 계좌로서 그 밖에 금융거래를 위하여 해외금융회사에 개설한 계좌

② 신고대상에서 제외되는 계좌

신고대상 해외금융계좌는 거래실적 등이 없는 계좌, 연도 중에 해지된 계좌 등 해당 연도 전체 기간 중에 보유한 모든 계좌를 포함하되, 다음의 계좌는 제외한다(국조령 §50 ③).

ⓐ 보험업법에 따른 보험상품 및 이와 유사한 해외보험상품으로서 순보험료가 위험보험료만으로 구성되는 보험계약에 해당하는 금융계좌

ⓑ 근로자퇴직급여보장법에 따른 퇴직연금제도 및 이와 유사한 해외퇴직연금제도에 따라 설정하는 퇴직연금계좌로서 다음의 요건을 모두 갖춘 계좌

(ⅰ) 계좌가 해당 국가에서 다음의 어느 하나에 해당하는 세제혜택 대상일 것

- 계좌에 대한 납입금이 계좌보유자의 총소득에서 공제 또는 제외되는 경우
- 계좌에 대한 납입금이 감면된 세율로 과세되는 경우(계좌에 대한 납입금의

전부 또는 일부가 종합소득 산출세액에서 공제되는 경우 포함)

- 계좌로부터 발생하는 투자소득에 대한 과세가 이연되거나 감면된 세율로 과세되는 경우

(ii) 계좌와 관련하여 해당 외국 과세당국에 매년 정보 보고가 이루어질 것

(iii) 특정 퇴직연령 도달, 장애 또는 사망과 같은 특정 사건이 발생하는 경우에만 인출이 허용되거나 특정 사건이 발생하기 전에 인출을 할 경우 불이익이 있을 것

(iv) 계좌에 대한 연간 납입금이 5천만원 이내로 제한되거나 전체 납입금이 10억원 이내로 제한될 것. 이 경우 해외퇴직연금제도에 따른 퇴직연금계좌가 복수인 경우에는 합계액을 기준으로 판단한다.

(4) 신고의무의 면제

해외금융계좌의 신고의무자 중 다음 중 어느 하나에 해당하는 경우 신고의무를 면제한다(국조법 §34 ⑤).

① 해당 과세기간 종료일 10년 전부터 국내에 주소나 거소를 둔 기간의 합계가 5년 이하인 외국인 거주자 및 재외동포의출입국과법적지위에관한법률 제2조 제1호의 재외국민으로서 해당 신고대상 연도 종료일 1년 전부터 국내에 거소를 둔 기간의 합계가 183일 이하인 자

② 국가, 지방자치단체 및 공공기관의운영에관한법률에 따른 공공기관

③ 금융회사 등

④ 해외금융계좌 관련자 중 어느 하나가 국제조세조정에관한법률시행령 제50조 제7항에 따라 본인의 해외금융계좌정보를 함께 제출함에 따라 납세지 관할 세무서장이 본인이 보유한 모든 해외금융계좌정보를 확인할 수 있는 자

⑤ 다른 법령에 따라 국가의 관리·감독이 가능한 기관으로서 다음에서 정하는 자

ⓐ 자본시장과금융투자업에관한법률에 따른 금융투자업 관계기관, 집합투자기구, 집합투자기구평가회사 및 채권평가회사

ⓑ 금융지주회사법에 따른 금융지주회사

ⓒ 외국환거래법에 따른 외국환업무취급기관 및 외국환중개회사

ⓓ 신용정보의이용및보호에관한법률에 따른 신용정보회사

(5) 신고의무 위반금액의 출처에 대한 소명

해외금융계좌의 신고의무자가 신고기한 내에 해외금융계좌정보를 신고하지 아니하거나 과소신고한 경우에는 해당 납세지 관할 세무서장은 그 신고의무자에게 신고기한 내 신고하지 아니한 금액이나 과소신고한 금액('신고의무 위반금액')의 출처에 대하여 소명을 요구할 수 있다(국조법 §34의 3 ①). 이 경우 소명을 요구받은 해당 신고의무자는 통지를 받은 날부터 90일 이내('소명기간')에 소명을 하여야 하고, 소명기간 내에 소명을 요구받은 금액의 80% 이상에 대하여 출처를 소명한 해외금융계좌에 대해서는 신고의무 위반으로 소명을 요구받은 전액에 대하여 소명한 것으로 본다. 다만, 신고의무자가 자료의 수집·작성에 상당한 기간이 걸리는 등 다음에서 정하는 부득이한 사유로 소명기간의 연장을 신청하는 경우에는 납세지 관할 세무서장은 한 차례만 60일까지 연장할 수 있다(국조법 §34의 3 ②, 국조령 §50의 2 ②·③).

① 신고의무자가 화재·재난 및 도난 등의 사유로 자료를 제출할 수 없는 경우
② 신고의무자가 사업이 중대한 위기에 처하여 자료를 제출하기 매우 곤란한 경우
③ 관련 장부·서류가 권한 있는 기관에 압수되거나 영치된 경우
④ 자료의 수집·작성에 상당한 기간이 걸려 기한까지 자료를 제출할 수 없는 경우
⑤ 위 ①부터 ④까지에 준하는 사유가 있어 기한까지 자료를 제출할 수 없다고 판단되는 경우

2. 해외금융계좌 신고의무 불이행에 대한 과태료

(1) 해외금융계좌정보의 미신고 또는 과소신고한 경우

해외금융계좌의 신고의무자가 신고기한 내에 해외금융계좌정보를 신고하지 아니하거나 과소신고한 경우에는 다음에 따라 계산한 금액의 20% 이하에 상당하는 과태료를 부과한다(국조법 §35 ①). 이 경우 조세범처벌법 제16조 제1항에 따라 처벌되거나 조세범처벌절차법 제15조 제1항에 따른 통고처분을 받고 그 통고대로 이행한 경우에는 국제조세조정에관한법률에 따른 과태료를 부과하지 아니한다(국조법 §35 ④).

① 신고를 하지 아니한 경우 : 미신고 금액
② 과소신고한 경우 : 실제 신고한 금액과 신고하여야 할 금액과의 차액

(2) 신고의무 위반금액의 출처에 대한 미소명 또는 거짓으로 소명한 경우

해외금융계좌의 신고의무자가 신고의무 위반금액의 출처에 대하여 소명하지 아니하거나 거짓으로 소명한 경우에는 소명하지 아니하거나 거짓으로 소명한 금액의 20%에 상당하는 과태료를 부과한다. 다만, 천재지변, 화재·재난, 도난 등 불가항력적 사유로 증명서류 등이 없어져 소명이 불가능한 경우 및 해외금융계좌 소재 국가의 사정 등으로 인하여 신고의무자가 신고의무 위반금액의 출처에 대하여 소명을 하는 것이 불가능한 경우 등 정당한 사유가 있는 경우에는 부과하지 아니한다(국조법 §35 ②, 국조령 §51 ⑨).

(3) 과태료의 부과기준

해외금융계좌의 신고의무 불이행에 대한 과태료의 부과기준은 다음과 같다. 이 경우 산정된 과태료는 그 위반행위의 정도, 위반 횟수, 위반행위의 동기와 결과 등을 고려하여 해당 과태료 금액의 2분의 1의 범위에서 줄이거나 늘릴 수 있지만, 늘리는 경우에는 위 (1)과 (2)에 따른 과태료 금액의 한도를 초과할 수 없다(국조령 §51 ④·⑤).

① 신고하지 아니하거나 과소신고한 금액이 20억원 이하인 경우 : 해당 금액의 10%

② 신고하지 아니하거나 과소신고한 금액이 20억원 초과 50억원 이하인 경우 : 2억원+해당 금액 중 20억원을 초과한 금액의 15%

③ 신고하지 아니하거나 과소신고한 금액이 50억원 초과인 경우 : 6억 5천만원+해당 금액 중 50억원을 초과한 금액의 20%

그런데 위의 부과기준에 따라 과태료를 부과할 때 보유계좌잔액 합산의 오류 등 단순 착오에 따라 신고하지 않았다고 인정할 만한 사유가 있는 경우에는 과태료를 부과하지 않을 수 있으며, 신고하지 않거나 과소신고한 계좌가 추가로 확인되는 경우에 추가로 부과하는 과태료는 신고하지 않거나 과소신고한 전체 금액을 기준으로 부과할 과태료에서 이미 부과한 과태료를 뺀 금액을 부과한다(국조령 §51 ⑧).

3. 해외금융계좌정보의 비밀유지

세무공무원은 해외금융계좌정보를 타인에게 제공 또는 누설하거나 목적 외의 용도로 사용하여서는 안 된다. 다만, 다음과 같이 국세기본법 제81조의 13 제1항 각 호의 어느 하나에 해당하는 경우에는 그 사용 목적에 맞는 범위에서 해외금융계좌정보를 제공할 수 있다(국조법 §36 ①). 이런 경우에 해당되어 해외금융계좌정보를 알게 된 사람은 이를 타인에게 제공 또는 누설하거나 그 목적 외의 용도로 사용하여서는 안 된다(국조법 §36 ②).

① 국가행정기관, 지방자치단체 등이 법률에서 정하는 조세, 과징금의 부과·징수 등을 위하여 사용할 목적으로 과세정보를 요구하는 경우
② 국가기관이 조세쟁송이나 조세범 소추를 위하여 과세정보를 요구하는 경우
③ 법원의 제출명령 또는 법관이 발부한 영장에 의하여 과세정보를 요구하는 경우
④ 세무공무원 간에 국세의 부과·징수 또는 질문·검사에 필요한 과세정보를 요구하는 경우
⑤ 통계청장이 국가통계작성 목적으로 과세정보를 요구하는 경우
⑥ 사회보장기본법 제3조 제2호에 따른 사회보험의 운영을 목적으로 설립된 기관이 관계 법률에 따른 소관 업무를 수행하기 위하여 과세정보를 요구하는 경우
⑦ 국가행정기관, 지방자치단체 또는 공공기관의운영에관한법률에 따른 공공기관이 급부·지원 등을 위한 자격의 조사·심사 등에 필요한 과세정보를 당사자의 동의를 받아 요구하는 경우
⑧ 국정감사및조사에관한법률 제3조에 따른 조사위원회가 국정조사의 목적을 달성하기 위하여 조사위원회의 의결로 비공개회의에 과세정보의 제공을 요청하는 경우
⑨ 다른 법률의 규정에 따라 과세정보를 요구하는 경우

4. 해외금융계좌정보의 수정신고 및 기한 후 신고

(1) 수정신고 및 과태료의 경감

신고기한 내에 해외금융계좌정보를 신고한 자로서 과소신고한 자는 과세당국이 국제조세조정에관한법률 제35조 제1항에 따른 과태료를 부과하기 전까지 해외금융계좌정보를 수정신고할 수 있다(국조법 §37 ①). 이렇게 해외금융계좌정보를 수정신고하려는 자는 해외금융계좌 수정신고서에 처음 신고한 해외금융계좌정보와 수정신고하는 해외금융계좌정보를 적어 납세지 관할 세무서장에게 제출하여야 한다(국조령 §50의

3 ①). 신고기한이 지난 후 해외금융계좌정보에 대하여 수정신고(과세당국의 과태료 부과를 미리 알고 제출한 경우는 제외함)를 한 경우에는 국제조세조정에관한법률시행령 제51조 제4항과 제5항에 따라 산정된 과태료에서 다음의 구분에 따른 감경비율을 적용한다(국조령 §51 ⑥ 1호).

① 신고기한이 지난 후 6개월 이내에 수정신고한 경우 : 해당 과태료 금액의 90%

② 신고기한이 지난 후 6개월 초과 1년 이내에 수정신고한 경우 : 해당 과태료 금액의 70%

③ 신고기한이 지난 후 1년 초과 2년 이내에 수정신고한 경우 : 해당 과태료 금액의 50%

④ 신고기한이 지난 후 2년 초과 4년 이내에 수정신고한 경우 : 해당 과태료 금액의 30%

(2) 기한 후 신고 및 과태료의 경감

신고기한 내에 해외금융계좌정보를 신고하지 아니한 자는 과세당국이 국제조세조정에관한법률 제35조 제1항에 따른 과태료를 부과하기 전까지 해외금융계좌정보를 신고할 수 있다(국조법 §37 ②). 이렇게 해외금융계좌정보를 기한 후 신고하려는 자는 해외금융계좌 기한후신고서를 납세지 관할 세무서장에게 제출하여야 한다(국조령 §50의 3 ②). 신고기한이 지난 후 해외금융계좌정보에 대하여 기한 후 신고(과세당국의 과태료 부과를 미리 알고 제출한 경우는 제외함)를 한 경우에는 국제조세조정에관한법률시행령 제51조 제4항과 제5항에 따라 산정된 과태료에서 다음의 구분에 따른 감경비율을 적용한다(국조령 §51 ⑥ 2호).

① 신고기한이 지난 후 1개월 이내에 기한 후 신고를 한 경우 : 해당 과태료 금액의 90%

② 신고기한이 지난 후 1개월 초과 6개월 이내에 기한 후 신고를 한 경우 : 해당 과태료 금액의 70%

③ 신고기한이 지난 후 6개월 초과 1년 이내에 기한 후 신고를 한 경우 : 해당 과태료 금액의 50%

④ 신고기한이 지난 후 1년 초과 2년 이내에 기한 후 신고를 한 경우 : 해당 과태료 금액의 30%

■ 국제조세조정에 관한 법률 시행규칙 [별지 제21호서식] <개정 2019. 3. 20.>

(제1쪽)

신고대상 연도	해외금융계좌 신고서	신고구분	[✔] 정기	신고인 유형	[✔] 거 주 자
2019 년			[ ] 수정		[ ] 내국법인
			[ ] 기한 후		

1. 신고인 인적사항

① 성 명 (법인명)	(한글) 홍 길 동	② 주민등록번호 (사업자등록번호)	800101-1234567
	(영문) Hong Gil Dong	③ 여권번호	M55472018
④ 주 소 (소재지)	서울시 서초구 서초대로 50	⑤ 전화번호	

2. 해외금융계좌 보유 현황

⑥ 총 신고계좌 수	보유계좌 잔액의 연중 매월 말일의 최고금액	
	⑦ 기준일	⑧ 금액
1 개	2019. 6. 30.	780,520,000 원

3. 해외금융계좌별 명세

(단위: 현지 통화, 원)

보유계좌 일련번호					
(1)	⑨ 계좌 관련자 정보	[✔] 없음, [ ] 공동명의계좌, [ ] 외국법인(100% 소유), [ ] 명의자와 실소유자가 다른 계좌			
	⑩ 금융회사명	ASB		⑪ 계좌종류	Streamline Account
	⑫ 계좌번호	11-3100-0354871-10		⑬ 표시 통화	NZD
	⑭ 계좌 명의자	Hong Gil Dong		⑮ 현지기업 고유번호	
	⑯ 기준일 잔액	(외화) NZD 1,040,693		⑰ 개설일	2017. 9. 30.
		(원화) 780,520,000		⑱ 해지일	. . .
	⑲ 금융회사 소재지	국가	지역[주(州), 성(省) 등]	도시	그 밖의 상세 주소
		뉴질랜드	Arlington Heights	Auckland	260 Greenmwood Ave

위 신고인은 「국제조세조정에 관한 법률」 제34조 및 제37조에 따라 위 내용을 신고하며, 위 내용을 충분히 검토하였고 신고인이 알고 있는 사실 그대로를 정확하게 적었음을 확인합니다.

2020년 6월 30일

신 고 인 홍 길 동 (서명 또는 인)

서초 세무서장 귀하

대리인	성명(상호)		사업자등록번호 (주민등록번호)		전화번호	

210㎜×297㎜[백상지(80g/㎡) 또는 중질지(80g/㎡)]

(3쪽)

신고대상 연도	해 외 금 융 계 좌 명 세 서	신고인 유형	[ ] 거 주 자
년			[ ] 내국법인

주민등록번호 (사업자등록번호)	

(단위: 현지 통화, 원)

보유 계좌 일련 번호 ( )	⑨ 계좌 관련자 정보	[ ] 없음, [ ] 공동명의계좌, [ ] 외국법인(100% 소유), [ ] 명의자와 실소유자가 다른 계좌				
	⑩ 금융회사명				⑪ 계좌 종류	
	⑫ 계좌번호				⑬ 표시 통화	
	⑭ 계좌 명의자				⑮ 현지기업 고유번호	
	⑯ 기준일 잔액	(외화)			⑰ 개설일	. . .
		(원화)			⑱ 해지일	. . .
	⑲ 금융회사 소 재 지	국가	지역[주(州), 성(省) 등]	도시	그 밖의 상세 주소	
보유 계좌 일련 번호 ( )	⑨ 계좌 관련자 정보	[ ] 없음, [ ] 공동명의계좌, [ ] 외국법인(100% 소유), [ ] 명의자와 실소유자가 다른 계좌				
	⑩ 금융회사명				⑪ 계좌종류	
	⑫ 계좌번호				⑬ 표시 통화	
	⑭ 계좌 명의자				⑮ 현지기업 고유번호	
	⑯ 기준일 잔액	(외화)			⑰ 개설일	. . .
		(원화)			⑱ 해지일	. . .
	⑲ 금융회사 소 재 지	국가	지역[주(州), 성(省) 등]	도시	그 밖의 상세 주소	
보유 계좌 일련 번호 ( )	⑨ 계좌 관련자 정보	[ ] 없음, [ ] 공동명의계좌, [ ] 외국법인(100% 소유), [ ] 명의자와 실소유자가 다른 계좌				
	⑩ 금융회사명				⑪ 계좌 종류	
	⑫ 계좌번호				⑬ 표시 통화	
	⑭ 계좌 명의자				⑮ 현지기업 고유번호	
	⑯ 기준일 잔액	(외화)			⑰ 개설일	. . .
		(원화)			⑱ 해지일	. . .
	⑲ 금융회사 소 재 지	국가	지역[주(州), 성(省) 등]	도시	그 밖의 상세 주소	
보유 계좌 일련 번호 ( )	⑨ 계좌 관련자 정보	[ ] 없음, [ ] 공동명의계좌, [ ] 외국법인(100% 소유), [ ] 명의자와 실소유자가 다른 계좌				
	⑩ 금융회사명				⑪ 계좌 종류	
	⑫ 계좌번호				⑬ 표시 통화	
	⑭ 계좌 명의자				⑮ 현지기업 고유번호	
	⑯ 기준일 잔액	(외화)			⑰ 개설일	. . .
		(원화)			⑱ 해지일	. . .
	⑲ 금융회사 소 재 지	국가	지역[주(州), 성(省) 등]	도시	그 밖의 상세 주소	

작 성 방 법

1. 이 서식은 신고계좌가 2개 이상인 경우에만 보유계좌 일련번호 2번부터 차례로 작성합니다. (/)쪽
2. 각 일련번호의 계좌마다 ⑨번 항목부터 ⑲번 항목까지 해당 사항을 각각 적습니다.

210㎜×297㎜[백상지(80g/㎡) 또는 중질지(80g/㎡)]

Part 3

(4쪽)

신고대상 연도	해외금융계좌 관련자 명세서	신고인 유형	[ ] 거 주 자
년			[ ] 내국법인

주민등록번호 (사업자등록번호)	

관련자 일련번호					
관련자 일련번호 ( )	보유계좌 일련번호			계좌 관련자 유형	[ ] 유형1, [ ] 유형2, [ ] 유형3, [ ] 유형4
	관련자 정보	성명 (법인명)		주민등록번호 (사업자등록번호)	
		주소 (소재지)		전화번호	
관련자 일련번호 ( )	보유계좌 일련번호			계좌 관련자 유형	[ ] 유형1, [ ] 유형2, [ ] 유형3, [ ] 유형4
	관련자 정보	성명 (법인명)		주민등록번호 (사업자등록번호)	
		주소 (소재지)		전화번호	
관련자 일련번호 ( )	보유계좌 일련번호			계좌 관련자 유형	[ ] 유형1, [ ] 유형2, [ ] 유형3, [ ] 유형4
	관련자 정보	성명 (법인명)		주민등록번호 (사업자등록번호)	
		주소 (소재지)		전화번호	
관련자 일련번호 ( )	보유계좌 일련번호			계좌 관련자 유형	[ ] 유형1, [ ] 유형2, [ ] 유형3, [ ] 유형4
	관련자 정보	성명 (법인명)		주민등록번호 (사업자등록번호)	
		주소 (소재지)		전화번호	
관련자 일련번호 ( )	보유계좌 일련번호			계좌 관련자 유형	[ ] 유형1, [ ] 유형2, [ ] 유형3, [ ] 유형4
	관련자 정보	성명 (법인명)		주민등록번호 (사업자등록번호)	
		주소 (소재지)		전화번호	
관련자 일련번호 ( )	보유계좌 일련번호			계좌 관련자 유형	[ ] 유형1, [ ] 유형2, [ ] 유형3, [ ] 유형4
	관련자 정보	성명 (법인명)		주민등록번호 (사업자등록번호)	
		주소 (소재지)		전화번호	

작 성 방 법

1. 이 서식은 신고계좌 중 관련자가 있는 경우(신고서 1쪽과 3쪽의 ⑨번 항목)에만 작성합니다. (/)쪽
2. 관련자가 있는 계좌가 2개 이상인 경우 관련자 일련번호의 2번 이하를 작성합니다. 이 경우 같은 계좌의 관련자가 둘 이상인 경우(3명의 공동명의자 중 1명이 다른 2명의 공동명의자를 신고하는 경우, 공동명의자와 실소유자가 함께 있는 경우 등)에는 해당 관련자를 각각 구분하여 작성합니다.
3. 보유계좌 일련번호는 신고서 1쪽 또는 3쪽에 적힌 일련번호를 적습니다.
4. 계좌 관련자 유형은 공동명의자인 경우 "유형1"을, 내국인이 외국법인의 의결권 있는 주식 100%를 직·간접으로 소유한 경우 "유형2"를, 신고인이 계좌 명의자이고 실소유자 정보를 적는 경우 "유형3"을, 신고인이 실소유자이고 계좌 명의자 정보를 적는 경우 "유형4"를 선택하여 "√" 표시를 합니다.

210㎜×297㎜[백상지(80g/㎡) 또는 중질지(80g/㎡)]

■ 국제조세조정에 관한 법률 시행규칙 [별지 제22호서식] <개정 2019. 3. 20.>

(3쪽 중 제1쪽)

해외금융계좌 신고의무 위반금액 출처 확인서

1. 신고인 인적사항

① 성 명 (법인명)	(한글)	② 주민등록번호 (사업자등록번호)
	(영문)	③ 여권번호
④ 주 소 (소재지)		⑤ 전화번호

2. 납세지 관할 세무서장의 소명요구 내용 (1)

⑥ 금융회사명	⑦ 금융회사 소재 국가	⑧ 계좌번호	⑨ 기준일	⑩ 소명요구 금액(천원)	⑪ 소명요구일

3. 위반금액 출처 명세 (1)

(단위: 천원)

구분	⑫ 금액	⑬ 발생처	⑭ 발생기간	⑮ 과세대상 금액	⑯ 과세대상 금액 중 신고(결정) 금액
⑰ 소득					
⑱ 상속 또는 증여					
⑲ 채무					
⑳ 기타					
㉑ 합계(⑰+⑱+⑲+⑳)		㉒ 소명기준 충족 여부[(㉑/⑩)≥80%]		[ ] 예 [ ] 아니요	

위 신고인은 「국제조세조정에 관한 법률」 제34조의3 및 같은 법 시행령 제50조의2제1항에 따라 신고인이 알고 있는 사실 그대로 정확하게 소명하였음을 확인합니다.

년 월 일

신 고 인 (서명 또는 인)

세무서장 귀하

대리인	성명(상호)	사업자등록번호(주민등록번호)	전화번호

신고인 제출서류(예시)	1. 신고(결정) 소득금액을 확인할 수 있는 신고서 등 2. 부동산 양도차익은 부동산소재지 · 수량 및 금액이 표시된 매수 · 매도계약서 또는 양도소득세 신고서 3. 동산 등 양도차익은 매수자의 주소, 성명, 주민등록번호가 적힌 매수 · 매도계약서 또는 매수 · 매도자 확인서 등 거래금액 및 거래사실을 증명하는 서류 4. 증여는 증여자의 주소, 성명, 주민등록번호를 적은 확인서 또는 증여세 신고서 5. 채무 중 금융기관 차입자금은 해당 금융기관이 발행한 증명서 6. 채무 중 타인자금은 채권자가 확인되는 차용증서, 전세금 등의 경우 계약서 등 7. 그 밖의 자금원천이 확인되는 서류

210㎜×297㎜[백상지 80g/㎡(재활용품)]

Chapter 02

해외투자에 대한 세무

I 해외진출기업에 대한 세무

'해외진출기업'이란 해외에 지점, 연락사무소 또는 현지법인 등을 설치한 내국기업(거주자 포함)을 말하는데(국조사무규정 §2 5호), 거주자나 내국법인이 해외로 진출하면 투자상대국에서의 각종 신고 및 관리절차뿐만 아니라 과세문제도 발생한다. 특히, 원천지국 과세원칙에 따라 투자상대국에서 발생하는 소득에 대해서는 그 소득원천지국에서 과세를 할 것이고, 또한 거주지국인 우리나라에서도 거주자나 내국법인이 국외에서 얻은 소득에 대한 과세권을 행사하게 되므로 국제적인 이중과세문제가 발생할 수 있다. 즉, 비거주자나 외국법인이 우리나라에 투자를 하는 경우에 발생하는 세금문제와 유사한 문제가 우리나라 기업이 해외로 진출할 때 발생하게 된다. 따라서 거주자나 내국법인이 해외로 진출하는 경우 상대국의 세법과 해당국과의 조세조약뿐만 아니라 우리나라의 국내세법도 동시에 검토해야 한다.

1. 해외진출형태의 결정과 장단점

(1) 진출형태의 결정

거주자나 내국법인이 해외로 진출하는 경우 자본을 출자하는 방식으로 현지법인(Subsidiary Company)을 설립할 수도 있고, 지점(Branch Office) 또는 연락사무소(Liaison Office)의 지사형태로 진출할 수도 있다. 해외로 진출하려는 기업은 해외진출목적이나 자금조달, 과세문제 등 여러 가지 요인을 고려하여 진출형태를 결정하여야 할 것이다. 특히, 투자상대국에서 기업의 진출형태에 따라 각종 규제나 혜택이 달라질 수 있으므로 사전에 관련 내용을 제대로 파악하는 것이 중요하다.

① 해외현지법인

해외현지법인은 일반적으로 종속회사라고 하는데, 국내에 있는 모회사가 국외에 자본을 출자하여 설립한 자회사라고 보면 된다. 그런데 해외현지법인은 투자상대국의 법에 따라 설립되는 법인이므로 비록 우리나라의 거주자나 내국법인이 투자를 하여 설립하였더라도 설립된 국가의 내국법인이 되고, 해당국의 세법에 따라 납세의무를 이행하여야 한다.

② 해외지사

ⓐ 지점

해외진출기업이 투자상대국에서 해외지점을 설치하는 경우 그 지점소재 국가의 법령에 따라 투자신고나 지점등기 등을 해야 하지만, 투자상대국의 입장에서는 그 지점의 본점이 국외에 있으므로 외국법인에 해당한다. 그리고 일반적으로 지점은 영업활동을 통해 수익을 발생시킬 수 있으므로 그 해외지점은 영업활동을 하는 국가에서 고정사업장에 해당하고, 그 고정사업장에 귀속되는 원천소득에 대해서는 해당 국가의 세법에 따라 법인세를 신고·납부하여야 한다.

ⓑ 연락사무소

해외지사 중 연락사무소는 지점과는 달리 영업활동은 하지 못하고 단순히 업무연락이나 시장조사 등의 비영업적 기능만을 수행한다. 즉, 연락사무소는 투자상대국에서 독자적인 영업활동을 할 수 없고 해외진출기업의 해외 연락업무나 시장조사 등 영업과 관련 없는 보조적·부수적 업무만을 수행하게 된다. 따라서 해외진출기업의 해외연락사무소는 수익이 발생하지 않아 해당국에서 원천소득이 없으므로 법인세 신고·납부의무도 없다.

Part 3

(2) 진출형태에 따른 장단점

① 현지법인형태로 진출 시 장점

해외진출기업이 현지법인형태로 해외에 진출하는 경우 지점형태로 진출하는 경우와 비교하여 다음과 같은 장점이 있을 수 있다.

ⓐ 해외현지법인은 투자상대국의 내국법인에 해당하기 때문에 해외지점과는 달리 일반적으로 투자상대국에서 자국의 내국법인에 부여하는 각종 조세감면혜택을 적용받을 수 있다.

ⓑ 현지법인의 법인의 경우 외투법인이기는 하지만 투자상대국의 법령에 따라 설립된 해당국의 내국법인이기 때문에 해외지점에 비해 현지 지역사회와의 유대관계나 이미지제고가 용이할 수 있고, 자금조달면에서도 지점으로 진출하는 경우보다 유리할 수 있다.

ⓒ 해외지점의 이익은 자동적으로 국내 본점의 이익과 합산되어 소득이 발생한 사업연도에 법인세가 과세되지만, 해외현지법인의 경우 이익에 대한 배당시기를 조절함으로써 과세이연효과를 가져올 수 있다. 즉, 해외현지법인의 이익을 바로 배당하지 않고 유보하는 경우 국내 모회사의 소득과 합산되어 과세되는 것을 이연시킬 수 있고, 또한 모회사에서 결손이 발생할 때에 해외현지법인의 이익을 배당함으로써 국내에서의 세금부담을 최소화할 수도 있다. 또한 필요한 경우에는 현지법인의 지분을 처분할 때까지 이익을 유보함으로써 잉여금을 배당소득이 아닌 주식양도소득의 형태로 모회사에 이전할 수도 있다.

ⓓ 해외현지법인은 투자상대국에 설립된 법인으로서 특별한 경우가 아니라면 해외진출기업의 입장에서는 투자한 부분에 대해서만 유한책임을 지고, 또한 해당국에서의 세금신고나 자료제출 등도 원칙적으로 해당 현지법인의 사업활동에만 국한되므로 상대적으로 부담이 적을 수 있다.

ⓔ 해외지점이 본점에 지급하는 사용료나 이자 등은 해당 지점의 과세소득 계산시에 손금으로 인정되지 않는 경우가 많지만, 해외현지법인이 외국의 모회사에게 지급하는 경우에는 손금으로 인정받기가 쉽다.

ⓕ 해외지점이 투자상대국에서 철수하면서 자산을 처분하여 처분이익이 발생하는 경우 일반적으로 그 소득원천지국에서 과세되지만, 해외현지법인의 지분처분에 따른 주식양도소득은 우리나라가 체결한 대부분의 조세조약에서 일정한 요건을 충족하면 소득원천지국에서 비과세하는 것으로 규정하고 있다.

② 지점형태로 진출 시 장점

해외지사 중 연락사무소의 경우 현지에서 영업활동을 할 수 없으므로 해외진출기업이 해외에서 수익을 발생시키는 활동을 해야 하는 경우에는 지점형태로 진출할 수밖에 없을 것이다. 따라서 해외지사 중 영업활동을 할 수 있는 해외지점으로 진출하는 경우와 해외현지법형태로 진출하는 경우를 비교해 볼 수 있는데, 지점형태로 진출하는 경우 현지법인형태로 진출하는 것에 비해 다음과 같은 장점이 있을 수 있다.

ⓐ 해외지점은 해외현지법인과는 달리 이익이 발생하는 사업연도에 자동적으로 국내 본점의 이익과 합산되기 때문에, 해외진출 초기에 사업손실이 발생하는 경우 지점으로 진출하는 것이 그 해외지점의 손실과 국내 본점의 이익을 상계할 수 있어 절세가 될 수 있다.

ⓑ 해외진출기업이 지점형태로 해외로 진출하는 경우 비록 투자상대국에서 지점등기 등을 해야 할 수 있지만, 현지법인형태로 진출하는 것에 비해 설치절차가 간편하고 비용부담도 적을 수 있다.

ⓒ 해외지점의 경우 지점운영을 위하여 출연된 자산에 대해 일반적으로 투자상대국에서 자본세 등이 과세되지 않는 데 비해, 현지법인의 경우에는 자본금형태로 출자를 하기 때문에 대부분의 국가에서 자본세를 부과한다.

ⓓ 현지법인으로 진출하는 경우에는 해당법인의 주주나 이사가 현지인일 것을 요건으로 하는 경우가 있으나, 지점의 경우에는 그런 요건을 부여하는 경우가 거의 없어서 편리할 수 있다.

ⓔ 현지법인의 경우 그 이익을 국외 모회사에 분배하는 경우 조세조약상 제한세율을 적용받을 수는 있지만 원칙적으로 투자상대국에서 배당소득세를 원천징수하게 된다. 그러나 지점의 경우에는 일부 국가에서 조세조약상 지점세(Branch Tax)를 부과하는 경우를 제외하고는 그 지점의 이익을 국외 본점으로 송금하는 경우 추가로 과세하지 않는다.

2. 해외현지법인에 대한 세무

해외진출기업이 현지법인형태로 해외로 진출하는 경우 100%의 지분을 소유하는 자회사의 형태와 지분의 일부를 투자하는 합작투자형태로 나눌 수 있는데, 어느 경우에 해당하든 그 현지법인은 투자상대국의 내국법인에 해당되어 전 세계에서 발생되는 모든 소득에 대하여 그 투자상대국에서 무제한 납세의무를 부담한다. 그리고 해외현지법인에서 발생된 이익은 바로 국내에 있는 모회사인 해외진출기업에 귀속되는 것이 아니라 배당절차를 통해 배분된다. 그런데 국내기업이 해외현지법인을 설립하는 경우 국내 모회사와 그 현지법인은 특수관계에 해당하기 때문에 당사자 간의 국제거래에 대해서는 이전가격문제가 발생한다. 그리고 해외현지법인이 국내 모회사에 이익을 배당하는 경우에는 조세조약상의 제한세율 적용과 직·간접외국납부세액공제문제가 발생한다. 또한, 해외진출기업인 국내 모회사가 해외현지법인에 대한 투자액을 회수하기 위해 지분을 처분하는 경우 주식양도소득에 대한 과세문제도 발생한다.

(1) 이전가격문제

해외현지법인을 두고 있는 다국적기업은 일반적으로 각국의 조세제도 등을 이용해 모회사와 자회사 등 특수관계기업 간에 소득과 비용의 국제적 배분을 통해 그룹의 전체적인 관점에서 세후소득의 극대화를 추구한다. 이를 위해 다국적기업은 국제거래를 통한 특수관계기업 간의 거래가격을 임의로 조정하여 조세회피를 시도할 수 있는데, 이로 인해 특정국에서의 조세수입이 일방적으로 감소될 수 있다. 이러한 다국적기업의 특수관계자 간의 국제거래를 통한 조세회피행위에 대응하기 위해 대부분의 국가들은 이전가격세제를 적용하고 있다. 특수관계기업에 대해 규정하고 있는 OECD모델조세조약 제9조에서도 특수관계기업 간의 거래가 특수관계가 없는 독립기업 간의 거래가격과 비교하여 다른 가격의 거래로 인하여 일방 기업의 소득이 부당히 감소된 것으로 인정되는 경우에는 과세당국에 의하여 소득을 재계산하여 과세할 수 있는 것으로 규정하고 있다. 따라서 해외진출기업의 입장에서는 투자상대국의 세법과 조세조약 등의 검토를 통해 이전가격세제에 대한 검토를 할 필요가 있다.

특히, 최근 각국의 과세당국은 다국적기업의 특수관계기업 간의 상품매매, 자금융자나 특허권계약 등의 거래가 사업적 동기가 아닌 단순히 탈세목적인지 여부에 대해서 조사할 수 있는 제도적 장치들을 마련하고 있다. 이런 점을 감안하여 이전가격문제와 관련하여 불의의 피해를 방지하기 위해 가능하면 모든 거래는 서면으로 근거와 기록을 남기고, 관련 법령이나 기업내부의 규정에 따른 적정한 절차(이사회나 주주총회의 승인 등)를 거치는 것이 좋다. 그리고 특수관계기업 간 거래 시 적용할 이전가격을 책정함에 있어서는 과세당국의 조사에 대비하여 정상가격(Arm's Length Price)임을 뒷받침할 수 있는 자료들도 구비해 놓을 필요가 있다.

(2) 현지법인으로부터의 배당에 대한 과세문제

① 제한세율의 적용

해외진출기업의 해외현지법인은 국내 모회사와는 법적으로 별개의 실체이므로 현지법인에서 발생된 이익은 바로 국내의 모회사의 소득으로 귀속되지 않고 해외현지법인이 배당결정을 할 때 모회사의 소득으로 된다. 이렇게 해외현지법인이 배당결정을 하게 되면 소득원천지국인 그 현지법인이 소재하고 있는 국가에서 해당국의 세법에 따라 배당소득으로 과세를 하게 될 것이다. 그런데 우리나라가 체결한 대부분의 조세조약에서는 배당의 수취인이 그 배당의 수익적 소유자인 경우에 배당을 받는 수익적 소유자의 유형이나 지분비율 등에 따라 일정한 세율을 초과하여 과세할 수 없도록 제한세율에 대하여 규정하고 있다. 따라서 해외현지법인이 배당을 하는 경우에는 우리나라와 체결된 조세조약이 있는지 확인하고 그 조세조약에서 정하고 있는 제한세율을 적용하여 배당소득세를 원천징수하면 된다.

② 이중과세 방지를 위한 직접 및 간접외국납부세액공제

해외현지법인이 국내 모회사에 배당을 하면 국내 모회사는 우리나라에서 법인세 신고를 할 때 해외현지법인으로부터 받은 그 배당소득을 합산하여 세금계산을 하여야 한다. 이 경우 해외현지법인이 배당을 하면서 소득원천지국인 투자상대국에서 원천징수한 배당소득세는 국내 모회사의 입장에서는 직접외국납부세액으로서 국내 모회사의 법인세 계산 시에 외국납부세액공제나 손금산입방법 중 하나의 방법을 통해 국제적 이중과세를 조정한다. 그런데 해외현지법인이 현지에서 그 소득에 대해 법인세를 납부한 후에 세후 이익을 배당하여 국내 모회사의 소득으로 귀속되는 배당소득은 우리나라에서도 모회사의 소득으로 법인세가 과세되므로 결국 동일한 소득에 대하여 경제적으로 이중과세가 발생한다. 따라서 해외진출기업이 투자상대국에서 발생된 배당소득에 대하여 원천징수를 통해 직접납부한 세액에 대한 공제뿐만 아니라, 현지법인이 배당하는 이익에 대하여 그 현지법인이 투자상대국에서 납부한 법인세인 간접외국납부세액에 대한 이중과세의 조정도 필요하게 된다.

현행 법인세법에서도 해외현지법인인 외국자회사로부터 받은 수입배당금액이 내국법인의 각 사업연도 소득에 포함되어 있는 경우에는 다음 산식에 의하여 계산한 금액을 세액공제 또는 손금산입되는 외국법인세액으로 본다고 규정하고 있다(법인법 §57 ④, 법인령 §94 ⑧). 이 경우 외국자회사란 내국법인이 의결권 있는 발행주식총수 또는 출자총액의 25%(조세특례제한법 제22조에 따른 해외자원개발사업을 하는 외국법인의 경우에는 5%) 이상을 해당 외국자회사의 배당확정일 현재 6개월 이상 계속하여 보유하고 있는 법인을 말한다(법인법 §57 ⑤, 법인령 §94 ⑨).

$$\text{공제한도금액} = \text{외국자회사의 해당 사업연도 법인세액} \times \frac{\text{수입배당금액}}{\text{외국자회사의 해당 사업연도 소득금액} - \text{외국자회사의 해당 사업연도 법인세액}}$$

(3) 주식양도소득에 대한 과세문제

해외진출기업이 자본을 출자하여 해외현지법인을 설립하였다가 그 투자액을 회수하기 위해 지분을 처분하는 경우 주식양도로 인한 세금문제가 발생한다. 일반적으로 소득원천지국인 해외현지법인이 소재하는 투자상대국에서 주식양도차익에 대하여 과세할 것이고, 그 주식양도소득은 국내 모회사의 소득으로 귀속되어 국내에서도 법인세를 부담하게 된다. 그런데 예외가 있기는 하지만 우리나라가 체결한 대부분의 조세조약에서는 주식양도소득에 대해서는 소득원천지국인 투자상대국이 아닌 거주지국에서만 과세할 수 있도록 규정하고 있다. 결국 조세조약상 주식양도소득에 대한 과세권이 소득원천지국에 배분되어 있거나 또는 조세조약에 주식양도소득에 관한 규정이 없는 경우에만 소득원천지국에서 해당국의 세법에 따라 과세할 수 있는 것이다. 따라서 해외현지법인의 주식을 양도하는 경우에는 투자상대국과 체결한 조세조약에 주식양도소득에 대한 규정이 있는지 검토할 필요가 있다.

3. 해외지사에 대한 세무

(1) 고정사업장 해당 여부의 판정

고정사업장(Permanent Establishment)이란 기업이 사업의 전부 또는 일부를 수행하는 고정된 장소를 말하는데, 일반적으로 사업장소의 존재 유무와 기간적 고정성 여부, 그 장소를 통한 사업활동의 여부 등을 고려해 실질적으로 고정사업장으로 판단되면 명칭여하를 불문하고 고정사업장으로 본다. 현행 소득세법이나 법인세법 등 국내세법뿐만 아니라 우리나라가 체결한 대부분의 조세조약에서도 고정사업장의 범위에 대하여 규정하고 있다. 해외진출기업의 해외지점이나 해외연락사무소 등 해외지사가 소재하는 국가에서 발생하는 소득에 대해서는 고정사업장 존재 여부와 해당소득이 그 고정사업장을 통해 발생했는지 여부에 따라 소득원천지국에서의 과세 여부와 과세방법 등이 달라지므로 해외지사의 고정사업장 해당 여부가 중요하다. 그리고 해외진출기업의 해외지점은 국내 본점의 고정사업장에 해당되는지 여부도 따져 봐야 하는데, 국내 본점이 투자상대국에 있는 해외지점을 통하지 않고 직접 그 국가에 있는 거래처에 재화나 용역을 제공하고 받는 소득은 해당 해외지점의 소득으로 귀속되지 않기 때문에 해당 지점의 소득으로 과세되지 않는다. 다만, 이런 경우에는 그 소득원천지국에서 외국에 있는 소득자에게 소득을 지급하는 자가 현지의 세법과 조세조약에 따라 세금을 원천징수하게 될 것이다.

① 사업소득에 대한 과세권 여부와 과세방법의 차이

OECD모델조세조약 제7조 제1항에 따르면, 사업소득은 '일방체약국의 기업의 이윤은 그 기업이 타방체약국 내에 소재하는 고정사업장을 통하여 동 타방체약국 내에서 사업을 영위하지 아니하는 한 그 일방체약국에서만 과세된다. 그리고 그 기업이 그런 사업을 영위하는 경우에 그 기업의 이윤 중 그 고정사업장에 귀속시킬 수 있는 부분에 대해서만 동 타방체약국에서 과세될 수 있는 것'으로 규정하고 있다. 따라서 해외진출기업의 해외지사가 조세조약이 체결되어 있는 투자상대국에서 고정사업장이 없는 것으로 판정되거나 그 고정사업장에 귀속되지 않는 사업소득이 발생하는 경우 소득원천지국에서는 과세되지 않을 수 있다. 그런데 투자상대국에 해외진출기업의 고정사업장이 있고 그 고정사업장에 귀속되는 소득이

Part 3

발생하는 경우에는 그 소득에 대해 일반적으로 종합하여 과세된다. 그리고 해외지사가 소재한 국가에서 과세되는 소득이 발생하는 경우에도 고정사업장이 없는 경우에는 일반적으로 현지에서 그 소득을 지급하는 자가 원천징수하여 납부함으로써 납세의무가 종결된다.

② 투자소득에 대한 비과세나 제한세율의 적용 여부

우리나라가 체결한 대부분의 조세조약에서는 이자소득이나 배당소득, 사용료소득 등 투자소득에 대해서는 소득이 발생하는 원천지국에서 비과세하거나 국내세법보다 낮은 세율로 과세하는 제한세율에 대하여 규정하고 있다. 그런데 투자상대국에 고정사업장이 있고 해외진출기업의 투자소득이 그 고정사업장에 귀속되는 경우에는 사업소득으로 보아 제한세율이 적용되지 않고 종합과세된다.

(2) 해외지점의 납세의무

해외진출기업의 해외지점은 일반적으로 투자상대국에서 영업활동을 수행함으로써 고정사업장에 해당되기 때문에 고정사업장에 해당하는 그 해외지점에 귀속되는 소득에 대해서는 소득원천지국의 세법에 따라 납세의무를 이행해야 한다. 그리고 동시에 그 해외지점은 내국법인인 해외진출기업의 일부에 해당하므로 지점에서 발생한 손익사항이 국내 본점의 결산에 합산되어서 우리나라에서 법인세를 신고·납부하여야 한다. 이 경우 그 해외지점의 소득에 대해 투자상대국에서 납부한 세금은 국제적 이중과세를 조정하기 위해 우리나라에서 법인세를 계산할 때 외국납부세액공제를 받거나 손금으로 산입할 수 있다.

한편, 외화로 표시된 해외지점의 재무제표를 국내 본점의 재무제표와 합산하기 위해 원화로 환산하는 기준은 다음 중 하나의 방법을 선택하여 사용할 수 있다. 이 경우 한번 선택한 방법은 그 후 사업연도에 있어서 계속 적용하여야 한다(법인통 42-76-4).

① 외화표시 재무제표를 다음에 게기하는 기준일(기준일이 속하는 달의 말일 포함) 현재의 매매기준율 등에 따라 환산하는 방법

ⓐ 대차대조표 항목

- 화폐성 자산·부채는 해당 사업연도 종료일
- 기타의 항목은 취득일 또는 발생일

ⓑ 손익계산서 항목

- 현금수수거래는 거래의 발생일
- 화폐성 자산·부채계정과 손익계정이 대체되는 경우에는 대체거래 발생일
- 대차대조표 항목 중 화폐성 자산·부채계정 외의 기타 계정과 손익계정이 대체되는 경우에는 당초 취득일 또는 발생일

② 외화표시 재무제표 중 대차대조표 항목은 사업연도 종료일 현재의 매매기준율 등으로 하고, 손익계산서 항목은 해당 사업연도의 평균 매매기준율 등에 따라 환산하는 방법

③ 외화표시 재무제표의 모든 항목은 해당 사업연도 종료일 현재의 매매기준율 등에 따라 환산하는 방법

(3) 해외연락사무소의 납세의무

해외연락사무소는 해외지점과는 달리 영업활동은 하지 않고 단순히 거래처와 국내 본점과의 업무연락이나 시장조사, 정보수집 등의 비영업적 기능만을 수행한다. 이렇게 해외연락사무소는 투자상대국에서 영업활동을 수행하지 않기 때문에 현지에서 사업소득에 대한 과세문제는 발생하지 않는 것이 일반적이다. 다만, 해외연락사무소에 근무하는 임직원이나 연락사무소의 외부에 지급하는 인적용역소득 등이 있는 경우에는 투자상대국의 세법에 따라 근로소득세나 사업소득세 등을 원천징수해서 납부할 의무는 발생할 수 있다. 이렇게 해외진출기업의 해외현지법인이 현지에서 영업활동은 하지 않지만 국내 본점의 업무를 수행하기 때문에 현지에서 발생한 비용은 국내 본점의 비용으로 처리될 수 있는데, 이를 위해 관련 증빙들을 잘 챙기고 기록을 제대로 할 필요가 있다.

한편, 해외진출기업의 해외연락사무소가 현지에서 거래처와의 상담활동이나 판매활동 등을 수행하는 경우 투자상대국의 과세당국이 고정사업장에 해당되는 것으로 판단함으로써 과세문제가 발생할 수 있다. 따라서 해외연락사무소가 현지에서 영업활동으로 볼 수 있는 활동을 하게 되는 경우 고정사업장 해당 여부를 검토해서 추후에 발생할 수 있는 과세문제에 대비할 필요가 있다.

■ 법인세법 시행규칙 [별지 제64호의5서식] <신설 2011.2.28>

[ ] 기능통화 [✔] 해외사업장 과세표준계산방법 신고(변경신청)서

※ 아래의 작성방법을 읽고 작성하시기 바라며, [ ]에는 해당되는 곳에 √표를 합니다.

1. 신고(청)인 인적사항

①법인명	(주)비스콤	②사업자등록번호	214-86-12345
③본점 소재지	서울시 서초구 서초대로 100		
④대표자 성명	홍길동	⑤생년월일	

2. 신고내용

⑥과세표준계산방법 적용대상	[ ] 기능통화 도입기업 [✔] 해외사업장

(1) 최초 신고시

⑦적용할 과세표준 계산방법	[ ] 「법인세법」 제53조의2(제53조의3)제1항제1호의 방법 [ ] 「법인세법」 제53조의2(제53조의3)제1항제2호의 방법 [✔] 「법인세법」 제53조의2(제53조의3)제1항제3호의 방법
⑧신고방법 적용사업연도 개시일	2019년 1월 1일
⑨채택한 기능통화 종류	
⑩「법인세법」 제53조의2(제53조의3)제1항제2호의 과세표준 계산방법 적용시 적용환율 신고	[ ] 사업연도 종료일 현재 매매기준율 등 [ ] 평균환율

(2) 변경신청시

⑪당초신고방법		⑫변경신청방법	
⑬변경방법적용 사업연도 개시일		년 월 일	
⑭변경사유	[ ]기능통화를 변경한 경우 [ ]과세표준 계산방법이 서로 다른 법인이 합병한 경우 [ ]과세표준계산방법이 서로 다른 사업자의 사업을 인수한 경우 [ ]연결집단의 과세표준 계산방법과 다른 경우		
⑮당초채택 기능통화		⑯변경 기능통화	
⑰과세표준 계산방법을 「법인세법」 제53조의2(제53조의3)제1항제2호로 변경할 경우 적용환율 신고	[ ] 사업연도 종료일 현재 매매기준율 등 [ ] 평균환율		

「법인세법 시행령」 제91조의2 제1항·제3항 및 제91조의4제2항에 따라 과세표준 계산방법 신고서(변경신청서)를 제출합니다.

2020년 3월 31일

신고(신청)인 (주)비스콤 (서명 또는 인)

서초 세무서장 귀하

작성방법

1. ⑪당초신고방법, ⑫변경신청방법은 ⑦적용할 과세표준 계산방법 1,2,3의 방법 중 해당하는 번호를 적습니다.
2. ⑭변경사유란은 「법인세법 시행령」 제91조의2제2항 및 제91조의4제1항에 따라 해당 사유에 O를 표시하며, ⑩,⑭,⑰란도 해당사유에 O를 표시합니다.
3. 과세표준 계산방법 변경신청을 한 법인이 승인을 받지 아니하고 과세표준계산방법을 변경한 경우 과세표준은 변경하기 전의 과세표준계산방법에 따라 계산합니다.

210㎜×297㎜[일반용지 70g/㎡(재활용품)]

4. 해외주재원에 대한 세무

(1) 거주지국의 결정

국내기업이 해외로 진출하는 경우 해당 해외현지법인이나 해외지사에 파견된 직원에 대한 과세 여부는 그 파견된 직원이 어느 나라의 거주자에 해당되는지에 따라 달라진다. 대부분의 국가에서 거주자에 대해서는 거주지국 과세원칙에 따라 국내외에서 발생하는 모든 과세대상소득에 대하여 과세를 하고, 비거주자의 경우에는 원천지국 과세원칙에 따라 과세대상 국내원천소득에 대해서만 그 국가에서 세금을 부과한다. 현행 소득세법상 거주자(Resident)란 국내에 주소를 두거나 183일 이상의 거소를 둔 개인을 말하고, 비거주자(Non-Resident)란 거주자가 아닌 개인을 말한다(소득법 §1의 2 ①). 그리고 거주자나 내국법인의 국외사업장 또는 해외현지법인(내국법인이 발행주식 총수 또는 출자지분의 100%를 직접 또는 간접 출자한 경우에 한정함) 등에 파견된 임원 또는 직원은 거주자로 본다(소득령 §3). 이에 따라 해외로 진출한 국내기업의 해외주재원이 한국 거주자에 해당되면 그 직원은 그 주재국에서는 비거주자에 해당되어 그 주재국에서 발생된 소득에 대하여만 그 국가에서 납세의무가 있지만, 거주지국인 우리나라에서는 전 세계 소득에 대하여 무제한 납세의무를 지게 된다. 반대로 그 해외주재원이 주재하는 국가의 거주자가 되는 경우에는 그 국가에서 발생하는 소득뿐만 아니라 그 국가 밖에서 발생하는 소득에 대해서도 과세하지만, 우리나라에서는 국내원천소득에 대해서만 과세할 수 있다.

(2) 한국 거주자인 경우

국내기업의 해외사업장에서 근무하는 임직원이 우리나라의 거주자에 해당되면 비록 국내에서 근무하지 않고 급여도 국외에서 지급되더라도 우리나라에서 과세되는데, 이 경우 해당 임직원의 주재국에서도 그 주재국에서 근무함으로써 발생하는 소득에 대하여 용역수행지국 과세원칙에 따라 과세를 할 것이므로 국제적 이중과세문제가 발생한다. 현행 국내세법이나 우리나라가 체결한 대부분의 조세조약에서는 외국납부세액공제 등 국제적 이중과세를 조정하는 방법을 규정하고 있다. 그리고 현행 소득세법에서는 거주자의 국외근로소득에 대해서는 일정금액을 비과세하는 규정도 두고 있다.

① 국외 근로소득에 대한 비과세

현행 소득세법에 따르면 거주자가 국외에서 근로를 제공하고 받는 보수 중 월 100만원[국외 건설현장 등에서 근로(설계 및 감리 업무 포함)를 제공하고 받는 보수의 경우에는 월 300만원] 이내의 금액은 비과세로 규정하고 있다(소득법 §12 3호 거목, 소득령 §16 ①). 이 경우 국외근로의 대가로 받는 보수에는 그 근로의 대가를 국내에서 받는 경우를 포함한다(소득령 §16 ②). 그리고 국외 건설현장 등은 국외 등의 건설공사 현장과 그 건설공사를 위하여 필요한 장비 및 기자재의 구매, 통관, 운반, 보관, 유지·보수 등이 이루어지는 장소를 포함한다(소득칙 §8 ②).

해외주재원의 국외근로소득에 대한 비과세한도는 월별로 적용하는데 거주자가 국내에서 근무하다가 새로 국외근로를 시작하거나 국외근무를 하다가 귀국하여 국내에서 근무를 하게 되는 경우 국외근무기간이 1개월이 안 될 수 있는데, 이렇게 국외근무기간이 1개월 미만인 경우에는 1개월로 보아 비과세한도를 적용한다(원천-601, 2009.7.13.). 또한, 국외근무를 하는 해당 월의 국외근로소득이 월별 비과세한도금액 이하인 경우에는 그 급여액을 한도로 비과세한다(소득 46011-51, 2000.1.12.). 한편, 비과세되는 거주자의 국외근로소득에는 국내에서 지급하는 국외근로소득이 포함되고(국제세원-554, 2011.11.28.), 내국법인에 고용된 거주자인 외국인근로자가 국외에 파견되어 국외에서 근로를 제공하는 경우에도 국외근로소득에 대한 비과세 규정이 적용된다(소득집행 12-16-1).

참고 국외근로소득 관련 사례

① 해외연수 중에 받는 급여의 국외근로소득 해당 여부

소득세가 비과세되는 '국외에서 근로를 제공하고 받는 보수'는 해외에 주재하면서 근로를 제공하고 받는 급여를 말하며, 출장, 연수 등을 목적으로 출국한 기간 동안의 급여상당액은 국외근로소득으로 보지 아니한다(소득통 12-16-1).

② 수출제품의 설치 등을 위한 출장기간의 급여의 국외근로소득 해당 여부

'국외에서 근로를 제공하고 받는 보수'란 해외에 주재(연락사무소 포함)하면서 근로를 제공하고 받는 급여를 말하는 것이므로, 해외수출품에 대한 현지 설치, 시운전 등을 위하여 해외에 파견된 기간 동안의 급여상당액은 국외근로소득으로 보지 아니한다(원천-553, 2011.9.5.).

③ 국외근로비과세 적용자의 식대 비과세 적용 여부

국외근로소득에 대한 비과세를 적용받고 있는 해외파견 근로자가 월 10만원 이하의 식사대를 그 사용자인 내국법인으로부터 지급받는 경우 해당 식사대에 대하여는 소득세 비과세를 적용받을 수 있다(원천-616, 2009.7.16.).

② 이중과세 조정을 위한 외국납부세액공제

거주자나 내국법인이 투자한 해외사업장에 근무하는 한국 거주자에 대해서는 동일한 근로소득에 대해 소득원천지국인 그 주재국과 거주지국인 우리나라에서 동시에 과세함으로써 국제적 이중과세가 발생할 수 있다. 그런데 특정국과 조세조약이 체결되어 있는 경우에는 그 조세조약이 국내세법에 우선하여 적용되는데, 현재 우리나라가 체결한 대부분의 조약에서는 해외파견 직원의 근로소득에 대해서 비록 그 주재국에서 소득이 발생하더라도 연간 183일 이하 단기체류 등의 요건을 충족하는 경우 소득원천지국에서는 과세하지 않고 거주지국에서만 과세하는 것으로 되어 있다. 물론 한국의 거주자가 주재하고 있는 주재국과 체결한 조세조약이 없거나 조세조약이 체결되어 있다고 하더라도 조세조약에서 규정하고 있는 비과세요건을 충족하지 못하는 경우에는 용역이 수행되어 소득이 발생하는 그 주재국에서 과세될 것이고, 그 거주자의 거주지국인 우리나라에서도 과세가 되므로 이중과세가 발생하게 된다. 이렇게 발생된 이중과세를 조정하기 위해 현행 소득세법에서는 거주자의 종합소득금액에 국외원천소득이 합산되어 있는 경우로서 그 국외원천소득에 대하여 외국에서 외국소득세액을 납부하였거나 납부할 것이 있는 때에는 외국납부세액공제방법과 외국납부세액의 필요경비산입방법 중 하나를 선택하여 적용받을 수 있도록 규정하고 있다(소득법 §57 ①). 이 경우 외국납부세액공제는 정부 간의 조세조약 체결여부와 관계없이 현행 국내세법에 따라 적용받을 수 있다(소득통 57-0-2).

참고 외국납부세액공제 관련 사례

① **국외근로소득에 대한 외국납부세액공제한도 계산 시 근로소득공제액의 차감 여부**

국내근로소득과 국외근로소득이 있는 거주자가 소득세법 제57조 제1항 제1호에 따라 국외근로소득에 대한 외국납부세액공제를 적용하는 경우, 세액공제한도 계산을 위한 국외근로소득은 같은 법 제47조 제5항에 따라 계산한 근로소득공제액 중 국외근로소득에 대응되는 근로소득공제액을 해당 국외근로소득에서 차감하여 계산하여야 함(국제세원-381, 2012.8.23.)

② **조세조약에 따라 적정하게 납부된 세액이 아닌 경우 외국납부세액공제 적용 여부**

내국법인의 베트남 파견 직원이 내국법인으로부터 수취하는 소득에 대하여 베트남 세법에 따라 원천징수된 세액이 한·베트남조세조약 제15조에 따라 적정하게 납부된 세액에 해당하지 아니한 경우에는 소득세법 제57조에 따른 외국납부세액공제를 적용받을 수 없음(국제세원-527, 2015.5.12.)

③ **외국법인으로부터 부여받은 스톡옵션을 국내지점 근무기간 중에 행사하여 얻은 이익의 소득구분과 외국납부세액공제 적용 여부**

비거주자인 근로자가 외국법인으로부터 스톡옵션을 부여받아 국내지점 근무기간 중에 스톡옵션을 행사하여 얻은 이익은 국내원천소득에 해당되고 외국납부세액공제 규정은 적용받을 수 없음(서면2팀-849, 2006.5.15.)

(3) 주재국의 거주자인 경우

현행 국내세법이나 대부분의 조세조약에서 근로소득에 대해서는 용역수행지국에서 과세할 수 있는 것으로 규정하고 있기 때문에 비거주자가 우리나라 거주자나 내국법인의 국외사업장 또는 해외현지법인에 근무함으로써 발생하는 소득에 대하여는 해당 국가에서 과세하는지 여부에 관계없이 우리나라에서는 납세의무가 없다(소득통 3-0-4). 즉, 그 비거주자의 거주지국에 해당하는 주재국은 그 직원의 전 세계 소득에 대하여 과세권을 행사할 것이며 우리나라는 그 직원의 소득 중 한국 내의 원천소득에 대해서만 과세권을 가지게 된다. 따라서 거주자나 내국법인의 국외사업장이나 해외현지법에서 한국의 거주자에 해당하지 않는 해당국의 거주자를 직원으로 채용하고 지급하는 근로소득에 대하여는 그 소득의 원천은 주재국에 있는 것이므로 우리나라에서는 과세권을 행사할 수 없다.

5. 국외의 비거주자 등으로부터 직접 받는 용역대가에 대한 과세

일반적으로 인적역무를 제공하고 대가를 받는 경우 그 소득의 구분은 고용관계 여부와 계속성·반복성 여부에 따라 근로소득과 사업소득, 기타소득으로 구분할 수 있다. 개인이 국내에서 국외에 있는 비거주자나 외국법인 등을 위해 역무를 제공하고 대가를 지급받을 수 있는데, 이런 경우에도 고용관계 여부에 따라 소득의 구분이 달라지고, 소득의 구분이 달라지면 소득별 과세방법도 달라진다.

(1) 소득의 구분

① 근로소득으로 보는 경우

개인이 종속적인 고용관계하에서 역무를 제공하고 대가를 받는 경우에는 근로소득에 해당되는데, 국내에서 비거주자나 외국법인을 위해 역무를 제공하는 경우에도 마찬가지이다. 그런데, 근로자에 해당하는지 여부를 판단함에 있어서는 그 계약이 민법상의 고용계약이든 또는 도급계약이든 그 계약의 형식에 관계없이 그 실질에 있어 임금을 목적으로 종속적인 관계에서 사용자에게 근로를 제공하였는지 여부에 따라 판단해야 하고, 종속적인 관계가 있는지 여부를 판단함에 있어서는 다음의 내용을 종합적으로 고려하여 판단해야 한다(소득집행 20-0-1).

ⓐ 업무의 내용이 사용자에 의해 정해지고 취업규칙·복무규정·인사규정 등의 적용을 받으며 업무수행 과정에 있어서도 사용자로부터 구체적이고 직접적인 지휘·감독을 받는지 여부

ⓑ 사용자에 의하여 근무시간과 근무장소가 지정되고 이에 구속을 받는지 여부

ⓒ 근로자 스스로가 제3자를 고용하여 업무를 대행케 하는 등 업무의 대체성 유무

ⓓ 비품·원자재·작업도구 등의 소유관계, 보수가 근로 자체의 대상적 성격을 갖고 있는지 여부와 기본급이나 고정급이 정해져 있는지 여부 및 근로소득세의 원천징수 여부 등 보수에 관한 사항

ⓔ 근로제공관계의 계속성과 사용자에의 전속성의 유무와 정도

ⓕ 사회보장제도에 관한 법령 등 다른 법령에 따라 근로자로서의 지위를 인정받는지 여부

ⓖ 양 당사자의 경제적·사회적 조건 등

② 사업소득이나 기타소득으로 보는 경우

개인이 고용관계 없이 독립된 자격으로 역무를 제공하고 대가를 받는 경우 그 소득은 계속성·반복성 여부에 따라 사업소득 또는 기타소득으로 구분되는데, 국내에서 비거주자나 외국법인을 위해 역무를 제공하는 경우에도 마찬가지이다. 즉, 고용관계 없이 독립된 자격으로 계속적·반복적으로 용역을 제공하고 일의 성과에 따라 지급받는 수당·기타 유사한 성질의 금액은 소득세법상 사업소득에 해당하고, 일시적·우발적으로 용역을 제공하고 지급받는 수당·기타 유사한 성질의 금액은 소득세법상 기타소득에 해당한다. 그런데 인적용역을 제공하고 받는 소득이 사업소득에 해당하는지 또는 기타소득에 해당하는지 여부는 당사자 사이에 맺은 거래의 형식·명칭 및 외관에 구애되지 않고 그 실질에 따라 평가한 다음, 그 거래의 한쪽 당사자인 해당 납세자의 직접 활동의 내용, 그 활동 기간, 횟수, 태양, 상대방 등에 비추어 그 활동이 수익을 목적으로 하고 있는지 여부와 사업활동으로 볼 수 있을 정도의 계속성과 반복성이 있는지 여부 등을 고려하여 사회통념에 따라 판단해야 한다(대법원 2000두5203, 2001.4.24.).

(2) 소득별 과세방법

① 근로소득에 해당하는 경우

현행 소득세법에 따르면, 원칙적으로 국내에서 거주자나 비거주자에게 근로소득 등 소득세법에서 정하는 소득을 지급하는 경우에는 소득세법의 규정에 따라 그 거주자나 비거주자에 대한 소득세를 원천징수하여야 한다(소득법 §127 ①). 그런데 원천징수대상 근로소득 중 '외국기관 또는 우리나라에 주둔하는 국제연합군(미군은 제외)으로부터 받는 근로소득'과 '국외에 있는 비거주자 또는 외국법인(국내지점 또는 국내영업소는 제외)으로부터 받는 근로소득'은 원천징수대상에서 제외하고 있다(소득법 §127 ① 4호). 참고로 2009년 이전에는 원천징수대상 근로소득을 '갑종근로소득', 원천징수대상에서 제외되는 근로소득은 '을종근로소득'으로 구분했었는

데, 2009년 말 소득세법 개정으로 이제는 '갑종근로소득'이나 '을종근로소득'으로 구분하지 않고 원천징수대상 여부와 관계없이 모두 '근로소득'으로 명칭이 통일되었다. 그런데 '국외에 있는 비거주자 또는 외국법인으로부터 직접 받는 근로소득'의 경우 그 소득이 국내에 있는 거주자의 계좌로 직접 송금되어 오기 때문에 국내에서는 원천징수의무를 이행할 수 없게 된다. 따라서 이런 경우 그 소득자가 납세의무를 이행하기 위한 두 가지 방법이 있을 수 있는데, 하나는 납세조합을 통해 세금신고를 하는 방법이고 나머지 하나는 소득자 본인이 직접 그 근로소득에 대한 종합소득세신고를 하는 방법이다.

ⓐ 납세조합을 통한 납세의무의 이행

현행 소득세법에 따르면, 원천징수대상에서 제외된 근로소득이 있는 거주자는 납세조합을 조직할 수 있도록 규정하고 있는데(소득법 §149 1호), 납세조합은 그 조합원의 원천징수의무 제외 대상소득에 대해 매월 소득세를 징수하게 된다. 그리고 납세조합이 조합원의 소득에 대해 매월 원천징수하는 경우 징수할 세액의 5%를 세액공제하고 징수하고 나중에 연말정산을 통해 정산하게 된다. 따라서 국내에서 국외의 비거주자나 외국법인으로부터 직접 근로소득을 지급받은 개인은 납세조합에 가입하여 원천징수절차로 납세의무를 이행할 수 있다.

ⓑ 종합소득세신고를 통한 납세의무의 이행

국외의 비거주자나 외국법인으로부터 직접 근로소득을 지급받아 원천징수를 하지 않게 된 근로소득에 대하여 납세조합을 통하여 납세의무를 이행하지 않은 경우에는 그 근로소득이 발생한 다음 해의 5월에 근로자의 주소지 관할 세무서에서 종합소득세신고절차를 통해 납세의무를 이행할 수 있다. 이 경우 근로소득자가 국외로부터 받은 근로소득의 금액과 각종 증빙자료를 토대로 연말정산과 비슷한 절차로 소득세를 계산한다.

참고 국내연락사무소를 설치하고 급여를 지급하는 경우

외국법인이 국내에 수익사업을 하지 않는 연락사무소를 설치하고 근무직원에 대한 급여를 외국 본점에서 거래은행을 통하여 각 직원의 계좌로 직접 송금하는 경우에는 소득세법상 원천징수의무에서 제외되는 근로소득에 해당하는 것이지만, 외국법인의 연락사무소에서 근무하는 직원의 급여를 그 연락사무소 명의의 통장을 통하여 지급받은 후 대표자가 각 직원 개인별로 지급하는 경우에는 원천징수대상 근로소득에 해당하는 것임(서면1팀-511, 2006.4.21.)

② 사업소득 또는 기타소득에 해당하는 경우

개인이 국내에서 고용관계 없이 국외에 있는 비거주자나 외국법인 등을 위해 역무를 제공하고 대가를 직접 지급받은 경우 용역제공의 계속성·반복성 여부에 따라 사업소득이나 기타소득으로 분류될 수 있다. 그런데 그 소득이 사업소득에 해당하든 기타소득에 해당하든 국내에서는 원천징수가 되지 않기 때문에 그 소득자가 종합소득세신고절차를 통해 스스로 납세의무를 이행해야 한다.

ⓐ 사업소득의 경우

인적용역소득이 사업소득에 해당하면 근거과세의 원칙상 그 소득에 대응하는 실제 필요경비에 대한 증빙서류를 구비하고 장부를 비치·기장해야만 비용으로 인정받을 수 있다. 사업소득에 해당하는 인적용역소득의 경우 직전 연도의 수입금액이 연간 7,500만원을 넘는 경우 복식부기의무자에 해당되는데, 복식부기의무자가 장부를 비치·기장하지 않고 추계방식으로 소득세 신고를 하게 되면 산출세액의 20%에 해당하는 무신고가산세를 부담하게 된다. 따라서 국내에서 국외의 비거주자나 외국법인을 위해 인적용역을 제공하고 그 대가를 국외로부터 직접 받는 경우로서 그 소득이 사업소득에 해당하는 경우에는, 기장의무 구분에 따라 추계방식으로 소득세 신고를 하거나 장부를 정리하여 소득세 신고를 해야 한다.

ⓑ 기타소득의 경우

동일한 인적용역소득이라도 계속성·반복성이 없어서 기타소득으로 분류되면 사업소득이 아니기 때문에 기장의무가 없을 뿐만 아니라, 해당 소득에 대한 필요경비를 사업자가 직접 입증할 필요 없이 세법에서 사전에 정한 비율에 해당하는 금액을 필요경비로 인정해준다. 현행 소득세법에 따르면 기타소득에 해당하는 인적용역소득의 경우 거주자가 지급받은 금액의 60%에 상당하는 금액을 필요경비로 의제하고, 실제 소요된 필요경비가 60%를 초과하면 그 초과하는 금액도 필요경비에 산입할 수 있다(소득령 §87 1의 2호). 따라서 국내에서 국외의 비거주자나 외국법인을 위해 인적용역을 제공하고 그 대가를 국외로부터 직접 받는 경우로서 그 소득이 기타소득에 해당하는 경우에는, 의제경비율을 적용하여 소득세를 계산하거나 실제 소요된 필요경비가 의제경비율을 적용한 금액을 초과하는 경우에는 그 증빙을 바탕으로 소득세를 계산하여 소득세 신고를 하면 된다.

Ⅱ 국외자산에 대한 세무

거주자나 내국법인이 해외주식에 투자하거나 해외부동산을 취득해서 보유하고 처분하는 과정에서 발생할 수 있는 문제들은 외국환의 송금 및 회수에 따른 금융기관에 대한 신고절차와 국외자산으로부터 발생하는 소득에 대한 과세문제라고 할 수 있다. 해외직접투자와 해외부동산의 취득과 보유, 처분단계에서의 신고절차는 앞에서 살펴본 바와 같이 주로 외국환거래규정에 규정되어 있으므로 앞에서 설명한 내용을 참조하면 될 것이다. 그리고 국외자산과 관련된 과세문제도 취득 및 보유, 처분단계별로 나누어 볼 수 있는데, 앞에서 살펴본 바와 같이 해외직접투자를 한 경우에는 법인세나 소득세 신고 시에 '해외현지법인 명세서' 등을 제출해야 하고, 해외부동산의 취득과 보유, 처분과 관련해서도 법인세나 소득세 신고 시에 '해외부동산 취득·투자운용(임대) 및 처분 명세서'를 제출해야 한다. 그런데 해외주식투자나 해외부동산을 취득하는 주체가 내국법인인 경우에는 그 국외자산으로부터 발생하는 보유 및 처분단계에서의 배당소득이나 임대소득, 자산처분소득에 대하여 순자산증가설에 따라 그 법인의 장부에 반영하여 법인세를 계산하고 외국에서 납부한 세금이 있는 경우에는 그 외국납부세액에 대해 손금산입이나 외국납부세액공제로 적용하여 이중과세를 조정하면 된다. 따라서 아래에서는 주로 개인 거주자가 국외자산을 취득하여 보유하거나 처분하면서 발생하는 과세문제에 대해 살펴보기로 한다.

1. 국외자산의 취득 및 보유에 대한 세무

(1) 국외자산의 취득단계에서의 세무

① 취득자금에 대한 증여세 과세

취득과 관련된 세금은 일반적으로 그 자산이 소재하는 국가의 법령에 따라 현지에서 납부하게 될 것이기 때문에 국내에서 국외자산의 취득과 관련하여 발생할 수 있는 세금문제는 그리 많지 않다고 할 수 있다. 개인 거주자의 국외자산의 취득과 관련하여 국내에서 발생될 수 있는 세금으로는 그 국외자산을 취득하기 위한 자금 조달 과정에서 타인으로부터 자금을 증여받거나 또는 그 취득자금의 출처를 소명할 수 없는 경우에 부과될 수 있는 증여세 정도일 것이다.

현행 상속세및증여세법에 따르면, 재산 취득자의 직업, 연령, 소득 및 재산 상태 등으로 볼 때 재산을 자력으로 취득하였다고 인정하기 어려운 경우로서 다음 중 어느 하나에 따라 입증된 금액의 합계액이 취득재산의 가액에 미달하는 경우에는 그 재산을 취득한 때에 그 재산의 취득자금을 그 재산 취득자가 증여받은 것으로 추정하여 이를 그 재산 취득자의 증여재산가액으로 한다(상증법 §45 ①). 이 경우 입증되지 아니하는 금액이 취득재산의 가액의 20%에 상당하는 금액과 2억원 중 적은 금액에 미달하는 경우에는 증여세를 부과하지 아니한다(상증령 §34 ① 단서).

ⓐ 신고하였거나 과세(비과세 또는 감면받은 경우 포함)받은 소득금액

ⓑ 신고하였거나 과세받은 상속 또는 수증재산의 가액

ⓒ 재산을 처분한 대가로 받은 금전이나 부채를 부담하고 받은 금전으로 해당 재산의 취득에 직접 사용한 금액

② 자금출처 증여추정 배제기준

거주자인 재산취득자가 해당 재산을 자력으로 취득하였다고 인정하기 어려운 경우에는 그 재산의 취득자금을 증여받은 것으로 추정하여 증여세를 부과할 수 있는데, 이 경우 취득자의 직업, 연령, 소득, 재산 상태 등을 고려하여 재산취득일 전 10년 이내에 해당 재산 취득자금의 합계액이 다음 표의 기준금액 미만인 경우에는 증여추정 규정을 적용하지 아니한다. 다만, 기준금액 이하이더라도 취득가액 또는 채무상관 금액이 타인으로부터 증여받은 사실이 확인될 경우에는 증여세 과세대상이 된다(상증법 §45 ③, 상증령 §34 ②, 상증집행 45-34-3).

구 분	취득재산		채무상환	총액한도
	주택	기타재산		
세대주인 경우 - 30세 이상 - 40세 이상	 2억원 4억원	 5천만원 1억원	 5천만원	 2억 5천만원 5억원
세대주가 아닌 경우 - 30세 이상 - 40세 이상	 1억원 2억원	 5천만원 1억원	 5천만원	 1억 5천만원 3억원
30세 미만인 경우	5천만원	5천만원	5천만원	1억원

(2) 국외자산의 보유단계에서의 세무

① 배당소득에 대한 과세

거주자나 내국법인이 해외주식투자를 통해 배당소득이 발생하는 경우 법인의 경우에는 국내에서 법인세를 계산하면서 순자산증가설에 따라 그 국외발생소득도 과세표준에 합산해야 된다. 그런데 개인 거주자가 국내증권사를 통해 외국법인의 주식에 투자하여 외국법인으로부터 배당금을 수령할 경우에는 국내증권사가 국내세법에 따라 14%의 세율을 적용하여 원친징수하게 되는데, 이 경우 배당소득이 발생한 해외현지에서 그 배당소득에 대하여 이미 원천징수하였다면 우리나라 소득세법에 따른 세율 14%에서 현지 원천징수세율을 차감하여 산출한 세액을 원천징수하게 된다(소득법 §127 ①·⑤, 소득법 §129 ④). 이렇게 해외주식에 대한 배당소득세를 국내세법에 따라 원천징수한 경우에는 개인별로 연간 금융(이자·배당) 소득이 2천만원을 초과하는 경우 다른 종합소득과 합산하여야 하고, 국외에서 받는 금융소득에 대해서 국내에서 원천징수되지 않은 경우에는 금액에 관계없이 종합소득 과세표준에 합산해야 한다(소득-432, 2014.8.5.).

② 임대소득의 계산과 외국납부세액공제 등

거주자나 내국법인이 해외부동산을 취득하여 직접 사용하는 경우에는 그 부동산으로부터 소득이 발생하지 않겠지만 직접 사용하지 않고 임대를 하는 경우에는 임대소득이 발생할 수 있는데, 보유단계에서 발생하는 임대소득 등에 대해서는 비록 그 소득원천지국에서 세금을 납부하였더라도 거주지국인 우리나라에서 그 소득을 합산하여 다시 세금을 계산하여 신고·납부하여야 한다. 거주자 등이 보유한 해외부동산으로부터 임대소득이 발생하여 국내에서 다른 소득과 합산하여 법인세나 소득세를 신고하기 위해 소득금액을 계산하는 경우 그 해외부동산으로부터 발생하는 임대소득과 관련되는 직·간접비용은 당연히 손금이나 필요경비로 산입된다. 그리고 국외자산의 소재지국에서 납부한 배당소득이나 임대소득 관련 외국납부세액이 있는 경우 국내에서 그 국외소득을 합산하여 법인세나 소득세를 계산할 때 손금(필요경비)산입하거나 외국납부세액공제를 적용하여 국제적 이중과세를 조정할 수 있다.

③ 거주자가 해외에서 주택을 취득하여 임대하는 경우

개인 거주자가 해외에서 주택 이외의 부동산을 취득·임대하여 임대소득이 발생하는 경우에는 국내에서 발생된 소득과 마찬가지로 그 소득에 대해서는 그 소득원천지국에서 세금을 납부하였더라도 국내에서 다른 소득과 합산하여 종합소득세를 신고·납부하여야 한다. 그런데 거주자가 국내에서 부부합산하여 1주택을 보유하면서 임대를 하는 경우 그 주택임대소득에 대해서는 기준시가기준으로 9억원을 초과하는 주택이 아닌 경우에는 종합소득세를 비과세하는데, 해외에서 주택을 취득·임대하여 임대소득이 발생하는 경우에는 국내외에서 보유하고 있는 주택의 수에 관계없이 그 해외주택의 임대소득은 모두 국내에서 종합소득세 과세대상이 된다(소득법 §12 2호 나목). 그리고 거주자가 주택을 임대하고 월세가 아닌 전세보증금을 받는 경우에는 부부합산해서 3주택(전용면적이 한 채당 40㎡ 이하인 주택으로서 해당 과세기간의 기준시가가 2억원 이하인 주택은 2021년 12월 31일까지는 주택 수에 포함되지 않음) 이상 보유하고 있는 경우에만 주택을 임대하고 받은 전세보증금 중 3억원을 초과하는 부분에 대해서만 간주임대료를 계산하여 소득세를 과세하는데, 해외주택을 임대하고 월세가 아닌 전세보증금을 받은 경우에도 동일한 기준으로 과세된다.

④ 거주자의 해외부동산 임대로 인해 발생한 결손금의 통산 여부

현행 소득세법상 사업자가 비치·기록한 장부에 의하여 해당 과세기간의 사업소득금액을 계산할 때 발생한 결손금은 그 과세기간의 종합소득과세표준을 계산할 때 근로소득금액·연금소득금액·기타소득금액·이자소득금액·배당소득금액에서 순서대로 공제하는데(소득법 §45 ①), 원칙적으로 거주자의 국외사업장에서 발생한 결손금도 국내의 종합소득금액에서 공제할 수 있다(소득집행 45-0-5). 그런데 부동산임대업에서 발생한 결손금 중 비주거용 부동산의 임대업에서 발생한 결손금은 종합소득 과세표준을 계산할 때 공제하지 아니한다(소득법 §45 ②). 즉, 부동산임대업 중 비주거용 부동산임대업에서 발생한 결손금은 그해의 종합소득 과세표준을 계산할 때 다른 종합소득금액과 통산하지 못하지만 주거용 건물임대업에서 발생한 결손금은 다른 소득금액과 통산할 수 있다. 또한, 결손금이 발생한 연도에 공제하고 남은 이월결손금은 해당 이월결손금이 발생한 과세기간의 종료일부터 10년 이내에 끝나는 과세기간의 소득금액을 계산할 때 먼저 발생한 과세기간의 이월결손금부터 순서대로 사업소득금액, 근로소득금액, 연금소득금액, 기타소득금액, 이자소득금액 및 배당소득금액에서 순서대로 공제하지만 비주거용 부동산임대업에서 발생한 이월결손금은 비주거용 부동산임대업의 소득금액에서만 공제한다(소득법 §45 ③). 따라서 해외부동산을 임대함으로써 발생하는 결손금도 비주거용 부동산임대업과 주거용 건물임대업으로 구분해서, 해외의 주거용 건물임대업에서 발생한 결손금은 해당 연도의 국내의 다른 종합소득금액과 통산할 수 있고, 이월결손금이 발생한 경우에도 일반적인 이월결손금의 공제순서대로 다른 종합소득금액에서 공제하면 된다. 그렇지만 해외의 비주거용 부동산임대업에서 발생한 결손금은 해당 연도의 국내의 다른 종합소득금액과 통산할 수 없고, 이월결손금의 경우에도 비주거용 부동산임대업의 소득금액에서만 공제할 수 있다.

2. 국외자산 양도에 대한 세무

거주자나 내국법인이 해외주식이나 해외부동산 등을 보유하고 있다가 처분하는 경우 그 처분에 따른 손익이 발생할 수 있는데, 내국법인의 경우에는 순자산증가설에 따라 과세소득을 계산하기 때문에 그 국외자산의 처분으로 발생하는 손익은 법인세 계산 시에 반영하고, 그 국외자산의 처분과 관련하여 외국에서 납부한 세액이 있으면 손금산입이나 외국납부세액공제를 적용하여 국제적 이중과세를 조정하면 된다. 참고로, 법인의 경우 국내 소재 주택이나 비사업용 토지를 양도한 경우 그 주택이나 토지 등의 양도소득에 10%에 해당하는 세액을 각 사업연도소득에 대한 법인세에 추가하여 납부하여야 하는데(법인법 §55의 2 ①), 내국법인이 보유하는 국외부동산을 양도하는 경우에는 이런 '토지 등 양도소득에 대한 과세특례'를 적용하지 않는다(사전-2019-법령해석법인-54, 2019.6.5.).

그런데, 순자산증가설에 따라 과세대상소득을 계산하는 법인과는 달리 소득원천설에 따라 과세대상소득을 종합소득과 양도소득, 퇴직소득으로 분류하여 과세하고 있는 개인 거주자의 경우에는 거주자가 현행 소득세법에서 과세대상 양도소득으로 규정하고 있는 국외자산을 취득·보유하다가 양도하는 경우 소득세법에서 규정하는 바에 따라 국외자산 양도에 대한 양도소득세를 계산하여 신고·납부하여야 하고, 그 국외자산의 양도와 관련하여 외국에서 납부한 세금이 있는 경우에는 필요경비산입방법이나 외국납부세액공제방법을 통해 국제적 이중과세를 조정할 수 있다. 아래에서는 현행 소득세법에서 규정하고 있는 거주자의 국외자산 양도에 대한 양도소득세의 계산과 신고·납부 등에 대하여 살펴보기로 한다.

(1) 과세대상 양도소득의 범위

개인인 거주자가 국외에 자산을 보유하고 있다가 처분하는 경우 열거주의에 의해 소득세법에서 규정하고 있는 자산에 대해서만 양도세를 내게 되는데, 양도세가 과세되는 국외자산은 양도세가 과세되는 국내자산과 유사하다. 구체적으로 개인인 거주자의 양도세 과세대상 국외자산 양도소득은 다음과 같은 국외자산을 양도함으로써 발생하는 소득으로 하되, 아래 ③의 주식 등과 아래 ④의 파생상품의 경우에는 거주자의 국내주식 등이나 파생상품의 양도소득과 합산한다. 이 경우 우리나라에서 양도세를 납부할 의무가 있는 거주자는 그 국외자산의 양도일 현재 계속하여 5년 이상 국내에 주소 또는 거소를 둔 경우에만 해당한다(소득법 §118의 2). 그런데 다음에 따른 소득이 국외에서 외화를 차입하여 취득한 자산을 양도하여 발생하는 소득으로서 환율변동으로 인하여 외화차입금으로부터 발생하는 환차익을 포함하고 있는 경우에는 해당 환차익은 양도소득의 범위에서 제외한다.

① 토지 또는 건물의 양도로 발생하는 소득

② 다음 중 어느 하나에 해당하는 부동산에 관한 권리의 양도로 발생하는 소득

ⓐ 부동산을 취득할 수 있는 권리(건물이 완성되는 때에 그 건물과 이에 딸린 토지를 취득할 수 있는 권리 포함)

ⓑ 지상권

ⓒ 전세권과 부동산임차권

③ 외국법인이 발행하였거나 외국에 있는 시장에 상장된 주식 등으로서 다음 중 어느 하나에 해당하는 것의 양도로 발생하는 소득(소득법 §94 ① 3호 다목, 소득령 §157의 3)

ⓐ 외국법인이 발행한 주식 등(자본시장과금융투자업에관한법률에 따른 증권시장에 상장된 주식 등과 국외에 있는 자산으로서 소득세법 제94조 제1항 제4호에 따른 기타자산에 해당하는 부동산 과다보유 법인의 주식 등은 제외함)

ⓑ 내국법인이 발행한 주식 등(국외 예탁기관이 발행한 증권예탁증권 포함)으로서 자본시장과금융투자업에관한법률시행령 제2조 제1호에 따른 해외 증권시장에 상장된 것

④ 자본시장과금융투자업에관한법률 제5조 제2항 제2호에 따른 해외 파생상품시장에서 거래되는 파생상품(소득법 §94 ① 5호, 소득령 §159의 2 ① 5호)

⑤ 그 밖에 국외에 있는 자산으로서 소득세법 제94조 제1항 제4호에 따른 기타자산에 해당하는 사업용 고정자산과 함께 양도하는 영업권, 이용권·부동산 과다보유 법인의 주식 등의 양도로 발생하는 소득과 소득세법 제118조의 2 제2호에 따른 부동산에 관한 권리로서 미등기 양도자산의 양도로 발생하는 소득(소득령 §178의 2 ④)

참고 해외 주택의 비과세대상 1세대 1주택 해당 여부

소득세법시행령 제154조 제1항의 1세대 1주택을 판정함에 있어 국외 부동산은 고려하지 않는 것이며, 국외 부동산을 양도하는 경우에는 소득세법 제118조의 2 제1호에 의거 1세대 1주택 여부에 관계없이 양도소득세가 과세되는 것임(재산-1720, 2008.7.16.)

Part 3

(2) 양도가액

① 시가를 확인할 수 있는 경우

국외자산의 양도가액은 그 자산의 양도 당시의 실지거래가액으로 한다. 다만, 양도 당시의 실지거래가액을 확인할 수 없는 경우에는 양도자산이 소재하는 국가의 양도 당시 현황을 반영한 시가에 따르되, 다음 중 어느 하나에 해당하는 가액이 확인되는 때에는 이를 해당 자산의 시가로 한다(소득법 §118의 3 ①, 소득령 §178의 3 ①).

ⓐ 국외자산의 양도에 대한 과세와 관련하여 이루어진 외국정부(지방자치단체 포함)의 평가가액

ⓑ 국외자산의 양도일 또는 취득일 전후 6개월 이내에 이루어진 실지거래가액

ⓒ 국외자산의 양도일 또는 취득일 전후 6개월 이내에 평가된 감정평가업자의 감정가액

ⓓ 국외자산의 양도일 또는 취득일 전후 6개월 이내에 수용 등을 통하여 확정된 국외자산의 보상가액

② 시가를 산정할 수 없는 경우

양도한 국외자산의 시가를 산정하기 어려울 때에는 그 자산의 종류, 규모, 거래상황 등을 고려하여 상속세및증여세법상 시가를 산정하기 어려운 경우에 해당되어 보충적 평가방법으로 평가하는 방법을 준용하여 다음 중 어느 하나에 따라 평가한 가액으로 한다(소득법 §118의 3 ① 단서, 소득령 §178의 3 ②).

ⓐ 부동산 및 부동산에 관한 권리의 경우에는 상속세및증여세법 제61조(부동산 등의 평가), 제62조(선박 등 그 밖의 유형재산의 평가), 제64조(무체재산권의 가액) 및 제65조(그 밖의 조건부 권리 등의 평가)를 준용하여 국외자산가액을 평가하는 것. 다만, 상속세및증여세법 제61조, 제62조, 제64조 및 제65조를 준용하여 국외자산가액을 평가하는 것이 적절하지 아니한 경우에는 감정평가및감정평가사에관한법률 제2조 제4호에 따른 감정평가업자가 평가하는 것을 말한다.

ⓑ 유가증권가액의 산정은 상속세및증여세법 제63조(유가증권 등의 평가)의 규정에 의한 평가방법을 준용하여 평가하는 것. 이 경우 동조 제1항 제1호 가목의 규정 중 '평가기준일 이전·이후 각 2개월'은 각각 '양도일·취득일 이전 1개월'로 본다.

(3) 필요경비

① 필요경비의 범위

국외자산의 양도에 대한 양도차익을 계산할 때 양도가액에서 공제하는 필요경비는 국내자산 양도 시의 필요경비와 유사하게 다음의 금액을 합한 것으로 한다(소득법 §118의 4 ①, 소득령 §178의 4 ①·③·④).

ⓐ 취득가액

해당 자산의 취득에 든 실지거래가액. 다만, 취득 당시의 실지거래가액을 확인할 수 없는 경우에는 위 (2)에서 설명한 양도가액과 마찬가지로 양도자산이 소재하는 국가의 취득 당시의 현황을 반영한 시가에 따르되, 시가를 산정하기 어려울 때에는 그 자산의 종류, 규모, 거래상황 등을 고려하여 상속세및증여세법에 따른 보충적 방법에 따라 취득가액을 산정한다.

ⓑ 소득세법시행령 제163조 제3항 각 호의 어느 하나에 해당하는 자본적 지출액

ⓒ 소득세법시행령 제163조 제5항 각 호의 어느 하나에 해당하는 양도비

② 양도차익계산을 위한 외화환산

국외자산 양도에 대한 양도차익을 계산함에 있어서는 양도가액 및 필요경비를 수령하거나 지출한 날 현재 외국환거래법에 의한 기준환율 또는 재정환율에 의하여 계산한다(소득령 §178의 5 ①).

(4) 양도소득 기본공제

국외자산의 양도에 대한 양도소득이 있는 거주자에 대해서는 해당 과세기간의 양도소득금액에서 연 250만원을 공제한다(소득법 §118의 7 ①). 이 경우 해당 과세기간의 양도소득금액에 소득세법 또는 조세특례제한법이나 그 밖의 법률에 따른 감면소득금액이 있는 경우에는 감면소득금액 외의 양도소득금액에서 먼저 공제하고, 감면소득금액 외의 양도소득금액 중에서는 해당 과세기간에 먼저 양도하는 자산의 양도소득금액에서부터 순서대로 공제한다(소득법 §118의 7 ②). 그리고 외국법인이 발행하였거나 외국시장에 상장된 내국법인의 주식 등과 해외 파생상품시장에서 거래되는 파생상품의 경우에는 국내 주식 등이나 파생상품과 양도손익을 합산하여 계산하며(소득법 §102 ①), 기본공제금액도 국내외자산을 합산하여 연간 250만원을 공제한다(소득법 §103 ①).

(5) 양도소득세의 세율

① 일반자산의 경우

국외자산의 양도소득에 대한 소득세는 해당 과세기간의 양도소득과세표준에 다음의 세율을 적용하여 계산한 금액을 그 세액으로 한다(소득법 §118의 5 ①).

과세표준	세 율
1,200만원 이하	과세표준의 6%
1,200만원 초과 4,600만원 이하	72만원+(1,200만원 초과 금액의 15%)
4,600만원 초과 8,800만원 이하	582만원+(4,600만원 초과 금액의 24%)
8,800만원 초과 1억 5천만원 이하	1,590만원+(8,800만원 초과 금액의 35%)
1억 5천만원 초과 3억원 이하	3,760만원+(1억 5천만원 초과 금액의 38%)
3억원 초과 5억원 이하	9,460만원+(3억원 초과 금액의 40%)
5억원 초과	1억 7,460만원+(5억원 초과 금액의 42%)

② 외국법인이 발행하였거나 외국시장에 상장된 내국법인의 주식 등의 경우

외국법인이 발행하였거나 외국시장에 상장된 주식의 양도소득에 대한 세율은 다음과 같다(소득법 §104 ① 12호).

구 분	세 율
중소기업의 주식 등	과세표준의 10%
그 밖의 주식 등	과세표준의 20%

참고 **해외주식 양도 시 중소기업주식의 의미**

해외주식 양도 시 소득세법 제118조의 5 제1항 제2호 가목에서 규정하는 중소기업 주식은 외국증시에서 거래되는 국내중소기업 발행주식을 말하는 것임(부동산거래관리-993, 2011.11.25.)

③ 해외 파생상품시장에서 거래되는 파생상품의 경우

자본시장과금융투자업에관한법률 제5조 제2항 제2호에 따른 해외 파생상품시장에서 거래되는 파생상품의 양도소득에 대한 세율은 탄력세율을 적용하여 과세표준의 10%로 한다(소득법 §104 ① 13호·§104 ⑥, 소득령 §167의 9).

(6) 외국납부세액의 공제

① 공제방법

국외자산의 양도소득에 대하여 해당 외국에서 과세를 하는 경우로서 그 양도소득에 대하여 국외자산 양도소득에 대한 세액('국외자산 양도소득세액')을 납부하였거나 납부할 것이 있을 때에는 다음의 방법 중 하나를 선택하여 적용할 수 있다(소득법 §118의 6 ①).

ⓐ 외국납부세액의 세액공제방법 : 다음 계산식에 따라 계산한 금액을 한도로 국외자산 양도소득세액을 해당 과세기간의 양도소득 산출세액에서 공제하는 방법

$$공제한도금액 = A \times \frac{B}{C}$$

A : 소득세법 제118조의 5에 따라 계산한 해당 과세기간의 국외자산에 대한 양도소득 산출세액
B : 해당 국외자산 양도소득금액
C : 해당 과세기간의 국외자산에 대한 양도소득금액

ⓑ 외국납부세액의 필요경비 산입방법 : 국외자산의 양도소득에 대하여 납부하였거나 납부할 국외자산 양도소득세액을 해당 과세기간의 필요경비에 산입하는 방법

② 공제대상 국외자산 양도소득세액

국외자산의 양도소득에 대한 공제대상세액은 국외자산의 양도소득에 대하여 외국정부(지방자치단체 포함)가 과세한 다음 중 어느 하나에 해당하는 세액을 말한다(소득령 §178의 7 ①).

ⓐ 개인의 양도소득금액을 과세표준으로 하여 과세된 세액

ⓑ 개인의 양도소득금액을 과세표준으로 하여 과세된 세의 부가세액

Part 3

③ 공제신청서의 제출

국외자산 양도소득세액을 공제받고자 하거나 필요경비에 산입하고자 하는 자는 '국외자산양도소득세액공제(필요경비산입)신청서'를 양도소득과세표준 확정신고(예정신고 포함) 기한 내에 납세지 관할 세무서장에게 제출하여야 한다(소득령 §178의 7 ②).

(7) 국외자산 양도에 대한 준용규정

국외자산의 양도에 대한 양도소득세의 관하여는 국내자산의 양도소득세를 계산할 때 적용하는 다음의 소득세법 규정들을 준용한다. 다만, 아래 준용규정 중 소득세법 제95조에 따른 장기보유 특별공제액은 공제하지 아니한다. 즉, 국외자산의 경우 보유기간에 관계없이 장기보유 특별공제액은 적용할 수 없다(소득법 §118의 8).

① 소득세법 제89조(비과세 양도소득)

② 소득세법 제90조(양도소득세의 감면)

③ 소득세법 제92조(양도소득과세표준의 계산)

④ 소득세법 제93조(양도소득세액 계산의 순서)

⑤ 소득세법 제95조(양도소득금액)

⑥ 소득세법 제97조(양도소득의 필요경비 계산) 제3항

⑦ 소득세법 제98조(양도 또는 취득의 시기)

⑧ 소득세법 제100조(양도차익의 산정)

⑨ 소득세법 제101조(양도소득의 부당행위계산)

⑩ 소득세법 제105조(양도소득과세표준 예정신고)

⑪ 소득세법 제106조(예정신고납부)

⑫ 소득세법 제107조(예정신고 산출세액의 계산)

⑬ 소득세법 제110조(양도소득과세표준 확정신고)

⑭ 소득세법 제111조(확정신고납부)

⑮ 소득세법 제112조(양도소득세의 분할납부)

⑯ 소득세법 제114조(양도소득과세표준과 세액의 결정·경정 및 통지)

⑰ 소득세법 제114조의 2(감정가액 또는 환산취득가액 적용에 따른 가산세)

⑱ 소득세법 제115조(주식 등에 대한 장부의 비치·기록의무 및 기장 불성실가산세)

⑲ 소득세법 제116조(양도소득세의 징수)

⑳ 소득세법 제117조(양도소득세의 환급)

㉑ 소득세법 제118조(준용규정)

참고 동일연도에 국내자산과 국외자산을 각각 양도한 경우 양도손익의 통산 여부

해외 소재 자산의 양도일까지 국내에 계속 5년 이상 주소 또는 거소를 둔 개인인 거주자가 동일연도에 소득세법에 의한 국내자산과 국외자산을 각각 양도한 경우 국내자산과 국외자산의 양도소득과세표준 및 산출세액은 이를 각각 구분하여 산정하고, 국외자산의 양도에서 발생한 손실은 국내자산의 양도에서 발생한 소득금액과 통산하지 않는다. 다만, 주식 등과 파생상품의 경우에는 국내주식 등이나 파생상품과 양도손익을 합산하여 계산한다(소득법 §102 ①·②).

Part 3

소득세법 시행규칙 [별지 제89호서식] <신설 1999.5.7> (앞 쪽)

국외자산양도소득세액공제(필요경비산입)신청서

성 명		주민등록번호	-
주 소			

① 양도자산 소재지	② 국외자산 양도소득 세액	③ 동 부가 세액	④합계 (②+③)	⑤양도소득 산출세액	양도소득금액		⑧공제한도 $(⑤\times\frac{⑦}{⑥})$	⑨ 공제액
					⑥당해 과세기간	⑦국외 자산		
합 계								

22226-86211일 210㎜×297㎜

99.4.7 승인 (신문용지 54g/㎡(재활용품))

Ⅲ 국외재산에 대한 증여세 과세특례

1. 증여세의 납세의무

(1) 원칙적인 경우

현행 상속세및증여세법에 따르면 수증자는 다음의 구분에 따른 증여재산에 대하여 증여세를 납부할 의무가 있다(상증법 §4의 2 ①).

① 수증자가 거주자(본점이나 주된 사무소의 소재지가 국내에 있는 비영리법인 포함)인 경우 : 상속세및증여세법 제4조에 따라 증여세 과세대상이 되는 국내외의 모든 증여재산

② 수증자가 비거주자(본점이나 주된 사무소의 소재지가 외국에 있는 비영리법인 포함)인 경우 : 상속세및증여세법 제4조에 따라 증여세 과세대상이 되는 국내에 있는 모든 증여재산

(2) 거주자가 비거주자에게 국외재산을 증여하는 경우

① 수증자가 증여자의 특수관계인이 아닌 경우

국제조세조정에관한법률에 따르면 수증자가 증여자의 국세기본법 제2조 제20호에 따른 특수관계인이 아닌 경우로서 거주자가 비거주자에게 국외에 있는 재산을 증여(증여자의 사망으로 인하여 효력이 발생하는 증여는 제외)하면서 해당 재산에 대하여 외국의 법령에 따라 증여세(실질적으로 이와 같은 성질을 가지는 조세 포함)가 부과되는 경우(세액을 면제받는 경우 포함)에는 증여세 납부의무를 면제하도록 규정하고 있다(국조법 §21 ① 단서). 즉 거주자가 국외에 있는 재산을 특수관계인이 아닌 비거주자에게 증여하고 그 증여재산에 대하여 외국에서 증여세를 내는 경우에는 우리나라에서는 증여세 납부의무가 없지만, 해당 재산에 대하여 외국법령에 따라 증여세가 부과되지 않는 경우에는 우리나라에서 증여세를 내야 하는 것이다.

② 수증자가 증여자의 특수관계인에 해당하는 경우

한편, 거주자가 특수관계인이 아닌 비거주자에게 국외재산을 증여하는 경우와는 달리 증여자의 국세기본법 제2조 제20호에 따른 특수관계인에 해당하는 수증자인 비거주자에게 국외에 있는 재산을 증여하는 경우에는 그 증여자는 상속세및증여세

법이 아니라 국제조세조정에관한법률에 따라 우리나라에서 증여세를 납부할 의무가 있다(국조법 §21 ① 본문). 즉, 거주자가 국외에 있는 재산을 특수관계인에 해당하는 비거주자에게 증여하는 경우에는 비록 해당 증여재산이 소재하는 국가에서 증여세를 납부하더라도 우리나라에서 증여세를 납부할 의무가 있는 것이다.

2. 국외증여재산의 시가산정

(1) 시가가 확인되는 경우

거주자가 비거주자에게 국외에 있는 재산을 증여하여 국제조세조정에관한법률에 따라 증여자가 증여세를 납부할 의무가 있는 경우 증여재산의 가액은 증여재산이 있는 국가의 증여 당시의 현황을 반영한 시가(時價)에 따르되, 다음 중 어느 하나에 해당하는 가액이 확인될 때에는 그 가액을 해당 증여재산의 시가로 한다(국조법 §21 ② 본문, 국조령 §38 ①).

① 증여재산의 증여일 전후 6개월 이내에 이루어진 실제 매매가액
② 증여재산의 증여일 전후 6개월 이내에 공신력 있는 감정기관이 평가한 감정가액
③ 증여재산의 증여일 전후 6개월 이내에 수용 등을 통하여 확정된 증여재산의 보상가액

(2) 시가산정이 어려운 경우

국외재산의 시가를 산정하기 어려울 때에는 해당 재산의 종류, 규모, 거래 상황 등을 고려하여 상속세및증여세법 제61조부터 제65조까지의 규정을 준용하여 증여재산가액을 평가하는 것으로 하되, 그 평가방법이 적절하지 아니한 경우에는 감정평가및감정평가사에관한법률 제2조 제4호에 따른 감정평가업자가 평가하는 것으로 한다(국조법 §21 ② 단서, 국조령 §38 ②). 한편, 유가증권가액의 산정에 관하여는 상속세및증여세법 제63조에 따른 평가방법을 준용한다(국조령 §38 ③).

3. 외국납부세액의 공제

거주자가 비거주자에게 국외에 있는 재산을 증여하여 국제조세조정에관한법률에 따라 증여자가 증여세를 납부할 의무가 있는 때에 외국의 법령에 따라 증여세를 납부한 경우에는 국제적 이중과세의 조정을 위하여 아래와 같이 그 납부한 증여세에 상당하는 금액을 증여세 산출세액에서 공제한다(국조법 §21 ③).

(1) 공제대상 외국납부세액의 범위

증여세 산출세액에서 공제할 외국법령에 따른 증여세 납부액은 다음의 세액(가산세 및 가산금 제외)으로서 국제조세조정에관한법률에 따른 증여세 납부의무자가 실제로 외국정부(지방자치단체 포함)에 납부한 세액('외국납부세액')으로 한다(국조령 §38의 2 ①).

① 증여를 원인으로 과세하고, 증여한 재산의 가액을 과세표준으로 하여 외국의 법령에 따라 부과된 조세(실질적으로 이와 같은 성질을 가지는 조세 포함)의 세액

② 위 ①에 따른 세액의 부가세액

(2) 외국납부세액공제의 한도

공제대상 외국납부세액은 상속세및증여세법에 따른 증여세 산출세액에 다음 계산식에 따른 비율을 곱하여 산출한 금액을 한도로 하여 증여세 산출세액에서 공제한다. 이 경우 다음 계산식에 따른 비율이 1보다 큰 경우에는 비율을 1로 본다(국조령 §38의 2 ②).

$$\text{공제한도액} = \frac{\text{외국의 법령에 따라 증여세를 납부한 증여재산의 과세표준 (해당 외국의 법령에 따른 증여세의 과세표준을 말한다)}}{\text{상속세및증여세법에 따른 증여세 과세표준}}$$

(3) 외국납부세액의 원화환산

외국납부세액공제를 적용할 때 증여재산의 과세표준에 대한 원화환산은 증여일 현재의 외국환거래법에 따른 기준환율 또는 재정환율에 따르고, 외국납부세액에 대한 원화환산은 다음과 같이 한다(국조령 §38의 2 ③, 국조칙 §11의 2).

① 원칙적인 경우

원칙적으로 외국납부세액에 대한 원화 환산은 외국의 법령에 따라 증여세를 납부한 날의 외국환거래법에 따른 기준환율 또는 재정환율에 따른다.

② 외국납부세액을 지연납부한 경우

증여세의 납부의무자가 외국의 법령에 따른 증여세의 납부기간을 경과하여 증여세를 납부한 경우에는 그 납부기간의 마지막 날의 외국환거래법에 따른 기준환율 또는 재정환율에 따른다.

③ 외국납부세액공제 후 외국에서 경정 등의 사유가 발생한 경우

증여세의 납부의무자가 국내에서 외국납부세액을 공제받은 후 외국에서 경정 등의 사유로 국내에 추가로 증여세를 납부하거나 환급하여야 하는 경우에는 다음의 구분에 따른 날의 외국환거래법에 따른 기준환율 또는 재정환율에 따른다.

ⓐ 위 ①에 따라 외국납부세액을 공제받을 때 증여세를 납부한 날의 기준환율 또는 재정환율을 적용한 경우 : 위 ①에 따른 증여세를 납부한 날

ⓑ 위 ②에 따라 외국납부세액을 공제받을 때 납부기간의 마지막 날의 기준환율 또는 재정환율을 적용한 경우 : 위 ②에 따른 납부기간의 마지막 날

(4) 외국납부세액 공제신청서와 증명서류의 제출

외국법령에 따라 납부한 외국납부세액을 공제받으려는 자는 증여세 과세표준을 신고할 때 기획재정부령으로 정하는 외국납부세액 공제신청서와 증명서류를 납세지 관할 세무서장에게 제출하여야 한다(국조령 §38의 2 ④). 이 경우 외국정부의 증여세 결정·통지의 지연, 납부기간의 차이 등의 사유로 증여세 과세표준을 신고할 때 증명서류를 제출할 수 없는 경우에는 외국정부의 증여세 결정통지를 받은 날부터 2개월 이내에 외국납부세액 공제신청서와 증명서류를 납세지 관할 세무서장에게 제출할 수 있다(국조령 §38의 2 ⑤). 그리고 외국정부가 해당 증여재산에 대하여 결정한 증여세액을 경정함으로써 외국납부세액에 변동이 생긴 경우에도 외국정부의 증여세 결정통지를 받은 날부터 2개월 이내에 외국납부세액 공제신청서와 증명서류를 납세지 관할 세무서장에게 제출할 수 있다. 이 경우 환급세액이 발생하면 국세기본법 제51조에 따라 충당하거나 환급할 수 있다(국조령 §38의 2 ⑥).

4. 국외재산증여에 대한 증여세 과세 시 준용규정

국제조세조정에관한법률에 따라 국외재산증여에 대하여 증여세를 과세하는 경우에는 상속세및증여세법의 아래 규정들을 준용한다(국조법 §21 ④).

① 상속세및증여세법 제4조의 2(증여세 납세의무) 제1항 및 제3항

② 상속세및증여세법 제47조(증여세 과세가액)

③ 상속세및증여세법 제53조(증여재산공제)

④ 상속세및증여세법 제56조(증여세 세율)

⑤ 상속세및증여세법 제57조(직계비속에 대한 증여의 할증과세)

⑥ 상속세및증여세법 제58조(납부세액공제)

⑦ 상속세및증여세법 제68조(증여세 과세표준신고)

⑧ 상속세및증여세법 제69조(신고세액공제) 제2항

⑨ 상속세및증여세법 제70조(자진납부)

⑩ 상속세및증여세법 제71조(연부연납)

⑪ 상속세및증여세법 제72조(연부연납 가산금)

⑫ 상속세및증여세법 제76조(결정·경정)

참고 거주자가 비거주자에게 국외재산 증여 시 증여재산공제를 적용받을 수 있는지 여부

국제조세조정에관한법률에 따르면 거주자가 특수관계인인 비거주자에게 국외에 있는 재산을 증여하는 경우에는 그 증여자는 상속세및증여세법이 아니라 국제조세조정에관한법률에 따라 증여세를 납부할 의무가 있고, 이런 경우 증여세를 계산하기 위해 상속세및증여세법의 규정을 일부 준용하는데 그중에는 상속세및증여세법 제53조(증여재산공제)도 포함되어 있다. 그런데 상속세및증여세법 제53조의 증여재산공제는 거주자가 배우자나 직계존비속, 또는 기타 친족으로부터 증여받는 경우에 적용받을 수 있다. 이 조문에 따르면 원칙적으로 비거주자가 거주자로부터 국외재산을 증여받는 경우에는 증여재산공제를 받을 수 없는 것인데, 문제는 거주자가 특수관계인인 비거주자에게 국외재산을 증여하는 경우에 증여재산공제 규정을 준용하도록 하고 있기 때문에 이런 경우에 증여재산공제를 할 수 있는가 하는 것이다.

이와 관련해 거주자인 아버지가 비거주자인 자녀에게 국외예금을 증여한 경우 증여재산공제 적용대상인지에 대한 사건에서, 조세심판원은 거주자가 비거주자에게 국

외재산을 증여하여 국제조세조정에관한법률에 따라 증여자에게 증여세를 과세하는 경우에는 증여재산공제가 적용되는 것으로 해석하고 있다(조심 2016서113, 2016.3.30.). 이 건과 관련하여 조세심판원의 결정이유를 보면, "국제조세조정에관한법률 제21조 제1항 본문은 거주자가 비거주자에게 국외 재산을 증여하는 경우에는 상속세및증여세법 제2조 제1항 제2호 및 제4조 제2항에 불구하고 증여자가 국제조세조정에관한법률에 따라 증여세를 납부할 의무가 있다고 규정하고 있고, 같은 조 제3항은 위 제1항에 따라 증여세를 과세하는 경우에는 상증세법 제53조를 준용한다고 규정하고 있으므로 거주자가 비거주자에게 국외 재산을 증여하여 국제조세조정에관한법률에 따라 증여자에게 증여세를 과세하는 경우에는 증여재산공제가 적용되는 것으로 보이는 점, 상속세및증여세법 제2조 제1항 제2호 및 제4조 제2항은 비거주자가 거주자로부터 국외 예금이나 국외 적금 등 대통령령으로 정하는 재산('국외예금 등')을 수증받은 경우 그 수증재산이 상증세법의 증여세 과세대상이고 이 경우 수증자(비거주자)가 증여세 납부의무자라고 규정하고 있으나, 국제조세조정에관한법률 제3조는 국제조세조정에관한법률이 다른 세법에 우선하여 적용된다고 명시하고 있고, 동 조항의 특례규정인 국제조세조정에관한법률 제21조 제1항 본문은 앞서 보았듯이 여전히 이와 같은 경우 증여자에게 증여세를 납부할 의무가 있다고 규정하고 있는 점, 국제조세조정에관한법률 제21조 제1항 단서는 상속세및증여세법 또는 외국 법령에 따라 증여세가 부과되는 경우에는 그러하지 아니하다고 규정하고 있으나, 이를 언제나 국제조세조정에관한법률에 우선하여 상속세및증여세법이 적용된다는 의미로 단정하기 어려운 점, 증여자인 청구인의 아버지 ○○○은 처분청의 청구인에 대한 과세처분을 하기 이전인 ○○○ 처분청에 국제조세조정에관한법률에 따라 증여세를 신고·납부한 점 등에 비추어 쟁점 증여에 대하여는 국제조세조정에관한법률에 따라 증여자인 청구인의 아버지를 납세의무자로 보되 증여재산공제 또한 적용하는 것이 타당한 것으로 판단된다"라고 하고 있다.

Chapter 03

국외원천소득에 대한 이중과세의 조정

I 개요

거주자나 내국법인이 국외에서 벌어들인 국외원천소득에 대해서는 그 소득이 발생한 나라에서 원천지국 과세원칙에 따라 과세를 하게 되고, 거주지국에서는 거주지국 과세원칙에 따라 원천지국에서 이미 과세된 소득에 대해 다시 한 번 과세를 하게 된다. 이렇게 동일한 소득에 대해 동일인에게 중복하여 과세되는 현상을 국제적 이중과세라고 하는데, 이는 국가 간에 경제교류가 이루어지는 경우에 각국이 자국의 법률에 따라 독자적으로 과세권을 행사하는 결과 발생하는 현상이다. 동일한 소득에 대해 동일인에게 이중으로 과세하는 국제적 이중과세는 국가 간의 자본이나 기술, 인력 등의 교류를 방해하고 소득의 발생원천에 따라 과세를 달리하게 되어 조세의 중립성을 해칠 수 있기 때문에 이를 방지할 필요가 있는데, 오늘날 대부분의 국가는 각국의 국내법과 조세조약의 체결을 통해 국제적인 이중과세를 조정하고 있다.

우리나라의 경우에도 법인세법과 소득세법, 다른 나라와 체결한 조세조약 등에서 국제적 이중과세의 회피에 대해 규정하고 있는데, 현행 세법에서는 국제적 이중과세를 조정하기 위한 일반적인 방법 중에서 소득면제방식은 채택하지 않고 있고 일종의 소득공제방식이라 할 수 있는 외국납부세액의 손금(필요경비)산입방식과 외국납부세액공제방식 중 하나를 납세자가 선택하여 적용할 수 있도록 규정하고 있다. 그런데 현행 법인세법 제57조 제1항과 소득세법 제57조 제1항에 따르면, 외국납부세액공제를 할 때 산출세액에서 공제할 세액은 국외원천소득이 해당 사업연도(과세기간)의 과세표준(종합소득금액)에서 차지하는 비율을 곱해서 산출한 금액을 한도로 하도록 규정하고 있다. 아래에서는 현행 세법에서 규정하고 있는 이중과세 조정제도를 중심으로 살펴본다.

Ⅱ 국제적 이중과세 조정방식

1. 외국납부세액의 손금(필요경비)산입 방식

내국법인의 각 사업연도의 과세표준 또는 거주자의 종합소득금액에 국외원천소득이 포함되어 있는 경우 그 국외원천소득에 대하여 외국에서 외국법인세액 또는 외국소득세액을 납부하였거나 납부할 것이 있는 경우에는 납세자의 선택에 따라 그 외국법인세액 또는 외국소득세액을 각 사업연도 또는 해당 과세기간의 소득금액을 계산할 때 손금(필요경비)에 산입할 수 있다. 즉, 이 방법은 거주지국이 자국 거주자가 국외원천소득에 대해 원천지국에서 이미 납부한 소득세를 그 거주자의 과세대상 소득금액을 계산할 때 소득에서 공제하는 방법으로 소득공제방식에 해당한다고 할 수 있다(법인법 §57 ① 2호, 소득법 §57 ① 2호).

2. 외국납부세액공제 방식

(1) 직접외국납부세액공제

내국법인의 각 사업연도의 과세표준 또는 거주자의 종합소득금액에 국외원천소득이 포함되어 있는 경우, 그 국외원천소득에 대하여 외국에서 외국법인세액 또는 외국소득세액을 납부하였거나 납부할 것이 있는 경우에는 납세자의 선택에 따라 해당 사업연도의 법인세 산출세액 또는 해당 과세기간의 종합소득 산출세액에 국외원천소득이 해당 사업연도의 과세표준 또는 그 과세기간의 종합소득금액에서 차지하는 비율을 곱하여 산출한 금액을 한도로 외국법인세액 또는 외국소득세액을 해당 사업연도의 법인세액 또는 해당 과세기간의 종합소득 산출세액에서 공제할 수 있다(법인법 §57 ① 1호, 소득법 §57 ① 1호). 이것을 산식으로 나타내면 다음과 같다.

$$\text{공제한도금액} = A \times \frac{B}{C}$$

A : 해당 사업연도의 산출세액(법인세법 제55조의 2에 따른 토지 등 양도소득에 대한 법인세액 및 조세특례제한법 제100조의 32에 따른 투자·상생협력 촉진을 위한 과세특례를 적용하여 계산한 법인세액 제외) 또는 해당 과세기간의 종합소득 산출세액

B : 국외원천소득(조세특례제한법이나 그 밖의 법률에 따라 세액감면 또는 면제를 적용받는 경우에는 세액감면 또는 면제 대상 국외원천소득에 세액감면 또는 면제 비율을 곱한 금액 제외)

C : 해당 사업연도의 소득에 대한 과세표준 또는 해당 과세기간의 종합소득금액

(2) 간주외국납부세액공제

국외원천소득이 있는 내국법인 또는 거주자가 조세조약의 상대국에서 해당 국외원천소득에 대하여 법인세 또는 소득세를 감면받은 세액 상당액에 대해서는 실제로 납부한 국외납부세액이 없지만 그 조세조약으로 정하는 범위에서 납세자의 선택에 따라 외국납부세액공제를 받거나 손금(필요경비)산입의 대상이 되는 외국법인세액으로 본다(법인법 §57 ③, 소득법 §57 ③). 즉, 현행 세법에서는 거주자나 내국법인의 국외원천소득에 대해 그 소득원천지국에서 세액감면을 받은 경우에 그 감면세액 상당액을 국내에서 그 거주자나 내국법인의 소득세나 법인세를 계산할 때 세액공제나 손금(필요경비)산입 가능한 세액으로 인정하고 있지만, 국외에서 발생한 모든 소득을 공제대상으로 하는 것이 아니라 조세조약에서 간주외국납부세액공제를 규정하고 있는 국가에서 발생한 소득만 해당된다. 그런데 각국과의 조세조약상의 간주외국납부세액공제는 그 적용대상을 내국법인에 한하므로 외국법인의 경우에는 국내사업장이 있더라도 간주외국납부세액공제규정이 적용되지 않는다. 간주외국납부세액공제를 조세조약에서 규정하고 있는 국가의 예를 보면 다음과 같다.

참고 조세조약에 간주외국납부세액공제 규정을 두고 있는 국가

그리스, 네팔, 말레이시아, 멕시코, 몰타, 방글라데시, 불가리아, 브라질, 사우디아라비아, 스리랑카, 슬로바키아, 싱가포르, 아일랜드, 이스라엘, 이집트, 인도, 인도네시아, 체코, 카타르(2010.1.1.부터 2020.12.31.까지), 쿠웨이트, 터키, 태국, 튀니지, 파키스탄, 파푸아뉴기니, 포르투갈, 피지, 필리핀

(3) 간접외국납부세액공제

내국법인의 각 사업연도의 소득금액에 일정요건을 갖춘 외국자회사로부터 받는 이익의 배당이나 잉여금의 분배액('수입배당금액')이 포함되어 있는 경우 그 외국자회사의 소득에 대하여 부과된 외국법인세액 중 그 수입배당금액에 대응하는 것으로서 법인세법시행령으로 정하는 바에 따라 계산한 금액은 외국납부세액공제를 하거나 손금산입할 수 있는 외국법인세액으로 본다(법인법 §57 ④). 또한 거주자의 종합소득금액에 외국법인으로부터 받는 수입배당금액이 포함되어 있는 경우로서 그 외국법인의 소득에 대하여 해당 외국법인이 아니라 출자자인 거주자가 직접 납세의무를 부담하는 등 소득세법시행령으로 정하는 요건을 갖춘 경우에는, 그 외국법인의 소득에 대하여 출자자인 거주자에게 부과된 외국소득세액 중 해당 수입배당금액에 대응하는 것으로서 소득세법시행령으로 정하는 바에 따라 계산한 금액은 외국납부세액공제 또는 필요경비산입의 대상이 되는 외국소득세액으로 본다(소득법 §57 ④).

(4) 국외원천소득의 범위

국제적 이중과세를 조정하기 위한 외국납부세액공제액을 계산할 때의 국외원천소득은 국외에서 발생한 소득으로서 내국법인의 각 사업연도 소득의 과세표준 또는 거주자의 종합소득금액의 계산에 관한 규정을 준용해 산출한 금액으로 한다. 이 경우 외국납부세액의 세액공제방법이 적용되는 경우의 국외원천소득은 해당 사업연도의 과세표준 또는 해당 과세기간의 종합소득금액을 계산할 때 손금에 산입된 금액(국외원천소득이 발생한 국가에서 과세할 때 손금에 산입된 금액은 제외함)으로서 국외원천소득에 대응하는 다음의 비용('국외원천소득 대응 비용')을 뺀 금액으로 하되, 내국법인 또는 거주자가 연구개발 관련 비용 등 기획재정부령으로 정하는 비용에 대해 기획재정부령으로 정하는 계산방법을 선택하여 적용하는 경우에는 그에 따라 계산한 금액을 국외원천소득 대응 비용으로 한다(법인령 §94 ②, 소득령 §117 ②).

① 직접비용 : 해당 국외원천소득에 직접적으로 관련되어 대응되는 비용. 이 경우 해당 국외원천소득과 그 밖의 소득에 공통적으로 관련된 비용은 제외한다.

② 배분비용 : 해당 국외원천소득과 그 밖의 소득에 공통적으로 관련된 비용 중 다음에서 정하는 배분방법에 따라 계산한 국외원천소득 관련 비용(법인칙 §47 ③, 소득칙 §60 ⑤)

ⓐ 국외원천소득과 그 밖의 소득의 업종이 동일한 경우의 공통손금은 국외원천소득과 그 밖의 소득별로 수입금액 또는 매출액에 비례하여 안분계산

ⓑ 국외원천소득과 그 밖의 소득의 업종이 다른 경우의 공통손금은 국외원천소득과 그 밖의 소득별로 개별 손금액에 비례하여 안분계산

(5) 외국납부세액공제한도액의 계산

내국법인의 각 사업연도의 과세표준에 국외원천소득이 포함되어 있는 경우 또는 거주자의 종합소득금액에 국외원천소득이 합산되어 있는 경우에 그 국외원천소득에 대한 외국납부세액을 세액공제로 하는 경우에는, 해당 사업연도의 법인세액(토지 등 양도소득에 대한 법인세액은 제외) 또는 해당 과세기간의 종합소득 산출세액에 국외원천소득이 해당 사업연도의 과세표준에서 차지하는 비율 또는 해당 과세기간의 종합소득금액에서 차지하는 비율을 곱하여 산출한 금액을 한도로 세액공제한다(법인법 §57 ① 1호, 소득법 §57 ① 1호). 이에 따라 외국정부에 납부하였거나 납부할 외국법인세액 또는 외국소득세액(외국소득세액을 종합소득 산출세액에서 공제하는 경우만 해당함)이 공제한도를 초과하는 경우 그 초과하는 금액은 해당 사업연도(과세기간)의 다음 사업연도(과세기간) 개시일부터 5년 이내에 끝나는 각 사업연도(과세기간)에 이월하여 그 이월된 사업연도(과세기간)의 공제한도 범위에서 공제받을 수 있다(법인법 §57 ②, 소득법 §57 ②). 그리고 세액공제를 적용하면서 한도초과액이 발생해서 그 한도초과액을 이월시키더라도 다음 사업연도(과세기간)에 손금(필요경비)산입하는 방법을 선택한 경우에 해당 사업연도(과세기간)에는 이월공제가 되지 않는다고 보는데(국제세원-189, 2010.4.15.), 이것은 결국 외국납부세액에 대해서는 한 사업연도(과세기간)에 세액공제방식이나 손금(필요경비)방식 중 한 가지만 적용할 수 있다는 의미인 것이다.

한편, 외국납부세액에 대한 세액공제한도액을 계산함에 있어서 국외사업장이 둘 이상의 국가에 있는 경우에는 국가별로 구분하여 이를 계산하여야 하는데(법인령 §94 ⑦, 소득령 §117 ⑦), 국가별 한도방식의 적용사례를 보면 다음과 같다(법인통 57-94-1).

Part 3

① 일반적인 경우의 국가별 한도액의 계산사례

구 분				국별 한도액		
구 분	소득금액	세 율	외국납부세액	공제한도	공제세액	미공제세액
A국	1,000	25%	250	300	250	–
B국	2,000	35%	700	600	600	100
C국	3,000	37.5%	1,125	900	900	225
국내	4,000	30%	–	–	–	–
합 계	10,000	–	2,075	–	1,750	325
총 부담세액				(3,000+2,075−1,750)=3,325		

✔ 국별 공제한도액 계산내역(A국의 경우)

$$\text{국별 한도액 계산(A국)} : 3{,}000(\text{총소득}\times\text{국내세율})\times\frac{\text{국별소득}(1{,}000)}{\text{총소득}(10{,}000)}=300$$

② 일부 국가에서 결손이 발생한 경우의 국가별 한도액의 계산사례

외국납부세액공제 한도액을 국가별로 구분하여 계산하는 경우에 어느 국가의 소득금액이 결손인 경우의 기준국외원천소득금액 계산은 다음과 같이 각국별 소득금액에서 그 결손금액을 총소득금액에 대한 국가별 소득금액 비율로 안분계산하여 차감한 금액으로 한다.

구 분	외국 납부세액	국별 소득	기준국외원천소득	세액공제 한도액	비 고
A국	100	500	$500-\left(600\times\frac{500}{1{,}000}\right)=200$	$120\times\frac{200}{400}=60$	산출세액 120
B국	0	△600	–	–	
C국	60	300	$300-\left(600\times\frac{300}{1{,}000}\right)=120$	$120\times\frac{120}{400}=36$	
국내	–	200	–	–	
계	160	400	320	96	–

3. 외국납부세액의 범위

(1) 내국법인의 경우

국외원천소득이 있는 내국법인의 세액공제 또는 손금산입 대상이 되는 외국법인세액이란 외국정부(지방자치단체 포함)에 납부하였거나 납부할 다음의 세액(가산세 및 가산금은 제외)을 말한다. 다만, 국제조세조정에관한법률 제10조(소득금액계산의 특례) 제1항에 따라 내국법인의 소득이 감액조정된 금액 중 국외특수관계인에게 반환되지 아니하고 내국법인에게 유보되는 금액에 대하여 외국정부가 과세한 금액과 해당 세액이 조세조약에 따른 비과세·면제·제한세율에 관한 규정에 따라 계산한 세액을 초과하는 경우에는 그 초과하는 세액은 제외한다(법인법 §57 ①, 법인령 §94 ①).

① 초과이윤세 및 기타 법인의 소득 등을 과세표준으로 하여 과세된 세액

② 법인의 소득 등을 과세표준으로 하여 과세된 세의 부가세액

③ 법인의 소득 등을 과세표준으로 하여 과세된 세와 동일한 세목에 해당하는 것으로서 소득 외의 수익금액, 기타 이에 준하는 것을 과세표준으로 하여 과세된 세액

(2) 개인 거주자인 경우

국외원천소득이 있는 거주자의 세액공제 또는 필요경비산입의 대상이 되는 외국소득세액이란 외국정부에 납부했거나 납부할 다음의 세액(가산세 및 가산금은 제외)을 말한다. 다만, 해당 세액이 조세조약에 따른 비과세·면제·제한세율에 관한 규정에 따라 계산한 세액을 초과하는 경우에는 그 초과하는 세액은 제외한다(소득법 §57 ①, 소득령 §117 ①).

① 개인의 소득금액을 과세표준으로 하여 과세된 세액과 그 부가세액

② 위 ①과 유사한 세목에 해당하는 것으로서 소득 외의 수입금액, 기타 이에 준하는 것을 과세표준으로 하여 과세된 세액

4. 외국납부세액의 공제시기

내국법인이나 거주자의 국외원천소득에 대한 외국납부세액은 해당 국외원천소득이 과세표준에 산입되어 있는 사업연도 또는 과세기간의 산출세액에서 공제하거나 손금(필요경비)에 산입한다(법인령 §94 ③, 소득령 §117 ③). 즉, 외국납부세액공제는 외국에서 세금을 납부한 때가 아닌 내국법인의 각 사업연도의 과세표준금액 또는 거주자의 해당 과세기간의 과세표준금액에 국외원천소득이 포함된 때에 그 국외원천소득에 대하여 확정된 세액을 공제하여야 한다.

■ 법인세법 시행규칙 [별지 제8호서식 부표 5의2] <개정 2020. 3. 13.>

(앞쪽)

사업연도	2019. 1. 1. ~ 2019. 12. 31.	국가별 외국납부세액공제 명세서	법인명	(주)비스콤
			사업자등록번호	214-86-12345

※ 본 서식은 국외원천소득(결손)이 발생한 각 국가별로 구분하여 각각 작성해야 합니다.

1. 국외원천소득(결손) 발생국가

① 국가명	미국	② 국가코드	U	S

2. 공제한도 계산

(단위 : 원)

구분		금액
③ 국외원천소득 대응 비용 차감 전 국외원천소득		750,000,000
④ 국외원천소득에 대응하는 비용 등		275,000,000
⑤ 국외원천소득 대응 비용 차감 후 국외원천소득(③ - ④)		475,000,000
감면되는 국외원천소득	⑥ 국외원천소득 중 「조세특례제한법」 등에 따른 감면적용대상금액	
	⑦ 감면비율	
	⑧ 차감되는 감면 국외원천소득(⑥ × ⑦)	
⑨ 외국납부세액 공제대상 국외원천소득(⑤ - ⑧)		475,000,000
⑩ 기준 국외원천소득(결손국가가 없는 경우=⑨, 있는 경우 작성방법 참조)		475,000,000
공제한도	⑪ 산출세액	149,300,000
	⑫ 과세표준	846,500,000
	⑬ 공제한도(⑪ × ⑩ / ⑫)	83,777,318
당기공제대상세액	⑭ 전기 이월액	
	⑮ 당기 외국납부세액 발생액	150,000,000
	⑯ 당기 공제대상 세액(⑭ + ⑮)	150,000,000
이월배제액	⑰ 한도초과액(⑮ - ⑬, 음수인 경우 영(0))	66,222,682
	⑱ 이월배제 대상 외국납부세액	
	⑲ 이월배제 외국납부세액(⑰와 ⑱ 중 작은 금액)	
⑳ 차기 이월액(⑯ - ⑬ - ⑲, 음수인 경우 영(0))		66,222,682

3. 공제세액 계산

(단위 : 원)

㉑ 사업연도	㉒ 당초 외국납부세액 발생액	㉓ 전기 누적 공제액	㉔ 당초 이월 배제액	㉕ 당기 공제대상 세액 (㉒-㉓-㉔=⑯)	㉖ 당기 실제 세액공제액 (합계≤⑬)	㉗ 이월배제액 (⑲)	㉘ 차기이월액 (㉕-㉖-㉗)
당기	150,000,000			150,000,000	83,777,318		66,222,682
합계				150,000,000	83,777,318		66,222,682

210㎜×297㎜[백상지 80g/㎡ 또는 중질지 80g/㎡]

Part 3

■ 법인세법 시행규칙 [별지 제8호서식 부표 5의3] <개정 2020. 3. 13.>

(앞쪽)

사 업 연 도	. . . ~ . . .	소득종류별 외국납부세액 명세서	법 인 명	
			사업자등록번호	

(단위 : 원)

①연번	소득발생처			⑤소득구분코드	⑥국외원천소득		외국납부세액			
	②국가명	③코드	④상호(성명)				⑦직접	⑧간주	⑨간접	⑩하이브리드(Hybrid)
1						세목				
						세액				
2						세목				
						세액				
3						세목				
						세액				
4						세목				
						세액				
5						세목				
						세액				
6						세목				
						세액				
7						세목				
						세액				
8						세목				
						세액				
9						세목				
						세액				
10						세목				
						세액				
11						세목				
						세액				
12						세목				
						세액				
13						세목				
						세액				
14						세목				
						세액				
15						세목				
						세액				
합 계						세액				

210㎜×297㎜[백상지 80g/㎡ 또는 중질지 80g/㎡]

■ 법인세법 시행규칙[별지 제8호서식 부표 5의4] <개정 2016.3.7.>

(앞쪽)

사업연도	. . . ~ . . .	간접외국납부세액공제 명세서	법인명	
			사업자등록번호	

1. 외국자회사 등에 대한 직접·간접 소유명세

가. 외국자회사

① 외국자회사 법인명	② 외국자회사 소재지국	③ 국가코드	④ 해외현지기업 고유번호	⑤ 내국법인의 주식소유비율

나. 외국손회사

⑥ 외국손회사 법인명	⑦ 외국손회사 소재지국	⑧ 국가코드	⑨ 외국자회사 법인명	⑩ 외국자회사의 주식소유비율	⑪ 내국법인의 주식간접소유비율 [⑤×⑩]

2. 「법인세법」 제57조제4항에 따른 외국납부세액(간접외국납부세액) 명세

(단위:원)

⑫ 외국자회사 법인명	외국자회사의 해당 사업연도			⑯ 수입배당금액	⑰ 수입배당금액에 대응하는 간접 외국납부세액 [(⑭ + ⑮×50%) × ⑯/ (⑬− ⑭− ⑮×50%)]
	⑬ 소득금액	⑭ 외국자회사 소재지국 납부 법인세액	⑮ 외국자회사가 제3국에 납부한 외국납부세액 [㉓+㉙]		
합계					

3-1. 외국자회사가 외국손회사 소재지국에 납부한 세액 명세

(단위:원)

⑱ 외국자회사 법인명	⑲ 외국손회사 법인명	⑳ 외국손회사 소재지국	㉑ 국가코드	㉒ 외국자회사의 수입배당금액	㉓ 외국손회사 소재지국에 납부한 외국납부세액

3-2. 외국자회사가 제3국의 지점 등의 소재지국에 납부한 세액 명세

(단위:원)

㉔ 외국자회사 법인명	㉕ 제3국 지점 등의 명칭	㉖ 소재지국	㉗ 국가코드	㉘ 제3국 지점 등에 귀속되는 소득	㉙ 제3국에 납부한 외국납부세액

210mm×297mm[백상지 80g/㎡ 또는 중질지 80g/㎡]

Part 3

Part 4

국제거래에 대한 조정 등

Chapter 01 이전가격세제

Chapter 02 조세피난처 과세제도

Chapter 03 과소자본 과세제도

Chapter 04 상호합의절차

Chapter 05 국가 간 조세협력

Chapter 01

이전가격세제

I 개요

사업장이 세계 여러 나라에 흩어져 있는 다국적기업의 경우에는 국제적으로 통일된 방침에 의해 경제활동을 하는 특성상 그 내부의 관련 기업 상호 간에 행해지는 상거래의 대가나 그로 인한 이윤이 자유로운 시장원리에 의하여 결정되지 않고, 일정한 방침 아래 인위적으로 설정됨으로써 조세회피가 쉽게 이루어질 가능성이 많다. 즉, 다국적기업은 관련 기업 간에 재화 및 용역거래를 하면서 거래가격을 조작함으로써, 상대적으로 세율이 낮은 국가에 소재한 기업의 소득을 증가시키고 세율이 높은 국가에 소재한 기업의 소득을 감소시켜 다국적기업 전체의 조세부담을 최소화하려고 할 수 있다. 이러한 거래가격 조작에 의한 다국적기업의 조세회피행위를 규제하고 자국의 과세권을 보호하기 위한 제도가 이전가격세제(Transfer Pricing Regime)인데, 이전가격세제란 거래당사자의 일방이 국외특수관계자인 국제거래에 있어서 그 거래가격이 정상가격에 미달하거나 또는 초과하는 경우에 과세당국이 정상가격을 기준으로 과세하는 제도를 말한다.

Ⅱ 정상가격에 의한 과세조정과 신고 등

1. 정상가격에 의한 과세조정

현행 법인세법이나 소득세법에서는 거주자나 내국법인의 행위 또는 계산이 국내특수관계인과의 거래로 인해 조세부담을 부당하게 감소시킨 것으로 인정되는 경우에 납세지 관할 세무서장 등이 소득금액을 계산할 수 있는 부당행위계산의 부인제도를 규정하고 있다. 그런데 국제조세조정에관한법률에서는 거래 당사자의 어느 한쪽이 국외특수관계인인 국제거래에서 그 거래가격이 정상가격보다 낮거나 높은 경우에는 과세당국이 정상가격을 기준으로 거주자 등(내국법인 및 외국법인의 국내사업장 포함)의 과세표준 및 세액을 결정하거나 경정할 수 있도록 이전가격세제에 대하여 규정하고 있다(국조법 §4 ①). 그런데 국제조세조정에관한법률상 이전가격세제가 적용되는 경우에는 다음에서 정하는 경우를 제외하고는 법인세법이나 소득세법상의 부당행위계산규정은 적용되지 않는다(국조법 §3 ②, 국조령 §3의 3). 따라서 국외특수관계인과 국제거래를 하는 거주자 등은 국내특수관계인과의 거래 시 부당행위에 해당되는지 여부를 검토하듯이 이전가격문제를 검토해야 한다.

① 자산을 무상(無償)으로 이전(현저히 저렴한 대가를 받고 이전하는 경우는 제외함)하거나 채무를 면제하는 경우
② 수익이 없는 자산을 매입하였거나 현물출자를 받았거나 그 자산에 대한 비용을 부담한 경우
③ 출연금을 대신 부담한 경우
④ 다음 중 어느 하나에 해당하는 자본거래로 인하여 주주 등(소액주주 등은 제외함)인 법인이 특수관계인인 다른 주주 등에게 이익을 분여한 경우
  ⓐ 특수관계인인 법인 간의 합병(분할합병 포함)에 있어서 주식 등을 시가보다 높거나 낮게 평가하여 불공정한 비율로 합병한 경우. 다만, 자본시장과금융투자업에관한법률 제165조의 4에 따라 합병(분할합병 포함)하는 경우는 제외한다.
  ⓑ 법인의 자본(출자액 포함)을 증가시키는 거래에 있어서 신주(전환사채·신주인수권부사채 또는 교환사채 등 포함)를 배정·인수받을 수 있는 권리의 전부 또는 일부를 포기(그 포기한 신주가 자본시장과금융투자업에관한법률 제9조 제7항에 따른 모집방법으로 배정되는 경우는 제외함)하거나 신주를 시가보다 높은 가액으로 인수하는 경우
  ⓒ 법인의 감자에 있어서 주주 등의 소유주식 등의 비율에 의하지 아니하고 일부 주주

Part 4

등의 주식 등을 소각하는 경우

⑤ 위 ④ 외의 경우로서 증자·감자, 합병(분할합병 포함)·분할, 상속세및증여세법 제40조 제1항에 따른 전환사채 등에 의한 주식의 전환·인수·교환 등 자본거래를 통해 법인의 이익을 분여하였다고 인정되는 경우. 다만, 법인세법시행령 제19조 제19호의 2 각 목 외의 부분에 해당하는 주식매수선택권 등 중 주식매수선택권의 행사에 따라 주식을 발행하는 경우는 제외한다.

2. 정상가격에 의한 신고 등

(1) 소득세 등의 신고와 수정신고 및 경정청구 등

거주자 등은 국외특수관계인과의 국제거래에서 그 거래가격이 정상가격보다 낮거나 높은 경우에는 정상가격을 거래가격으로 보아 조정한 과세표준 및 세액을 다음 중 어느 하나에 해당하는 기한까지 '거래가격 조정신고서'를 첨부하여 납세지 관할 세무서장에게 신고하거나 경정청구할 수 있다(국조법 §4의 2).

① 소득세법 제70조 등에 따른 소득세 신고기한과 법인세법 제60조 등에 따른 법인세 신고기한

② 국세기본법 제45조에 따른 수정신고기한

③ 국세기본법 제45조의 2 제1항에 따른 경정청구기한

(2) 감액조정 시 세무조정 방법

국제조세조정에관한법률 제4조의 2에 따라 감액 조정된 거주자 등의 소득금액 중 국외특수관계인에게 반환되지 않은 금액은 법인세법 제18조 제2호(각 사업연도의 소득으로 이미 과세된 소득에 대한 익금불산입)에 따라 익금에 산입하지 않는 소득으로 보아 내국법인의 익금에 산입하지 않거나 거주자의 소득금액으로 보지 않는다(국조령 §18).

3. 과세조정 등의 경우의 기준가격

과세당국 또는 거주자 등이 정상가격 범위를 벗어난 거래가격에 대해 국제조세조정에관한법률 제4조 또는 제4조의 2에 따라 과세조정 또는 신고 등을 하는 경우에는 그 정상가격 범위의 거래에서 산정된 평균값, 중위값, 최빈값, 그 밖의 합리적인 특정 가격을 기준으로 해야 한다(국조령 §6 ⑤).

■ 국제조세조정에 관한 법률 시행규칙 [별지 제2호서식] <개정 2020. 3. 13.>

거래가격 조정신고서

(앞 쪽)

신고인	① 법인명(상호)				② 사업자등록번호	
	③ 대표자(성명)					
	④ 업종				⑤ 전화번호	
	⑥ 소재지(주소)					

국외특수 관계인	⑦ 법인명(상호)			⑧ 소재국가		
	⑨ 대표자(성명)			⑩ 업종		
	⑪ 신고인과의 관계	피지배	지배	자매	실질 지배	본점·지점 등
	⑫ 소재지(주소)					

거주자와 국외특수관계인 사이의 국제거래 가격 조정 내용

⑬ 대상 거래 및 조정항목	⑭ 실제 거래가격	⑮ 정상가격	⑯ 정상가격 산출방법	⑰ 차이 금액 (⑭ − ⑮)	⑱ 차이 조정	
					내 용	금 액
					배 당	
					출 자	
					반 환	
계					계	

「국제조세조정에 관한 법률」 제4조의2에 따라 위와 같이 거래가격 조정신고서를 제출합니다.

년 월 일

신 고 인 (서명 또는 인)

세무서장 귀하

210㎜×297㎜[백상지 80g/㎡ 또는 중질지 80g/㎡]

Part 4

Ⅲ 정상가격의 산출방법

이전가격세제에서는 국외특수관계인 간의 정상가격(Arm's Length Price)을 기준으로 거래의 부당성 여부를 따지게 되는데, 이때 '정상가격'이란 거주자 등과 이들의 국외특수관계자인과의 거래와 동일 또는 유사한 거래로서 특수관계가 없는 자(독립기업) 간의 거래(비교대상거래)에서 적용되거나 적용될 것으로 기대되는 가격을 말한다(국조법 §2 ① 10호). 그리고 '동일 또는 유사한 거래'란 거래된 재화 또는 용역의 종류 및 특성, 계약조건, 거래당사자가 수행한 기능 및 부담한 위험, 시장 및 경제여건 등의 측면에서 해당 특수관계거래와 비교가능성이 있는 거래를 말한다.

1. 정상가격 산출방법의 유형과 선택 등

(1) 정상가격 산출방법의 유형

국제조세조정에관한법률에서는 다음과 같은 정상가격 산출방법들을 규정하면서 그 중 가장 합리적인 방법으로 계산한 가격을 정상가격으로 하되, 아래 ⑥의 방법은 ①부터 ⑤까지의 방법으로 정상가격을 산출할 수 없는 경우에만 적용하도록 하고 있다(국조법 §5 ①).

① 비교가능 제3자 가격방법(Comparable Uncontrolled Price Method)

비교가능 제3자 가격방법이란 거주자 등과 국외특수관계인 간의 국제거래에서 그 거래와 유사한 거래 상황에서 특수관계가 없는 독립된 사업자 간의 거래가격을 정상가격으로 보는 방법을 말하는데, 이 방법을 국내 또는 국외의 공개시장에서 거래되는 원유, 농산물, 광물 등에 대해 적용할 때는 다음의 사항을 고려해야 한다(국조령 §4 ①).

ⓐ 거주자 등과 국외특수관계인 간의 물품거래와 공개시장에서 특수관계가 없는 독립된 사업자 간의 물품거래를 비교하여 물품의 물리적 특성 및 품질, 공급물량·시기, 계약기간, 운송조건 등 거래조건에 상당한 차이가 있는 경우에는 이러한 차이를 합리적으로 조정해야 한다.

ⓑ 가격 산출의 기준이 되는 시점('가격결정시점')은 다음의 기준에 따른다.

(ⅰ) 거주자 등이 가격결정시점에 대한 신뢰할 만한 자료를 제출하는 경우 : 거주자 등이 제출한 자료에 근거하여 결정

(ⅱ) 거주자 등이 가격결정시점에 대한 자료를 제출하지 않거나 거주자 등이 제출한 자료에 근거하여 가격결정시점을 결정하면 실제 거래에 비추어 합리적이지 않은 경우 : 선하증권에 기재된 선적일 등 과세당국이 이용할 수 있는 자료에 근거하여 결정

② **재판매가격방법**(Resale Price Method)

재판매가격방법이란 거주자 등과 국외특수관계인이 자산을 거래한 후 거래의 어느 한쪽인 그 자산의 구매자가 특수관계가 없는 자에게 다시 그 자산을 판매하는 경우 그 판매가격에서 그 구매자의 통상의 이윤으로 볼 수 있는 금액을 뺀 가격을 정상가격으로 보는 방법을 말한다. 그런데 이 방법은 합리적인 정상가격 산출을 위하여 필요한 경우에는 용역거래와 그 밖의 국제거래에도 적용할 수 있다(국조령 §6 ③).

③ **원가가산방법**(Cost Plus Method)

원가가산방법이란 거주자 등과 국외특수관계인 간의 국제거래에서 자산의 제조·판매나 용역의 제공 과정에서 발생한 원가에 자산 판매자나 용역 제공자의 통상의 이윤으로 볼 수 있는 금액을 더한 가격을 정상가격으로 보는 방법을 말한다.

④ **이익분할방법**(Profit Split Method)

이익분할방법이란 거주자 등과 국외특수관계인 간의 국제거래에 있어 거래 쌍방이 함께 실현한 거래순이익을 합리적인 배부기준에 의하여 측정된 거래당사자들 간의 상대적 공헌도에 따라 배부하고 이와 같이 배부된 이익을 기초로 산출한 거래가격을 정상가격으로 보는 방법을 말하는데, 이 방법을 적용할 때에는 다음의 사항을 고려하여야 한다(국조령 §4 ②).

ⓐ 거래 양쪽이 함께 실현한 거래순이익은 제3자와의 거래에서 실현한 매출액에서 매출원가 및 영업비용(판매비와 일반관리비를 말함)을 뺀 금액으로 한다.

ⓑ 합리적인 배부기준은 다음의 기준과 각 기준이 거래순이익의 실현에 미치는 중요도에 따라 측정한다.

(ⅰ) 사용된 자산 및 부담한 위험을 고려하여 평가된 거래당사자가 수행한 기능의 상대적 가치

(ii) 영업자산, 유형·무형의 자산 또는 사용된 자본

(iii) 연구·개발, 설계, 마케팅 등 핵심 분야에 지출·투자된 비용

(iv) 그 밖에 판매증가량, 핵심 분야의 고용인원 또는 노동 투입시간, 매장 규모 등 거래순이익의 실현과 관련하여 합리적으로 측정할 수 있는 배부기준

⑤ 거래순이익률방법(Transactional Net Margin Method)

거래순이익률방법이란 거주자 등과 국외특수관계인 간의 국제거래에 있어 거주자 등과 특수관계가 없는 자 간의 거래 중 해당 거래와 비슷한 거래에서 실현된 통상의 거래순이익률을 기초로 산출한 거래가격을 정상가격으로 보는 방법을 말하는데, 이 방법을 적용할 때에는 다음의 사항을 고려하여야 한다(국조령 §4 ③).

ⓐ 통상의 거래순이익률은 다음에 따른 사항을 기초로 산출한다.

(i) 매출에 대한 거래순이익의 비율

(ii) 자산에 대한 거래순이익의 비율

(iii) 매출원가 및 영업비용에 대한 거래순이익의 비율

(iv) 영업비용에 대한 매출총이익(거래순이익과 영업비용을 합산한 것을 말함)의 비율(Berry Ratio)

(v) 그 밖에 합리적이라고 인정될 수 있는 거래순이익률

ⓑ 거주자 등이 거주자 등과 국외특수관계인 간의 국제거래와 비슷한 거래를 특수관계가 없는 자와는 한 적이 없는 경우에는 다음의 거래 중 해당 거래의 조건과 상황이 비슷한 거래의 거래순이익률을 사용할 수 있다.

(i) 국외특수관계인과 특수관계가 없는 자 간의 거래

(ii) 특수관계가 없는 제3자 간의 거래

⑥ 그 밖에 합리적이라고 인정되는 방법

그 밖에 합리적이라고 인정되는 방법이란 법에서 정한 산출방법 외에 거래의 실질 및 관행에 비추어 합리적이라고 인정되는 방법을 말하는데(국조령 §4 ④), 국제조세조정에관한법률시행령 제6조의 2 제5항에 따른 거주자 등과 국외특수관계인 간 지급보증 용역거래의 가격에 대한 정상가격 산출방법 및 같은 법 제6조의 3 제5항의 거주자 등과 특수관계인 간의 무형자산 거래에 대한 정상가격 산출방법 등이 있다.

(2) 용역거래에 대한 정상가격

① 일반적인 용역거래의 경우

거주자 등과 국외특수관계인 간의 용역거래(경영관리, 금융자문, 지급보증, 전산지원 및 기술지원, 그 밖에 사업상 필요하다고 인정되는 용역의 거래를 말함)의 가격이 다음의 요건을 모두 충족하는 용역거래의 가격인 경우에는 그 거래가격을 정상가격으로 보아 손금으로 인정한다(국조령 §6의 2 ①).

ⓐ 용역 제공자가 사전에 약정을 체결하고 그 약정에 따라 용역을 실제로 제공할 것

ⓑ 용역을 제공받은 자가 제공받은 용역으로 인하여 추가적으로 수익이 발생하거나 비용이 절감되기를 기대할 수 있을 것

ⓒ 제공받은 용역의 대가가 국제조세조정에관한법률의 규정에 따라 산정될 것. 이 경우 원가가산방법 또는 거래순이익률방법인 경우에는 다음의 기준에 따라 산정한다.

(ⅰ) 발생한 원가에는 그 용역 제공을 위하여 직접 또는 간접으로 발생한 비용 모두를 포함시킬 것

(ⅱ) 용역 제공자가 그 용역을 수행하기 위하여 제3자에게 그 용역의 일부 또는 전부를 대행하여 수행할 것을 의뢰하고 대금을 한꺼번에 지급한 후 이에 대한 비용을 용역을 제공받는 자에게 재청구하는 경우 용역 제공자는 자신이 그 용역과 관련하여 직접 수행한 활동으로부터 발생한 원가에 대해서만 통상의 이윤을 더할 것

ⓓ 위 ⓐ부터 ⓒ까지의 사실을 증명하는 문서를 보관·비치하고 있을 것

② 저부가가치 용역거래의 경우

용역거래에 대한 정상가격을 산정할 때 다음의 요건을 모두 충족하는 용역거래('저부가가치 용역거래')에 대해 해당 용역의 원가(위 ①의 ⓒ에 따라 산정된 원가를 말함)에 5%를 가산한 금액을 용역의 대가로 산정한 경우에는 정상가격으로 본다(국조령 §6의 2 ②). 이 경우 해당 사업연도에 저부가가치 용역의 원가에 5%를 가산한 금액의 합계가 거주자 등의 매출액의 5%와 영업비용의 15% 중 작은 금액을 초과하는 경우에는 저부가가치 용역거래에 대한 정상가격을 적용하지 않는다(국조령 §6의 2 ③, 국조칙 §2의 3).

ⓐ 거래대상 용역은 다음 중 어느 하나에 해당하지 않는 용역으로서 거주자 등과 국외특수관계인의 핵심사업활동과 직접 관련되지 않는 지원적 성격의 용역일 것

(ⅰ) 연구개발

(ⅱ) 천연자원의 탐사·채취 및 가공

(ⅲ) 원재료 구입, 제조, 판매, 마케팅 및 홍보

(ⅳ) 금융, 보험 및 재보험

ⓑ 용역이 제공되는 과정에서 다음 중 어느 하나에 해당하는 사실이 없을 것

(ⅰ) 독특하고 가치 있는 무형자산의 사용 또는 창출

(ⅱ) 용역 제공자가 중대한 위험을 부담 또는 관리·통제

ⓒ 용역 제공자 및 용역을 제공받는 자는 특수관계가 없는 제3자와 유사한 용역거래를 하지 않을 것

③ 지급보증 용역거래의 경우

거주자 등과 국외특수관계인 간 지급보증 용역거래의 가격에 대한 정상가격 산출방법은 다음 중 어느 하나에 해당하는 방법으로 한다(국조령 §6의 2 ⑤).

ⓐ 보증인의 예상 위험과 비용을 기초로 하여 정상가격을 산출하는 방법(국조칙 §2의 4 ①) : 지급보증에 따른 보증인의 예상 위험에 보증인이 보증으로 인하여 실제로 부담한 비용을 더한 금액으로 한다. 이 경우 보증인의 예상 위험은 피보증인의 신용등급에 따른 예상 부도율과 부도 발생 시 채권자가 피보증인으로부터 채권을 회수할 수 있는 비율('보증금액 예상 회수율')을 기초로 하여 산출한 금액으로 한다.

ⓑ 피보증인의 기대편익을 기초로 하여 정상가격을 산출하는 방법(국조칙 §2의 4 ②) : 지급보증이 없는 경우의 피보증인의 자금조달비용에서 지급보증이 있는 경우의 피보증인의 자금조달비용을 뺀 금액으로 한다. 이 경우 피보증인의 자금조달비용은 보증인과 피보증인의 신용등급을 기초로 하여 보증인의 지급보증 유무에 따라 산출한 차입 이자율 또는 회사채 이자율 등을 고려하여 산출한 금액으로 한다.

ⓒ 보증인의 예상 위험 및 비용과 피보증인의 기대편익을 기초로 하여 정상가격을 산출하는 방법(국조칙 §2의 4 ③) : 이 방법은 위 ⓐ와 ⓑ의 방법에 따라 가격을 각각 산정한 경우로서 ⓑ의 방법에 따라 산정된 가격이 ⓐ의 방법에 따라 산정된 가격보다 큰 경우에 적용하되, ⓐ와 ⓑ의 방법에 따라 산출한 가격의 범위에서 보증인의 예상 위험 및 비용과 피보증인의 기대편익 및 지급보증 계약 조건 등을 감안하여 합리적으로 조정한 금액으로 한다.

그런데 위와 같은 방법으로 지급보증 용역거래에 대한 정상가격을 산출할 때 거주자 등이 다음 중 어느 하나에 해당하는 금액을 지급보증 용역거래에 대한 가격으로 적용한 경우에는 이를 정상가격으로 본다(국조령 §6의 2 ⑥).

ⓐ 지급보증계약 체결 당시 해당 금융회사가 산정한 지급보증 유무에 따른 이자율 차이를 근거로 하여 산출한 수수료의 금액(해당 금융회사가 작성한 이자율 차이 산정 내역서에 의해 확인되는 것에 한정함)

ⓑ 위 ⓐ부터 ⓒ까지의 방법으로서 국세청장이 정하는 바에 따라 산출한 수수료의 금액

(3) 무형자산 거래에 대한 정상가격

① 무형자산의 범위

무형자산 거래에 대한 정상가격 산출방법과 관련하여 '무형자산'이란 사업활동에 사용가능한 자산(유형자산 또는 금융자산 외의 것을 말함)으로서 특정인에 의해 소유 또는 통제가 가능하고 독립된 사업자 간에 이전 또는 사용권 허락 등의 거래가 이루어지는 경우 통상적으로 적정한 대가가 지급되는 것을 말하며, 다음 중 어느 하나에 해당하는 것을 포함한다(국조령 §6의 3 ①).

ⓐ 특허법에 따른 특허권

ⓑ 실용신안법에 따른 실용신안권

ⓒ 디자인보호법에 따른 디자인권

ⓓ 상표법에 따른 상표권

ⓔ 저작권법에 따른 저작권

ⓕ 서비스표권, 상호, 브랜드, 노하우, 영업비밀 및 고객정보·고객망

ⓖ 계약에 따른 권리 및 채취권, 유료도로관리권 등 정부로부터 부여받은 사업권

ⓗ 영업권 및 계속기업가치

② 무형자산 거래에 대한 정상가격 산출 시 고려해야 할 요소

거주자 등과 국외특수관계인 간의 무형자산 거래에 대한 정상가격을 산출하는 경우에는 해당 무형자산의 법적 소유 여부와 관계없이 해당 무형자산의 개발, 향상, 유지, 보호 및 활용과 관련하여 수행한 기능 및 수익 창출에 기여한 상대적 가치에 상응하여 독립된 사업자 간에 적용될 것으로 판단되는 합리적인 보상을 받았는지 여부를 고려해야 한다(국조령 §6의 3 ③). 그리고 그 거래의 특성에 따라 다음의 요소를 고려해야 한다(국조령 §6의 3 ②).

ⓐ 무형자산으로 인하여 기대되는 추가적 수입 또는 절감되는 비용의 크기

ⓑ 권리행사에 대한 제한 여부

ⓒ 다른 사람에게 이전하거나 재사용을 허락할 수 있는지 여부

③ 무형자산 거래에 우선 적용하는 정상가격 산출방법

거주자 등과 국외특수관계인 간의 무형자산 거래에 대한 정상가격 산출방법은 가장 합리적인 방법을 선택하기 위해 고려해야 하는 아래 (5)에서 정하는 기준을 고려하여 다음 중 어느 하나에 해당하는 방법을 우선적으로 적용해야 한다(국조령 §6의 3 ④).

ⓐ 국제조세조정에관한법률 제5조 제1항 제1호에 따른 비교가능 제3자 가격방법

ⓑ 국제조세조정에관한법률 제5조 제1항 제4호에 따른 이익분할방법

④ 과세당국이 무형자산 거래에 대한 정상가격을 다시 산출할 수 있는 경우

다음의 요건을 모두 갖춘 가치측정이 어려운 무형자산에 대해 사후에 평가된 해당 무형자산의 거래가격과 당초 거래가격의 차이가 당초 거래가격의 20%를 초과하는 등 현저히 차이가 나는 경우 과세당국은 해당 거래가격이 합리적이지 않은 것으로 추정하고, 해당 무형자산으로부터 실제로 발생한 경제적 편익 등 사후에 해당 무형자산과 관련하여 변경된 거래 상황 및 경제 여건 등을 바탕으로 정상가격을 다시 산출할 수 있다(국조령 §6의 3 ⑥).

ⓐ 무형자산을 거래할 당시에 비교가능성이 높은 독립된 사업자 간 거래가 없는 경우

ⓑ 개발 중인 무형자산으로서 상업적으로 활용되기 위해 많은 기간이 소요되거나 무형자산의 높은 혁신성 등으로 거래 당시에 해당 무형자산으로부터 예상되는 경제적 편익 등에 대한 불확실성이 높은 경우

그러나 다음 중 어느 하나에 해당하는 경우에는 과세당국이 거주자 등의 무형자산에 대한 정상가격을 다시 산출할 수 없다(국조령 §6의 3 ⑦).

ⓐ 사후에 평가된 무형자산의 거래가격과 당초 거래가격의 차이가 거래 당시에 거래 당사자가 합리적으로 예측할 수 없는 사유에 기인한 것으로서 거래 당사자가 거래 당시 예측을 위해 고려한 가정이 합리적임을 입증한 경우

ⓑ 사후에 평가된 무형자산의 거래가격과 당초 거래가격의 차이가 당초 거래가격의 20%를 넘지 않는 경우

ⓒ 국제조세조정에관한법률 제6조 제2항 본문에 따라 체약상대국의 권한 있는 당국과의 상호합의절차를 거쳐 해당 무형자산에 대한 정상가격 산출방법에 대해 사전에 승인하는 경우

(4) 합리적 정상가격 산출방법을 위한 분석절차의 수행

이전가격세제에 있어서 가장 합리적인 방법을 선택하여 정상가격을 산출하는 경우에는 다음에서 정하는 순서에 따라 납세자의 사업 환경 및 특수관계 거래 분석, 내부 및 외부의 비교가능한 거래에 대한 자료 수집, 정상가격 산출방법의 선택 및 가격·이윤 또는 거래순이익 산출, 비교가능한 거래의 선정 및 합리적인 차이 조정 등의 분석절차를 통하여 정상가격을 결정하여야 한다. 다만, 그 밖에 합리적이라고 인정될 만한 분석절차가 있는 경우 그 분석절차를 적용할 수 있다(국조령 §6 ①, 국조칙 §2의 2 ②).

① 분석대상 연도의 선정

② 사업환경 분석 : 산업, 경쟁, 규제 요소 등 거래와 관련된 일반적인 사업환경 분석

③ 특수관계 거래 분석 : 국내외 분석대상 당사자, 적합한 정상가격 산출방법의 선택, 핵심적인 비교가능성 분석요소의 식별 등을 위한 분석

④ 내부의 비교가능한 거래에 대한 자료 수집과 검토 : 분석대상 당사자가 특수관계 없는 독립된 사업자와 한 거래의 자료 수집과 이에 대한 분석

⑤ 외부의 비교가능한 거래에 대한 자료 수집과 검토 : 특수관계가 없는 제3자 간의 거래를 파악하기 위한 상업용 데이터베이스 등 이용 가능한 자료의 수집 및 특수관계 거래와의 관련성 분석

⑥ 가장 합리적인 정상가격 산출방법의 선택 및 선택된 산출방법에 따라 요구되는 재무지표(거래순이익률 지표 포함)의 선정

⑦ 비교가능한 거래의 선정 : 비교가능성 분석요소를 바탕으로, 독립된 제3자 거래가 비교가능한 거래로 선정되기 위하여 갖추어야 할 특성을 검토하여 선정

⑧ 합리적인 차이 조정 : 회계기준, 재무정보, 수행한 기능, 사용된 자산, 부담한 위험 등 특수관계 거래와 독립된 제3자 거래 간의 가격 및 이윤 등에 실질적인 차이를 유발하는 요인들의 합리적인 조정

⑨ 수집된 자료의 해석 및 정상가격의 결정

(5) 정상가격 산출방법의 선택과 배제

이전가격세제 적용에 있어서 정상가격을 산출할 때에는 다음의 기준을 고려하여 가장 합리적인 방법을 선택하여야 한다(국조령 §5 ①). 그런데 과세당국은 특수관계가 없는 자 간의 거래가 거래당사자에 의하여 임의로 조작되어 정상적인 거래로 취급될 수 없는 경우에는 동 거래를 비교가능한 거래로 선택하지 아니할 수 있다(국조령 §5 ⑤).

① 특수관계가 있는 자 간의 국제거래와 특수관계가 없는 자 간의 거래 사이에 다음 중 어느 하나에 해당하여 비교가능성이 높을 것. 이렇게 비교가능성이 높은지를 평가하는 경우에는 가격이나 이윤에 영향을 미칠 수 있는 재화나 용역의 종류 및 특성, 사업활동의 기능, 거래에 수반되는 위험, 사용되는 자산, 계약조건, 경제 여건, 사업전략 등의 요소에 관하여 기획재정부령으로 정하는 사항을 분석하여야 한다(국조령 §5 ②).

ⓐ 비교되는 상황 간의 차이가 비교되는 거래의 가격이나 순이익에 중대한 영향을 주지 아니하는 경우

ⓑ 비교되는 상황 간의 차이가 비교되는 가격이나 순이익에 중대한 영향을 주는 경우에도 동 영향에 의한 차이를 제거할 수 있는 합리적 조정이 가능한 경우

② 사용되는 자료의 확보·이용 가능성이 높을 것

③ 특수관계가 있는 자 간의 국제거래와 특수관계가 없는 자 간의 거래를 비교하기 위하여 설정된 경제 여건, 경영 환경 등에 대한 가정(假定)이 현실에 부합하는 정도가 높을 것

④ 사용되는 자료 또는 설정된 가정의 결함이 산출된 정상가격에 미치는 영향이 적을 것

⑤ 특수관계가 있는 자 간의 거래와 정상가격 산출방법의 적합성이 높을 것. 이렇게 적합성이 높은지를 평가하는 경우에는 특수관계 거래에서 가격·이윤 또는 거래순

이익 중 어느 지표가 산출하기 쉬운지 여부, 특수관계 거래를 구별하는 요소가 거래되는 재화나 용역인지 또는 수행되는 기능의 특성인지 여부, 거래순이익률방법 적용 시 거래순이익률 지표와 영업활동의 상관관계 등에 관하여 기획재정부령으로 정하는 바에 따라 분석하여야 한다(국조령 §5 ③).

2. 정상가격에 대한 실질과세의 적용

(1) 정상가격 산출방법 적용 시 실질내용의 파악과 반영

정부는 2018년 말 세법을 개정하면서 과세당국이 정상가격 산출방법을 적용할 때 거주자 등과 국외특수관계인 사이의 상업적 또는 재무적 관계 및 해당 국제거래에서 중요한 거래조건을 고려하여 해당 국제거래의 실질적인 내용을 명확하게 파악하여야 하며, 해당 국제거래가 그 거래와 유사한 거래 상황에서 특수관계가 없는 독립된 사업자 사이의 거래와 비교하여 상업적으로 합리적인 거래인지 여부를 판단하도록 하였다(국조법 §5 ②). 그리고 과세당국은 이런 판단 결과 거주자 등과 국외특수관계인 사이의 국제거래가 상업적으로 합리적인 거래가 아니고, 해당 국제거래에 기초하여 정상가격을 산출하는 것이 현저히 곤란한 경우 그 경제적 실질에 따라 해당 국제거래를 없는 것으로 보거나 합리적인 방법에 따라 새로운 거래로 재구성하여 정상가격 산출방법을 적용할 수 있도록 하였다(국조법 §5 ③).

이렇게 이전가격세제에 있어서 실질과세원칙을 적용하여 과세당국에 의한 조정을 할 수 있도록 함으로써 다국적기업에 대한 과세당국의 세무간섭이 더 커지는 것이 아닌가 하는 우려도 제기되고 있다. 결국 기업의 입장에서는 나름대로 합리적인 방법으로 정상가격을 산출하고 적용하고 있다고 생각하는데, 과세당국은 기업이 적용하고 있는 이전가격이 합리적이지 않다고 보아 부인할 수 있는 경우가 발생할 수 있으므로 기업의 입장에서 정상가격 산출 시에 더 많은 주의를 기울일 수밖에 없는 상황이 되었다고 할 수 있다.

(2) 실질내용을 파악하기 위해 고려해야 할 사항

과세당국은 거주자 등과 국외특수관계인 사이의 국제거래의 실질적인 내용을 명확하게 파악하기 위해 다음의 요소를 고려해야 한다(국조령 §4 ⑤).

① 계약조건

② 사용된 자산과 부담한 위험 등을 고려하여 평가된 거래 당사자가 수행한 기능. 이 경우 부담한 위험은 거래 당사자의 위험에 대한 관리·통제 활동 및 위험을 부담할 재정적 능력 등을 고려하여 기획재정부령으로 정하는 바에 따라 분석해야 하며, 거래 당사자가 수행한 기능은 거래 당사자뿐만 아니라 거래 당사자와 특수관계에 있는 자 모두를 고려하여 전체적으로 사업활동이 수행되고 있는 방식, 거래 상황 및 관행을 종합적으로 고려해야 한다.

③ 거래된 재화나 용역의 종류 및 특성

④ 경제 여건 및 사업전략

(3) 실질내용을 파악하기 위해 고려해야 할 사항

과세당국은 거주자 등과 국외특수관계인 사이의 국제거래가 상업적으로 합리적인 거래인지 여부를 판단할 때 다음의 기준을 고려해야 한다(국조령 §4 ⑥).

① 특수관계가 없는 독립된 사업자 사이에서는 해당 거래조건에 대한 합의가 이루어지지 않을 것으로 예상할 수 있을 것. 이 경우 유사한 거래 상황에서 특수관계가 없는 독립된 사업자 간 해당 거래와 유사한 거래가 체결된 사례가 없다는 사실만으로 해당 거래조건에 대한 합의가 이루어지지 않을 것으로 판단해서는 안 된다.

② 해당 거래를 체결하지 않거나 다른 방식으로 거래를 체결하는 것이 거주자 또는 국외특수관계인에게 사업목적상 유리할 것

③ 해당 거래로 인하여 거주자 또는 국외특수관계인의 조세부담이 상당히 감소하는 등 조세 혜택을 고려하지 않는다면 해당 거래가 발생하지 않을 것으로 예상할 수 있을 것

3. 정상가격 산출방법 신고서 등의 제출

(1) 정상가격 산출방법 신고서의 제출

거주자 등은 가장 합리적인 정상가격 산출방법을 선택하고, 선택된 방법 및 이유를 과세표준 및 세액의 확정신고 시 납세지 관할 세무서장에게 제출하여야 한다. 다만, 다음 중 어느 하나에 해당하는 경우에는 그렇지 않다(국조령 §7 ①).

① 해당 사업연도의 국제거래 중 전체 재화거래 금액의 합계가 50억원 이하이고 용역거래 금액의 합계가 10억원 이하인 경우

② 해당 사업연도의 국제거래 중 국외특수관계인별 재화거래 금액의 합계가 10억원 이하이고 용역거래 금액의 합계가 2억원 이하인 경우

③ 국제조세조정에관한법률 제11조 제2항에 따라 제21조의 3 제2항 제1호 및 제2호에 따른 통합기업보고서 및 개별기업보고서('통합·개별기업보고서')를 제출해야 하는 자로서 해당 사업연도 종료일이 속하는 달의 말일부터 12개월 이내에 통합·개별기업보고서를 제출하는 경우. 이 경우 납세의무자는 과세표준 및 세액의 확정신고 시 통합·개별기업보고서를 제출함으로써 정상가격 산출방법에 관한 자료의 제출을 갈음한다는 의사를 납세지 관할 세무서장에게 통보해야 한다.

(2) 국제거래명세서 등의 제출과 면제

① 국제거래명세서 등의 제출

국외특수관계인과 국제거래를 행하는 납세의무자는 국외특수관계인과의 국제거래명세를 증명할 수 있는 국외특수관계인의 요약손익계산서와 함께 국제거래명세서를 소득세 또는 법인세 신고기한까지 납세지 관할 세무서장에게 제출해야 한다. 이 경우 다음 중 어느 하나에 해당하는 경우에는 해당 국외특수관계인의 요약손익계산서 제출을 생략할 수 있다(국조법 §11 ①, 국조칙 §6 ②).

ⓐ 해당 사업연도에 국외특수관계인과의 재화거래 금액의 합계가 10억원 이하이고 용역거래 금액의 합계가 2억원 이하인 경우

ⓑ 해외현지법인 명세서 및 해외현지법인 재무상황표를 제출하는 경우

② 국제거래명세서 등의 제출면제

국제거래명세서 등의 제출의무자 중 아래 (3)에 따라 통합기업보고서 및 개별기업보고서를 제출하여야 하는 납세의무자의 경우에는 통합기업보고서 및 개별기업보고서를 제출함으로써 국제거래명세서의 제출을 갈음할 수 있다(국조법 §11 ① 단서). 이 경우 제출의무를 면제받고자 하는 납세의무자는 통합기업보고서 및 개별기업보고서를 국제거래명세서 대신 제출한다는 의사를 법인세 신고기한까지 납세지 관할 세무서장에게 통보하고 해당 사업연도 종료일이 속하는 달의 말일부터 12개월 이내에 통합·개별기업보고서를 제출하여야 한다(국조령 §21의 2).

(3) 통합보고서 등의 제출

① 통합보고서 등의 제출의무

최근 다국적기업들이 국가 간의 서로 다른 조세제도나 기존의 국제조세제도의 허점을 이용하여 세원잠식과 소득이전(BEPS : Base Erosion and Profit Shifting)을 통한 조세회피행위를 하는 사례가 많아지면서, OECD와 G20를 중심으로 국제적인 조세회피행위를 방지하고자 BEPS 프로젝트를 추진하고 이에 대한 최종 보고서도 나오게 되었다. 이런 맥락에서 우리나라도 다국적기업들의 조세회피를 방지하고자 여러 가지 제도들을 도입하고 있는데, 2017년 말 세법 개정을 통해 다음 요건에 해당하는 국제거래규모가 큰 기업들에 대해서는 사업활동 및 거래내용 등에 대한 국제거래정보통합보고서(통합기업보고서, 개별기업보고서 및 국가별보고서)를 사업연도 종료일이 속하는 달의 말일부터 12개월 이내에 납세지 관할 세무서장에게 제출하도록 강제하고 있다(국조법 §11 ②, 국조령 §21의 3 ①).

ⓐ 다음의 기준을 모두 충족하는 내국법인 또는 국내사업장이 있는 외국법인

(i) 국외특수관계인과의 해당 과세연도 재화거래 등 거래규모의 합계액이 500억원을 초과할 것

(ii) 해당 과세연도 매출액이 1천억원을 초과할 것

ⓑ 기획재정부장관이 정하여 고시하는 국내지배기업에 해당하는 납세의무자 : 직전 과세연도 연결재무제표의 매출액이 1조원을 초과할 것

ⓒ 기획재정부장관이 정하여 고시하는 국외지배주주가 있는 납세의무자 중 다음 중 어느 하나에 해당하는 경우

(i) 국외지배주주가 소재하는 국가의 법령상 국가별보고서 제출 의무가 없을 것

(ii) 국외지배주주가 소재하는 국가와 조세조약이 체결되지 아니한 사유 등으로 국가별보고서의 교환이 되지 아니할 것

② 통합보고서 등의 내용

통합기업보고서, 개별기업보고서 및 국가별보고서는 다음의 구분에 따른 보고서를 말한다(국조령 §21의 3 ②).

ⓐ 통합기업보고서 : 납세의무자 및 납세의무자와 기획재정부령으로 정하는 특수관계에 있는 법인 전체에 대한 다음의 사항을 포함하는 기획재정부령으로 정하는 보고서

(i) 조직구조

(ii) 사업내용

(iii) 무형자산 내역

(iv) 자금조달 활동

(v) 재무현황

ⓑ 개별기업보고서 : 납세의무자의 다음의 사항을 포함한 기획재정부령으로 정하는 보고서. 다만, 국제조세조정에관한법률 제6조에 따라 정상가격 산출방법의 사전승인을 받은 경우에는 사전승인이 적용되는 대상기간 동안의 해당 국제거래에 대한 내용을 개별기업보고서에서 제외할 수 있다.

(i) 조직구조

(ii) 사업내용

(iii) 국외특수관계인과의 거래내역

(iv) 국외특수관계인과의 거래에 관한 가격산출정보

(v) 재무현황

ⓒ 국가별보고서 : 납세의무자 및 납세의무자와 기획재정부령으로 정하는 특수관계에 있는 법인 등에 대한 다음의 사항을 포함한 기획재정부령으로 정하는 보고서

(i) 국가별 수익 내역

(ii) 국가별 세전 이익 및 손실

(iii) 국가별 납부세액

(ⅳ) 국가별 자본금

(ⅴ) 국가별 주요 사업활동

(4) 자료제출 의무 불이행에 대한 제재

① 산정방법 등의 자료요구와 불이행에 대한 과태료

과세당국은 이전가격세제를 적용하기 위해 필요한 거래가격 산정방법 등의 관련 자료를 제출하도록 납세의무자에게 요구할 수 있는데, 이런 자료제출을 요구받은 자는 자료제출을 요구받은 날부터 60일 이내에 해당 자료를 제출해야 하고 만약 정당한 사유로 제출 기한의 연장을 신청하는 경우에는 과세당국은 한 차례만 60일까지 연장할 수 있다(국조법 §11 ④·⑤). 그리고 다음 중 어느 하나에 해당하는 자가 정당한 사유 없이 자료를 기한까지 제출하지 아니하거나 거짓의 자료를 제출하는 경우에는 1억원 이하의 과태료를 부과한다(국조법 §12 ①).

ⓐ 국제거래명세서 또는 국제거래정보통합보고서를 제출할 의무가 있는 자

ⓑ 정상가격을 적용하기 위한 거래가격 산정방법 등의 자료제출을 요구받은 자

② 자료제출의 추가요구와 불이행에 대한 과태료

과세당국은 위 ①에 따라 과태료를 부과받은 자에게 30일의 이행기간을 정하여 자료를 제출하거나 거짓 자료를 시정할 것을 요구할 수 있으며, 그 기간 내에 자료제출이나 시정 요구를 이행하지 아니하는 경우에는 지연기간에 따라 2억원 이하의 과태료를 추가로 부과할 수 있다(국조법 §12 ②).

■ 국제조세조정에 관한 법률 시행규칙 [별지 제1호의3서식] <개정 2020. 3. 13.>

정상가격 산출방법 신고서

(앞 쪽)

구분	항목	내용	항목	내용
신고인	① 법인명(상호)	(주)비스콤	② 사업자등록번호	214-86-12345
	③ 대표자(성명)	홍길동		
	④ 업종	정보통신업	⑤ 전화번호	
	⑥ 소재지(주소)	서울시 서초구 서초대로 100		

구분	항목	내용	항목	내용
국외특수 관계인	⑦ 법인명(상호)	Biscom America Inc.	⑧ 소재 국가	미국
	⑨ 대표자(성명)	Charls Baker	⑩ 업종	정보통신업
	⑫ 소재지(주소)	50 Oldiron Drive Santa Clara, CA, USA		

⑪ 신고인과의 관계	피지배	지배	자매	실질 지배	본점 · 지점 등
	✔				

⑬ 대상 거래 전자제품

⑭ 정상가격 산출방법

비교가능 제3자 가격방법

⑮ 위의 방법을 선택한 이유

특수관계 없는 독립된 제3자 간의 비교가능 거래가격 존재

「국제조세조정에 관한 법률 시행령」 제7조제1항에 따라 위와 같이 정상가격 산출방법 신고서를 제출합니다.

2020년 3 월 31일

신 고 인 (주)비스콤 (서명 또는 인)

서초 **세무서장** 귀하

210mm×297mm[백상지 80g/㎡ 또는 중질지 80g/㎡]

■ 국제조세조정에 관한 법률 시행규칙[별지 제1호의4서식] <신설 2020. 3. 13.>

[ ] 정상가격 산출방법 신고서 [ ] 국제거래명세서 제출의무 면제 확인서

1. 제출인 인적사항

① 상호 또는 법인명				② 사업자등록번호	
③ 소재지(주소)					
④ 성명 또는 대표자		⑤ 업 종 (업종코드)	( )	⑥ 사업연도 (과세기간)	. . . ~ . . .

2. 제출의무 면제 서식

(단위 : 서식 수)

서식	서식 수
⑦ 정상가격 산출방법 신고서	
⑧ 무형자산에 대한 정상가격 산출방법 신고서	
⑨ 용역거래에 대한 정상가격 산출방법 신고서	
⑩ 국제거래명세서	

3. 제출의무 면제 사유

「국제조세조정에 관한 법률 시행령」 제7조제1항제3호 또는 제21조의2에 따라 위와 같이 정상가격 산출방법 신고서 등 제출의무 면제 확인서를 제출합니다.

년 월 일

제 출 인 (서명 또는 인)

세무서장 귀하

작성방법

1. ① ~ ⑥: 정상가격 산출방법 신고서 등을 작성하여 제출해야 하는 납세의무자 인적사항을 적습니다.
2. ⑦ ~ ⑩: 추후 통합·개별기업보고서 제출에 따라 제출의무가 면제되는 서식 종류별로 제출의무가 면제되지 않았을 경우 제출했어야 할 서식 부수를 적습니다.

210㎜×297㎜[백상지 80g/㎡ 또는 중질지 80g/㎡]

■ 국제조세조정에 관한 법률 시행규칙 [별지 제1호서식] <개정 2020. 3. 13.>

무형자산에 대한 정상가격 산출방법 신고서

(앞 쪽)

신고인	① 법인명(상호)			② 사업자등록번호	
	③ 대표자(성명)				
	④ 업종			⑤ 전화번호	
	⑥ 소재지(주소)				

국외특수 관계인	⑦ 법인명(상호)			⑧ 소재 국가		
	⑨ 대표자(성명)			⑩ 업종		
	⑪ 신고인과의 관계	피지배	지배	자매	실질 지배	본점·지점 등
	⑫ 소재지(주소)					

⑬ 무형자산의 소유권자			
⑭ 무형자산의 명칭			
사용허락거래		매매거래	
⑮ 사용허락 계약일		㉒ 매매거래일	
⑯ 사용허락 기간		㉓ 매매거래 금액	
⑰ 일시불 사용료		㉔ 매매거래 금액 산정방법	
⑱ 사용료율	의 %		
⑲ 사용료율 적용대상 순매출액 등의 산정방법			
⑳ 정상가격 산출방법			
㉑ 위의 방법을 선택한 이유		㉕ 위의 방법을 선택한 이유	

「국제조세조정에 관한 법률 시행령」 제7조제1항에 따라 위와 같이 무형자산에 대한 정상가격 산출방법 신고서를 제출합니다.

년 월 일

신 고 인 (서명 또는 인)

세무서장 귀하

210㎜×297㎜[백상지 80g/㎡ 또는 중질지 80g/㎡]

Part 4

■ 국제조세조정에 관한 법률 시행규칙 [별지 제1호의2서식] <개정 2020. 3. 13.>

용역거래에 대한 정상가격 산출방법 신고서

(앞 쪽)

<table>
<tr><td rowspan="4">신고인</td><td colspan="2">① 법인명(상호) (주)비스콤</td><td colspan="3">② 사업자등록번호 214-86-12345</td></tr>
<tr><td colspan="5">③ 대표자(성명) 홍길동</td></tr>
<tr><td colspan="2">④ 업종 정보통신업</td><td colspan="3">⑤ 전화번호</td></tr>
<tr><td colspan="5">⑥ 소재지(주소) 서울시 서초구 서초대로 100</td></tr>
</table>

<table>
<tr><td rowspan="5">국외특수
관계인</td><td colspan="2">⑦ 법인명(상호) Biscom America Inc.</td><td colspan="4">⑧ 소재 국가 미국</td></tr>
<tr><td colspan="2">⑨ 대표자(성명) Charls Baker</td><td colspan="4">⑩ 업종 정보통신업</td></tr>
<tr><td rowspan="2">⑪ 신고인과의 관계</td><td>피지배</td><td>지배</td><td>자매</td><td>실질 지배</td><td>본점·지점 등</td></tr>
<tr><td>✔</td><td></td><td></td><td></td><td></td></tr>
<tr><td colspan="6">⑫ 소재지(주소) 50 Oldiron Drive Santa Clara, CA, USA</td></tr>
</table>

<table>
<tr><td colspan="2">⑬ 용역거래의 종류</td><td>소프트웨어 개발</td><td></td><td></td></tr>
<tr><td colspan="2">⑭ 주된 사업활동</td><td>정보통신업</td><td></td><td></td></tr>
<tr><td colspan="2">⑮ 정상가격 산출방법</td><td>원가가산법</td><td></td><td></td></tr>
<tr><td colspan="2">⑯ 위의 방법을 선택한 이유</td><td>용역거래</td><td></td><td></td></tr>
<tr><td rowspan="2">⑰ 제공 용역</td><td>⑱ 특정 용역</td><td>소프트웨어 개발</td><td></td><td></td></tr>
<tr><td>⑲ 공통 용역</td><td></td><td></td><td></td></tr>
<tr><td rowspan="3">⑳ 용역 대가 청구 방식 및 금액</td><td>㉑ 직접청구</td><td>2,150,000,000</td><td></td><td></td></tr>
<tr><td>㉒ 간접청구</td><td></td><td></td><td></td></tr>
<tr><td>㉓ 계</td><td>2,150,000,000</td><td></td><td></td></tr>
<tr><td colspan="2">㉔ 간접청구 배부기준</td><td></td><td></td><td></td></tr>
</table>

「국제조세조정에 관한 법률 시행령」 제7조제1항에 따라 위와 같이 용역거래에 대한 정상가격 산출방법 신고서를 제출합니다.

2020년 3월 31일

신 고 인 (주)비스콤 (서명 또는 인)

서초 **세무서장** 귀하

210㎜×297㎜[백상지 80g/㎡ 또는 중질지 80g/㎡]

■ 국제조세조정에 관한 법률 시행규칙[별지 제8호서식(갑)] <개정 2018. 3. 19.>

국제거래명세서

(1쪽)

1. 제출인 인적사항

① 상호 또는 법인명	(주)비스콤			② 사업자등록번호	214-86-12345
③ 소재지(주소)	서울시 서초구 서초대로 100				
④ 대표자	홍길동	⑤ 업 종 (업종코드)	정보통신업 (722000)	⑥ 사업연도 (과세기간)	2019. 1. 1. ~ 2019. 12. 31.

2. 국제거래명세서 제출현황(총계)

⑦ 제출대상 국외특수관계인 수	⑧ 제출 국외특수관계인 수	⑨ 제출 국외특수관계인과의 거래금액 총계
1	1	4,050,000,000

3. 국외특수관계인 기본사항

⑩ 법인명(상호)	Biscom America Inc.			⑪ 현지기업 고유번호	275101010
⑫ 소재 국가	미국	⑬ 설립일	2015년 4월 1일	⑭ 현지 납세자번호	273954123
⑮ 소재지(주소)	50 Oldiron Drive Santa Clara, CA, USA				
⑯ 주업종(업종코드)	정보통신업 (722000)	⑰ 제출인과의 관계	피지배	⑱ 사업연도	2019. 1. 1. ~ 2019. 12. 31.

4. 국외특수관계인과의 국제거래 현황

(단위: 원)

항 목			국외특수관계인과의 거래금액
⑲ 재화거래, 용역거래, 대여 및 차입거래 합계 (㉖ + ㉛ + ㊳)			4,050,000,000
가. 재화거래	매출거래	⑳ 재고자산(상품·제품)	1,900,000,000
		㉑ 재고자산 외의 유형자산	
		㉒ 무형자산	
	매입거래	㉓ 재고자산(상품·제품)	
		㉔ 재고자산 외의 유형자산	
		㉕ 무형자산	
	㉖ 소 계		1,900,000,000

210㎜×297㎜[백상지 80g/㎡(재활용품)]

Part 4

(2쪽)

항 목				국외특수관계인과의 거래금액
나. 용역거래	매출거래	㉗「국제조세조정에 관한 법률 시행령」 제6조의2제1항에 따른 용역거래	일반용역	2,150,000,000
			지급보증	
		㉘ 사용료		
	매입거래	㉙「국제조세조정에 관한 법률 시행령」 제6조의2제1항에 따른 용역거래	일반용역	
			지급보증	
		㉚ 사용료		
	㉛ 소 계			2,150,000,000
다. 대여 및 차입거래	차입거래	㉜ 차입금 적수		
		㉝ 평균 차입금 [㉜÷365(366)일]		
		㉞ 지급이자		
	대여거래	㉟ 대여금 적수		
		㊱ 평균 대여금 [㉟÷365(366)일]		
		㊲ 수입이자		
	㊳ 소 계 (㉝+㉞+㊱+㊲)			
라. 가목부터 다목까지 및 마목 이외의 거래	㊴ 매출거래			
	㊵ 매입거래			
	㊶ 소 계			

마. 주식 등 취득(증자)·양도(감자) (단위: 주, 원)

국외특수관계인 주식 등 기초(期初) 소유 현황		사업연도 중 주식 등의 증·감 현황				국외특수관계인 주식 등 기말(期末) 소유 현황	
		증자 또는 기존주식 등 취득		감자 또는 보유주식 등 양도			
㊷ 수량 (지분율)	㊸ 취득가액	㊹ 수량 (지분율)	㊺ 취득가액	㊻ 수량 (지분율)	㊼ 양도가액	㊽ 수량 (지분율)	㊾ 취득가액

210㎜×297㎜[백상지 80g/㎡(재활용품)]

(3쪽)

마-(1). 사업연도 중 증자 또는 기존주식 등 취득 명세

㊿ 취득(증자)일	51 취득(증자)방법	52 취득(증자) 수량(지분율)	53 취득(증자) 가액	양도인		
				54 성명(법인명)	55 소재 국가	56 특수관계 유무

마-(2). 사업연도 중 감자 또는 보유주식 등 양도 명세

57 양도(감자)일	58 양도(감자)방법	59 양도(감자) 수량(지분율)	60 양도(감자) 가액	양수인		
				61 성명(법인명)	62 소재 국가	63 특수관계 유무

「국제조세조정에 관한 법률」 제11조제1항 본문에 따라 위와 같이 국제거래명세서를 제출합니다.

2020년 3월 31일

제 출 인 (주)비스콤 (서명 또는 인)

서초 세무서장 귀하

210㎜×297㎜[백상지 80g/㎡(재활용품)]

Part 4

■ 국제조세조정에 관한 법률 시행규칙 [별지 제8호의2서식] <개정 2012.2.28>

국외특수관계인의 요약손익계산서

(앞 쪽)

납 세 의 무 자

① 상호 또는 법인명: (주)비스콤 ② 사업연도: 2019년 1월 1일부터

③ 사업자등록번호: 214-86-12345 ④ 대표자 : 홍길동 2019년 12월 31일까지

국 외 특 수 관 계 인

(⑤단위: 원)

⑥ 명칭		Biscom America Inc.		
⑦ 소재지(주소)		50 Oldiron Drive Santa Clara, CA, USA		
⑧ 사업연도		2019.1.1. ~ 2019.12.31.	~	~
⑨ 주업종		정보통신업 (722000)	( )	( )
⑩ 자본금액 또는 출자금액		1,900,000,000		
⑪ 특수관계의 구분		피지배		
⑫ 주식등의 소유비율	소유	계: %(직접 %)	계: %(직접 %)	계: %(직접 %)
	피소유	계: 100%(직접 100%)	계: %(직접 %)	계: %(직접 %)
계정과목	코 드			
Ⅰ. 매출액	01	6,782,939,555		
Ⅱ. 매출원가	02	2,364,619,603		
Ⅲ. 매출 총손익	03	4,418,319,952		
Ⅳ. 판매비와 관리비	04	4,154,950,926		
Ⅴ. 영업손익	05	263,369,023		
Ⅵ. 법인세비용 차감전순손익	06	193,374,775		

유의사항

※ 이 표에서 각 국외특수관계인의 Ⅰ.~ Ⅵ.의 사항을 작성하는 데에 기초가 된 공표된 영업보고서 등의 자료를 별지로 첨부해 주십시오.

210㎜×297㎜[백상지 80g/㎡(재활용품)]

■ 국제조세조정에 관한 법률 시행규칙[별지 제8호의3서식(갑)] <개정 2020. 3. 13.>

통합기업보고서

접수번호	접수일자

1. 제출인 인적사항

① 상호 또는 법인명		② 사업자등록번호	
③ 소재지(주소)			
④ 성명 또는 대표자		⑤ 사업연도	

2. 제출인과 동일한 연결재무제표에 속하는 국내 납세의무자 목록

⑥ 연번	⑦ 법인명(상호)	⑧ 사업자등록번호	⑨ 대표자 (성명)	⑩소재지	⑪ 주업종 (업종코드)	⑫ 사업연도 (과세기간)

「국제조세조정에 관한 법률」 제11조제1항 및 같은 법 시행령 제21조의3에 따라 위와 같이 제출합니다.

년 월 일

제 출 인 (서명 또는 인)

세무서장 귀하

작성방법

1. 통합기업보고서는 이 서식을 그대로 이용하여 제출하거나, 이 서식에서 정한 내용을 자유롭게 작성하여 제출할 수 있습니다.
2. ⑥~⑫ : 제출인이 통합기업보고서를 제출함에 따라 통합기업보고서 제출 의무가 면제되는 납세의무자에 대하여 작성합니다. 예를 들어, 동일한 통합기업보고서를 제출할 의무가 있는 납세의무자가 둘 이상인 경우에는 하나의 납세의무자가 대표로 통합기업보고서를 제출하면서 다른 납세의무자를 이 목록에 추가합니다.

210㎜×297㎜[백상지 80g/㎡ 또는 중질지 80g/㎡]

통합기업보고서

(사업연도 : . . . ~ . . .)

제출년월: . .

(주) 법 인 명

통합기업보고서 목차

자료의 내용	쪽	미제출·작성 사유
Ⅰ. 전체 법인의 조직 구조		
1. 전체 법인 현황		
2. 전체 법인의 법적 소유구조		
3. 전체 법인의 지배 구조도(그림)		
Ⅱ. 전체 법인의 사업내용		
1. 중요한 사업 이익 창출 요소		
2. 전체 매출액 기준 상위 5개 재화 또는 용역 및 매출의 5%를 초과하는 그 밖의 재화 또는 용역의 공급망에 대한 설명		
3. 전체 법인에 속하는 법인 간의 중요한 용역거래 약정		
4. 상기 2.에서 언급된 재화와 용역의 주요 판매지역에 관한 설명		
5. 전체 법인의 가치 창출분 중 개별 법인들의 기여도를 설명할 수 있는 개별 법인별 기능 분석		
6. 회계연도 중 발생한 중요한 사업구조 재편, 지분 취득, 기업 매각 등에 대한 설명		
Ⅲ. 전체 법인의 무형자산		
1. 무형자산의 개발·소유 및 이용에 대한 전반적인 전략에 대한 설명		
2. 전체 법인의 무형자산		
3. 특수관계법인 간 주요 연구용역 계약, 라이센스 계약 및 원가분담약정 등 무형자산 관련 중요 약정		
4. 연구개발 및 무형자산과 관련된 전체 법인 내 이전가격 정책에 대한 일반적인 설명		
5. 사업연도 중 특수관계기업 간의 무형자산 거래에 관한 설명		
Ⅳ 전체 법인 간 재무활동		
1. 전체 법인의 자금 조달 방법에 대한 일반적인 설명		
2. 전체 법인을 위한 핵심 자금 조달 기능을 수행하는 전체 법인 소속 개별 법인에 관한 설명		
3. 특수관계법인 간 자금 조달 약정과 관련된 전체 법인의 일반적인 이전가격 정책에 관한 설명		
Ⅴ. 전체 법인의 재무 및 세무상 현황		
1. 전체 법인의 해당 사업연도 연결재무제표		
2. 전체 법인의 승인된 일방적 정상가격 산출방법 사전승인(APA)과 국가별 소득 배분과 관련된 세법해석 질의회신		

Part 4

■ 국제조세조정에 관한 법률 시행규칙[별지 제8호의3서식(을)] <개정 2020. 3. 13.>

개별기업보고서

접수번호		접수일자	

1. 제출인 인적사항

① 상호 또는 법인명		② 사업자등록번호	
③ 소재지(주소)			
④ 대표자		⑤ 사업연도	

「국제조세조정에 관한 법률」 제11조제1항 및 같은 법 시행령 제21조의3에 따라 위와 같이 제출합니다.

년 월 일

제 출 인 (서명 또는 인)

세무서장 귀하

작성방법

※ 개별기업보고서는 이 서식을 그대로 이용하여 제출하거나, 이 서식에서 정한 내용을 자유롭게 작성하여 제출할 수 있습니다. 다만, 부표(1~5)는 정해진 서식에 따라 작성해야 합니다.

※ 개별기업보고서의 전부 또는 일부를 제출하지 않거나 거짓으로 제출한 경우 「국세조세조정에 관한 법률」 제12조 및 같은 법 시행령 제51조제1항・제2항에 따라 과태료가 부과됩니다.

210㎜×297㎜[백상지 80g/㎡ 또는 중질지 80g/㎡]

개별기업보고서

(사업연도 : . . . ~ . . .)

제출년월

(주) 법 인 명

개별기업보고서 목차

자료의 내용		쪽	미제출·작성 사유
Ⅰ 법인의 개요			
	1. 법인에 대한 소개		
	2. 경영 구조		
	3. 경영 관련 보고를 받는 담당자		
	4. 법인의 사업 및 사업전략에 대한 자세한 설명		
	5. 주요 경쟁업체		
Ⅱ 특수관계거래에 대한 설명			
	1. 국외특수관계인 현황		
	2. 국외특수관계인의 법적 소유구조		
	3. 지배 구조도		
	4. 중요한 특수관계거래에 대한 설명과 거래 발생 배경		
	5. 특수관계거래별 특수관계인 내역 및 특수관계인 간 관계		
	6. 특수관계거래에서 발생하는 지급액 및 수취액		
	7. 특수관계거래와 관련한 납세의무자와 국외특수관계인의 비교가능성 및 기능 분석		
	8. 거래 종류별 가장 적합한 정상가격 산출방법 및 해당 방법 선정 이유		
	9. 분석대상으로 선정된 기업 및 선정 이유에 대한 설명		
	10. 정상가격 산출방법 적용 시 사용된 중요한 가정들의 요약		
	11. 다년도 분석을 수행한 이유		
	12. 비교가능 제3자 거래(내부 또는 외부) 목록 및 전반적인 설명		
	13. 정상가격 산출시 적용된 비교가능성 차이 조정에 관한 설명		
	14. 정상가격 산출시 사용된 법인의 재무정보		
	15. 검토 결과		
Ⅲ 재무제표, 계약서 등 참고 자료			
	1. 법인의 재무정보와 관련한 보고서		
	2. 상기 특수관계거래와 관련하여 다른 과세당국에서 승인받은 일방·쌍방·다자간 정상가격산출방법 사전승인(APA) 승인 및 세법해석 질의회신		
	3. 법인이 체결한 주요 특수관계거래 계약서 사본		
	4. 정상가격 산출방법에 적용된 재무자료가 해당 사업연도 재무제표와 일치하는지를 보여주는 정보를 담은 표		

■ 국제조세조정에 관한 법률 시행규칙[별지 제8호의3서식(병)] <개정 2020. 3. 13.>

국가별보고서

[① 보고기준일자 :]　　　　[② 제출구분 :]

1. 제출인 인적사항

③ 법인명(상호)		④ 사업자등록번호	
⑤ 소재지			
⑥ 우편번호		⑦ 제출기업 소재지국가코드	
⑧ 다국적기업 그룹명		⑨ 최상위 지배기업 소재지국가코드	
⑩ 보고회사 구분		⑪ 수취국 국가코드	

2. 각 조세관할권별 소득, 세금 및 사업 활동의 배분 내역

[⑫ 통화코드 :]

⑬조세 관할권의 국가코드	수익			⑰세전 이익 (손실)	⑱납부세액 (현금주의기준)	⑲납부세액 (발생주의기준)	⑳법정 자본금	㉑유보이익	㉒종업원수	㉓유형자산 (현금 및 현금등가물제외)
	⑭ 계	⑮관계회사	⑯비관계회사							

3. 각 조세관할권별 다국적기업 그룹의 관계 회사 목록

㉔조세 관할권의 국가코드	㉕관계 회사명	㉖사업자 등록번호 또는 현지기업 고유번호	㉗현지 납세자번호 (TIN)	㉘소재지	㉙설립 조세 관할권의 국가코드	주요 사업활동(하나 또는 하나 이상의 해당되는 곳에 √ 표기)											
						㉚연구 개발	㉛무형자산 소유 또는 운영	㉜구매 또는 조달	㉝제조 또는 생산	㉞영업, 마케팅 또는 유통	㉟경영기획, 관리 또는 지원서비스	㊱비특수 관계자 서비스제공	㊲내부 재정	㊳규제 금융 서비스	㊴보험	㊵주주활동 및 기타 주식보유	㊶휴면 법인

4. 부가정보

210㎜×297㎜[백상지 80g/㎡ 또는 중질지 80g/㎡]

Ⅳ 정상가격 사전승인제도

국외특수관계인과 거래를 하면서 기업 스스로는 정상가격을 적용한다고 생각했는데 나중에 그 거래금액에 대해 세무상으로 인정을 받지 못하게 되면 가산세를 포함한 세금을 추징당할 수 있기 때문에 기업들은 항상 불안정한 입장에 놓일 수밖에 없다. 이런 문제점을 해결하기 위해 정상가격 산출방법에 대해 사전에 국세청장의 승인을 받는 정상가격 사전승인제도(APA : Advance Pricing Arrangement)가 있는데, 이는 거주자 등이 향후 국외특수관계인과의 거래에 적용하고자 하는 정상가격 산출방법에 관하여 사전에 국세청장의 승인을 받는 것이다. 즉, 국세청장의 사전승인을 받은 거주자 등이 그 대상기간 동안 승인된 정상가격 산출방법을 적용한 경우에는 사전승인 시 해당 방법의 전제요건으로 정해진 가정이나 조건이 충족되는 한 과세당국이 승인된 방법을 최적의 방법으로 인정하게 되므로 그 기간 동안은 안심하고 정해진 가격으로 거래를 할 수 있게 된다. 그리고 거주자 등이 적용하고자 하는 정상가격 산출방법에 관하여 거래상대방을 관할하는 국가의 과세당국과의 상호합의를 함께 신청하고, 이에 따라 양국 과세당국 간의 상호합의가 이루어진 경우에는 우리나라에서뿐만 아니라 상대국에서도 해당 방법의 최적성을 인정받을 수 있게 된다.

그런데 정상가격의 사전승인 신청은 모회사나 본점에서 주로 하는데 외국계법인의 경우에는 모회사나 본점이 국외에 있기 때문에 국내에 있는 자회사나 지점의 경우 현실적으로 국내에서 별도로 사전승인 신청을 하는 경우는 흔치 않을 것이다. 그리고 규모가 작은 기업의 경우 많은 비용과 시간을 들여 정상가격 산출방법을 사전승인받는 것이 큰 부담으로 작용할 수 있으므로, 정상가격 사전승인제도 활용여부를 잘 판단해 봐야 할 것이다.

1. 정상가격 산출방법의 승인신청

거주자 등이 일정기간의 과세연도에 대하여 정상가격 산출방법을 적용하기 위해 사전승인을 신청하려는 경우에는 국제거래의 전부 또는 일부에 대하여 다음의 서류 2부씩을 정상가격 산출방법을 적용하려는 일정 기간의 과세연도 중 최초의 과세연도 개시일의 전날까지 국세청장에게 제출하여 승인신청을 할 수 있다(국조법 §6 ①, 국조령 §9 ①).

① 대상기간, 대상 국제거래, 거래 당사자 및 정상가격 산출방법 등을 적은 정상가격 산출방법의 사전승인 신청서
② 거래당사자의 사업연혁·사업내용·조직 및 출자관계 등에 관한 설명자료
③ 거래당사자의 최근 3년 동안의 재무제표, 세무신고서 사본, 국제거래에 관한 계약서 사본 및 이에 부수되는 서류
④ 신청된 정상가격의 세부 산출방법을 구체적으로 설명하는 자료
⑤ 거래가격 조정신청을 하는 경우에는 실제 국제거래의 거래가격과 정상가격의 차이를 조정하는 방법에 관한 설명자료
⑥ 승인 신청된 정상가격 산출방법에 관하여 관련 체약상대국과의 상호합의를 신청하는 경우에는 상호합의절차 개시 신청서
⑦ 그 밖에 사전승인 신청된 정상가격 산출방법의 적정성을 증명하는 자료

2. 정상가격 산출방법의 사전승인

국세청장은 거주자 등이 정상가격 산출방법에 대한 승인을 신청하는 경우 체약상대국의 권한 있는 당국과의 상호합의절차를 거쳐 합의하였을 때에는 정상가격 산출방법을 승인할 수 있다. 다만, 다음 중 어느 하나에 해당하는 경우에는 상호합의절차를 거치지 아니하고 정상가격 산출방법을 사전승인('일방적 사전승인')할 수 있다(국조법 §6 ②, 국조령 §11의 2 ①).

① 납세자가 정상가격 산출방법의 사전승인 신청 시 상호합의절차를 요구하지 아니하는 경우
② 정상가격 산출방법의 상호합의절차가 중단된 경우

3. 정상가격 산출방법의 소급적용

국세청장은 거주자 등이 승인신청 대상기간 이전의 과세연도에 대하여 정상가격 산출방법을 소급하여 적용해 줄 것을 신청하는 때에는 승인신청 대상기간 직전의 5년 이내에서 소급하여 적용하도록 승인할 수 있다. 다만, 일방적 사전승인의 경우에 정상가격 산출방법을 소급하여 적용하여 줄 것을 신청하는 때에는 승인신청 대상기간 직전의 3년 이내에서 소급하여 적용하도록 승인할 수 있다(국조법 §6 ③).

4. 연례보고서의 제출

거주자 등은 정상가격 산출방법의 사전승인을 받은 경우에는 매년 소득세 또는 법인세 신고기한까지 납세지 관할 세무서장에게 승인 내용을 반영해 신고해야 하며, 그 신고기한의 다음 날부터 6개월 이내에 국세청장에게 다음의 사항이 포함된 연례보고서 4부를 제출[국세정보통신망(국세기본법 제2조 제19호에 따른 국세정보통신망을 말함)을 활용한 제출 포함]해야 한다(국조법 §6 ⑤, 국조령 §12 ①).

① 사전승인된 정상가격 산출방법의 전제가 되는 근거 또는 가정의 실현 여부
② 사전승인된 정상가격 산출방법을 적용하여 산출된 정상가격 및 그 산출 과정
③ 국제거래의 거래가격과 정상가격이 다른 경우에는 그 차이에 대한 처리 내용
④ 그 밖에 사전승인 시에 연례보고서에 포함하도록 정한 사항

5. 사전승인의 취소 등

국세청장과 거주자 등은 정상가격 산출방법이 승인된 경우에는 그 승인된 방법을 준수하여야 한다(국조법 §6 ④). 이 경우 국세청장은 다음 중 어느 하나에 해당하는 경우에는 사전승인을 취소하거나 또는 철회할 수 있고(국조령 §13 ①·②), 거주자 등은 다음 중 ③ 또는 ④에 해당하는 경우에 그 사유가 발생한 과세연도의 과세표준 및 세액의 확정신고기한까지 해당 과세연도를 포함한 그 이후의 잔여 대상기간에 대하여 처음 사전승인 내용의 변경을 신청할 수 있다(국조령 §13 ③).

① 사전승인 신청이나 연례보고서 관련 자료의 중요한 부분이 제출되지 아니하거나 거짓으로 작성된 경우
② 거주자 등이 사전승인 내용 또는 그 조건을 준수하지 아니한 경우
③ 사전승인된 정상가격 산출방법의 전제가 되는 조건이나 가정의 중요한 부분이 실현되지 아니한 경우
④ 관련 법령 또는 조세조약이 변경되어 사전승인 내용이 적절하지 아니하게 된 경우

정상가격 산출방법의 사전승인 신청서

([ ] 상호합의 [ ] 일방적 사전승인)

접수번호	접수일자

신청인	① 법인명(상호)		② 사업자등록번호
	③ 대표자(성명)		
	④ 업종		⑤ 전화번호
	⑥ 소재지(주소)		

관련기업	⑦ 법인명(상호)		⑧ 소재 국가
	⑨ 대표자(성명)		⑩ 업종
	⑪ 소재지(주소)		
	⑫ 신청인과의 관계	[ ] 모자관계(지분율: %) [ ] 기타(관계:)	[ ] 본점・지점 관계

⑬ 대상 거래	
⑭ 정상가격 산출방법	
⑮ 적용기간	

「국제조세조정에 관한 법률 시행령」 제9조제1항제1호에 따라 위와 같이 정상가격 산출방법 사전승인 신청서를 제출합니다.

년 월 일

신 청 인 (서명 또는 인)

국세청장 귀하

첨부서류	「국제조세조정에 관한 법률 시행령」 제9조제1항제2호부터 제7호까지 및 같은 조 제2항에 따른 서류 1. 거래 당사자의 사업 연혁, 사업 내용, 조직 및 출자관계 등에 관한 설명자료 2. 거래 당사자의 최근 3년 동안의 재무제표, 세무신고서 사본, 국제거래에 관한 계약서 사본 및 이에 부수되는 서류 3. 정상가격의 세부 산출방법의 구체적 설명자료 4. 실제 거래가격과 정상가격의 차이를 조정하는 방법에 관한 설명자료 5. 상호합의절차 개시 신청서(승인 신청된 정상가격 산출방법에 관하여 체약상대국과의 상호합의를 신청하는 경우에만 제출합니다) 6. 그 밖에 사전승인 신청된 정상가격 산출방법의 적정성을 증명하는 자료 ※ 체약상대국의 권한 있는 당국에 제출한 서류가 위 제1호부터 제6호까지의 구비서류와 다른 경우에는 체약상대국의 권한 있는 당국에 제출한 서류를 추가로 제출합니다.	수수료 없음

210㎜×297㎜[백상지 80g/㎡(재활용품)]

V 정상원가분담액 등에 의한 과세조정

1. 정상원가분담액에 의한 과세조정

과세당국은 거주자 등이 국외특수관계인과 무형자산을 공동으로 개발 또는 확보('공동개발')하기 위하여 사전에 원가·비용·위험('원가 등')의 분담에 대한 약정을 체결하고 이에 따라 공동개발하는 경우 거주자 등의 원가 등의 분담액이 정상원가분담액보다 적거나 많을 때에는 정상원가분담액을 기준으로 거주자 등의 원가 등의 분담액을 조정하여 거주자 등의 과세표준과 세액을 결정하거나 경정할 수 있다(국조법 §6의 2 ①). 이 경우 정상원가분담액은 거주자 등이 국외특수관계인이 아닌 자와 통상적인 원가·비용 및 위험부담의 분담에 대한 약정에서 적용되거나 적용될 것으로 판단되는 분담액으로서 무형자산의 개발을 위한 원가 등을 그 무형자산에 대한 기대편익에 비례하여 배분한 금액을 말한다(국조령 §14의 2 ②).

2. 실현기대편익에 의한 과세조정

과세당국은 거주자 등이 국외특수관계인과 공동개발한 무형자산에 대하여 적정하게 원가 등을 배분하여 각 참여자의 지분을 결정한 후 처음 약정 체결 시 예상한 총 기대편익 중 거주자 등의 기대편익이 무형자산의 개발 후 실현되는 기대편익과 비교하여 그 비율이 20% 이상 증가하거나 감소한 때에는 원래 결정된 각 참여자의 지분을 변동된 기대편익을 기준으로 조정하여 거주자 등의 과세표준과 세액을 결정하거나 경정할 수 있다(국조법 §6의 2 ②, 국조령 §14의 4 ①). 이 경우 기대편익은 거주자 등이 국외특수관계인과 공동개발한 무형자산에 대하여 적정하게 원가 등을 배분하여 각 참여자의 지분을 결정한 후 공동개발한 무형자산으로부터 기대되는 편익을 말한다(국조령 §14의 3 ①·②).

3. 원가 등의 분담액 조정 명세서의 제출

정상원가분담액 등의 과세조정을 적용받으려는 거주자 등은 소득세 또는 법인세 신고와 함께 '원가 등의 분담액 조정 명세서'를 과세당국에 제출하여야 한다(국조령 §14의 6 ①). 이 경우 거주자 등은 국제조세조정에관한법률 제21조의 어느 하나에 해당하는 국제거래명세서 등의 제출기한 연장사유로 원가 등의 분담액 조정 명세서를 과세표준 및 세액의 확정신고 시 제출할 수 없는 경우에 제출기한 15일 전까지 기획재정부령으로 정하는 제출기한 연장 신청서에 따라 제출기한의 연장을 과세당국에 신청할 수 있다(국조령 §14의 6 ②).

■ 국제조세조정에 관한 법률 시행규칙 [별지 제5호서식] <개정 2015.3.13.>

원가등의 분담액 조정 명세서

(앞 쪽)

1. 제출인 인적사항

① 법인명(상호)		② 사업자등록번호	
③ 대표자(성명)		④ 과세연도	
⑤ 소재지(주소)			

2. 원가등의 분담에 대한 약정 내용

⑥ 무형자산의 종류		⑦ 서면 약정일	
⑧ 최초 개발 원가 발생일		⑨ 개발 완료(예정)일	

3. 원가등의 분담 약정 참여자

⑩ 법인명(상호)					
⑪ 국가명					
⑫ 소재지(주소)					
⑬ 업종					
⑭ 제출인과의 관계					

4. 정상원가분담액 산정

참여 법인명					
해당 연도 무형자산 개발 원가	⑮ 거주자의 과세소득금액 계산 시 비용으로 인정하는 원가등의 분담액				
	⑯ 원가등의 분담 약정 참여자가 소유한 무형자산의 사용대가				
	⑰ 분담액 차입 시 발생하는 지급이자				
	⑱ 해당 연도 거주자의 무형자산 개발 원가등의 분담액(⑮ - ⑯ - ⑰)				㉠
정상원가분담액 산정	⑲ 기대편익				㉡
	⑳ 기대편익 비율(⑲의 각 난 ÷ ㉡)				
	㉑ 정상원가분담액(㉠ × ⑳)				
조정액 산정	㉒ 차액(⑱ - ㉑)				

5. 참여자 지분 조정에 따른 원가등의 분담액 조정액 산정

참여 법인명					계
변동된 기대편익 산정	㉓ 변동 전 기대편익				㉢
	㉔ 변동 전 기대편익 비율(㉓의 각 난 ÷ ㉢)				
	㉕ 변동 후 기대편익				㉣
	㉖ 변동 후 기대편익 비율(㉕의 각 난 ÷ ㉣)				
	㉗ 기대편익 변동비율(㉖/㉔)				
재조정액 산정 (㉗ ≥ 20% 이상인 경우)	㉘ 실제 원가등의 분담 총액				㉤
	㉙ 정상원가분담 총액(㉤ × ㉖)				
	㉚ 원가 분담 재조정액(㉘ - ㉙)				

「국제조세조정에 관한 법률 시행령」 제14조의6제1항에 따라 위와 같이 원가등의 분담액 조정 명세서를 제출합니다.

년 월 일

제 출 인 (서명 또는 인)

세무서장 귀하

210㎜×297㎜[백상지 80g/㎡(재활용품)]

VI 이전가격세제적용으로 인한 소득처분 및 세무조정

1. 임시유보처분

과세당국이나 내국법인은 이전가격세제의 적용으로 익금에 산입되는 금액에 대해 국외특수관계인으로부터 내국법인에 세법에 따라 계산한 반환이자를 가산하여 반환된 것인지 여부를 확인하기 전까지는 아래 2.에 따라 소득처분되는 다음의 경우를 제외하고는 임시유보로 처분한다(국조령 §15 ①·③).

① 과세당국이 국제조세조정에관한법률 제4조 또는 제6조의 2에 따라 과세표준 및 세액을 결정하거나 경정한 날부터 4개월 이내에 부과제척기간이 만료되는 경우

② 해당 내국법인이 기획재정부령으로 정하는 이전소득금액 처분 요청서를 과세당국에 제출하는 경우

③ 해당 내국법인이 폐업한 경우(사실상 폐업한 경우 포함)

2. 반환되지 않은 경우의 소득처분 및 세무조정

이전가격세제의 적용으로 익금에 산입되는 금액이 반환된 것임이 확인되지 않는 경우에 그 금액은 다음과 같이 처분하거나 조정한다(국조령 §16 ①).

① 국제거래의 상대방인 국외특수관계인이 내국법인의 주주에 해당하는 경우에는 그 국외특수관계인에게 귀속되는 배당으로 할 것

② 국제거래의 상대방인 국외특수관계인이 내국법인이 출자한 법인에 해당하는 경우에는 그 국외특수관계인에 대한 출자의 증가로 할 것

③ 국제거래의 상대방인 국외특수관계인이 위 ① 및 ② 외의 자인 경우에는 그 국외특수관계인에게 귀속되는 배당으로 할 것

3. 익금에 산입되는 금액의 반환확인

이전가격세제의 적용으로 익금에 산입되는 금액이 반환된 것임이 확인되지 아니하는 경우란 임시유보 처분 통지서를 받은 날(임시유보 처분 통지서를 받은 날부터 90일이 되는 날까지 국제조세조정에관한법률 제23조에 따른 상호합의절차가 개시된 경우에는 국제조세조정에관한법률 제27조 제2항에 따른 결과를 통보받은 날을 말함) 또는 과세표준 및 세액을 신고한 날부터 90일 이내에 국외특수관계인이 내국법인에 익금에 산입되는 금액 중 반환하려는 금액에 다음 계산식에 따라 산출한 반환이자를 더하여 반환하였음을 확인하는 서류(이전소득금액 반환 확인서를 말함)를 과세당국에 제출하지 않은 경우를 말한다(국조령 §15의 2 ①).

> 반환이자＝반환하려는 금액×거래일이 속하는 사업연도 종료일 다음 날부터 이전소득금액 반환일까지의 기간×국제금융시장의 실세이자율을 고려하여 기획재정부령으로 정하는 이자율÷365(윤년의 경우에는 366)

■ 국제조세조정에 관한 법률 시행규칙 [별지 제6호서식] <개정 2020. 3. 13.>

임시유보 처분 통지서

수령자	① 법인명(상호)	② 사업자등록번호
	③ 대표자(성명)	
	④ 주소	

임시유보 처분 내용 (단위 : 원)

⑤ 귀속 사업연도	⑥ 이전소득금액	소득자			
		⑦ 법인명(상호)	소재지		
			⑧ 관계	⑨ 주소	⑩ 국가명

「국제조세조정에 관한 법률 시행령」 제15조제2항에 따라 위와 같이 임시유보 처분 내용을 통지합니다.

년 월 일

지방국세청장(또는 세무서장) 직인

210mm×297mm[백상지 80g/㎡ 또는 중질지 80g/㎡]

■ 국제조세조정에 관한 법률 시행규칙 [별지 제6호의2서식] <개정 2020. 3. 13.>

이전소득금액 처분 요청서

접수번호		접수일	

신청인	① 법인명(상호)	② 사업자등록번호
	③ 대표자(성명)	④ 전화번호
	⑤ 소재지(주소)	

⑥ 통지번호		⑦ 통지한 날	20 . .
⑧ 세무조사 결과(과세예고) 통지 관서		⑨ 통지받은 날	20 . .

처분 요청 이전소득금액 내용 (단위: 원)

⑩ 귀속 사업연도	⑪ 처분 요청 이전소득금액	국외특수관계인		
		⑫ 법인명(상호)	⑬ 관계	⑭ 국가명

위 이전소득금액에 대하여 「국제조세조정에 관한 법률 시행령」 제15조제1항에 따른 임시유보 처분 없이 같은 법 시행령 제16조제1항 각 호에 따라 처분하거나 조정해 줄 것을 신청합니다.

년 월 일

제 출 인 (서명 또는 인)

지방국세청장(또는 세무서장) 귀하

첨부서류	없 음	수수료 없음

210mm×297mm[백상지 80g/㎡ 또는 중질지 80g/㎡]

■ 국제조세조정에 관한 법률 시행규칙 [별지 제6호의3서식] <개정 2012.2.28>

이전소득금액 반환 확인서

(단위: 원)

구분		
제출인	① 법인명(상호)	② 사업자등록번호
	③ 대표자(성명)	
	④ 업종	⑤ 전화번호
	⑥ 소재지(주소)	
국외 특수관계인	⑦ 법인명(상호)	⑧ 소재 국가
	⑨ 대표자(성명)	⑩ 업종
	⑪ 소재지(주소)	
	⑫ 제출인과의 관계	
총반 환금액	⑬ 반환일	
	⑭ 익금에 산입되는 금액	
	⑮ 반환이자	
	⑯ 총반환금액(⑭ + ⑮)	

「국제조세조정에 관한 법률」 제9조제1항 및 같은 법 시행령 제15조의2에 따라 위와 같이 이전소득금액 반환 확인서를 제출합니다.

년 월 일

제 출 인

(서명 또는 인)

지방국세청장(또는 세무서장) 귀하

첨부서류	국외특수관계인이 내국법인에 실제로 반환한 금액의 송금 명세서	수수료 없음

210㎜×297㎜[백상지 80g/㎡(재활용품)]

Ⅶ 소득금액계산의 특례 및 과세가격조정을 위한 경정청구

1. 이전가격세제적용으로 인한 소득금액계산의 특례

체약상대국이 거주자 등과 국외특수관계인의 거래가격을 정상가격으로 조정하고 이에 대한 상호합의절차가 종결된 경우에는 과세당국은 그 합의에 따라 거주자의 각 과세연도 소득금액 및 결정세액을 조정하여 계산할 수 있다(국조법 §10 ①). 또한, 우리나라가 조세의 이중과세 방지를 위하여 체결한 조세조약의 상대국과 그 조세조약의 상호합의 규정에 따라 거주자 등이 국외에 있는 비거주자 또는 외국법인, 지점과 거래한 그 금액에 대하여 권한 있는 당국 간에 합의를 하는 경우에는 그 합의에 따라 납세지 관할 세무서장 또는 지방국세청장은 그 거주자의 각 과세기간 또는 법인의 각 사업연도의 소득금액을 조정하여 계산할 수 있다(소득법 §42 ①, 법인법 §53 ①). 이 경우 소득금액 및 결정세액의 조정을 받으려는 거주자 등은 상호합의절차가 종결되고 통보를 받은 날부터 3개월 이내에 소득금액 계산특례 신청서에 국세청장이 발급한 상호합의 종결 통보서를 첨부하여 납세지 관할 세무서장에게 수정신고 또는 경정청구를 하여야 한다(국조령 §17 ①). 한편, 일방적 사전승인을 받은 거주자 등이 소득금액 및 결정세액의 조정을 받으려는 경우에는 국세청장이 발급한 통지서를 받은 날부터 3개월 이내에 소득금액 계산특례 신청서에 국세청장이 발급한 통지서를 첨부하여 납세지 관할 세무서장에게 수정신고 또는 경정청구를 하여야 한다(국조령 §17 ②).

2. 국세의 정상가격과 관세의 과세가격 간 조정을 위한 경정청구

국외특수관계인으로부터 물품을 수입하는 거래와 관련하여 납세의무자가 과세당국에 법인세 또는 소득세의 과세표준신고서를 제출한 후 관세법 제38조의 3 제4항에 따른 세관장의 경정처분으로 인하여 관세의 과세가격과 신고한 법인세 또는 소득세의 과세표준 및 세액의 산정기준이 된 거래가격 간에 차이가 발생한 경우에는 그 경정처분이 있음을 안 날(처분의 통지를 받은 때에는 그 받은 날)부터 3개월 내에 과세당국에 법인세 또는 소득세의 과세표준 및 세액의 경정을 청구할 수 있다(국조법 §10의 2 ①). 이 경우 경정청구를 받은 과세당국은 해당 거래와 관련한 법인세 또는 소득세의 과세표준 및 세액의 산정기준이 된 해당 수입물품의 거래가격 산출방법과 계산근거 등이 국제조세조정에관한법률 제5조의 규정에 적합하다고 인정되는 경우에는 세액을 경정할 수 있고, 경정청구를 받은 날부터 2개월 내에 과세표준 및 세액을 경정하거나 경정하여야 할 이유가 없다는 뜻을 그 청구를 한 자에게 통지하여야 한다(국조법 §10의 2 ②·③). 이 규정에 따라 경정청구를 하려는 자는 다음의 사항을 적은 경정청구서에 관련 증명자료를 첨부하여 제출하여야 한다(국조령 §17의 2).

① 청구인의 성명과 주소 또는 거소
② 경정 전의 법인세 또는 소득세의 과세표준 및 세액
③ 경정 후의 법인세 또는 소득세의 과세표준 및 세액
④ 경정청구를 하는 이유
⑤ 그 밖에 필요한 사항

3. 국제거래가격에 대한 과세의 조정신청

납세의무자가 국세의 정상가격과 관세의 과세가격 간 조정을 위한 경정청구에 대하여 과세당국으로부터 과세표준 및 세액을 경정하거나 경정하여야 할 이유가 없다는 뜻을 통지받은 경우에는 통지를 받은 날(2개월 내에 통지를 받지 못한 경우에는 2개월이 경과한 날)부터 30일 내에 기획재정부장관에게 국세의 정상가격과 관세의 과세가격 간 조정을 신청할 수 있다. 이 경우 기획재정부장관은 과세당국 또는 세관장에게 거래가격에 대한 과세의 조정을 권고할 수 있고, 그 조정권고에 대한 과세당국 또는 세관장의 이행계획(불이행 시 그 이유 포함)을 받아 납세의무자에게 그 조정의 신청을 받은 날부터 90일 내에 통지하여야 한다(국조법 §10의 3 ①). 이 규정에 따라 국제거래가격에 대한 과세의 조정을 신청하려는 납세의무자는 다음의 사항을 적은 과세조정 신청서에 관련 증명자료를 첨부하여 제출하여야 한다(국조령 §17의 4 ①).

① 신청인의 성명과 주소 또는 거소
② 세관장의 경정처분 내용
③ 과세조정 신청의 이유 및 내용
④ 그 밖에 필요한 사항

■ 국제조세조정에 관한 법률 시행규칙 [별지 제7호의2서식] <개정 2016.4.6.>

국세의 정상가격과 관세의 과세가격 간 조정을 위한 경정청구서

(앞 쪽)

접수번호	접수일	처리기간 2개월

청구인	① 상호(법인명)	② 사업자등록번호
	③ 성명(대표자명)	④ 전화번호(휴대전화번호)
	⑤ 사업장 소재지	

청구내용	⑥ 법정 신고일			⑦ 최초 신고일	
	⑧ 경정청구 이유				
	구 분	최초 신고		경정청구	
	⑨ 세목				
	⑩ 과세표준 금액				
	⑪ 산출세액				
	⑫ 가산세액				
	⑬ 공제 및 감면세액				
	⑭ 납부할 세액				
	⑮ 국세환급금 계좌신고	거래 은행	은행 지점	계좌번호	
	⑯ 환급받을 세액				

「국제조세조정에 관한 법률」 제10조의2제1항 및 같은 법 시행령 제17조의2에 따라 위와 같이 청구합니다.

년 월 일

청 구 인 (서명 또는 인)

세무서장 귀하

첨부서류	1. 최초의 과세표준 및 세액 신고서 사본 2. 경정청구 사유를 객관적으로 증명할 수 있는 서류	수수료 없음

---------------------- 자 르 는 선 ------------------------

접수증(과세표준 및 세액의 경정청구서)

상호(법인명)		사업장소재지	

첨부서류	1. 최초의 과세표준 및 세액 신고서 사본 2. 경정청구 사유를 객관적으로 증명할 수 있는 서류	접수자
		접수일인

210㎜×297㎜[백상지 80g/㎡(재활용품)]

■ 국제조세조정에 관한 법률 시행규칙 [별지 제3호의2서식] <신설 2015.3.13.>

국세의 정상가격 산출방법과 관세의 과세가격 결정방법의 사전조정 신청서

(앞 쪽)

접수번호	접수일

신청인	① 법인명(상호)	② 사업자등록번호
	③ 대표자(성명)	
	④ 업종	⑤ 전화번호
	⑥ 소재지(주소)	

관련기업	⑦ 법인명(상호)		⑧ 소재 국가
	⑨ 대표자(성명)		⑩ 업종
	⑪ 소재지(주소)		
	⑫ 신청인과의 관계	[ ] 출자 관계(지분율: %)	[ ] 본점·지점 관계
		[ ] 기타(관계:)	

사전조정 신청에 관한 사항		
국세 정상가격 산출방법 사전승인	⑬ 대상 거래	
	⑭ 정상가격 산출방법	
	⑮ 적용 기간	
관세 과세가격 결정방법 사전심사	⑯ 수입 예정 물품	
	⑰ 수입가격 결정방법	
	⑱ 수입 예정 시기	
⑲ 사전조정 신청 이유 및 내용(내용이 많은 경우에는 별지에 적어 주십시오)		

「국제조세조정에 관한 법률」 제6조의3제1항에 따라 위와 같이 사전조정 신청을 합니다.

년 월 일

신 청 인 (서명 또는 인)

국세청장 귀하

첨부서류	1. 정상가격 산출방법 사전승인 신청서(신청서의 첨부서류를 포함한다) 2. 「관세법 시행령」 제31조제1항에 따른 신청서(신청서의 첨부서류를 포함한다)	수수료 없음

------------------------ 자 르 는 선 ------------------------

사전조정 신청서 접수증 (접수번호 호)

상호(법인명)		사업장소재지	
첨부서류	1. 정상가격 산출방법 사전승인 신청서(신청서의 첨부서류를 포함한다) 2. 「관세법 시행령」 제31조제1항에 따른 신청서(신청서의 첨부서류를 포함한다)	접수자	
		접수일인	

210㎜×297㎜[백상지 80g/㎡(재활용품)]

Part 4

Chapter 02

조세피난처 과세제도

I 개요

법인의 소득에 대해 세금을 부과하지 않거나 굉장히 낮은 세율로 과세하는 국가 또는 지역을 조세피난처(Tax Haven)라고 하는데, 개인이나 법인이 이러한 지역에 투자를 해서 법인을 설립한 후에 그 회사를 통해서 소득을 발생시키고 또한 그 소득을 그 회사에 계속하여 유보하는 경우 소득에 대한 과세가 이루어지지 않을 수 있다. 이렇게 조세피난처로 인정되는 특정지역에 회사를 설립해서 배당을 하지 않고 소득을 부당하게 유보하는 경우에 그 유보소득을 배당한 것으로 보아서 과세하는 제도가 있는데, 이를 조세피난처 과세제도(Anti-Tax Haven Rules 또는 Controlled Foreign Corporation Rules)라고 한다. 현행 국제조세조정에관한법률에서는 제4장에서 '특정외국법인의 유보소득에 대한 합산과세'라는 내용으로 조세피난처 과세제도를 규정하고 있는데, 국제조세조정에관한법률에서는 조세피난처를 법인의 부담세액이 실제발생소득의 15% 이하인 국가 또는 지역으로 규정하고 있다. 그런데 내국법인의 해외지점은 그 소득을 본점에서 합산하여 신고해야 하기 때문에 조세피난처 과세제도가 적용되지 않는다.

Ⅱ 특정외국법인의 유보소득의 배당간주

1. 적용대상 특정외국법인 및 내국인의 범위

국제조세조정에관한법률상 조세피난처에 있는 특정외국법인의 각 사업연도 말 현재 배당가능한 유보소득 중 내국인(거주자 및 내국법인)에게 귀속될 금액은 그 금액을 내국인이 배당받은 것으로 보아 합산하여 과세하게 된다. 이 경우 조세피난처 과세제도를 적용받는 특정외국법인이란 법인의 실제부담세액이 실제발생소득의 15% 이하인 국가 또는 지역('특정국가 등')에 본점 또는 주사무소를 둔 외국법인에 내국인이 출자하여 특수관계가 있는 그 외국법인을 말한다(국조법 §17 ①). 여기서 실제발생소득이란 해당 외국법인의 본점 또는 주사무소가 있는 국가 또는 지역('거주지국')에서 재무제표 작성 시에 일반적으로 인정되는 회계원칙에 따라 산출한 법인세 차감 전 당기순이익('세전이익')을 말하되, 해당 거주지국에서 일반적으로 인정되는 회계원칙이 우리나라의 기업회계기준과 현저히 다른 경우에는 우리나라의 기업회계기준을 적용하여 산출한 재무제표상의 세전이익을 실제발생소득으로 본다(국조령 §29 ①).

그리고 조세피난처 과세제도를 적용받는 내국인의 범위는 특정외국법인의 각 사업연도 말 현재 발행주식의 총수 또는 출자총액의 10% 이상을 직접 또는 간접으로 보유한 자로 하되, 발행주식의 총수 또는 출자총액의 10%를 판단할 때에는 국세기본법 제2조 제20호 가목 및 나목의 관계에 따른 특수관계인이 직접 보유하는 발행주식 또는 출자지분을 포함한다(국조법 §17 ②).

Part 4

2. 조세피난처 과세제도가 적용되지 않는 경우 등

(1) 조세피난처 과세제도가 적용되지 않는 경우

조세피난처 과세제도는 내국인이 세부담이 없거나 낮은 조세피난처에 있는 명목상의 회사(Paper Company) 등에 투자하고 그 소득을 유보하는 것에 대하여 배당받은 것으로 간주하여 과세하는 제도이다. 따라서 특정외국법인이 조세피난처에 사업을 위하여 필요한 사무소, 점포, 공장 등의 고정된 시설을 가지고 있으면서 그 법인이 스스로 사업을 관리하거나 지배 또는 운영을 하며, 그 국가 또는 지역에서 주로 사업을 하는 등 실질적으로 사업을 하는 등 다음에 해당하는 경우에는 조세피난처 과세제도를 적용하지 아니한다(국조법 §17의 2).

① 특정외국법인의 각 사업연도 말 현재 실제발생소득을 각 사업연도 말 현재 외국환거래법에 따른 기준환율 또는 재정환율로 환산한 금액이 2억원 이하인 경우. 다만, 사업연도가 1년 미만인 경우에는 다음 계산식에 따라 산출한 금액 이하인 경우를 말한다(국조령 §32 ①).

$$2\text{억원} \times \frac{\text{해당 사업연도의 개월 수}}{12}$$

② 특정외국법인이 특정국가 등 사업을 위하여 필요한 사무소, 점포, 공장 등의 고정된 시설을 가지고 있고, 그 법인이 스스로 사업을 관리하거나 지배 또는 운영을 하며, 그 특정국가 등에서 주로 사업을 하는 경우

(2) 조세피난처 과세제도가 예외적으로 적용되는 경우

원칙적으로 조세피난처 과세제도가 적용되지 않는 특정국가 등에서 실제로 사업을 하는 특정외국법인의 경우에도 다음 중 어느 하나에 해당하는 경우에는 조세피난처 과세제도를 적용한다(국조법 §17의 3 ①·②).

① 통계법 제22조에 따라 통계청장이 작성·고시하는 한국표준산업분류에 따른 도매업, 금융 및 보험업, 부동산업, 전문, 과학 및 기술 서비스업(건축기술, 엔지니어링 및 관련 기술서비스업은 제외), 사업시설관리, 사업지원 및 임대서비스업을 하는 특정외국법인으로서 같은 국가 등에 있는 특수관계가 없는 자에게 판매한 금액이 해당 사업연도 총 수입금액의 50%를 초과하는 경우

② 주식 또는 채권의 보유, 지식재산권의 제공, 선박·항공기·장비의 임대, 투자신탁 또는 기금에 대한 투자를 주된 사업으로 하는 법인

③ 특정외국법인이 특정국가 등에서 사업장을 보유하고 실제로 사업을 영위하는 경우에도 다음의 행위에서 발생하는 소득('수동소득')의 합계가 해당 특정외국법인의 총 수입금액의 5%를 초과하는 경우

ⓐ 주식 또는 채권의 보유

ⓑ 지식재산권의 제공

ⓒ 선박·항공기·장비의 임대

ⓓ 투자신탁 또는 기금에 대한 투자

3. 배당가능 유보소득과 배당간주금액

(1) 배당가능 유보소득의 산출

조세피난처 과세제도를 적용할 때 각 사업연도 말 현재 배당 가능한 유보소득은 해당 특정외국법인의 거주지국에서 재무제표 작성 시에 일반적으로 인정되는 회계원칙에 따라 산출한 처분 전 이익잉여금(해당 사업연도 중에 있었던 이익잉여금 처분에 의한 중간배당액이 있는 경우 이를 빼기 전의 금액을 말함)으로부터 해당 사업연도 전의 이익잉여금 처분 명세 중 임의적립금으로 취급되는 금액을 포함시키는 것과 임의적립금 이입액으로 취급되는 금액을 제외시키는 것을 조정한 금액에서 다음의 금액을 뺀 금액으로 한다(국조령 §34 ①).

① 해당 사업연도 이익잉여금 처분액 중 이익의 배당금(해당 사업연도 중에 있었던 이익잉여금 처분에 의한 중간배당액 포함) 또는 잉여금의 분배금

② 해당 사업연도 이익잉여금 처분액 중 상여금, 퇴직급여 및 그 밖의 사외유출

③ 해당 사업연도 이익잉여금 처분액 중 거주지국의 법령으로 정하는 의무적립금 또는 의무적인 이익잉여금 처분액

④ 해당 사업연도 개시일 이전에 해당 내국인에게 배당된 것으로 보아 이미 과세된 금액 중 위 ①에 따른 해당 사업연도 이익잉여금 처분이 되지 아니한 금액

⑤ 국제조세조정에관한법률에 따른 조세피난처 과세제도가 적용되지 아니할 때 발생한 이익잉여금 중 위 ① 및 ②에 따른 해당 사업연도 이익잉여금 처분이 되지 아니한 금액

⑥ 주식에 대한 평가이익 중 해당 사업연도 말 현재 실현되지 아니한 금액

⑦ 실제발생소득의 범위에서 제외되는 금액

(2) 배당간주금액의 산출 등

① 배당간주금액의 산출

조세피난처 과세제도에 따라 내국인이 배당받은 것으로 보는 금액('배당간주금액')은 다음 계산식에 따른 금액으로 한다(국조법 §18 ①).

> 특정외국법인의 각 사업연도 말 현재 배당 가능한 유보소득 ×해당 내국인의 특정외국법인 주식 보유비율

그리고 국제조세조정에관한법률 제17조의 3 제2항에 따라 수동소득이 있는 경우의 배당간주금액은 다음 계산식에 따른 금액으로 한다(국조법 §18 ②).

$$\text{특정외국법인의 각 사업연도 말 현재 배당 가능한 유보소득} \times \text{해당 내국인의 특정외국법인 주식 보유비율} \times \frac{\text{수동소득의 합계금액} - \text{대통령령으로 정하는 금액}}{\text{특정외국법인의 총 수입금액}}$$

② 주식보유비율의 계산

배당간주금액을 산출하기 위한 내국인의 특정외국법인 주식 보유비율은 다음의 방법으로 계산한다(국조령 §34의 2 ①).

ⓐ 내국인과 특정외국법인 사이에 주식 보유를 통하여 하나 이상의 법인이 끼어 있고 이들이 모두 직렬출자관계로 연결되어 있는 경우 : 각 단계의 주식 보유비율을 모두 곱하여 산출하는 방법. 이 경우 내국인과 특정외국법인 사이에 주식 보유를 통하여 하나 이상의 내국법인이 끼어 있는 경우 내국인 간 주식 보유비율은 없는 것으로 본다(국조령 §34의 2 ②).

ⓑ 내국인과 특정외국법인 사이에 둘 이상의 직렬출자관계가 있는 경우 : 각각의 직렬출자관계에 대하여 위 ⓐ에 따라 산출한 주식 보유비율을 모두 합하여 산출하는 방법

Ⅲ 배당금액의 익금귀속시기와 실제배당금액의 익금불산입 등

1. 배당금액의 익금귀속시기 및 경정청구

조세피난처 과세제도에 의해 배당으로 간주된 금액은 특정외국법인의 해당 사업연도 종료일의 다음 날부터 60일이 되는 날이 속하는 내국인의 과세연도의 익금 또는 배당소득('익금 등')으로 산입한다(국조법 §19). 그리고 특정외국법인이 내국인에게 실제로 배당을 지급할 때에 외국에서 그 외국법인의 법인세로 납부한 세액이 있는 경우 배당간주금액으로 익금 등에 산입한 과세연도의 그 배당간주금액은 이를 국외원천소득으로 보고, 실제배당 시 외국에 납부한 세액은 익금 등에 산입한 과세연도에 외국에서 납부한 세액으로 보아 법인세법 제57조나 소득세법 제57조의 외국납부세액공제규정을 적용한다(국조법 §20 ①). 이렇게 실제로 배당을 받을 때 외국납부세액공제를 적용받고자 하는 경우에는 실제로 배당을 받은 과세연도의 소득세·법인세 신고기한으로부터 1년 이내에 외국납부세액 공제세액 계산서를 첨부하여 배당간주금액으로 익금에 산입한 과세연도의 소득세·법인세 과세표준 및 세액을 다시 계산하여 그 금액의 환급에 대하여 경정을 청구하여야 한다(국조법 §20 ②, 국조령 §36 ①).

Part 4

2. 실제배당금액의 익금불산입 등

(1) 실제배당금액의 익금불산입

조세피난처 과세제도에 의해 특정외국법인의 배당간주금액이 내국인의 익금 등으로 산입된 후 해당 특정외국법인이 그 유보소득을 실제로 배당[법인세법 제16조(배당금 또는 분배금의 의제)에 따른 배당금 또는 분배금 포함]한 경우에는 법인세법 제18조 제2호(이월익금의 익금불산입)에 따라 익금에 산입하지 아니하는 소득으로 보거나 소득세법 제17조(배당소득) 제1항에 따른 배당소득에 해당하지 아니하는 것으로 본다(국조법 §19의 2 ①). 이 경우 배당 가능한 유보소득이 발생한 순서에 따라 그 유보소득으로부터 실제로 배당이 이루어진 것으로 본다(국조령 §35 ①).

(2) 주식양도차익의 익금불산입 등

특정외국법인의 배당간주금액이 내국인의 익금 등으로 산입된 후 그 내국인이 해당 특정외국법인의 주식을 양도한 경우에는 양도차익을 한도로 아래 ①의 금액에서 ②의 금액을 뺀 금액[그 금액이 영(零) 이하인 경우에는 영으로 봄]을 법인세법 제18조 제2호(이월익금의 익금불산입)에 따라 익금에 산입하지 아니하는 소득으로 보거나 소득세법 제94조 제1항 제3호 다목(외국법인이 발행하였거나 외국에 있는 시장에 상장된 주식 등)에 따른 양도소득에 해당하지 아니하는 것으로 본다(국조법 §19의 2 ②). 이 경우 양도차익 등 계산에 필요한 장부 및 증명서류는 국세기본법 제85조의 3(장부 등의 비치와 보존) 제2항(해당 국세의 법정신고기한이 지난 날부터 5년간 보존 규정)에도 불구하고 배당 또는 양도일이 속하는 과세연도의 법정신고기한까지 보존하여야 한다(국조법 §19의 2 ③).

① 양도한 주식에 대한 배당간주금액의 합계에 상당하는 금액

② 그 양도한 주식에 대하여 실제로 배당한 금액

(3) 중간외국법인이 있는 경우

내국인이 출자한 외국법인('중간외국법인')이 특정외국법인에 다시 출자한 경우로서 중간외국법인이 내국인에게 실제로 배당을 할 때에는 그 배당금액은 법인세법 제18조 제2호에 따라 익금에 산입하지 않는 소득으로 보거나 소득세법 제17조 제1항에 따른 배당소득에 해당되지 않는 것으로 본다. 이 경우 익금에 산입하지 않는 소득으로 보거나 배당소득에 해당되지 않는 것으로 보는 금액은 다음 계산식에 따라 계산한 금액을 한도로 한다(국조령 §35 ②). 그런데 내국인과 특정외국법인 사이에 둘 이상의 중간외국법인이 끼어 있어도 같은 방식으로 배당금액을 처리한다(국조령 §35 ③).

> [특정외국법인이 유보소득을 중간외국법인에 실제로 배당한 금액×실제배당 당시의 내국인의 중간외국법인에 대한 주식 보유비율]의 합계액－과거 사업연도에 중간외국법인이 내국인에게 이미 실제로 배당하여 익금에 산입하지 않는 소득으로 보거나 배당소득에 해당하지 않는 것으로 본 금액

Ⅳ 해외지주회사에 대한 특례

주식의 보유를 주된 사업(해당 특정외국법인의 총 수입금액 중 50%를 초과하는 수입금액을 발생시키는 사업)으로 하는 특정외국법인으로서 자회사(해당 특정외국법인이 주식을 보유한 법인으로서 특정외국법인이 발행주식총수 또는 출자총액의 40% 이상을 보유하고 있으면서 조세피난처 과세제도가 적용되지 않는 등의 요건을 모두 갖춘 외국법인을 말함)의 주식을 보유한 법인('해외지주회사')이 다음의 요건을 모두 갖춘 경우에는 사무소, 점포, 공장 등의 고정된 시설을 통한 사업의 경영 여부와 관계없이 조세피난처 과세제도를 적용하지 아니한다(국조법 §17의 2 3호, 국조령 §32 ②·③·④).

① 해외지주회사가 자회사의 주식을 그 자회사의 배당기준일 현재 6개월 이상 계속하여 보유하고 있을 것

② 해외지주회사가 위 ①의 자회사 중 해당 해외지주회사와 같은 국가 또는 기획재정부령으로 정하는 같은 지역[유럽연합(EU), 중국과 홍콩, 동남아시아국가연합(ASEAN)을 말함. '같은 국가 등')]에 본점 또는 주사무소를 두고 있는 자회사로부터 받은 이자소득, 배당소득, 그 밖에 대통령령으로 정하는 소득을 합친 금액이 그 해외지주회사의 소득금액(사무실, 점포, 공장 등의 고정된 시설을 가지고 그 시설을 통하여 국제조세조정에관한법률 제17조의 3 제1항 각 호에 해당하는 사업 외의 사업을 실질적으로 운영함에 따라 발생하는 소득과 자회사의 주식을 처분함에 따라 발생하는 소득은 제외)에서 차지하는 비율이 90% 이상일 것

V 특정외국법인에 대한 자료제출

국제조세조정에관한법률상 조세피난처 과세제도를 적용받는 내국인은 다음의 서류를 종합소득세 또는 법인세 신고기한까지 납세지 관할 세무서장에게 제출하여야 한다(국조법 §20의 2, 국조령 §37 ①).

① 특정외국법인의 재무제표

② 특정외국법인의 법인세 신고서 및 부속서류

③ 특정외국법인의 유보소득 계산 명세서

④ 특정외국법인의 유보소득 합산과세 판정 명세서

⑤ 특정외국법인의 유보소득 합산과세 적용범위 판정 명세서

⑥ 국외 출자 명세서

■ 국제조세조정에 관한 법률 시행규칙 [별지 제10호의4서식(갑)] <개정 2020. 3. 13.>

과세연도	. . . ~ . . .	**특정외국법인의 유보소득 합산과세 판정 명세서(갑)**	법인명 (성 명)	

※ [ ]에는 해당되는 곳에 √표를 합니다. (앞쪽)

[단위: 특정외국법인 소재지국(거주지국) 통화)], 통화종류: (   )

특정외국법인	① 법인명	② 업종
	③ 해외현지기업 고유번호	④ 사업연도
	⑤ 소재지	

특정외국법인 자본금 명세	⑥ 자본금		⑦ 발행주식 수
	자기자본	납입자본	

내국인과 특정외국법인의 특수관계 판정기준	주식보유 (⑧≥50%)(「국제조세조정에 관한 법률 시행령」 제2조제1항제1호부터 제3호까지)	구분	직접	간접	합계
		⑧ 주식 보유비율	%	%	%
	공통의 이해관계가 있고 실질적 지배관계가 있는지 (「국제조세조정에 관한 법률 시행령」 제2조제1항제4호 및 제5호)	⑨ 공통의 이해관계		⑩ 실질적 지배관계	
		[ ] 예 [ ] 아니요		[ ] 예 [ ] 아니요	

⑪ 특정외국법인에 대한 해당 내국인 및 특수관계인의 주식 보유비율 합계	

판정 기준	구분	내용					
	최소금액	⑫ 해당 사업연도 말 조정 후 세전이익[별지 제10호의4서식(을)의 ⑩]이 2억원을 초과하는지					[ ] 예 [ ] 아니요
	최근 3개 사업연도 평균 특정외국법인 조세부담 (⑬≤15%)	⑬ 최근 3개 사업연도 평균 조세부담비율 [(⑮+⑯+⑰)/⑭]	%		⑭ 최근 3개 사업연도 조정 후 세전이익 합계		
		⑮ 최근 3개 사업연도 납부세액 합계	세목		⑯ 거주지국 외의 국가에서의 최근 3개 사업연도 납부세액 합계	세목	
			세액			세액	
		⑰ 최근 3개 사업연도 감소세액 합계	세액		⑱ 적립금	의무 적립금	
			이월 결손금			임의 적립금	
	업종 및 주된 사업 기준	⑲ 「국제조세조정에 관한 법률」 제17조의3제1항제1호의 도매업 등의 합산과세 적용기준에 해당하는지					[ ] 예 [ ] 아니요
		⑳ 「국제조세조정에 관한 법률」 제17조의3제1항제2호의 주식·채권의 보유 등의 합산과세 적용기준에 해당하는지					[ ] 예 [ ] 아니요
	소득기준	㉑ 「국제조세조정에 관한 법률」 제17조의3제2항의 수동소득기준을 충족하여 합산과세 적용기준에 해당하는지					[ ] 예 [ ] 아니요
	해외 지주회사	㉒ 「국제조세조정에 관한 법률」 제17조의2제3호에 해당하는 해외지주회사 등의 합산과세 적용배제기준에 해당하는지					[ ] 예 [ ] 아니요

210㎜×297㎜[백상지 80g/㎡ 또는 중질지 80g/㎡]

■ 국제조세조정에 관한 법률 시행규칙 [별지 제10호의4서식(을)] <개정 2020. 3. 13.>

(앞 쪽)

과세연도	. . . ~ . . .	**특정외국법인의 유보소득 합산과세 판정 명세서(을)**	법인명 (성명)	

특정 외국법인	① 법인명		② 업종	
	③ 해외현지기업 고유번호		④ 소재지	

사업연도별 조세부담액(해당 사업연도 포함 최근 3개 사업연도의 조세부담액)

[단위: 특정외국법인 소재지국(거주지국) 통화], 통화 종류: (　　)

⑤ 사업연도		해당 사업연도	직전 사업연도	직전 전 사업연도	합계
		~	~	~	
⑥ 세전이익					
주식 또는 출자증권의 평가손익	⑦ 가산				
	⑧ 차감				
	⑨ 조정				
⑩ 조정 후 세전이익 (⑥ + ⑦ − ⑧ ± ⑨)					
⑪ 납부세액	세목				
	세액				
⑫ 그 밖의 국가 납부세액	세목				
	세액				
⑬ 감소세액	세목				
	세액				

210mm×297mm[백상지 80g/㎡ 또는 중질지 80g/㎡]

■ 국제조세조정에 관한 법률 시행규칙 [별지 제10호의4서식(병)] <개정 2020. 3. 13.>

(앞쪽)

과세연도	. . ~ . .	**특정외국법인의 유보소득 합산과세 판정 명세서(병)**	법인명 (성명)	

특정 외국법인	① 법인명	② 업종
	③ 해외현지기업 고유번호	④ 소재지

(1) 내국인과 외국법인의 특수관계 여부를 판정하기 위한 내국인 및 특수관계인의 주식 보유비율

구분		⑤ 내국인	⑥ 관계		⑦ 지분율 합계
			작성코드:	작성코드:	
성명					
주소					
사업자등록번호					
지분율 (%)	직접				
	간접				
	소계				

(2) 배당간주 여부를 판정하기 위한 내국인 및 특수관계인의 주식 보유비율

구분		⑧ 내국인	⑨ 관계		⑩ 지분율 합계
			작성코드:	작성코드:	
성명					
주소					
사업자등록번호					
지분율 (%)	직접				
	간접				
	소계				

210㎜×297㎜[백상지 80g/㎡ 또는 중질지 80g/㎡]

Chapter 03

과소자본 과세제도

I 개요

국외투자자가 국내에 투자를 할 때에 자본금으로 투자를 하는 방법과 대여금으로 투자를 하는 방법을 선택할 수 있다. 이런 경우 국내에 있는 법인이 국외투자자로부터 자금을 차입하는 것으로 하게 되면 국외의 모회사나 본점에 이자를 지급하게 되고, 이렇게 지급된 이자는 국내법인의 과세소득을 감소시켜서 법인세 부담액을 줄이게 된다. 그런데 자본으로 투자를 하는 경우에는 이자가 발생하지 않기 때문에 국내법인의 과세소득을 감소시키지 못할 뿐만 아니라 나중에 국내의 자회사가 국외의 모회사에 배당을 하게 되면 국내원천소득으로서 배당소득세도 납부하게 된다. 그래서 국외투자자가 국내에 투자를 할 때 출자에 의한 투자보다 자금을 대여하는 방법으로 투자를 해서 조세부담을 감소시키고자 하는 것을 방지하기 위한 제도가 있는데, 이것이 과소자본 과세제도(Thin Capitalization Rules)이다.

II 배당으로 간주된 이자의 손금불산입

1. 손금불산입액의 계산과 처분

내국법인(외국법인의 국내사업장 포함)의 차입금 중 국외지배주주로부터 차입한 금액(친족 등 국외지배주주의 특수관계인으로부터 차입한 금액 포함)과 국외지배주주의 지급보증(담보의 제공 등 실질적으로 지급을 보증하는 경우 포함)에 의하여 제3자로부터 차입한 금액이 그 국외지배주주가 출자한 출자금액의 2배(금융업은 6배)를 초과하는 경우에는 그 초과분에 대한 지급이자 및 할인료는 그 내국법인의 손금에 산입하지 아니하며, 법인세 제67조에 따른 배당 또는 기타사외유출로 처분된 것으로 본다(국조법 §14 ①). 이 경우 서로 다른 이자율이 적용되는 이자나 할인료가 함께 있는 경우에는 높은 이자율이 적용되는 것부터 먼저 손금에 산입하지 아니한다(국조법 §14 ⑤).

2. 손금불산입하지 않는 경우

내국법인이 다음과 같은 자료를 법인세 신고기한까지 과세당국에 제출하여 차입금의 규모 및 차입 조건이 특수관계가 없는 자 간의 통상적인 차입 규모 및 차입 조건과 같거나 유사한 것임을 증명하는 경우에는 그 차입금에 대한 지급이자 및 할인료에 대해서는 손금불산입규정을 적용하지 아니한다(국조법 §14 ③, 국조령 §27 ①).

① 이자율, 만기일, 지급방법, 자본전환 가능성, 다른 채권과의 우선순위 등을 고려할 때 해당 차입금이 사실상 출자에 해당되지 아니함을 증명하는 자료

② 해당 내국법인과 같은 종류의 사업을 하는 비교가능한 법인의 자기자본에 대한 차입금의 배수('비교대상배수')에 관한 자료. 이 경우 비교가능한 법인은 해당 내국법인과 사업 규모 및 경영 여건 등이 유사한 내국법인 중 차입금의 배수를 기준으로 대표성이 있는 법인으로 한다.

3. 원천징수세액의 조정

배당으로 간주된 이자의 손금불산입규정을 적용받는 내국법인이 각 사업연도 중에 지급한 이자와 할인료에 대하여 국외지배주주에 대한 소득세 또는 법인세를 원천징수한 경우에는 손금불산입에 따른 배당에 대한 소득세 또는 법인세를 계산할 때 이미 원천징수한 세액과 상계하여 조정한다(국조법 §14 ④). 이렇게 내국법인이 원천징수세액에 대한 상계조정을 한 결과 납부할 세액이 있는 경우에는 법인세 신고기한이 속하는 달의 다음 달 10일까지 납세지 관할 세무서장에게 납부하여야 하며, 환급받을 세액이 있는 경우에는 납세지 관할 세무서장에게 환급을 신청할 수 있다(국조령 §28).

Ⅲ 제3자 개입 차입거래

국외지배주주로부터 자금을 직접 차입을 하지 않고 제3자로부터 자금을 차입했더라도 실질적으로 국외주주로부터 차입한 것과 같은 경우에는 그 지급이자에 대해서도 손금불산입규정을 적용한다. 즉, 내국법인이 국외지배주주가 아닌 자로부터 차입한 금액이 다음의 요건을 모두 충족하는 경우에는 이를 국외지배주주로부터 직접 차입한 금액으로 보아 차입금 이자에 대한 손금불산입규정을 적용한다. 다만, 내국법인이 국외지배주주가 아닌 국외특수관계인으로부터 차입한 경우에는 다음 ②의 요건에만 해당하여도 지급이자 손금불산입규정을 적용한다(국조법 §15).

① 해당 내국법인과 국외지배주주 간에 사전계약이 있을 것

② 차입조건을 해당 내국법인과 국외지배주주가 실질적으로 결정할 것

Ⅳ 소득대비 과다이자비용의 손금불산입

1. 손금불산입액의 계산과 소득처분

내국법인이 국외특수관계인으로부터 차입한 금액에 대한 아래 ①의 순이자비용이 아래 ②의 조정소득금액의 30%를 초과하는 경우에는 그 초과하는 금액은 손금에 산입하지 아니하며 법인세법 제67조에 따른 기타사외유출로 처분된 것으로 본다(국조법 §15의 2 ①). 이 경우 국외특수관계인에게 지급하는 지급이자 및 할인료 중 같은 이자율이 적용되는 차입금이 둘 이상인 경우에는 최근 차입한 금액에 대한 지급이자 및 할인료부터 차례대로 손금에 산입하지 아니한다(국조령 §28의 3 ④).

① 순이자비용 : 국외특수관계인에게 지급한 지급이자 및 할인료에서 국외특수관계인으로부터 수취한 이자수익을 차감한 금액. 이 경우 순이자비용은 내국법인이 모든 국외특수관계인으로부터 차입한 전체 차입금에 대하여 지급하는 이자 및 할인료의 총액에

서 내국법인이 국외특수관계인으로부터 수취하는 이자수익의 총액을 차감한 금액(그 수가 음수인 경우에는 영으로 봄)으로 한다(국조령 §28의 3 ①).

② 조정소득금액 : 감가상각비와 위 ①의 순이자비용을 차감하기 전 소득금액

2. 손금불산입규정의 적용제외 대상과 손금불산입 순서

(1) 적용제외 대상

소득대비 과다이자비용의 손금불산입규정은 통계법 제22조에 따라 통계청장이 고시하는 한국표준산업분류에 따른 금융 및 보험업을 영위하는 내국법인에게는 적용하지 아니한다(국조법 §15의 2 ②, 국조령 §28의 3 ⑤).

(2) 손금불산입 순서

소득대비 과다이자비용의 손금불산입규정을 적용할 때 서로 다른 이자율이 적용되는 이자나 할인료가 함께 있는 경우에는 높은 이자율이 적용되는 것부터 먼저 손금에 산입하지 아니한다(국조법 §15의 2 ③).

3. 순이자비용에 대한 조정명세서의 제출

국외특수관계인으로부터 자금을 차입한 내국법인은 '국외특수관계인에게 지급하는 순이자비용에 대한 조정명세서'를 법인세의 과세표준과 세액의 확정신고와 함께 납세지 관할 세무서장에게 제출하여야 한다(국조령 §28의 3 ⑥).

■ 국제조세조정에 관한 법률 시행규칙 [별지 제10호의10서식(갑)] <신설 2018. 3. 19.>

(앞쪽)

사업 연도	. . . ~ . . .	**국외특수관계인에게 지급하는 순이자비용에 대한 조정명세서(갑)**	법인명	

1. 조정소득금액의 계산

① 해당 과세연도 소득금액	
② 법인세법 제23조에 따라 손금으로 계상한 감가상각비	
③ 국외특수관계인에게 지급하는 순이자비용	
④ 조정소득금액 (①+②+③)	

2. 순이자비용의 계산

⑤ 국외특수관계인에 대한 이자지급액	
⑥ 국외특수관계인으로부터의 이자수취액	
⑦ 국외특수관계인에게 지급하는 순이자비용 (=③)	

3. 조정소득금액 대비 과다이자비용 계산

⑧ 조정소득금액 대비 과다이자비용(⑦-④×30%)	

4. 「국제조세조정에 관한 법률」 제14조에 따른 손금불산입액과 비교

⑨ 「국제조세조정에 관한 법률」 제14조에 따른 손금불산입액	
⑩ ⑧,⑨ 중 큰 금액	

5. 손금불산입액의 계산

⑪ 국외특수관계인 법인명(상호)	⑫ 차입금 이자율	⑬ 차입연월일	⑭ 차입금 적수	⑮ 손금불산입액 (⑫×⑭÷연중일수)
합 계				

210㎜×297㎜[백상지 80g/㎡]

■ 국제조세조정에 관한 법률 시행규칙 [별지 제10호의10서식(을)] <신설 2018. 3. 19.>

(앞쪽)

사업연도	. . . ~ . . .	**국외특수관계인에게 지급하는 순이자비용에 대한 조정명세서(을)**	법인명	

국외특수관계인			차입금					대여금					⑭순 이자 비용
① 법인명 (상호)	② 국가명	③ 대표자	④ 이자율	⑤차입 연월일	⑥ 일수	⑦ 금액	⑧이자 지급액	⑨ 이자율	⑩대여 연월일	⑪ 일수	⑫ 금액	⑬이자 수취액	
합 계													

210㎜×297㎜[백상지 80g/㎡]

V 혼성금융상품 거래에 따른 이자비용의 손금불산입

1. 적용대상 및 소득처분

내국법인이 국외특수관계인과의 혼성금융상품(자본 및 부채의 성격을 동시에 갖고 있는 금융상품으로서 다음에 정하는 요건을 모두 충족하는 금융상품을 말하되, 통계청장이 고시하는 한국표준산업분류에 따른 금융 및 보험업을 영위하는 내국법인이 발행하는 금융상품 제외) 거래에 따라 지급한 이자 및 할인료 중 아래 2.의 적용요건을 충족하는 금액은 해당 사업연도의 소득금액을 계산할 때 내국법인의 손금에 산입하지 아니하며 법인세법 제67조에 따른 기타사외유출로 처분된 것으로 본다(국조법 §15의 3 ①, 국조령 §28의 4 ①).

① 우리나라의 경우 : 우리나라의 세법에 따라 해당 금융상품을 부채로 보아 내국법인이 해당 금융상품의 거래에 따라 국외특수관계인인 외국법인('거래상대방')에게 지급하는 이자 및 할인료를 이자비용으로 취급할 것

② 거래상대방이 소재한 국가의 경우 : 그 국가의 세법에 따라 해당 금융상품을 자본으로 보아 거래상대방이 내국법인으로부터 지급받는 이자 및 할인료를 배당소득으로 취급할 것

2. 적용요건

혼성금융상품 거래에 대한 이자비용의 손금불산입규정은 내국법인이 국외특수관계인에게 지급하고 우리나라에서 비용공제된 지급이자 및 할인료가 내국법인이 이자 및 할인료를 지급하는 사업연도의 종료일 이후 12개월 이내에 개시하는 거래상대방의 사업연도의 종료일까지('적정기간') 상대국에서 배당소득으로 취급됨에 따라 과세되지 않는 등 다음 중 어느 하나에 해당하는 경우에 적용된다(국조령 §28의 4 ②·③).

① 거래상대방의 과세소득에 포함되지 아니하는 경우

② 해당 배당소득의 10% 미만으로 과세소득에 포함되는 경우

3. 손금불산입과 과세소득포함 시 손금산입

(1) 손금불산입액의 계산

혼성금융상품 거래에 따른 이자비용의 손금불산입규정에 따라 해당 사업연도의 소득금액을 계산할 때 손금에 산입하지 아니하는 이자나 할인료 금액은 다음 표와 같이 계산한 금액으로 한다(국조령 §28의 4 ④).

> 손금불산입액=내국법인이 거래상대방에게 지급하는 이자 및 할인료 금액×(거래상대방이 내국법인으로부터 받은 배당소득금액 중 과세소득에 포함되지 않은 금액/거래상대방이 내국법인으로부터 받은 배당소득금액)

(2) 과세소득포함 시 손금산입

내국법인이 혼성금융상품 거래에 따른 이자비용의 손금불산입규정에 따라 손금에 산입하지 아니한 금액이 적정기간 내에 거래상대방의 소재국가에서 거래상대방이 내국법인으로부터 지급받은 배당소득금액의 10% 이상이 거래상대방의 과세소득에 포함되는 경우에는 적정기간 종료일이 속하는 사업연도의 소득금액을 계산할 때 당초에 손금불산입했던 금액을 다시 손금에 산입할 수 있다(국조법 §15의 3 ②, 국조령 §28의 4 ⑤).

(3) 당초 손금산입금액의 손금불산입

내국법인이 국외특수관계인에게 지급한 이자에 해당하는 금액을 혼성금융상품 거래에 따른 이자비용의 손금불산입규정에 해당하지 아니하는 것으로 보아 해당 과세연도의 소득금액을 계산할 때 손금에 산입하였으나 그 후에 해당 금액이 손금불산입요건에 해당하는 경우임을 알았을 경우에는, 적정기간 종료일이 속하는 사업연도의 소득금액을 계산할 때 익금에 산입하고 법인세법 제67조에 따른 기타사외유출로 처분된 것으로 본다. 이 경우 내국법인은 다음 표와 같이 계산한 이자상당액을 적정기간 종료일이 속하는 사업연도의 법인세에 가산하여 납부하여야 한다(국조법 §15의 3 ③, 국조령 §28의 4 ⑦).

이자상당액=당초 손금불산입금액을 손금에 산입함에 따라 발생한 법인세액의 차액×손금에 산입한 사업연도의 다음 사업연도 개시일부터 익금에 산입한 사업연도의 종료일까지의 기간에 대하여 1일 0.025%

4. 이자비용에 대한 조정명세서의 제출

국외특수관계인과 혼성금융상품 거래를 하는 내국법인은 '혼성금융상품 관련 이자비용에 대한 조정명세서'를 법인세의 과세표준과 세액의 확정신고와 함께 납세지 관할 세무서장에게 제출하여야 한다(국조령 §28의 4 ⑧).

■ 국제조세조정에 관한 법률 시행규칙 [별지 제10호의11서식] <신설 2018. 3. 19.>

(앞쪽)

사업연도	. . . ~ . . .	혼성금융상품 관련 이자비용에 대한 조정명세서	법인명	

1. 혼성금융상품 거래내역

① 발행일	② 만기일	③ 상품명	④발행 가액	거래상대방(국외특수관계인)							
				⑤ 회사명	⑥ 소재국	⑦관계	⑧ 취득일	⑨취득 가액	⑩적용 이자율	⑪비과세비율	⑫비고

2. 해당연도 손금불산입 이자비용

⑬발행일	⑭상품명	거래상대방(국외특수관계인)							
		⑮회사명	⑯소재국	⑰취득일	⑱이자 비용	⑲ 선부인된 이자비용	⑳차감 이자비용 (⑱-⑲)	㉑비과세 비율	㉒손금 불산입액 (⑳×㉑)

3. 해당연도 추가 손금산입 이자비용

㉓발행일	㉔상품명	거래상대방(국외특수관계인)							
		㉕회사명	㉖소재국	㉗관계	㉘당초 손금불산입 귀속연도	㉙당초 손금불산입 금액	㉚당초 비과세 비율	㉛변경 비과세 비율	㉜손금 산입액

4. 해당연도 추가 손금불산입 이자비용

㉝발행일	㉞상품명	거래상대방(국외특수관계인)							
		㉟회사명	㊱소재국	㊲관계	㊳당초 손금산입 귀속연도	㊴당초 손금산입 금액	㊵당초 비과세 비율	㊶변경 비과세 비율	㊷손금불 산입액

5. 합 계

㊸ 혼성금융상품 이자비용 관련 손금불산입액 합계(㉒합계+㊷합계)	
㊹ 혼성금융상품 이자비용 관련 손금산입액 합계(㉜합계)	

210㎜×297㎜[백상지 80g/㎡]

Part 4

Chapter 04

상호합의절차

I 상호합의절차의 요건 등

1. 상호합의절차의 개시 요건

(1) 개시 신청

우리나라 국민·거주자 또는 내국법인과 비거주자 또는 외국법인은 다음 중 어느 하나에 해당하는 자에게 상호합의절차의 개시를 신청할 수 있다(국조법 §22 ①). 아래 중 국세청장이 신청을 받은 경우에는 기획재정부장관에게 보고하여야 하며, 기획재정부장관은 필요한 경우 상호합의절차와 관련된 지시를 할 수 있다(국조법 §22 ③).

① 조세조약의 적용 및 해석에 관하여 체약상대국과 협의할 필요성이 있는 경우에는 기획재정부장관

② 체약상대국의 과세당국으로부터 조세조약의 규정에 부합하지 아니하는 과세처분을 받았거나 받을 우려가 있는 경우에는 국세청장. 이 경우 조세조약의 규정에 부합하지 아니하는 과세처분에는 다음의 과세처분을 포함한다(국조령 §39 ①).

ⓐ 세법의 규정에 부합하지 아니하거나 과세방법이 잘못된 체약상대국의 부당한 과세처분

ⓑ 형평에 크게 어긋나거나 차별적으로 이루어진 체약상대국의 부당한 과세처분

③ 조세조약에 따라 우리나라와 체약상대국 간에 조세조정이 필요한 경우에는 국세청장

그런데 위 ①에 해당하는 경우에는 기획재정부장관이 직권으로 체약상대국의 권한 있는 당국에 상호합의절차 개시를 요청할 수 있다(국조법 §22 ④). 그리고 위 ② 또는 ③에 해당하는 경우에는 국세청장이 직권으로 체약상대국의 권한 있는 당국에 상호합의절차 개시를 요청할 수 있다(국조법 §22 ⑤).

(2) 상호합의절차 개시 신청서 등의 제출

상호합의절차의 개시 신청을 하려는 국민·거주자 또는 내국법인과 비거주자 또는 외국법인('신청인')은 다음의 서류를 기획재정부장관 또는 국세청장에게 제출하여야 한다(국조령 §39 ②).

① 상호합의절차 개시 신청서

② 상호합의절차의 개시 신청과 관련된 결산서 및 세무신고서

③ 신청인 또는 신청인의 국외특수관계인이 불복쟁송(不服爭訟)을 제기한 경우 불복쟁송 청구서

(3) 상호합의절차 개시 요청과 요청 사실의 통지

기획재정부장관이나 국세청장은 상호합의절차 개시의 신청을 받은 경우에는 다음 중 어느 하나에 해당하는 경우를 제외하고는 체약상대국의 권한 있는 당국에 상호합의절차 개시를 요청하여야 하고 신청인에게 그 요청 사실을 통지하여야 한다(국조법 §22 ②).

① 국내 또는 국외에서 법원의 확정판결이 있는 경우

② 조세조약상 신청 자격이 없는 자가 신청한 경우

③ 납세자가 조세회피를 목적으로 상호합의절차를 이용하려고 하는 사실이 인정되는 경우

④ 과세 사실을 안 날부터 3년이 지나 신청한 경우

(4) 상호합의절차 개시 신청의 수리 여부 검토 등

① 신청의 수리 여부 검토

기획재정부장관 또는 국세청장은 상호합의절차의 개시 신청을 받은 경우에는 다음의 사항을 고려하여 신청을 받은 날부터 3개월 이내에 상호합의절차 개시 신청의 수리 여부를 검토하여야 한다(국조령 §39 ④). 그리고 검토 결과 상호합의절차

신청요건을 충족하지 못한 경우에는 신청인에게 이를 보완하여 다시 신청하도록 요구할 수 있다(국조령 §39 ⑤).

ⓐ 국제조세조정에관한법률 제22조 제1항 제1호부터 제3호까지의 개시 신청 규정에 해당하는지 여부

ⓑ 과세당국이 상호합의절차를 개시하지 아니하고도 필요한 조치를 함으로써 합리적 조정을 할 수 있는지 여부

② 상호합의절차의 중단 또는 거부

기획재정부장관 또는 국세청장은 상호합의절차 개시 신청을 받은 이후에도 신청인이 동의하는 경우에는 체약상대국에 상호합의절차 개시를 요청하지 아니하거나 개시된 상호합의절차를 중단할 수 있다(국조령 §39 ⑥). 또한, 기획재정부장관 또는 국세청장이 상호합의절차 개시 신청을 거부하는 경우 그 사실을 신청인 및 체약상대국에 통지하여야 한다(국조령 §39 ⑦).

(5) 납세자의 협조의무

기획재정부장관이나 국세청장은 상호합의절차의 개시를 신청한 납세자에게 상호합의절차의 진행에 필요한 서류를 제출하도록 요구할 수 있다(국조법 §26 ①). 기획재정부장관이나 국세청장의 자료제출 요구에 납세자가 성실하게 협조하지 아니하는 경우에는 상호합의절차를 직권으로 종료할 수 있다. 이 경우 상호합의절차의 종료일은 그 신청인이 그 절차가 종료되었음을 통지받은 날로 한다(국조법 §26 ②).

2. 상호합의절차의 개시일과 종료일

(1) 개시일

상호합의절차의 개시일은 다음 중 어느 하나에 해당하는 날로 한다(국조법 §23 ①).

① 체약상대국의 권한 있는 당국으로부터 상호합의절차 개시 요청을 받은 경우에는 이를 수락하는 의사를 체약상대국의 권한 있는 당국에 통보한 날

② 체약상대국의 권한 있는 당국에 상호합의절차 개시를 요청한 경우에는 체약상대국의 권한 있는 당국으로부터 이를 수락하는 의사를 통보받은 날

(2) 종료일

상호합의절차의 종료일은 우리나라와 체약상대국의 권한 있는 당국 간에 문서에 의하여 합의가 이루어진 날로 한다. 다만, 상호합의가 이루어지지 아니한 경우에는 개시일의 다음 날부터 5년이 되는 날을 상호합의절차의 종료일로 한다(국조법 §23 ②). 그러나 우리나라와 체약상대국의 권한 있는 당국 간에 상호합의절차를 계속 진행하기로 합의하는 경우에는 개시일의 다음 날부터 5년이 경과하더라도 상호합의절차가 종료되지 아니한다. 이 경우 상호합의절차의 종료일은 개시일의 다음 날부터 8년을 초과할 수 없다(국조법 §23 ③).

그런데, 다음 중 어느 하나에 해당하는 경우에는 그 구분에 따른 날을 상호합의절차의 종료일로 한다(국조법 §23 ④).

① 상호합의절차 진행 중 법원의 확정판결이 있는 경우 : 확정판결일

② 상호합의절차 진행 중 신청인이 상호합의절차 개시 신청을 철회를 하는 경우 : 신청철회일

3. 상호합의 결과의 시행과 확대적용

(1) 상호합의 결과의 시행

국세청장은 상호합의절차가 종결된 경우에는 지체 없이 기획재정부장관에게 상호합의서 사본을 제출함으로써 그 결과를 보고하여야 한다(국조법 §27 ①, 국조령 §42 ①). 또한, 기획재정부장관이나 국세청장은 상호합의절차가 종결된 경우에는 과세당국, 지방자치단체의 장, 조세심판원장, 그 밖의 관계기관 및 상호합의절차 개시 신청인에게 그 결과를 상호합의절차의 종료일의 다음 날부터 15일 내에 통보하여야 한다. 이 경우 기획재정부장관은 조세조약의 적용 및 해석에 관하여 체약상대국과의 합의 내용을 즉시 고시하여야 한다(국조법 §27 ②). 그리고 과세당국이나 지방자치단체의 장은 상호합의 결과에 따라 부과처분, 경정결정 또는 그 밖에 세법상 필요한 조치를 하여야 하고(국조법 §27 ③), 이렇게 조치를 한 경우에는 그 조치를 한 다음 날부터 15일 이내에 기획재정부장관 또는 국세청장에게 그 사실을 통보하여야 한다(국조령 §42 ③). 이 경우 신청인은 상호합의절차의 개시일부터 종료일까지 조세조약의 해석

및 적용, 소득금액의 조정 등에 관한 의견을 기획재정부장관이나 국세청장에게 제출할 수 있다(국조령 §41의 3).

(2) 상호합의 결과의 확대적용

과세당국이나 지방자치단체의 장은 상호합의가 종결된 후 상호합의절차의 개시를 신청한 자가 상호합의 종결 통보서를 받은 날부터 3년 이내에 상호합의 결과를 신청인과 상호합의 대상국 외의 국가에 있는 특수관계인 간의 거래에 대해서도 적용해 줄 것을 신청하는 경우로서 다음의 요건을 모두 갖춘 경우에는 그 상호합의 결과를 상호합의 대상국 외의 국가에 있는 특수관계인과의 거래에 대해서도 적용할 수 있다(국조법 §27의 2 ①).

① 상호합의 결과와 같은 유형의 거래일 것

② 상호합의 결과와 같은 방식으로 과세되었을 것

③ 그 밖에 정상가격 산출 시 적용한 통상의 이윤 또는 거래순이익률이 같아야 할 것(국조령 §42의 2 ②)

상호합의 결과의 확대적용을 신청하려는 자는 다음의 서류를 첨부하여 과세당국 또는 지방자치단체의 장에게 제출하여야 한다(국조령 §42의 2 ①).

① 기획재정부령으로 정하는 상호합의 결과 확대적용 신청서

② 위 (2)의 확대적용 요건을 갖추고 있음을 증명하는 서류

참고 상호합의 결과를 향후 동일한 용역에 대하여 확대적용 가능 여부

국제조세조정에관한법률 제27조의 2(상호합의 결과의 확대적용 등) 규정은 상호합의가 종결된 후 상호합의절차의 개시를 신청한 자가 상호합의 종결 통보서를 받은 날부터 3년 이내에 상호합의 결과를 신청인과 상호합의 대상국 외에 소재하는 특수관계자와의 거래에 대하여도 적용하여 줄 것을 신청하는 경우로서, 동 규정 제1항 각 호의 요건을 모두 갖춘 경우에 한하여 그 상호합의 결과를 상호합의 대상국 외에 소재하는 특수관계자와의 거래에 대하여 적용할 수 있는 것임(서면2팀-1142, 2007.6.12.)

■ 국제조세조정에 관한 법률 시행규칙[별지 제4호서식] <개정 2019. 3. 20.>

상호합의절차 개시 신청서

※ 색상이 어두운 난은 신청인이 작성하지 아니하며, [ ]에는 해당되는 곳에 √표를 합니다. (앞쪽)

접수번호	접수일자

1. 신청인 인적사항

① 법인명(상호)			② 소재국가	
③ 대표자(성명)			④ 사업자등록번호	
⑤ 업종			⑥ 전화번호	
⑦ 소재지(주소)				
⑧ 복수 신청인 여부	[ ]여 [ ]부	⑨ 복수 신청인간 관계	[ ]모자관계 (지분율: %) [ ]본점·지점 관계 [ ]기타 (관계:)	

2. 관련기업 인적사항

⑩ 법인명(상호)		⑪ 소재국가	
⑫ 대표자(성명)		⑬ 사업자등록번호	
⑭ 업종		⑮ 전화번호	
⑯ 소재지(주소)			
⑰ 신청인과의 관계	[ ]모자관계 (지분율: %) [ ]본점·지점 관계 [ ]기타 (관계:)		

3. 상호합의 신청내용

⑱ 상호합의 신청사유	[ ]「국제조세조정에 관한 법률」 제22조제1항제1호 [ ]「국제조세조정에 관한 법률」 제22조제1항제2호 [ ]「국제조세조정에 관한 법률」 제22조제1항제3호
⑲ 과세처분(예정) 사실을 안 날	
⑳ 관련 조세조약	

㉑ (예상)소득금액 또는 세액 변동내역	연번	귀속연도	세목	소득금액	세액	[ ]납부		[ ]미납부
						납부세액	납부일	사유
	1							
	2							
	합계							

㉒ 과세처분(예정)사실에 대한 납세자 의견 및 근거					
㉓ 체약상대국의 권한있는 당국에 대한 상호합의 신청(예정) 여부	[ ]여 [ ]부	㉔ 체약상대국의 당국			
		㉕ 연락처	전화번호 ( ) 이메일주소 ( )	㉖ 제출(예정)일자	

210㎜×297㎜[백상지 80g/㎡(재활용품)]

Part 4

상호합의 결과 확대적용 신청서

(앞 쪽)

접수번호	접수일자

신청인	① 법인명(상호)	② 사업자등록번호
	③ 대표자(성명)	
	④ 업종	⑤ 전화번호
	⑥ 소재지(주소)	

상호합의	⑦ 체약상대국	⑧ 「국제조세조정에 관한 법률 시행령」 제42조제2항에 따른 상호합의 종결 통보서를 받은 날

확대 적용 대상거래	⑨ 법인명(상호)			⑩ 소재 국가		
	⑪ 소재지(주소)					
	⑫ 신청인과의 관계	피지배	지배	자매	실질 지배	본점·지점 등
	⑬ 대상 거래					

「국제조세조정에 관한 법률 시행령」 제42조의2제1항에 따라 위와 같이 상호합의 결과 확대적용을 신청합니다.

년 월 일

신 청 인 (서명 또는 인)

국세청장(또는 지방자치단체장) 귀하

첨부서류	1. 상호합의 결과와 같은 유형의 거래임을 증명하는 서류 2. 상호합의 결과와 같은 방식으로 과세되었음을 증명하는 서류 3. 정상가격 산출 시 적용한 통상의 이윤 또는 거래순이익률이 같음을 증명하는 서류	수수료 없음

210㎜×297㎜[백상지 80g/㎡(재활용품)]

Ⅱ 불복신청기간과 징수유예 등의 적용특례

1. 불복신청기간과 징수유예 등의 적용특례

(1) 불복신청기간에의 불산입

상호합의절차가 시작된 경우 상호합의절차의 개시일부터 종료일까지의 기간은 국세기본법 제56조 제3항, 제61조, 제68조 및 지방세기본법 제91조의 청구기간과 국세기본법 제65조, 제81조 및 지방세기본법 제96조의 결정기간에 산입하지 아니한다(국조법 §24 ①).

(2) 고지유예 또는 분할고지

납세지 관할 세무서장 또는 지방자치단체의 장은 납부할 세액을 고지(告知)하기 전에 상호합의절차가 시작된 경우에는 상호합의절차의 종료일까지 세액의 고지를 유예하거나 결정한 세액을 분할하여 고지할 수 있다. 이 경우 납세지 관할 세무서장 및 지방자치단체의 장은 납부할 세액을 상호합의절차의 종료일의 다음 날부터 30일 이내에 고지하여야 한다(국조법 §24 ②).

(3) 징수유예 또는 체납처분의 유예

납세지 관할 세무서장 또는 지방자치단체의 장은 납세자가 납세의 고지 또는 독촉을 받은 후 상호합의절차가 시작된 경우에는 상호합의절차의 개시일부터 종료일까지는 세액의 징수를 유예하거나 체납처분에 의한 재산의 압류나 압류재산의 매각을 유예할 수 있다. 이 경우 납세지 관할 세무서장 및 지방자치단체의 장은 상호합의절차의 종료일의 다음 날부터 30일 이내에 납부기한을 다시 정하여 유예된 세액을 징수하여야 한다(국조법 §24 ③). 이렇게 징수유예 및 체납처분유예를 허용하는 경우에는 그 기간에 대하여 다음과 같이 계산한 이자 상당액을 가산하여 징수한다(국조법 §24 ⑤, 국조령 §41).

이자 상당 가산액=징수유예 또는 체납처분유예를 한 해당 국세 또는 지방세 금액(상호합의절차에 의한 조정이 이루어진 경우에는 그 조정금액)×세액 납부기한의 다음 날 또는 상호합의절차 개시일 중 나중에 도래하는 날부터 상호합의절차 종료일까지의 날짜('유예기간')×국세기본법시행령 제27조의 4에 따른 이자율(유예기간이 2년을 초과하는 경우 그 초과기간에 대해서는 같은 영 제43조의 3 제2항 본문에 따른 이자율 적용)

(4) 고지유예·징수유예 또는 체납처분의 유예의 신청과 거부

고지유예, 징수유예 또는 체납처분유예의 특례를 적용받으려는 자는 다음의 서류를 갖추어 납세지 관할 세무서장 또는 지방자치단체의 장에게 신청하여야 한다(국조법 §24 ⑥, 국조령 §40 ③).

① 기획재정부령으로 정하는 징수유예 등의 적용특례 신청서
② 국세청장이 발행한 상호합의절차 개시 통보서 사본

그런데 고지유예, 징수유예 또는 체납처분유예의 신청을 받은 납세지 관할 세무서장 또는 지방자치단체의 장은 다음 중 어느 하나에 해당하는 경우에는 고지유예, 징수유예 또는 체납처분유예를 허용해서는 아니 된다. 이 경우 고지유예, 징수유예 또는 체납처분유예가 이미 허용되었을 때에는 즉시 취소하고 유예에 관계되는 세액 및 체납액을 한꺼번에 징수하여야 한다(국조령 §40 ④).

① 신청인이 과거에 체납한 사실이 있는 경우
② 신청인이 국제조세조정에관한법률 제11조에 따른 자료제출 의무를 이행하지 아니한 경우
③ 조세채권이 일실될 가능성이 매우 높은 경우

(5) 고지유예·징수유예 또는 체납처분의 유예의 신청과 거부

소득세액 또는 법인세액에 대하여 고지유예, 분할고지, 징수유예 또는 체납처분유예('고지유예 등') 중 하나가 적용되는 경우에는 그 소득세액 또는 법인세액에 부가되는 지방세액에 대해서도 국제조세조정에관한법률에서 정한 별도의 절차를 거치지 아니하고 그 고지유예 등이 그대로 적용되는 것으로 한다. 이 경우 국세청장은 해당 소득세액 또는 법인세액에 부가되는 지방세를 관할하는 지방자치단체의 장에게 고지유예 등의 사실을 통지하여야 한다(국조법 §24 ⑦).

2. 부과제척기간의 특례

체약상대국과 상호합의절차가 시작된 경우에 상호합의절차의 종료일의 다음 날부터 1년의 기간과 국세기본법 제26조의 2 제1항부터 제4항에 따른 부과제척기간 중 나중에 도래하는 기간의 만료일 후에는 국세를 부과할 수 없다(국조법 §25 ①). 또한, 체약상대국과 상호합의절차가 시작된 경우에 상호합의절차의 종료일의 다음 날부터 1년의 기간과 지방세기본법 제38조 제1항에서 규정하는 기간 중 나중에 도래하는 기간의 만료일 후에는 지방세를 부과할 수 없다(국조법 §25 ②).

■ 국제조세조정에 관한 법률 시행규칙 [별지 제15호서식] <개정 2012.2.28>

[ ] 국세 [ ] 지방세 징수유예 등의 적용특례 신청서

(앞 쪽)

접수번호	접수일

신청인	① 법인명(상호)	② 사업자등록번호
	③ 대표자(성명)	
	④ 업종	⑤ 전화번호
	⑥ 소재지(주소)	

⑦ 징수유예 등의 내용 구분

[ ] 고지유예 [ ] 징수유예 [ ] 체납처분유예 [ ] 분할고지 등 기타

납부할 세액(체납액)의 내용					징수유예(체납처분유예) 신청금액		
⑧ 세목	⑨ 연도·기분	⑩ 납부기한 (독촉기한)	⑪ 본세	⑫ 가산금	⑬ 계	⑭ 본세	⑮ 가산금

분납금액 및 납부기한

⑯ 횟수	⑰ 세목	⑱ 연도·기분	⑲ 분납기한	⑳ 세액	㉑ 이자 상당 가산액

상호합의 개시 내용	외국의 상호합의 신청인			
	㉒ 체약상대국		㉓ 법인명(상호)	
	㉔ 특례 신청인과의 관계			
	[ ] 모자관계(지분율 %) [ ] 본점·지점 관계 [ ] 기타(관계:)			
	체약상대국의 권한 있는 당사자			
	㉕ 직위		㉖ 성명	

㉗ 특례 신청기간

상호합의절차의 개시일(년 월 일)부터 종료일까지

「국제조세조정에 관한 법률」 제24조제6항 및 같은 법 시행령 제40조제3항제1호에 따라 위와 같이 징수유예 등의 특례를 적용받기 위하여 신청합니다.

년 월 일

신 청 인 (서명 또는 인)

세무서장(또는 지방자치단체장) 귀하

첨부서류	국세청장이 발행한 상호합의절차 개시 통보서 사본 1부	수수료 없음

210㎜×297㎜[백상지 80g/㎡(재활용품)]

Chapter

05 국가 간 조세협력

I 조세징수의 위탁

1. 조세징수에 필요한 조치의 요청과 조세징수의 위탁

(1) 필요한 조치의 요청

납세지 관할 세무서장 또는 지방자치단체의 장은 국내에서 납부할 조세를 징수하기 곤란하여 체약상대국에서 징수하는 것이 불가피하다고 판단되는 경우에는 국세청장에게 다음의 서류를 제출하여 체약상대국에 대하여 조세징수를 위하여 필요한 조치를 하도록 요청할 수 있다. 다만 아래 ②의 서류는 국내에서 수집 가능한 것만 제출하면 된다(국조법 §30 ①, 국조령 §44 ①).

① 기획재정부령으로 정하는 국가 간 조세 징수 위탁 요청서

② 다음에 해당하는 자의 국적 및 거주 현황 관련 서류와 국내외 재산 보유 현황 관련 서류

ⓐ 납세의무자

ⓑ 국세기본법 제25조 또는 지방세기본법 제44조에 따른 연대납세의무자

ⓒ 국세기본법 제38조부터 제41조까지 또는 지방세기본법 제45조부터 제48조까지 및 지방세징수법 제15조의 규정에 따른 제2차 납세의무자

(2) 조세징수의 위탁

국세청장은 납세지 관할 세무서장 또는 지방자치단체의 장으로부터 조세징수를 위해 필요한 조치를 하도록 요청받은 경우에는 다음의 사항을 검토하여 조세징수 위탁

여부를 결정하여야 한다(국조법 §30 ②, 국조령 §44 ②). 그리고 국세청장은 조세징수 위탁 결정을 한 경우에는 체약상대국의 권한 있는 당국에 조세징수 위탁을 요청하여야 하고(국조령 §44 ③), 위탁한 조세징수의 처리 결과를 체약상대국으로부터 통지받은 경우에는 그 통지 내용을 납세지 관할 세무서장 또는 지방자치단체의 장에게 통지하여야 한다(국조령 §44 ④).

① 납세의무자의 국적 및 거주 현황, 재산 보유 현황

② 연대납세의무 및 납세담보 현황

③ 조세채권 일실 가능성

④ 조세채권의 소멸시효

⑤ 그 밖에 조세징수에 필요한 사항

(3) 징수된 조세를 송금받은 경우

국세청장은 체약상대국에서 징수된 우리나라의 조세를 송금받은 경우에는 그 금액을 국고 또는 지방자치단체의 세입금에 귀속시켜야 한다(국조령 §46 ③).

2. 위탁받은 조세징수의 처리절차

(1) 기획재정부장관이 조세징수를 위탁받은 경우

체약상대국에 납부할 조세를 우리나라에서 징수해 주도록 조세조약에 따라 체약상대국의 권한 있는 당국으로부터 위탁을 받은 경우에는 기획재정부장관이나 국세청장은 납세지 관할 세무서장에게 국세징수의 예에 따라 징수하도록 할 수 있는데(국조법 §30 ③), 기획재정부장관이 체약상대국의 권한 있는 당국으로부터 조세징수를 위탁받은 경우에는 그 처리를 국세청장에게 위임한다. 이 경우 국세청장은 그 처리 결과를 기획재정부장관에게 보고하여야 한다(국조령 §45 ①).

(2) 국세청장이 조세징수를 위탁받은 경우

국세청장은 체약상대국의 권한 있는 당국으로부터 조세징수를 위탁받거나 기획재정부장관으로부터 조세징수 위탁처리를 위임받은 경우에는 국내에 거주하는 조세징수 대상자에게 조세징수를 위탁받은 사실을 지체 없이 통지하여야 한다. 이 경우 국세청장은 그 대상자에게 소명자료의 제출을 요구할 수 있다(국조령 §45 ②). 또한, 국세청장은 체약상대국의 권한 있는 당국에 위탁받은 조세징수와 관련된 법원의 확정판결문, 불복쟁송의 처리결과 등 조세징수 대상자의 납세의무를 확인할 수 있는 자료를 요구할 수 있다(국조령 §45 ③). 한편, 국세청장이 체약상대국에 대한 조세징수 협조 여부를 심사하는 경우에는 다음의 사항을 고려하여야 한다(국조령 §44 ②, 국조령 §45 ④).

① 조세징수 대상자로부터 제출받은 자료 또는 체약상대국의 권한 있는 당국으로부터 확보한 위탁받은 조세징수와 관련된 법원의 확정판결문, 불복쟁송의 처리결과 등의 자료

② 조세징수 위탁 여부를 결정하기 위해 검토한 다음의 사항

ⓐ 납세의무자의 국적 및 거주 현황, 재산 보유 현황

ⓑ 연대납세의무 및 납세담보 현황

ⓒ 조세채권 일실 가능성

ⓓ 조세채권의 소멸시효

ⓔ 그 밖에 조세징수에 필요한 사항

③ 체약상대국이 상호주의에 따라서 조세징수에 관하여 우리나라에 협조하는지 여부

(3) 조세징수의 지시와 보고 및 통지

국세청장은 조세징수에 관하여 체약상대국에 협조하기로 결정한 경우에는 지체 없이 납세지 관할 세무서장에게 그 조세징수를 지시하여야 한다(국조령 §45 ⑥). 이렇게 조세징수 지시를 받은 세무서장은 국세징수법에서 정하는 바에 따라 조세를 징수하여 그 결과를 국세청장에게 보고하여야 한다. 이 경우 조세징수와 관련하여 통상적인 징수경비를 초과하여 발생한 경비는 징수된 조세에서 차감하여 국고에 납입하고 그 계산 명세를 국세청장에게 보고하여야 한다(국조령 §45 ⑦). 그리고 세무서장의 보고를 받은 국세청장은 위탁받은 조세의 징수 결과를 징수경비 차감 명세와 함께 체약상대국에 통지하여야 한다(국조령 §46 ①).

(4) 징수된 조세의 송금

우리나라에서 징수된 체약상대국 조세 또는 체약상대국에서 징수된 우리나라 조세의 송금방법은 체약상대국의 권한 있는 당국과 협의하여 정한다(국조령 §46 ②).

■ 국제조세조정에 관한 법률 시행규칙 [별지 제19호서식] <개정 2012.2.28>

국가 간 조세 징수 위탁 요청서

요청 기관	① 기관명	
	② 기관 소재지	

납세자	③ 법인명(상호)	④ 사업자등록번호
	⑤ 대표자(성명)	⑥ 주민등록번호
	⑦ 소재지(주소)	⑧ 전화번호

관련 조세	⑨ 연도·기분	⑩ 납부기한	⑪ 국세(지방세)	⑫ 가산금	⑬ 합계	⑭ 비고

⑮ 요청 상대국		⑯ 관련조세 조약규정	

「국제조세조정에 관한 법률」 제30조제1항 및 같은 법 시행령 제44조제1항에 따라 국가 간 조세 징수의 위탁을 위한 조치를 요청합니다.

년 월 일

기관의 장 (직인)

국세청장 귀하

첨부서류	다음 각 호에 해당하는 사람의 국적 및 거주 현황 관련 서류와 국내외 재산 보유 현황 관련 서류(우리나라에서 수집 가능한 자료만 제출합니다) 1. 납세의무자 2. 「국세기본법」 제25조 또는 「지방세기본법」 제44조에 따른 연대납세의무자 3. 「국세기본법」 제38조부터 제41조까지 또는 「지방세기본법」 제45조부터 제49조까지의 규정에 따른 제2차 납세의무자	수수료 없음

210㎜×297㎜[백상지 80g/㎡(재활용품)]

Ⅱ 조세정보 및 금융정보의 교환

1. 조세정보의 교환 및 금융정보의 제공 요구

(1) 조세정보의 교환

권한 있는 당국은 조세의 부과와 징수, 조세 불복에 대한 심리(審理) 및 형사 소추 등을 위하여 필요한 조세정보[납세의무자를 최종적으로 지배하거나 통제하는 개인('실제 소유자')에 대한 정보 포함]와 국제적 관행으로 일반화되어 있는 조세정보를 다른 법률에 저촉되지 아니하는 범위에서 획득하여 체약상대국과 교환할 수 있다(국조법 §31 ①).

(2) 체약상대국의 요청에 의한 금융정보의 제공 요구

권한 있는 당국은 체약상대국의 권한 있는 당국이 조세조약에 따라 거주자·내국법인 또는 비거주자·외국법인의 금융정보(금융실명거래및비밀보장에관한법률 제2조 제3호에 따른 금융거래의 내용에 대한 정보 또는 자료를 말함)를 요청하는 경우 금융실명거래및비밀보장에관한법률 제4조에도 불구하고 다음 중 어느 하나에 해당하는 금융정보의 제공을 금융회사 등(금융실명거래및비밀보장에관한법률 제2조 제1호에 따른 금융회사 등을 말함)의 특정 점포(상속세및증여세법 제83조 제1항에 따른 금융재산 일괄 조회에 해당하는 경우와 체약상대국의 권한 있는 당국이 요청하는 정보가 특정 금융거래와 관련된 명의인의 인적사항을 특정할 수 없는 집단인 경우에는 금융회사 등의 장을 말함)에 대하여 요구할 수 있으며, 그 금융회사 등에 종사하는 사람은 이를 거부하지 못한다(국조법 §31 ②). 다만, 금융회사 등에 종사하는 사람은 이 규정을 위반하여 금융정보의 제공을 요구받으면 그 요구를 거부하여야 한다(국조법 §31 ⑥). 한편, 권한 있는 당국은 상호주의 원칙에 따라 체약상대국에 금융정보를 제공하는 것을 제한할 수 있다(국조법 §31 ⑨).

① 조세에 관한 법률에 따라 제출 의무가 있는 과세자료에 해당하는 금융정보
② 상속·증여재산의 확인에 필요한 금융정보
③ 체약상대국의 권한 있는 당국이 조세탈루 혐의를 인정할 만한 명백한 자료의 확인에 필요한 금융정보
④ 체약상대국 체납자의 재산조회에 필요한 금융정보
⑤ 체약상대국의 권한 있는 당국이 국세징수법 제14조(납기 전 징수) 제1항 각 호의 어느 하나에 해당하는 사유로 필요한 금융정보

(3) 정기적인 금융정보의 교환을 위한 금융정보의 제공 요구

권한 있는 당국은 조세조약에 따라 체약상대국과 상호주의에 따른 정기적인 금융정보의 교환을 위하여 필요한 경우 금융실명거래및비밀보장에관한법률 제4조에도 불구하고 체약상대국의 조세 부과 및 징수와 납세의 관리에 필요한 거주자·내국법인 또는 비거주자·외국법인의 금융거래 내용 등 금융정보의 제공을 금융회사 등의 장에게 요구할 수 있다. 이 경우 그 금융회사 등에 종사하는 사람은 다음에서 정하는 바를 확인하여 이를 제공하여야 한다(국조법 §31 ③, 국조령 §47 ⑦). 다만, 금융회사 등에 종사하는 사람은 이 규정을 위반하여 금융정보의 제공을 요구받으면 그 요구를 거부하여야 한다(국조법 §31 ⑥). 그리고 이 규정에 따라 금융정보를 제공하는 금융회사 등에 종사하는 사람은 권한 있는 당국이 금융정보의 제공을 요구하는 날부터 3개월 이내에 해당 금융정보를 기획재정부령으로 정하는 '정보제공명세서'에 따라 해당 금융회사 등의 본점에서 작성하여 국세청장에게 국세기본법 제2조 제18호에 따른 정보통신망을 활용하여 제출하여야 한다(국조령 §47 ⑥).

① 개인의 경우 : 성명, 주소, 체약상대국의 납세자번호(납세자번호가 없는 경우에는 생년월일을 말함) 및 그 밖에 인적사항의 확인을 위하여 조세조약에서 정하는 사항

② 법인의 경우 : 법인명, 본점 또는 주사무소의 주소, 실질적 지배자 및 그 밖에 인적사항의 확인을 위하여 조세조약에서 정하는 사항

(4) 금융거래 상대방의 인적사항의 확인 및 보유

금융회사 등은 국가 간 금융정보의 교환을 지원하기 위하여 권한 있는 당국의 요구가 없는 경우에도 그 사용 목적에 필요한 최소한의 범위에서 해당 금융회사 등의 금융거래 상대방(조세조약에 따른 체약상대국이 아닌 다른 국가의 금융거래 상대방 포함)에 대한 납세자번호(개별 국가에서 납세자를 식별하기 위한 고유번호를 말함)를 포함한 인적사항 등을 미리 확인·보유할 수 있다(국조법 §31 ④).

2. 금융거래정보의 제공요구서 및 정보제공 내용 통지서 등

(1) 금융거래정보의 제공요구서의 사용

권한 있는 당국이 체약상대국의 요청에 의한 금융정보의 제공을 요구하거나 정기적인 금융정보의 교환을 위한 금융정보의 제공을 요구하는 경우에는 금융실명거래및비밀

보장에관한법률 제4조 제2항에 따른 표준양식('금융거래정보의 제공요구서')에 따라야 한다. 이 경우 국제조세조정에관한법률 제31조 제2항에 따라 특정 금융거래와 관련된 명의인의 인적사항을 특정할 수 없는 집단에 대한 금융정보의 제공을 요구하거나 국제조세조정에관한법률 제31조 제3항에 따라 정기적인 금융정보의 제공을 요구할 때 명의인의 인적사항을 특정할 수 없는 경우에는 금융거래정보의 제공요구서에 명의인의 인적사항을 작성하지 않을 수 있다(국조령 §47 ②). 한편, 권한 있는 당국이 정기적인 금융정보의 교환을 위해 정기적인 금융정보의 제공을 요구하는 경우에는 요구내용 및 요구대상 금융회사 등(금융실명거래및비밀보장에관한법률 제2조 제1호에 따른 금융회사 등을 말함)의 변동이 있는 경우를 제외하고는 최초의 금융거래정보의 제공요구서에 기간을 정하여 해당 기간 중에 발생하는 요구를 갈음할 수 있다(국조령 §47 ⑤).

(2) 정보제공 내용의 통지

권한 있는 당국은 체약상대국의 권한 있는 당국의 요청에 따라 특정 납세의무자의 조세정보 또는 금융정보를 제공한 경우에는 제공한 날(통지를 유예한 경우에는 통지유예 기간이 끝난 날)부터 10일 이내에 조세정보 또는 금융정보 등의 제공 사실 및 제공 내용 등을 기획재정부령으로 정하는 정보제공 내용 통지서에 따라 해당 납세의무자 또는 그 대리인에게 통지하여야 한다(국조령 §47 ③). 이 경우 권한 있는 당국은 체약상대국으로부터 다음 중 어느 하나에 해당하는 사유에 의한 통지의 유예를 서면으로 요청받았을 때에는 유예 요청기간(아래 ② 또는 ③의 사유에 의한 요청을 받은 경우로서 그 유예 요청기간이 6개월 이상인 경우에는 6개월) 동안 통지를 유예할 수 있다(국조령 §47 ④).

① 해당 통지가 사람의 생명이나 신체의 안전을 위협할 우려가 있는 경우
② 해당 통지가 증거인멸·증인 위협 등 공정한 사법절차의 진행을 방해할 우려가 명백한 경우
③ 해당 통지가 질문·조사 등의 행정절차 진행을 방해하거나 지나치게 지연시킬 우려가 명백한 경우

3. 금융정보의 누설금지 등과 과태료

(1) 적법절차에 의해 알게 된 금융정보의 누설 및 목적 외의 이용 금지

적법한 절차에 따라 금융정보의 요구 등으로 금융정보를 알게 된 사람은 그 금융정보를 체약상대국의 권한 있는 당국 외의 자에게 제공 또는 누설하거나 그 목적 외의 용도로 이용해서는 아니 되며, 누구든지 금융정보를 알게 된 사람에게 그 금융정보의 제공을 요구해서는 아니 된다(국조법 §31 ⑦).

(2) 불법적으로 취득한 금융정보의 및 누설금지

적법적인 절차를 위반하여 제공되거나 누설된 금융정보를 취득한 사람은 그 위반 사실을 알게 된 경우 그 금융정보를 타인에게 제공하거나 누설해서는 아니 된다(국조법 §31 ⑧).

(3) 정보제공의 거부나 거짓 제공 시 과태료 부과

권한 있는 당국이 체약상대국의 요청에 의한 금융정보의 제공을 요구하거나 정기적인 금융정보의 교환을 위한 금융정보의 제공을 요구하는 경우 금융정보의 제공을 요구받은 금융회사 등 또는 정보의 제공을 요구받은 자가 정당한 사유 없이 이를 제공하지 아니하거나 거짓으로 제공하는 경우에는 다음과 같이 3천만원 이하의 과태료를 부과하되, 금융회사 등의 장이 국제조세조정에관한법률시행령 제47조 제8항에 따른 권한 있는 당국의 시정 요구에 따라 기한 내에 시정한 경우에는 해당 과태료를 부과하지 아니할 수 있다(국조법 §31의 4, 국조령 §51 ③). 이 경우 산정된 과태료는 그 위반행위의 정도, 위반 횟수, 위반행위의 동기와 결과 등을 고려하여 해당 과태료 금액의 2분의 1의 범위에서 줄이거나 늘릴 수 있다. 다만, 늘리는 경우에는 국제조세조정에관한법률 제31조의 4 제1항에서 규정하는 과태료 금액의 한도(3천만원)를 초과할 수 없다(국조령 §51 ⑤).

① 권한 있는 당국이 요구한 금융정보 전부를 제공하지 아니하거나 거짓으로 제공한 경우 : 2천만원

② 권한 있는 당국이 요구한 금융정보 중 일부를 제공하지 아니한 경우 : 1천만원

4. 조세정보교환협정 체결현황 등

(1) 조세정보교환협정 체결 현황

2020년 현재 우리나라와 조세정보교환협정을 체결하여 시행하고 있는 국가는 다음과 같다. 참고로 미국의 경우 '대한민국정부와 미합중국정부 간의 국제납세의무 준수 촉진을 위한 협정(2016.9.8.)'을 통해 조세정보교환을 하고 있다.

- 쿡아일랜드(2012.3.5.)
- 마셜제도(2012.3.9.)
- 바하마(2013.7.15.)
- 버뮤다(2015.2.13.)
- 저지(2016.11.21.)
- 영국령 버진제도(2016.11.21.)
- 사모아(2016.11.22.)
- 건지(2016.12.21.)
- 안도라(2016.12.21.)
- 모리셔스(2017.4.13.)
- 바누아투(2017.6.8.)
- 코스타리카(2018.11.13.)

(2) 다자간 조세행정공조협약 가입 현황

우리나라는 2012년 7월 1일자로 다자간 조세행정공조협약에 가입해서 시행하고 있는데, 다자간 조세행정공조협약 체결에 참여한 국가 현황을 보면 다음과 같다.

가나, 가봉, 건지, 과테말라, 그레나다, 그리스, 그린랜드, 나우루, 나이지리아, 남아프리카공화국, 네덜란드, 노르웨이, 뉴질랜드, 니우에, 대한민국, 덴마크, 도미니카, 도미니카공화국, 독일, 라이베리아, 라트비아, 러시아, 레바논, 루마니아, 룩셈부르크, 리투아니아, 리히텐슈타인, 마셜제도, 마카오, 말레이시아, 맨섬, 멕시코, 모나코, 모로코, 모리셔스, 모리타니, 몬테네그로, 몬트세랫, 몰도바, 몰타, 몽골, 미국, 바누아투, 바레인, 바베이도스, 바하마, 버뮤다, 베냉, 벨기에, 벨리즈, 보스니아 헤르체코비나, 부르키나파소, 북마케도니아, 불가리아, 브라질, 브루나이, 사모아, 사우디아라비아, 사이프러스, 산마리노, 세네갈, 세르비아, 세이셸, 세인트루시아, 세인트빈센트 그레나딘, 세인트키츠 네비스, 스웨덴, 스위스, 스페인, 슬로바키아, 슬로베니아, 신트마르턴, 싱가포르, 아랍에미리트, 아루바, 아르메니아, 아르헨티나, 아이슬란드, 아일랜드, 아제르바이잔, 안도라, 알바니아, 앤티가바부다, 앵귈라, 에스토니아, 에콰도르, 엘살바도르, 영국, 영국령 버진아일랜드, 오스트리아, 오만, 우간다, 우루과이, 우크라이나, 이스라엘, 이탈리아, 인도, 인도네시아, 일본, 자메이카, 저지, 조지아, 중국, 지브롤터, 체코, 칠레, 카메룬, 카보베르데, 카자흐스탄, 카타르, 캐나다, 케냐, 케이맨제도, 코스타리카, 콜롬비아, 쿠웨이트, 쿡제도, 퀴라소, 크로아티아, 터크스케이커스제도, 터키, 토고, 튀니지, 파나마, 파라과이, 파키스탄, 페로제도, 페루, 포르투갈, 폴란드, 프랑스, 핀란드, 필리핀, 헝가리, 호주, 홍콩

■ 국제조세조정에 관한 법률 시행규칙 [별지 제20호의2서식] <개정 2019. 3. 20.>

정보제공명세서

(앞쪽)

[① 정보수집기준연도:] [② 제출구분:]

1. 제출인

보고 금융기관	③ 법인명(상호)		④ 사업자등록번호	
	⑤ 소재지(주소)		⑥ 금융기관식별번호	
후원단체 · 중개기관	⑦ 법인명(상호)		⑧ 사업자등록번호	
	⑨ 소재지(주소)		⑩ 금융기관식별번호	

2. 계좌보유자(수취인)

성명	⑪ 개인	성	명	⑫ 생년월일	
	⑬ 단체			⑭ 단체구분	
거주지	⑮ 거주지국가코드			⑯ 거주지납세자번호	
주소지	⑰ 시·도			⑱ 시·군·구	
	⑲ 상세주소				
	⑳ 우편번호			㉑ 주소지국가코드	

3. 실질적 지배자

성명	㉒ 개인	성	명	㉓ 생년월일	
거주지	㉔ 거주지국가코드			㉕ 거주지납세자번호	
주소지	㉖ 시·도			㉗ 시·군·구	
	㉘ 상세주소				
	㉙ 우편번호			㉚ 주소지국가코드	

4. 계좌정보 및 지급정보

계좌정보	㉛ 계좌번호		㉜ 계좌잔액		㉝ 계좌유형	
					㉞ 통화코드	
지급정보	㉟ 지급유형		㊱ 지급액		㊲ 통화코드	

5. 기타 사항

「국제조세조정에 관한 법률 시행령」 제47조제6항에 따라 위와 같이 정보제공명세서를 제출합니다.

년 월 일

제 출 인 (서명 또는 인)

국세청장 귀하

210㎜×297㎜[백상지 80g/㎡(재활용품)]

■ 국제조세조정에 관한 법률 시행규칙 [별지 제20호서식] <개정 2020. 3. 13.>

국세청
National Tax Service

정보제공 내용 통지서

수령인	① 법인명(상호)	
	② 대표자(성명)	
	③ 소재지(주소)	
통지내용	④ 제공한 날	년 월 일
	⑤ 제공한 국가	
	⑥ 정보 내용	

「국제조세조정에 관한 법률 시행령」 제47조제3항에 따라 위와 같이 조세정보 또는 금융정보를 제공하였음을 통지합니다.

년 월 일

국 세 청 장 직인

작성방법

1. ①~③: 납세의무자의 인적사항을 적으며, 납세의무자의 대리인에게 통지하는 경우에는 대리인의 인적사항을 적은 후 해당 납세의무자의 인적사항을 ⑥란에 적습니다.
2. ④: 국세청장이 체약상대국의 권한 있는 당국의 요청에 따라 특정 납세의무자의 조세정보 또는 금융정보를 제공한 날(「국제조세조정에 관한 법률 시행령」 제47조제4항에 따라 통지를 유예한 경우에는 통지유예기간이 끝난 날)을 적습니다.

210㎜×297㎜[백상지 80g/㎡ 또는 중질지 80g/㎡]

Ⅲ 세무조사의 협력

1. 체약상대국에 세무조사 요청

권한 있는 당국은 조세조약이 적용되는 자와의 거래에 대하여 세무조사가 필요하다고 판단되는 경우에는 그 거래에 대하여 체약상대국과 동시에 세무조사를 하거나 체약상대국에 세무공무원을 파견하여 직접 세무조사를 하게 하거나 체약상대국의 세무조사에 참여하게 할 수 있다(국조법 §32 ①).

2. 체약상대국이 요청한 세무조사 요청의 수락

권한 있는 당국은 체약상대국이 조세조약에 따라 세무조사 협력을 요청하는 경우 수락할 수 있다(국조법 §32 ②).

3. 권한 있는 당국 간의 합의

권한 있는 당국은 세무조사 협력의 절차·방법 및 범위 등 국가 간 세무조사 협력을 위하여 필요한 사항을 체약상대국의 권한 있는 당국과 합의할 수 있다(국조령 §48).

부록

체약국별 제한세율

▌체약국별 제한세율▐

체약 상대국	제한세율			비 고
	이자소득	배당소득	사용료소득	
가봉	- 면제 : 양국 정부나 중앙은행 등에 지급 시 - 10% : 그 밖의 경우	- 5% : 지분 25% 이상 직접 소유 법인에 지급 시 - 15% : 그 밖의 경우	10%	-
그리스	- 면제 : 양국 정부나 중앙은행 등에 지급 시 - 8% : 그 밖의 경우	- 5% : 지분 25% 이상 직접 소유 법인에 지급 시 - 15% : 그 밖의 경우	10%	-
나이지리아	- 면제 : 양국 정부나 중앙은행 등에 지급 시 - 7.5% : 그 밖의 경우	- 7.5% : 지분 10% 이상 직접 소유 법인에 지급 시 - 10% : 그 밖의 경우	7.5%	효력정지 중에 있음
남아프리카 공화국	- 면제 : 양국 정부나 중앙은행 등에 지급 시 - 10% : 그 밖의 경우	- 5% : 지분 25% 이상 직접 소유 법인에 지급 시 - 15% : 그 밖의 경우	10%	지방소득세 별도
네덜란드	- 면제 : 양국 정부나 중앙은행 등에 지급 시 - 10% : 7년 초과 기간의 차관 이자 지급 시 - 15% : 그 밖의 경우	- 10% : 지분 25% 이상 직접 소유 법인에 지급 시 - 15% : 그 밖의 경우	- 15% : 영화필름, 문학, 예술, 과학작품의 저작권 사용료 - 10% : 특허권, 상표권, 의장, 신안, 도면, 비밀공식, 비밀공정, 산업상·상업상 또는 학술상 설비 또는 산업상·상업상 또는 과학상 경험에 관한 정보 사용료	-
네팔	- 면제 : 양국 정부나 중앙은행 등에 지급 시 - 10% : 그 밖의 경우	- 5% : 지분 25% 이상 직접 소유 법인에 지급 시 - 10% : 그 밖의 경우	15%	-

체약 상대국	제한세율			비 고
	이자소득	배당소득	사용료소득	
노르웨이	- 면제 : 양국 정부나 중앙은행 등에 지급 시 - 15% : 그 밖의 경우	15%	- 10% : 특허권, 상표, 의장이나 모델·도면·비밀의 공식이나 공정·산업상·상업상이나 학술상의 장비의 사용 또는 사용할 권리 또는 산업상·상업상이나 학술상의 경험에 관한 정보의 사용료 - 15% : 영화필름, 문학상, 예술상 또는 학술상 저작물의 저작권의 사용료	-
뉴질랜드	- 면제 : 양국 정부나 수출입은행 등에 지급 시 - 10% : 그 밖의 경우	15%	10%	-
덴마크	- 면제 : 양국 정부나 중앙은행 등에 지급 시 - 15% : 그 밖의 경우	15%	- 10% : 산업적 투자 시 - 15% : 그 밖의 경우	-
독일	- 면제 : 양국 정부나 중앙은행 등에 지급 시 - 10% : 그 밖의 경우	- 5% : 지분 25% 이상 직접 소유 법인에 지급 시 - 15% : 그 밖의 경우	- 2% : 산업적·상업적 또는 학술적 장비의 사용료 - 10% : 그 밖의 사용료	-
라오스	- 면제 : 양국 정부나 중앙은행 등에 지급 시 - 10% : 그 밖의 경우	- 5% : 지분 10% 이상 직접 소유 법인에 지급 시 - 10% : 그 밖의 경우	5%	-
라트비아	- 면제 : 양국 정부나 중앙은행 등에 지급 시 - 10% : 그 밖의 경우	- 5% : 지분 25% 이상 직접 소유 법인에 지급 시 - 10% : 그 밖의 경우	- 5% : 산업적·상업적·과학적 장비 사용료 - 10% : 그 밖의 사용료	-
러시아	면제	- 5% : 지분 30% 이상 직접 소유 법인이면서 100,000 미달러 이상 투자한 경우의 지급 시 - 10% : 그 밖의 경우	5%	-

부록

체약 상대국	제한세율			비 고
	이자소득	배당소득	사용료소득	
루마니아	– 면제 : 양국 정부나 중앙은행 등에 지급 시 – 10% : 그 밖의 경우	– 7% : 지분 25% 이상 직접 소유 법인에 지급 시 – 10% : 그 밖의 경우	– 7% : 특허권·상표권·의장 또는 신안·도면·비밀공식 또는 비밀공정의 사용 또는 사용권, 또는 산업적·상업적·학술적 장비의 사용 또는 사용권, 또는 산업적·상업적·학술적 경험의 사용료 – 10% : 그 밖의 사용료	수수료는 10% 세율적용
룩셈부르크	– 면제 : 양국 정부나 수출입은행 등에 지급 시 – 5% : 은행에 지급 시 – 10% : 그 밖의 경우	– 10% : 지분 10% 이상 직접 소유 법인에 지급 시 – 15% : 그 밖의 경우	– 5% : 산업적·상업적 또는 과학적 장비의 사용이나 사용권, 또는 산업적·상업적 또는 과학적 경험의 사용료 – 10% : 그 밖의 사용료	–
리투아니아	– 면제 : 양국 정부나 중앙은행 등에 지급 시 – 10% : 그 밖의 경우	– 5% : 지분 25% 이상 직접 소유 법인에 지급 시 – 10% : 그 밖의 경우	– 5% : 산업적·상업적·과학적 장비의 사용료 – 10% : 그 밖의 사용료	–
말레이시아	– 면제 : 금융기관에 지급 시 – 15% : 그 밖의 경우	– 10% : 지분 25% 이상 직접 소유 법인에 지급 시 – 15% : 그 밖의 경우	– 10% : 특허, 상표, 의장 또는 신안, 도면, 비밀 공식 또는 공정, 학술작품의 저작권의 사용 또는 사용권과 산업상, 상업상 또는 학술상의 장비의 사용 또는 사용권 또는 산업상, 상업상 또는 학술상의 경험의 사용료 – 15% : 영화필름, 라디오 및 텔레비전 방영용 필름과 문학, 예술작품의 저작권의 사용 또는 사용권의 사용료	–

체약 상대국	제한세율			비 고
	이자소득	배당소득	사용료소득	
멕시코	– 5% : 은행에 지급 시 – 15% : 그 밖의 경우	– 면제 : 지분 10% 이상 직접 소유 법인에 지급 시 – 15% : 그 밖의 경우	10%	기타소득은 15% 세율적용
모로코	– 면제 : 양국 정부나 중앙은행 등에 지급 시 – 10% : 그 밖의 경우	– 5% : 지분 25% 이상 직접 소유 법인에 지급 시 – 10% : 그 밖의 경우	– 5% : 저작권 사용료와 문학, 극, 음악 또는 미술작품의 생산 또는 재생산 관련 사용료(단, 영화필름 및 텔레비전 방송용 필름 또는 비디오테이프 관련 사용료 제외) – 10% : 그 밖의 경우	–
몰타	– 면제 : 양국 정부나 중앙은행 등에 지급 시 – 10% : 그 밖의 경우	– 5% : 지분 25% 이상 직접 소유 법인에 지급 시 – 15% : 그 밖의 경우	면제	–
몽골	– 면제 : 양국 정부나 중앙은행 등에 지급 시 – 5% : 그 밖의 경우	5%	10%	–
미국	– 면제 : 양국 정부나 중앙은행 등에 지급 시 – 12% : 그 밖의 경우	– 10% : 지분 10% 이상 수취법인이 소유하면서, 직전 과세연도 중에 지급법인의 총소득의 25% 이하가 이자나 배당으로 구성되는 경우 – 15% : 그 밖의 경우	– 10% : 저작권 또는 문학, 연극, 음악 또는 예술작품의 생산 또는 재생산권의 사용료와 라디오 또는 텔레비전 방송용 필름과 테이프를 포함하여 영화필름의 사용 또는 사용권의 사용료 – 15% : 그 밖의 경우	지방소득세 별도
미얀마	– 면제 : 양국 정부나 중앙은행 등에 지급 시 – 10% : 그 밖의 경우	10%	– 10% : 특허권·의장·신안·도면·비밀공식이나 공정의 사용 또는 사용권, 산업적·상업적 또는 학술적 장	–

체약 상대국	제한세율			비 고
	이자소득	배당소득	사용료소득	
미얀마			비의 사용 또는 사용권, 산업적·상업적 또는 학술적 경험에 관한 정보의 사용료 – 15% : 그 밖의 경우	–
바레인	– 면제 : 양국 정부나 중앙은행 등에 지급 시 – 5% : 그 밖의 경우	– 5% : 지분 25% 이상 직접 소유 법인에 지급 시 – 10% : 그 밖의 경우	10%	–
방글라데시	– 면제 : 양국 정부나 중앙은행 등에 지급 시 – 10% : 그 밖의 경우	– 10% : 지분 10% 이상 직접 소유 법인에 지급 시 – 15% : 그 밖의 경우	10%	–
베네수엘라	– 면제 : 양국 정부나 중앙은행 등에 지급 시 – 5% : 은행에 지급 시 – 10% : 그 밖의 경우	– 5% : 지분 10% 이상 직접 소유 법인에 지급 시 – 10% : 그 밖의 경우	– 5% : 산업적·상업적 또는 학술적 장비의 사용이나 사용권의 사용료 – 10% : 그 밖의 사용료	지방소득세 별도
베트남	– 면제 : 양국 정부나 중앙은행 등에 지급 시 – 10% : 그 밖의 경우	10%	– 5% : 특허권·의장이나 신안·도면·비밀공식 또는 비밀공정의 사용 또는 사용권, 또는 산업적·상업적·학술적 장비의 사용 또는 사용권, 또는 산업적·상업적·학술적 경험 관련 정보의 사용료 – 15% : 그 밖의 경우	–
벨기에	– 면제 : 양국 정부나 중앙은행 등에 지급 시 – 10% : 그 밖의 경우	15%	10%	–
벨라루스	– 면제 : 양국 정부나 중앙은행 등에 지급 시 – 10% : 그 밖의 경우	– 5% : 지분 25% 이상 직접 소유 법인에 지급 시 – 15% : 그 밖의 경우	5%	–

체약 상대국	제한세율			비 고
	이자소득	배당소득	사용료소득	
불가리아	– 면제 : 양국 정부나 중앙은행 등에 지급 시 – 10% : 그 밖의 경우	– 5% : 지분 15% 이상 직접 소유 법인에 지급 시 – 10% : 그 밖의 경우	5%	–
브라질	– 면제 : 양국 정부나 중앙은행 등에 지급 시 – 10% : 산업장비 등과 관련된 7년 이상 기간의 대부금 이자를 은행에 지급 시 – 15% : 그 밖의 경우	10%	– 25% : 상표의 사용 또는 사용권의 사용료 – 10% : 그 밖의 경우	–
브루나이	– 면제 : 양국 정부 또는 그 정부가 전적으로 소유한 기관에 지급되는 이자 – 10% : 그 밖의 경우	– 5% : 지분 25% 이상 직접 소유 법인에 지급 시 – 10% : 그 밖의 경우	10%	–
사우디 아라비아	– 면제 : 양국 정부나 중앙은행 등에 지급 시 – 5% : 그 밖의 경우	– 5% : 지분 25% 이상 직접 소유 법인에 지급 시 – 10% : 그 밖의 경우	– 5% : 산업, 상업 또는 학술 장비의 이용 또는 이용권의 사용료 – 10% : 그 밖의 경우	–
세르비아	– 면제 : 양국 정부 또는 그 정부가 전적으로 소유한 기관에 지급되는 이자 – 10% : 그 밖의 경우	– 5% : 지분 25% 이상 직접 소유 법인에 지급 시 – 10% : 그 밖의 경우	– 5% : 영화필름 또는 라디오나 텔레비전 방송을 위한 필름이나 테이프를 포함하는 문학적, 예술적 또는 과학적 작품에 관한 모든 저작권의 사용료 – 10% : 특허권, 상표권, 디자인이나 신안, 도면, 비밀공식 또는 공정에 대한 사용 또는 사용권, 또는 산업적, 상업적 또는 과학적 장비의 사용 또는 사용권, 산업적, 상업적 또는 과학적 경험에 관한 정보	–

체약 상대국	제한세율			비 고
	이자소득	배당소득	사용료소득	
스리랑카	– 면제 : 양국 정부 등에 지급 시 – 10% : 그 밖의 경우	– 10% : 지분 25% 이상 직접 소유 법인에 지급 시 – 15% : 그 밖의 경우	10%	–
스웨덴	– 면제 : 양국 정부나 중앙은행 등에 지급 시 – 10% : 7년 초과하는 차관에 대한 이자를 은행에 지급 시 – 15% : 그 밖의 경우	– 10% : 지분 25% 이상 직접 소유 법인에 지급 시 – 15% : 그 밖의 경우	– 10% : 특허권, 상표, 의장이나 모델, 도면, 비밀의 공식이나 공정, 산업상, 상업상 또는 학술상의 장비의 사용이나 사용할 권리 또는 산업상, 상업상 또는 학술상 경험에 관한 정보 – 15% : 영화필름을 포함하는 문학상, 예술상 또는 학술상의 저작물의 저작권의 사용이나 사용할 권리	–
스위스	– 면제 : 양국 정부나 중앙은행 등에 지급 시 – 5% : 은행에 지급 시 – 10% : 그 밖의 경우	– 5% : 지분 10% 이상 직접 소유 법인에 지급 시 – 15% : 그 밖의 경우	5%	–
스페인	– 면제 : 양국 정부나 중앙은행 등에 지급 시 – 10% : 그 밖의 경우	– 10% : 지분 25% 이상 직접 소유 법인에 지급 시 – 15% : 그 밖의 경우	10%	25% 이상 투자 주식양도소득은 10% 세율적용
슬로바키아	– 면제 : 양국 정부나 중앙은행 등에 지급 시 – 10% : 그 밖의 경우	– 5% : 지분 25% 이상 직접 소유 법인에 지급 시 – 10% : 그 밖의 경우	– 면제 : 문학작품·예술작품 또는 영화필름, 라디오 또는 텔레비전 방송용 필름 또는 테이프를 포함하는 학술작품의 저작권 사용료	–

체약 상대국	제한세율			비 고
	이자소득	배당소득	사용료소득	
슬로바키아			- 10% : 특허권·상표권·의장 또는 신안·도면·비밀공식 또는 비밀공정, 산업적·상업적 또는 학술적 장비, 산업적·상업적 또는 학술적 경험에 관한 정보 사용료	-
슬로베니아	- 면제 : 양국 정부나 중앙은행 등에 지급 시 - 5% : 그 밖의 경우	- 5% : 지분 25% 이상 직접 소유 법인에 지급 시 - 15% : 그 밖의 경우	5%	-
싱가포르	- 면제 : 양국 정부나 중앙은행 등에 지급 시 - 10% : 그 밖의 경우	- 10% : 지분 25% 이상 직접 소유 법인에 지급 시 - 15% : 그 밖의 경우	5%	-
아랍에미리트연합	- 면제 : 양국 정부나 중앙은행 등에 지급 시 - 10% : 그 밖의 경우	- 5% : 지분 10% 이상 직접 소유 법인에 지급 시 - 10% : 그 밖의 경우	면제	-
아이슬란드	- 면제 : 양국 정부나 중앙은행 등에 지급 시 - 10% : 그 밖의 경우	- 5% : 지분 25% 이상 직접 소유 법인에 지급 시 - 15% : 그 밖의 경우	10%	-
아일랜드	면제	- 10% : 지분 10% 이상 직접 소유 법인에 지급 시 - 15% : 그 밖의 경우	면제	-
아제르바이잔	- 면제 : 양국 정부나 중앙은행 등에 지급 시 - 10% : 그 밖의 경우	7%	- 5% : 특허권, 의장이나 신안, 도면, 비밀공식이나 공정 또는 산업적, 상업적, 또는 과학적 경험에 대한 정보의 사용료 - 10% : 그 밖의 경우	-

부 록

체약 상대국	제한세율			비 고
	이자소득	배당소득	사용료소득	
알바니아	- 면제 : 양국 정부나 중앙은행 등에 지급 시 - 10% : 그 밖의 경우	- 5% : 지분 25% 이상 직접 소유 법인에 지급 시 - 10% : 그 밖의 경우	10%	-
알제리	- 면제 : 양국 정부나 중앙은행 등에 지급 시 - 10% : 그 밖의 경우	- 5% : 지분 25% 이상 직접 소유 법인에 지급 시 - 15% : 그 밖의 경우	- 2% : 산업적, 상업적 또는 학술적 장비의 사용 또는 사용권의 사용료 - 10% : 그 밖의 경우	-
에스토니아	- 면제 : 양국 정부나 중앙은행 등에 지급 시 - 10% : 그 밖의 경우	- 5% : 지분 25% 이상 직접 소유 법인에 지급 시 - 10% : 그 밖의 경우	- 5% : 산업적·상업적·과학적 장비의 사용료 - 10% : 그 밖의 경우	지방소득세 별도
에티오피아	- 면제 : 양국 정부나 중앙은행 등에 지급 시 - 7.5% : 그 밖의 경우	- 5% : 지분 25% 이상 직접 소유 법인에 지급 시 - 8% : 그 밖의 경우	5%	-
에콰도르	- 면제 : 양국 정부나 중앙은행 등에 지급 시 - 12% : 그 밖의 경우	- 5% : 지분 10% 이상 직접 소유 법인에 지급 시 - 10% : 그 밖의 경우	- 5% : 산업적·상업적·과학적 장비 사용료 - 12% : 그 밖의 사용료	-
영국	- 면제 : 양국 정부나 중앙은행 등에 지급 시 - 10% : 그 밖의 경우	- 5% : 지분 25% 이상 직·간접 소유 법인에 지급 시 - 15% : 그 밖의 경우	- 2% : 산업적·상업적 또는 학술적 장비의 사용 또는 사용권의 사용료 - 10% : 그 밖의 사용료	-
오만	- 면제 : 양국 정부나 중앙은행 등에 지급 시 - 5% : 그 밖의 경우	- 5% : 지분 10% 이상 직접 소유 법인에 지급 시 - 10% : 그 밖의 경우	8%	-
오스트리아	- 면제 : 양국 정부나 중앙은행 등에 지급 시 - 10% : 그 밖의 경우	- 5% : 지분 25% 이상 직·간접 소유 법인에 지급 시 - 15% : 그 밖의 경우	- 2% : 산업적·상업적 또는 학술적 장비의 사용 또는 사용권의 사용료 - 10% : 그 밖의 사용료	25% 이상 투자 주식 양도소득은 10% 세율적용

체약 상대국	제한세율			비 고
	이자소득	배당소득	사용료소득	
요르단	– 면제 : 양국 정부나 중앙은행 등에 지급 시 – 10% : 그 밖의 경우	10%	10%	–
우루과이	– 면제 : 양국 정부나 중앙은행 등에 지급 시 – 10% : 그 밖의 경우	– 5% : 지분 20% 이상 직접 소유 법인에 지급 시 – 15% : 그 밖의 경우	10%	–
우즈베키스탄	5%	– 5% : 지분 25% 이상 직접 소유 법인에 지급 시 – 15% : 그 밖의 경우	– 2% : 산업적·상업적 또는 과학적 장비의 사용 또는 사용권의 사용료 – 5% : 그 밖의 사용료	–
우크라이나	– 면제 : 양국 정부나 중앙은행 등에 지급 시 – 5% : 그 밖의 경우	– 5% : 지분 20% 이상 직접 소유 법인에 지급 시 – 15% : 그 밖의 경우	5%	–
이란	– 면제 : 양국 정부나 중앙은행 등에 지급 시 – 10% : 그 밖의 경우	10%	10%	지방소득세 별도
이스라엘	– 면제 : 양국 정부나 중앙은행 등에 지급 시 – 7.5% : 은행에 지급 시 – 10% : 그 밖의 경우	– 5% : 지분 10% 이상 직접 소유 법인에 지급 시 – 10% : 지분 10% 이상 직접 소유 법인이라도 일반 법인세율보다 더 낮은 세율로 과세된 이윤으로부터 지급되는 배당인 경우 – 15% : 그 밖의 경우	– 2% : 산업적·상업적 또는 학술적 장비의 사용 또는 사용권의 사용료 – 5% : 그 밖의 사용료	25% 이상 투자 주식양도 소득은 10% 세율적용
이집트	– 면제 : 수출입은행에 지급 시 – 10% : 3년을 초과하는 기간의 차관 또는 기타 채권에 대한 이자의 경우 – 15% : 그 밖의 경우	– 10% : 지분 25% 이상 직접 소유 법인에 지급 시 – 15% : 그 밖의 경우	15%	–

체약 상대국	제한세율			비 고
	이자소득	배당소득	사용료소득	
이탈리아	- 면제 : 양국 정부나 중앙은행 등에 지급 시 - 10% : 그 밖의 경우	- 10% : 지분 25% 이상 직접 소유 법인에 지급 시 - 15% : 그 밖의 경우	10%	-
인도	- 면제 : 양국 정부나 중앙은행 등에 지급 시 - 10% : 그 밖의 경우	15%	10%	지방소득세 별도
인도네시아	- 면제 : 양국 정부나 중앙은행 등에 지급 시 - 10% : 그 밖의 경우	- 10% : 지분 25% 이상 직접 소유 법인에 지급 시 - 15% : 그 밖의 경우	15%	-
일본	- 면제 : 양국 정부나 중앙은행 등에 지급 시 - 10% : 그 밖의 경우	- 5% : 지분 25% 이상 직접 소유 법인에 지급 시 - 15% : 그 밖의 경우	10%	-
조지아	- 면제 : 양국의 정부나 중앙은행에 지급하는 경우 또는 그 이자가 산업적, 상업적 또는 과학적 장비의 신용 판매와 관련하여 지급되거나 상품의 신용 판매와 관련하여 한쪽 체약국의 기업에 지급되는 경우, 양국의 연기금에 지급하는 경우 - 10% : 그 밖의 경우	- 5% : 지분 10% 이상 직접 소유 법인에 지급 시 - 10% : 그 밖의 경우	10%	-
중국	- 면제 : 양국 정부나 중앙은행 등에 지급 시 - 10% : 그 밖의 경우	- 5% : 지분 25% 이상 직접 소유 법인에 지급 시 - 10% : 그 밖의 경우	10%	-
체코	- 면제 : 양국 정부나 중앙은행 등에 지급 시 - 5% : 그 밖의 경우	5%	- 10% : 특허 등과 산업적·상업적 또는 과학적 장비의 사용료 - 0% : 영화필름 등과 문학적, 예술적 또는 과학적 작품에 관한 저작권	-

체약 상대국	제한세율			비 고
	이자소득	배당소득	사용료소득	
칠레	- 4% : 은행이나 보험회사 또는 장비신용판매 기업에 지급 시 - 5% : 거래소 상장 채권이자 - 10% : 그 밖의 경우	- 5% : 지분 25% 이상 직·간접 소유법인에 지급 시 - 10% : 그 밖의 경우	- 2% : 산업적·상업적 또는 과학적 장비의 사용 또는 사용권의 사용료 - 10% : 그 밖의 사용료	20% 이상 투자 주식 양도 소득은 20% 세율적용
카자흐스탄	- 면제 : 양국 정부 등에 지급 시 - 10% : 그 밖의 경우	- 5% : 지분 10% 이상 직·간접 소유법인에 지급 시 - 15% : 그 밖의 경우	- 2% : 산업적·상업적 또는 학술적 장비의 사용 또는 사용권의 사용료 - 10% : 그 밖의 사용료	-
카타르	- 면제 : 양국 정부나 중앙은행 등에 지급 시 - 10% : 그 밖의 경우	10%	5%	지방소득세 별도
캐나다	- 면제 : 양국 정부나 중앙은행 등에 지급 시 - 10% : 그 밖의 경우	- 5% : 지분 25% 이상 직접 소유 법인에 지급 시 - 15% : 그 밖의 경우	10%	연금의 경우 사적연금은 15%, 그 밖의 연금은 10% 세율적용
케냐	- 면제 : 양국 정부나 중앙은행 등에 지급 시 - 12% : 그 밖의 경우	- 8% : 지분 25% 이상 직접 소유 법인에 지급 시 - 10% : 그 밖의 경우	10%	-
콜롬비아	- 면제 : 양국 정부나 중앙은행 등에 지급 시 - 10% : 그 밖의 경우	- 5% : 지분 20% 이상 직접 소유 법인에 지급 시 - 10% : 그 밖의 경우	10%	지방소득세 별도
쿠웨이트	- 면제 : 양국 정부 등에 지급 시 - 5% : 그 밖의 경우	5%	15%	이사의 수당은 17% 세율적용
크로아티아	5%	- 5% : 지분 25% 이상 직접 소유 법인에 지급 시 - 10% : 그 밖의 경우	면제	-

부록

체약 상대국	제한세율			비 고
	이자소득	배당소득	사용료소득	
키르기즈	- 면제 : 양국 정부나 중앙은행 등에 지급 시 - 10% : 그 밖의 경우	- 5% : 지분 25% 이상 직접 소유 법인에 지급 시 - 10% : 그 밖의 경우	- 5% : 산업적·상업적 또는 과학적 장비의 사용 또는 사용권의 사용료 - 10% : 그 밖의 사용료	-
타지키스탄	- 면제 : 양국의 정부나 중앙은행에 지급하는 경우 또는 산업적, 상업적 또는 과학적 설비의 신용판매, 또는 상품의 신용판매와 관련하여 한 기업이 다른 기업에 지급하는 이자 - 8% : 그 밖의 경우	- 5% : 지분 25% 이상 직접 소유 법인(동업기업 제외)에 지급 시 - 10% : 그 밖의 경우	10%	-
태국	- 면제 : 양국 정부나 중앙은행 등에 지급 시 - 10% : 금융기관에 지급 시 또는 재화나 용역의 신용매매로 인한 부채에 대한 이자 지급 시 - 15% : 그 밖의 경우	10%	- 5% : 소프트웨어와 활동사진, 라디오 및 텔레비전 방송과 관련하여 사용되는 테이프 또는 기타 복제수단을 포함한 문학, 예술 또는 과학작품의 사용 또는 사용권의 사용료 - 10% : 특허권, 상표권, 의장이나 신안, 도면, 비밀공식이나 비밀공정의 사용 또는 사용권의 사용료 - 15% : 산업적·상업적 또는 과학적 장비의 사용 또는 사용권의 사용료	-
터키	- 면제 : 양국 정부나 중앙은행 등에 지급 시 - 10% : 2년 초과하는 장기대부금 등의 이자의 경우 - 15% : 그 밖의 경우	- 15% : 지분 25% 이상 직접 소유 법인에 지급 시 - 20% : 그 밖의 경우	10%	-

체약 상대국	제한세율			비 고
	이자소득	배당소득	사용료소득	
투르크 메니스탄	- 면제 : 양국의 정부나 중앙은행에 지급하는 경우 또는 산업적, 상업적 또는 과학적 설비의 신용판매, 또는 상품의 신용판매와 관련하여 한 기업이 다른 기업에 지급하는 이자 - 10% : 그 밖의 경우	10%	10%	-
튀니지	- 면제 : 양국 정부 등에 지급 시 - 12% : 그 밖의 경우	15%	15%	-
파나마	- 면제 : 양국 정부나 중앙은행 등에 지급 시 - 5% : 그 밖의 경우	- 5% : 지분 25% 이상 직접 소유 법인에 지급 시 - 15% : 그 밖의 경우	- 3% : 산업적·상업적 또는 과학적 장비의 사용 또는 사용권의 사용료 - 10% : 그 밖의 사용료	-
파키스탄	12.5%	- 10% : 산업적 기업이 지분 20% 이상 직·간접 소유 법인에 지급 시 - 12.5% : 그 밖의 경우	10%	25% 이상 투자 주식 양도소득은 10% 세율적용
파푸아 뉴기니	- 면제 : 양국 정부나 중앙은행 등에 지급 시 - 10% : 그 밖의 경우	15%	10%	-
페루	15%	10%	- 10% : 기술적 지원 제공의 사용료 - 15% : 그 밖의 사용료	-
포르투갈	- 면제 : 양국 정부나 중앙은행 등에 지급 시 - 15% : 그 밖의 경우	- 10% : 지분 25% 이상 직접 소유 법인에 지급 시 - 15% : 그 밖의 경우	10%	-

부 록

체약 상대국	제한세율			비 고
	이자소득	배당소득	사용료소득	
폴란드	- 면제 : 양국 정부 등에 지급 시 - 10% : 그 밖의 경우	- 5% : 지분 10% 이상 직접 소유 법인에 지급 시 - 10% : 그 밖의 경우	5%	-
프랑스	- 면제 : 양국 정부나 중앙은행 등에 지급 시 - 10% : 그 밖의 경우	- 10% : 지분 10% 이상 직접 소유 법인에 지급 시 - 15% : 그 밖의 경우	10%	-
피지	- 면제 : 양국 정부나 중앙은행 등에 지급 시 - 10%: 그 밖의 경우	- 10%: 지분 25% 이상 직접 소유 법인에 지급 시 - 15%: 그 밖의 경우	10%	-
핀란드	- 면제: 양국 정부나 중앙은행 등에 지급 시 - 10% : 그 밖의 경우	- 10% : 지분 25% 이상 직접 소유 법인에 지급 시 - 15% : 그 밖의 경우	10%	-
필리핀	- 면제 : 양국 정부나 중앙은행 등에 지급 시 - 10% : 공·사채 또는 이와 유사한 채무에 대하여 지급되는 이자의 경우 - 15% : 그 밖의 경우	- 10% : 지분 25% 이상 직·간접 소유 법인에 지급 시 또는 필리핀의 투자촉진법상 투자장려 분야의 특정 필리핀법인에 의한 지급 시 - 25% : 그 밖의 경우	- 10% : 필리핀의 투자촉진법상 투자장려 분야의 법인이 지급하는 사용료 - 15% : 그 밖의 경우	국제운수소득은 1.5% 세율적용 / 지방소득세 별도
헝가리	면제	- 5% : 지분 25% 이상 직접 소유 법인에 지급 시 - 10% : 그 밖의 경우	면제	-
호주	- 면제 : 양국 정부나 중앙은행 등에 지급 시 - 15% : 그 밖의 경우	15%	15%	-
홍콩	- 면제 : 양국의 정부나 중앙은행(홍콩의 경우 홍콩특별행정구 정부나 홍콩금융관리국)에 지급하는 경우 - 10% : 그 밖의 경우	- 10% : 지분 25% 이상 직접 소유 법인에 지급 시 - 15% : 그 밖의 경우	10%	-

2020 국내세법 중심 국제조세 실무

저 자 이동기
발 행 인 서동혁
편 집 인 김주원
편집 · 교정 정우식, 김영분, 박가온
편집디자인 라미경, 이수빈, 신혜연, 송계영
발 행 처 ㈜조세통람
펴 낸 날 2020년 6월 5일 초판 발행

저자와의
협의하에
인지생략

주 소 서울특별시 중구 동호로 14길 5-6(신당동)
등 록 1976. 11. 5. 제9-81호
대 표 전 화 02) 2231-7027
F A X 02) 2234-1754
구 입 문 의 02) 2231-7027~9
I S B N 979-11-6064-172-1 13320
정 가 40,000원

(주)조세통람은 좋은 책을 만들기 위해 독자 여러분의 의견을 기다립니다.
E · mail(josetop@inaus.co.kr)과 홈페이지(www.taxnet.co.kr)의 고객지원센터 "고객의 소리" 코너